Recht in Ostasien | Band 21

Herausgeber

Prof. Dr. Alexander Bruns | Prof. Dr. Yuanshi Bu | Prof. Dr. Jan von Hein
Prof. Dr. Sonja Meier | Prof. Dr. Hanno Merkt | Prof. Dr. Dr. h.c. mult.
Michael Pawlik | Prof. Dr. Dr. Eiji Takahashi | Prof. Dr. Silja Vöneky

Sheng-Chia Eu Yang

Verbraucherschutz im Bauträgervertrag

Ein Rechtsvergleich mit dem taiwanischen Recht

Nomos

Onlineversion
Nomos eLibrary

Die Deutsche Nationalbibliothek verzeichnet diese Publikation in der Deutschen Nationalbibliografie; detaillierte bibliografische Daten sind im Internet über http://dnb.d-nb.de abrufbar.

Zugl.: Freiburg, Univ., Diss., 2022

ISBN 978-3-8487-7442-5 (Print)

ISBN 978-3-7489-1447-1 (ePDF)

1. Auflage 2022
© Nomos Verlagsgesellschaft, Baden-Baden 2022. Gesamtverantwortung für Druck und Herstellung bei der Nomos Verlagsgesellschaft mbH & Co. KG. Alle Rechte, auch die des Nachdrucks von Auszügen, der fotomechanischen Wiedergabe und der Übersetzung, vorbehalten. Gedruckt auf alterungsbeständigem Papier.

Inhaltsverzeichnis

Abschnitt 1

Einführung

Das Wohnen ist das Grundbedürfnis. Ein nicht kleiner Teil der Wohnungsversorgung ist durch Neubauten, insbesondere durch Bauträgerveräußerung abgedeckt. Das Merkmal der Bauträgerveräußerung besteht darin, der Vertrag grundsätzlich in der Planungs- oder Bauerrichtungsphase abgeschlossen wird. Zur Erfüllung des Vertrags muss der Bauträger das versprochene Gebäude errichten und dem Erwerber das Wohnungseigentum nach Fertigstellung verschaffen. Die Leistung des Bauträgers enthält wie ein Werklieferungsvertrag das kaufrechtliche Element (Eigentumsverschaffung) und werkvertragliche Element (Bauerrichtung).

Der Erwerb einer noch zu errichtenden Wohnung bezieht sich zudem auf technische und rechtliche Fachkenntnisse. Jedoch fehlt dem Erwerber als Verbraucher regelmäßig eine dafür erforderliche Erfahrung und Sachkunde. Das Geschäft ist zudem wegen des enormen Erwerbpreises immer mit erheblichen finanziellen Belastungen verbunden. Der Vertragsgegenstand liegt im Zeitpunkt des Vertragsschlusses noch nicht vor, sondern nur im Versprechen des Bauträgers. Die schließlich erbrachten Leistungen könnten von der ursprünglichen Vorstellung und Erwartung des Erwerbers abweichen. Die Ratenzahlungspflichten begleiten ein Vorleistungsrisiko, so dass der Erwerber im Falle der Bauträgerinsolvenz einen enormen Vermögensverlust erleiden könnte. Der Erwerb einer noch zu errichtenden Wohnung ist deshalb für Verbraucher ein kompliziertes und riskantes Geschäft. In diesem Bereich haben viele Staaten in ihren Rechtsordnungen Verbraucherschutzmaßnahmen erlassen.

Vor diesem Hintergrund ist der Bauträger-/Wohnungsvorverkaufsvertrag geeignet als Gegenstand zum Vergleich der betroffenen Rechtsinstitute im deutschen und taiwanischen Recht. Im Hinblick auf die Sachmängelhaftung im Kauf- und Werkvertragsrecht ist das deutsche BGB in der Fassung vor der Schuldrechtsmodernisierung das Vorbild für das taiwanische ZGB. Dennoch haben das deutsche und taiwanische Recht im Hinblick auf die Bauträgerveräußerung eine ganz unterschiedliche Entwicklung genommen (**siehe § 5.1 und § 5.5**). Außerdem spielt der Wohnungsvorverkaufsvertrag für die Entwicklung des taiwanischen Verbrauchervertragsrechts eine wichtige Rolle. In der Rechtsprechung und in der Literatur gibt es zahlreiche wissenschaftliche Diskussionen über verschiedene Aspekte. Aus dem Wohnungsvorverkaufsvertrag kann man auch einige spezielle Verbraucherschutzinstrumente und ihre Funktionsweise im taiwanischen Verbraucherrecht – z.B. Prüfungsfrist (**siehe § 5.3 III. 2.**), zwingende und verbotene Klauseln (**siehe § 5.2 II.**) und Einbeziehung der Werbeaussage in Vertrag (**siehe § 5.3 II.**) – umfassend betrachten.

Darüber hinaus sind die bisherigen Entwicklungen im deutschen Recht im Bereich des Verbraucherbau- und Bauträgervertrag ein gutes Vorbild für zukünftige Gesetzgebung und Rechtsfortbildung im taiwanischen Verbraucherrecht. Der deutsche Gesetzgeber hat im Zuge der Bauvertragsrechtsreform im Jahr 2018 in Anlehnung an die Verbraucherrechte-RL (RL 2011/83/EU) bauwesenspezifische Verbraucherschutzinstrumente eingeführt. Das mit Abschlagszahlungen verbundene Vorleistungsrisiko ist durch das Sicherungssystem in der MaBV und im Verbraucherbauvertrag sowie durch die notariellen Belehrungs- und Beratungspflichten möglichst verringert. Auch mit dem Transparenzgebot hat sich die deutsche und europäische Rechtsprechung und Literatur bereits tief beschäftigt. Die rechtliche Unterlegenheit des Verbrauchers ist etwa im Beurkundungsverfahren durch die Amtspflichten des Notars auszugleichen. Diese Erfahrungen des deutschen Rechts sind das Vorbild der zukünftigen Entwicklung des taiwanischen Rechts.

Aus diesem Grund geht das Werk zunächst vom deutschen Recht aus und beschäftigt sich dann als Vergleich mit dem taiwanischen Recht. Im **Abschnitt 2** wird der Begriff des Bauträgervertrags definiert und damit dessen Reichweite festgelegt (**siehe § 2.1**). Hier wird auch die Problematik der rechtlichen Behandlung des Bauträgervertrags als Kombinationsvertrag bearbeitet (**siehe § 2.2**). Der **Abschnitt 3** bezieht sich vor allem auf Verbraucherschutz im Verbraucherbau- und Bauträgervertrag. Das Werk befasst sich hier zunächst mit dem Verhältnis zwischen der Verbraucherrechte-RL und dem Verbraucherbauvertrag (§ 650i ff. BGB) (**siehe § 3.1 I.**). Danach werden Verbraucherschutzinstrumente in diesem Bereich, und zwar die Leistungsbeschreibung (**siehe § 3.2**), das Widerrufsrecht und die Überlegungsfrist (**siehe § 3.3**) sowie die Sicherung der Vorleistung (**siehe § 3.4**) ausführlich diskutiert. Der **Abschnitt 4** betrifft die Sachmängelhaftung des Bauträgers. Die Problematik der Mängel am Gemeinschaftseigentum wird hier erwähnt (**siehe § 4.3**). Im **Abschnitt 5** beschäftigt sich das Werk aus dem Aspekt der funktionalen Rechtsvergleichung mit dem taiwanischen Recht. Der Schwerpunkt liegt daran, wie sich das taiwanische

Recht eigentlich mit den in Abschnitt 2 bis 4 erwähnten Problematiken befasst.

Abschnitt 2

Begriff des Bauträgervertrags

§ 2.1 Vertragstypologie und Begriff des Bauträgervertrags

Beim Bauträgervertrag handelt es sich um einen Vertrag über Erwerb einer Wohnung oder eines Hauses, die/das sich zum Zeitpunkt des Vertragsschlusses noch in Planungs- oder Bauerrichtungsphase befindet. Der Bauträger muss deshalb das Gebäude errichten und nach der vollständigen Fertigstellung dem Erwerber das Eigentum/Erbbaurecht verschaffen. Die Kombination von Grundstückerwerb und Bauerrichtung ist nämlich das wesentliche Merkmal zur Unterscheidung vom bloßen Grundstückskauf- und Bauvertrag. Der Gesetzgeber hat dieses Merkmal im Jahr 2009 mit dem Forderungssicherungsgesetz im damaligen § 632a Abs. 2 BGB vorgeschrieben und auf den Umbau eines Hauses erweitert[1] und dann im Jahr 2018 mit der Bauvertragsrechtsreform als Legaldefinition des Bauträgervertrags in § 650u Abs. 1 S. 1 BGB verankert.

I. Dogmatische Einordnung der Bauerrichtung

Da der Bauträgervertrag neben Grundstückerwerb auch das Element der Bauerrichtung enthält, stellt sich die Frage, in welchen klassischen Vertrag die Bauerrichtung einzuordnen ist – also ob sie als ein nachrangiger Teil vom Grundstückskauf absorbiert wird oder ihr eine gleichrangige, sogar eine überwiegende Bedeutung beizumessen ist. Dabei handelt es sich um die Rechtsanwendung (**siehe § 2.2**), insbesondere um die Sachmängelhaftung.

In diesem Zusammenhang geht die Rechtsprechung nach dem Sinn und Zweck des Vertrags, nach dessen wirtschaftlicher Bedeutung und nach der Interessenlage der Vertragsparteien davon aus, dass die Bauerrich-

---

1 BT-Drucks. 16/511, S. 15.

tung dem Werkvertragsrecht unterliegt[2]. Im Hinblick auf die Bauerrichtung besteht kein Unterschied, ob sie mit einem anderen, gesonderten Vertrag einem anderen Bauunternehmer auferlegt oder im Rahmen desselben Vertrags vom Grundstücksverkäufer übernommen wird[3]. Ohne Bedeutung ist, dass der Vertrag als „Kaufvertrag" und/oder die Vertragsparteien als „Verkäufer" und „Käufer" bezeichnet sind[4]. Solche Bezeichnungen sind vielmehr zu betonen, dass der Vertrag auch das Element der Grundstücksverschaffung enthält[5]. Ebenso wenig relevant ist, dass das Eigentum am Gebäudeteil zunächst als wesentlicher Bestandteil des Grundstücks vom Bauträger gemäß § 946 BGB erworben und dann durch Auflassung auf den Erwerber übertragen wird, da dieser Umstand nicht ausschließen kann, dass der Bauträger neben der Grundstücksverschaffung auch die Verpflichtung zur Bauerrichtung übernommen hat[6].

Im Hinblick auf die Mängel am Gebäudeteil entspricht zudem die Einordnung in Werkvertrag den Interessen der Vertragsparteien. Insbesondere vor der Schuldrechtsmodernisierung gab es keinen gesetzlichen Anspruch auf die Mangelbeseitigung im Kaufrecht und unterlag das kaufvertragliche Gewährleistungsrecht der kurzen einjährigen Verjährungsfrist (§ 477 Abs. 1 S. 1 Alt. 2 BGB a.F.). Insoweit waren die werkvertraglichen Sachmängelrechte für den Erwerber günstiger und gerechter als die kaufrechtliche Gewährleistung[7]. Auch wenn sich die kaufrechtliche Sachmängelhaftung nach der Schuldrechtsmodernisierung an die werkvertragliche angleicht, entspricht die Letztere der Interessenlage der Vertragsparteien. Denn dem Besteller steht ein verschuldensunabhängiger Anspruch auf die Kostenerstattung oder den Vorschuss bei der Selbstmängelbeseitigung

2 BGH Urt. 05. 04. 1979 – VII ZR 308/77 = BGHZ 74, 204 = NJW 1979, 1406, juris Rn. 11.
3 BGH Urt. 16. 04. 1973 – VII ZR 155/72 = BGHZ 60, 362 = NJW 1973, 1235, juris Rn. 12.
4 BGH Urt. 05. 04. 1979 – VII ZR 308/77 = BGHZ 74, 204 = NJW 1979, 1406, juris Rn. 12; Urt. 10. 05. 1979 – VII ZR 30/78 = BGHZ 74, 258 = NJW 1979, 2207 juris Rn. 30; Urt. 25. 02. 2016 – VII ZR 49/15 = BGHZ 209, 128 = NJW 2016, 1572 Rn. 26 f.
5 BGH Urt. 05. 04. 1979 – VII ZR 308/77 = BGHZ 74, 204 = NJW 1979, 1406, juris Rn. 12.
6 BGH Urt. 16. 04. 1973 – VII ZR 155/72 = BGHZ 60, 362 = NJW 1973, 1235, juris Rn. 13.
7 BGH Urt. 16. 04. 1973 – VII ZR 155/72 = BGHZ 60, 362 = NJW 1973, 1235, juris Rn. 12.

(§ 637 BGB) zu[8]. Außerdem könnte das Wahlrecht des Käufers, zwischen der Nachbesserung und der Nachlieferung frei zu wählen (§ 439 Abs. 1 BGB), zu Konflikten mit dem Recht des ggf. für den Mängel verantwortlichen Subunternehmers führen, die Art und Weise der Mängelbeseitigung bestimmen zu dürfen (**siehe § 4.2 II. 1.**)[9].

Zudem unterliegt das gesamte Gebäude dem Werkvertragsrecht, unabhängig davon, ob die Bauarbeit beim Vertragsschluss noch nicht beginnt oder bereits teilweise abgearbeitet ist[10]. Eine Aufspaltung der Leistungspflichten nach dem Maßstab, in welchem Umfang das Gebäude bereits fertiggestellt oder noch zu errichten ist, ist nicht nur unpraktisch, sondern steht auch im Widerspruch zum Parteiwillen, dem Erwerber insgesamt den errichteten Neubau in einem Zuge zu verschaffen[11].

II. Veräußerung einer bereits fertiggestellten Wohnung

Ist die Wohnung beim Vertragsschluss bereits bezugsfertig, ist keine weitere Bauarbeit mehr auszuführen und verbleibt lediglich die Übergabe

---

8 Vor der Schuldrechtsmodernisierung hat die Rechtsprechung dem Käufer auch ein verschuldensunabhängiger Anspruch auf die Kostenerstattung und den Vorschuss durch die Analogie des § 633 Abs. 3 BGB a.F. (entsprechend dem geltenden § 637 BGB) eingeräumt, soweit eine Mängelbeseitigung im Kaufvertrag vereinbart war (BGH Urt. 30. 06. 1971 – VIII ZR 39/70 = NJW 1971, 1793, juris Rn. 33; Urt. 29. 10. 1975 – VIII ZR 103/74 = NJW 1976, 234, juris Rn. 14). Nach dem geltenden Recht ist diese Möglichkeit entgegen dem ausdrücklichen Willen des Gesetzgebers (BT-Drucks. 14/6040, S. 95, S. 229) ausgeschlossen (BGH Urt. 23. 02. 2005 – VIII ZR 100/05 = BGHZ 162, 219 = NJW 2005, 1348, juris Rn. 21). Ein Teil der Literatur kritisiert die Abschaffung dieser Rechtsprechung ohne sachliche Gründe in den Materialien und spricht sich damit für eine Wiedereinführung durch eine weitere Novellierung aus (Kaiser, JZ 2013, 346 (348)). Dennoch könnte die neue Warenkauf-RL (RL 2019/771/EU) leider der Möglichkeit, eine Selbstmangelbeseitigung auf Kosten des Verkäufers „im Rahmen der Nacherfüllung" – wie § 637 BGB im Werkvertragsrecht – wieder in Kaufrecht einzuführen, entgegenstehen, da Art. 4 WKRL eine Vollharmonisierung anfordert und eine solche Rechtsbehelfe von Art. 13 Abs. 2, Art. 14 WKRL abweicht. Hingegen ist eine Selbstmangelbeseitigung auf Kosten des Verkäufers „im Rahmen des Schadensersatzes" weiterhin möglich (ErwGr. 18 WKRL).

9 BGH Urt. 12. 05. 2016 – VII ZR 171/15 = BGHZ 210, 206 = NJW 2016, 2878, Rn. 25.

10 BGH Urt. 05. 04. 1979 – VII ZR 308/77 = BGHZ 74, 204 = NJW 1979, 1406, juris Rn. 11. **a.A.:** Koehler, NJW 1984, 1321 (1324).

11 BGH Urt. 05. 04. 1979 – VII ZR 308/77 = BGHZ 74, 204 = NJW 1979, 1406, juris Rn. 13.

des/der bezugsfertigen Hauses/Wohnung und die Übertragung des Grundstückseigentums oder die Bestellung des Erbbaurechts. Auf den ersten Blick ist die Errichtung des Gebäudes schon vollständig fertiggestellt, so dass der Bauträger keine Herstellungspflicht zu übernehmen braucht. Dennoch erwirbt der Nachzügler einen vergleichbaren Gegenstand wie der Erwerber, der bereits vor der vollständigen Fertigstellung den Vertrag abgeschlossen hat. Die dogmatische Einordnung eines solchen Vertrags ins Kauf- oder Werkvertragsrecht ist seit langem – insbesondere vor der Schuldrechtsmodernisierung – umstritten.

1. Vor der Schuldrechtsmodernisierung

Vor der Schuldrechtsmodernisierung ging die Rechtsprechung davon aus, dass die Mängel am Gebäudeteil dem Werkvertragsrecht unterliegen würden, auch wenn das Gebäude beim Vertragsschluss bereits bezugsfertig sei[12]. Denn aus dem Umstand, dass der Bauträger ein einheitliches Vertragsformular für die Veräußerung aller Eigentumswohnungen in demselben Bauvorhaben ohne Rücksicht auf den Zeitpunkt der jeweiligen Vertragsabschlüsse verwendet habe, ergebe sich sein ausdrücklicher Wille, gleiche vertragliche Rechte und Pflichte für alle Erwerber – auch für Nachzügler – zu begründen[13]. Zudem habe der Bauträger die Verpflichtung zur Errichtung des gesamten Gebäudes unabhängig vom Baufortschnitt im Zeitpunkt des Vertragsschlusses übernommen. Das gelte gleich, wenn das Gebäude beim Vertragsschluss vollständig fertig sei oder wenn nur unbedeutende Kleinigkeiten fehlen würden[14].

Der Anwendung des Werkvertragsrechts lag nach der Rechtsprechung vielmehr die Erwägung zugrunde, dass vor der Schuldrechtsmodernisierung die Verjährungsfrist und die Rechtsbehelfe in der werkvertraglichen Mängelhaftung im Falle des mangelhaften Bauwerks sachgerechter und angemessener als in der kaufrechtlichen Gewährleistung waren. Denn beim neu errichteten Bauwerk zeigten sich einerseits die Mängel erst im Lauf der Benutzung und war eine längere Erprobungsfrist notwendig.

---

12 BGH Urt. 05. 05. 1977 – VII 36/76 = BGHZ 68, 372 = NJW 1977, 1336, juris Rn. 12; Urt. 21. 02. 1985 – VII ZR 72/84 = NJW 1985, 1551, juris Rn. 13; Urt. 16. 12. 2004 – VII ZR 257/03 = NJW 2005, 1115, juris Rn. 23 f.

13 BGH Urt. 05. 05. 1977 – VII 36/76 = BGHZ 68, 372 = NJW 1977, 1336, juris Rn. 13 f.

14 BGH Urt. 05. 05. 1977 – VII 36/76 = BGHZ 68, 372 = NJW 1977, 1336, juris Rn. 7 f.

Andererseits räumte die Nachbesserung dem Bauträger die Möglichkeit zur zweiten Andienung ein[15]. Insoweit war es für die Interessenlage gleich, ob die Bauarbeit beim Vertragsschluss gar nicht begann oder das Bauwerk nur teilweise oder ganz fertiggestellt war[16].

Die Diskussion in der Literatur[17] konzentrierte sich vor allem auf den Unterschied zwischen der kauf- und werkvertraglichen Sachmängelhaftung vor der Schuldrechtsmodernisierung, insbesondere die unterschiedliche Verjährungsfrist sowie die im Kaufrecht fehlende Nachbesserung. Viele alternative Lösungsansätze und Abgrenzungskriterien wurden vorgeschlagen. Aufgrund der grundlegenden Novellierung der kaufrechtlichen Sachmängelhaftung sind diese Lösungsansätze meistens veraltet und sollen hier nicht ausgeführt werden.

2. Nach der Schuldrechtsmodernisierung

a) Der Stand der Meinungen

Der Gesetzgeber der Schuldrechtsmodernisierung hat mit der Änderung des Kaufrechts die kauf- und werkvertragliche Sachmängelhaftung einander stark angenähert. Der Nacherfüllungsanspruch ist ins Kaufrecht eingeführt (§ 439 Abs. 1 BGB). Die Mängelrechte über ein Bauwerk unterliegen sowohl im Kauf- (§ 438 Abs. 1 Nr. 2 BGB) als auch im Werkvertragsrecht (§ 634a Abs. 1 Nr. 2 BGB) einheitlich der 5-jährigen Verjährungsfrist. Der Unterschied verbleibt vor allem im Unternehmerwahlrecht (§ 635 Abs. 1 BGB) statt des Käuferwahlrechts (§ 439 Abs. 1 BGB) und im Selbstvornahmerecht (§ 637 BGB), das im Kaufrecht fehlt. Daher hat die Streitigkeit über die Einordnung des Vertrags über die Veräußerung eines neu fertiggestellten Gebäudes keine große Bedeutung mehr[18]. Die Frage, ob ein solcher Vertrag weiterhin unter das Werkvertragsrecht fällt, ließ aber der Gesetzgeber offen.

---

15 BGH Urt. 05. 05. 1977 – VII 36/76 = BGHZ 68, 372 = NJW 1977, 1336, juris Rn. 10; Urt. 10. 05. 1979 – VII ZR 20/78 = BGHZ 74, 258 = NJW 1979, 2207, juris Rn. 36; Urt. 21. 02. 1985 – VII ZR 72/84 = NJW 1985, 1551, juris Rn. 14.

16 BGH Urt. 05. 05. 1977 – VII 36/76 = BGHZ 68, 372 = NJW 1977, 1336, juris Rn. 11; BGH Urt. 10. 05. 1979 – VII ZR 20/78 = BGHZ 74, 258 = NJW 1979, 2207, juris Rn. 36.

17 Etwa: Koehler, NJW 1984, 1321; Brambring, NJW 1987, 97; Sturmberg, NJW 1989, 1832.

18 BT-Drucks. 14/6040, S. 95.

In diesem Zusammenhang ist ein Teil der Literatur der Ansicht, der Vertrag über die Veräußerung eines bereits fertiggestellten Gebäudes unterliege in vollem Umfang dem Kaufrecht, da nach der Schuldrechtsmodernisierung der Grund für den Umweg des Werkvertragsrechts, um die Nachbesserung und die 5-jährigen Verjährungsfristen anzuwenden, nicht mehr bestehe[19]. Auch der verbleibende Unterschied beim Wahlrecht über die Nacherfüllungsweise und beim Selbstvornahmerecht ändere nichts. Im Falle des Baumangels beschränke sich die Nacherfüllung regelmäßig auf die Mangelbeseitigung (§ 439 Abs. 4 BGB), während die Aufwendungen der Selbstmängelbeseitigung im Kaufrecht grundsätzlich durch den (verschuldensabhängigen) Schadensersatz statt der Leistung (§§ 437 Nr. 3, 280 Abs. 1, 3, 281 BGB) zu erstatten sind[20].

Hingegen spricht sich die Rechtsprechung dafür aus, in Bezug auf die Mängel am Gebäudeteil das Werkvertragsrecht auf derartige Verträge weiterhin anzuwenden[21]. Denn dem Käufer stehe kein (verschuldensunabhängiger) Anspruch auf den Vorschuss für die zur Selbstmangelbeseitigung erforderlichen Aufwendungen zu. Das Wahlrecht des Käufers über die Nacherfüllungsweise (§ 439 Abs. 1 BGB) könnte zudem zum Konflikt mit dem Wahlrecht des für den Bauwerkmangel ggf. letztverantwortlichen Subunternehmers zur Bestimmung der Art und Weise der Mängelbeseitigung (§ 635 Abs. 1 BGB) führen. Außerdem hafte der Verkäufer auf die Verursachung von Bauwerkmängeln während der Errichtung nur in geringerem Umfang für das Verschulden des Dritten als der Bauunternehmer[22].

Die überwiegende Ansicht in der Literatur schließt sich der Rechtsprechung an[23]. Diese Abgrenzungskriterien können auch nach der Bauvertragsrechtsreform 2018 fort gelten[24]. Denn die Legaldefinition des Bauträgervertrags in § 650u Abs. 1 S. 1 BGB führt lediglich die bisherige Definition in § 632a Abs. 2 BGB a.F. weiter[25]. Daher hat der Gesetzgeber keine

19 Medicus / Lorenz, Schuldrecht BT, § 33 Rn. 11; Oetker / Maultzsch, Vertragliche Schuldverhältnisse, § 8 Rn. 8.

20 Medicus / Lorenz, Schuldrecht BT, § 33 Rn. 11.

21 BGH Urt. 12. 05. 2016 – VII ZR 171/15 = BGHZ 210, 206 = NJW 2016, 2878, Rn. 23.

22 BGH Urt. 12. 05. 2016 – VII ZR 171/15 = BGHZ 210, 206 = NJW 2016, 2878, Rn. 25.

23 Basty, MittBayNot 2017, 445 (447); Pfennig, RNotZ 2018, 585 (588); BeckOK WEG / Müller, § 9a WEG Rn. 155.

24 BeckOK WEG / Müller, § 9a WEG Rn. 155; Pfennig, RNotZ 2018, 585 (588); Basty, MittBayNot 2017, 445 (447).

25 Pfennig, RNotZ 2018, 585 (588).

Absicht, die Problematik über die Nachzügler zu regeln oder die bisherige Rechtsprechung zu ändern[26]. Die Anhaltspunkte der Rechtsprechung für die Anwendung des Werkvertragsrechts – und zwar die Wahlrechte über die Nacherfüllungsweise, das Selbstvornahmerecht sowie die Haftung für die Erfüllungsgehilfen – ändern nichts im Zuge der Bauvertragsrechtsreform 2018.

b) Stellungnahme

Nach der hier vertretenen Ansicht soll der Vertrag über die Veräußerung eines bereits fertiggestellten (neuen) Gebäudes dem Werkvertragsrecht unterliegen, soweit der Erwerber das Gebäude von einem gewerblich tätigen Bauträger erworben hat, da der Bauträger keinen Unterschied zwischen jeweiligen Vertragsabschlüssen in demselben Bauvorhaben macht. Erwirbt der Erwerber das neu fertiggestellte Gebäude hingegen von einer Privatperson, richtet sich das Rechtsverhältnis grundsätzlich nach dem Kaufrecht[27].

aa) Haftung für Erfüllungsgehilfen

Der von der Rechtsprechung[28] hervorgehobene geringere Umfang der Haftung für Erfüllungsgehilfen im Kaufrecht als im Werkvertragsrecht führt wohl im Falle des Erwerbs eines Gebäudes von einem Bauträger nicht zu einem spürbaren Unterschied.

(1) Haftung für mangelhafte Materialien

Im Kaufrecht haftet der Verkäufer als Zwischenhändler nach h.M.[29] grundsätzlich nicht nach § 278 BGB für Produktionsfehler des Herstellers.

---

26 Basty, MittBayNot 2017, 445 (447).

27 Ähnliche Ansicht vor der Schuldrechtsmodernisierung: Sturmberg, NJW 1989, 1832 (1836 ff.).

28 BGH Urt. 12. 05. 2016 – VII ZR 171/15 = BGHZ 210, 206 = NJW 2016, 2878, Rn. 25.

29 BGH Urt. 02. 04. 2014 – VIII ZR 46/13 = BGHZ 200, 337 = NJW 2014, 2183 (Aluminium-Profilleistung), Rn. 32; Medicus / Lorenz, Schuldrecht AT, § 31 Rn. 12; Oetker / Maultzsch, Vertragliche Schuldverhältnisse, § 2 Rn. 315; Liauw / Wit-

Denn die Verpflichtung zur mangelfreien Lieferung (§ 433 Abs. 1 S. 2 BGB) erfasst nicht die Herstellung der Kaufsache[30]. Der ausdrückliche Wille des Gesetzgebers[31] steht der Verantwortung des Verkäufers für Produktionsfehler nach § 278 BGB entgegen[32]. Im Werkvertrag ist der Werkunternehmer zwar regelmäßig für das Verschulden des Subunternehmers nach § 278 BGB verantwortlich. Aber im Hinblick auf von einem Lieferanten besorgten Materialien gilt nichts anderes als im Kaufrecht[33]. Diesbezüglich sind der Lieferant und der Hersteller der Materialien nicht Erfüllungsgehilfen des Werkunternehmers, da der Unternehmer nur verpflichtet ist, mit von ihm zu besorgenden Materialien das Werk herzustellen[34]. Insoweit ist das Werkvertragsrecht nichts anders als das Kaufrecht.

(2) Haftung für fehlerhafte Errichtung

Im Hinblick auf Herstellungsfehler des Subunternehmers ist wohl der Unterschied zwischen Kauf- und Werkvertragsrecht nicht so spürbar, da der Bauträger selbst als Hersteller auftritt und damit ihm hinsichtlich der Bauerrichtung eine Sorgfaltspflicht auferlegt ist.

Im Kaufrecht übernimmt der Herstellerverkäufer zwar (anders als im Werklieferungsvertrag) keine Herstellungspflicht, aber er hat bei der Anwendung verkehrserforderlicher Sorgfalt die mangelfreie Sache zu produ-

---

temeier, NZBau 2015, 140 (142); MüKoBGB / Westermann, § 437 BGB Rn. 29; Canaris, in: Karlsruhe Forum 2002, S. 5 (45). **a.A.:** MüKo BGB / Grundmann, BGB § 278 Rn. 31; Weller, NJW 2012, 2312 (2315); Schroeter, JZ 2010, 495 (497 ff.); Witt, NJW 2014, 2156 (2157f.).

30 BT-Drucks 14/6040, S. 210; Medicus / Lorenz, Schuldrecht BT, § 33 Rn. 8; Lorenz, ZGS 2004, 408 (410); Westphalen, BB 2015, 2883 (2884).

31 BT-Drucks 14/6040, S. 209 f.

32 BGH Urt. 02. 04. 2014 – VIII ZR 46/13 = BGHZ 200, 337 = NJW 2014, 2183 (Aluminium-Profilleistung), Rn. 32; Lorenz, NJW 2013, 207 (207); Medicus / Lorenz, Schuldrecht AT, § 31 Rn. 12; Kless, MDR 2010, 305 (307).

33 BGH Urt. 09. 02. 1978 – VII ZR 84/77 = NJW 1978, 1157 (Heizungsventil), juris Rn. 11; BeckOK BGB / Voit,§ 636 BGB Rn. 51; Messerschmidt / Voit / Moufang / Koos, Privates Baurecht, § 636 BGB Rn. 113; Oetker / Maultzsch, Vertragliche Schuldverhältnisse, § 8 Rn. 144. **a.A.:** Staudinger BGB / Peters (2019), § 634 BGB Rn. 132.

34 BGH Urt. 09. 02. 1978 – VII ZR 84/77 = NJW 1978, 1157 (Heizungsventil), juris Rn. 11; BeckOK BGB / Voit,§ 636 BGB Rn. 51; Messerschmidt / Voit / Moufang / Koos, Privates Baurecht, § 636 BGB Rn. 113.

zieren[35]. Der Herstellerverkäufer beherrscht den Produktionsprozess, so dass der Verkehr eine fehlerfreie Herstellung erwartet. Zumindest soll er durch eine Qualitätskontrolle verhindern, die mangelhafte Sache in Verkehr zu bringen[36]. Wegen Verletzung seiner Sorgfaltspflicht haftet der Herstellungsverkäufer für die Herbeiführung des Mangels[37]. Insoweit haftet er ohne weiteres nach § 278 BGB auch für sein eigenes Personal[38].

Die Frage, ob der Herstellerverkäufer auch generell für die selbstständigen Subunternehmer nach § 278 BGB zu haften hat[39], kann hier offen bleiben. Denn in dem in Rede stehenden Fall werden die meisten Arbeiten aller Subunternehmer auf der Baustelle des Bauträgers und unter der Anweisung und der Überwachung des Bauträgers oder eines von ihm beauftragten Architekten ausgeführt, d.h. der gesamte Herstellungsvorgang steht unter der Kontrolle des Bauträgers, unabhängig davon, wer die konkreten Bauarbeiten ausgeführt hat. Vor diesem Hintergrund kann hinsichtlich der Sorgfaltspflicht des Bauträgers (Verkäuferherstellers) eine Ungleichbehandlung zwischen seinem eigenen Personal und den selbständigen Subunternehmern nicht gerechtfertigt sein. Der Bauträger soll damit im in Rede stehenden Fall auch für das Verschulden des selbständigen Subunternehmers nach § 278 BGB haften.

Die Begründung der Rechtsprechung, dass der Verkäufer nur in geringem Umfang für Dritten verantwortlich ist, ist folglich nicht durchdringend. Es bedarf weiterer Begründungen für die Anwendung des Werkvertragsrechts.

bb) Selbstvornahmerecht

Die Literaturansicht, die sich für die Einordnung in Kaufvertrag ausspricht, begründet dies auch damit, dass die Aufwendungen der Selbstmängelbeseitigung auch unter dem Schadensersatz statt der Leistung beglichen werden könnten[40]. Ob ein (verschuldensabhängiger) Schadensersatz das Selbstvornahmerecht nach § 637 BGB vollständig abdecken kann, ist aber zweifelhaft. Es ist zwar zutreffend, dass der Verkäufer das Ausbleiben

---

35 BeckOK BGB / Faust,§ 437 BGB Rn. 100; MüKo BGB / Westermann,§ 437 BGB Rn. 29.

36 Weller, NJW 2012, 2312 (2314).

37 BeckOK BGB / Faust,§ 437 BGB Rn. 100.

38 Peters, ZGS 2010, 24 (27).

39 **Bejahend:** BeckOK BGB / Faust, § 437 BGB Rn. 101.

40 Medicus / Lorenz, Schuldrecht BT, § 33 Rn. 11.

der Nacherfüllung i.d.R. zu vertreten hat[41]. Aber eine Widerlegung der Vermutung des Vertretenmüssens nach § 280 Abs. 1 BGB ist nicht außer Betracht zu lassen[42].

Der Käufer kann das Nacherfüllungsangebot des Verkäufers berechtigt ablehnen, soweit dieses ihm unzumutbar ist (§ 440 S. 1 Alt. 3 BGB), wofür der Verkäufer wohl nicht einzustehen hat. Beispielsweise tritt der Mangel plötzlich auf und muss unter konkreten Umständen[43] sofort beseitigt werden. In solchen Fällen hat der Bauträger das Ausbleiben der Mängelbeseitigung nicht zu vertreten. Soweit er auch die Herbeiführung des Mangels nicht vertreten muss[44], scheidet der Schadensersatzanspruch des Erwerbers aus[45]. Unterläge der Vertrag über Veräußerung eines bereits fertiggestellten (neuen) Gebäudes dem Kaufrecht, wäre § 637 BGB nicht anwendbar, so dass die vom Erwerber aufgewandten Mängelbeseitigungskosten nicht ersatzfähig wären. Der Erwerber, soweit er vor der Fertigstellung des Gebäudes den Vertrag abgeschlossen hat, kann aber nach § 637 Abs. 1 BGB die Erstattung dieser Kosten verlangen.

Die Ersatzvornahme auf Kosten des Schuldners (§ 887 ZPO) gewährt gerade im Falle der berechtigten sofortigen Selbstmängelbeseitigung dem Erwerber keinen Schutz, da es um die Vollstreckung des ausbleibenden titulierten Nacherfüllungsanspruchs geht, so dass § 887 ZPO regelmäßig nicht rechtzeitig eingreifen kann.

Erwirbt der Erwerber ein Gebäude von einem gewerblich tätigen Bauträger, ist diese Ungleichbehandlung nicht gerechtfertigt. Der Bauträger führt zum Zweck der Veräußerung der Eigentumswohnungen sein Bau-

---

41 Faust, JuS 2011, 744 (745); Jaensch, NJW 2012, 1025 (1029).

42 Kaiser, JZ 2011, 978 (984); Oetker / Maultzsch, Vertragliche Schuldverhältnisse, § 2 Rn. 303.

43 Beispielsweise ist die Lebensqualität der Bewohner sogar die Sicherheit wegen der Mängel erheblich und unerträglich beeinträchtigt und/oder ohne sofortige Mangelbeseitigung erstreckt sich der Schaden schnell auf das weitere Teil des Gebäudes.

44 Beispielsweise ist der Mangel am Bauwerk auf den verdeckten Mangel der Baumaterialien zurückzuführen, der auch bei der Anwendung der im Verkehr erforderlich Sorgfalt nicht vor dem Einbau zu entdecken ist (**siehe oben aa) (1)**).

45 Dabei handelt es sich um eine entbehrliche Fristsetzung wegen der Unzumutbarkeit, so dass das Vertretenmüssen unstreitig auch an die Verletzung der Pflichten zur Lieferung einer mangelfreien Sache (§ 433 Abs. 1 S. 2 BGB) anknüpft. Vgl. Oetker / Maultzsch, Vertragliche Schuldverhältnisse, § 2 Rn. 303; Medicus / Lorenz, Schuldrecht BT, § 7 Rn. 79; Faust, in: FS Canaris, S. 219 (235 ff.); BeckOK BGB / Faust, § 437 BGB Rn. 87.

vorhaben durch[46]. Der Bauträger macht nämlich keinen Unterschied, ob die Eigentumswohnungen in der Phase der Planung, Bauausführung oder Fertigstellung veräußert werden. Dies ergibt sich aus dem Umstand, dass der Bauträger ein einheitliches Vertragsformular für die Veräußerung aller Eigentumswohnungen in demselben Bauvorhaben ohne Rücksicht auf den Zeitpunkt des Vertragsschlusses verwendet[47]. Der Anlass der Veräußerung in der Planungs- und Bauerrichtungsphase liegt vielmehr darin, dass der Bauträger mit den vom Erwerber bewirkten Raten sein Bauvorhaben finanziert und die Fremdfinanzierung ablöst[48]. Dieser bezieht sich nur auf die Finanzierung und soll damit für vertragliche Rechte und Pflichten und für die dogmatische Einordnung des Vertrags in Kauf- oder Werkvertrag keine Rolle spielen. Der Zeitpunkt des Vertragsschlusses, der allein vom Beurkundungstermin abhängig ist, ist zudem unter Umständen zufällig. Die Bauausführung könnte z.B. kurz vor dem Beurkundungstermin oder während der 14-Tage-Überlegungsfrist aufgrund § 17 Abs. 2a S. 2 Nr. 2 BeurkG (**siehe § 3.3 II.**) beendet werden. Aus diesen Gründen soll der Vertrag über die Veräußerung eines fertiggestellten Gebäudes auch dem Werkvertragsrecht unterliegen, soweit der Erwerb das Gebäude von einem gewerblich tätigen Bauträger erwirbt.

cc) Schwelle der Unverhältnismäßigkeit der Nacherfüllung

Neben dem im Kaufrecht fehlenden Selbstvornahmerecht ist die Schwelle zur berechtigten Verweigerung der Nacherfüllung wegen unverhältnismäßigen Kosten im Werkvertrag (§ 635 Abs. 3 BGB) regelmäßig höher als im Kaufvertrag (§ 439 Abs. 4 BGB)[49]. Im Werkvertragsrecht ist nämlich die Nacherfüllung nur ausnahmsweise wegen unverhältnismäßigen Kosten zu verweigern[50]. Dies ist auf die Risikoverteilung des Werkvertrags zurückzuführen. Der Werkunternehmer muss aufgrund werkvertraglicher Erfolgshaftung ohne Rücksicht auf den Aufwand das mangelfreie Werk herstellen. Diese Risikoverteilung wird nicht im Falle der mangelhaften

---

46 Sturmberg, NJW 1989, 1832 (1837).

47 BGH Urt. 05. 05. 1977 – VII 36/76 = BGHZ 68, 372 = NJW 1977, 1336, juris Rn. 13 f.

48 Ullmann, NJW 2002, 1073 (1074).

49 Kaiser, BauR 2013, 139 (150).

50 Kaiser, BauR 2013, 139 (150).

Werkleistung verändert[51]. Eine Unverhältnismäßigkeit ist daher nur anzunehmen, wenn einem objektiv geringen Interesse des Bestellers an einer mangelfreien Werkleistung ein ganz erheblicher und deshalb vergleichsweise unangemessener Aufwand gegenübersteht. Soweit der Besteller ein berechtigtes Interesse an einer ordnungsgemäßen Erfüllung des Vertrags hat, darf der Werkunternehmer regelmäßig die Nacherfüllung nicht wegen deren hoher Kosten verweigern[52].

Die Schwelle der Unverhältnismäßigkeit im Kaufrecht ist hingegen niedriger. Im Hinblick auf den Grundstückskauf setzt die Rechtsprechung für die (absolute) Unverhältnismäßigkeit in Form der unverbindlichen Faustregel einen Grenzwert: Beim Grundstückskauf sind die Mangelbeseitigungskosten grundsätzlich unverhältnismäßig, wenn sie entweder 100 % des Verkehrswerts des Grundstücks in mangelfreiem Zustand oder 200 % des mangelbedingten Minderwerts übersteigen[53]. Obwohl dieser Grenzwert weder starr ist noch die umfassende Interessenabwägung ersetzen kann, kann man noch einen Schluss ziehen, dass sich der Verkäufer wegen der (absoluten) Unverhältnismäßigkeit von seiner Nacherfüllungspflicht leichter als der Werkunternehmer befreien kann.

Die unterschiedliche Unverhältnismäßigkeitsschwelle im Kauf- und Werkvertragsrecht rechtfertigt, dass der Vertrag über den Erwerb einer neu errichtenden Wohnung von einem Bauträger dem Werkvertragsrecht unterliegt, unabhängig davon, wann der Vertrag abgeschlossen wird.

3. Abgrenzung von Kauf- und Werkvertrag

Die Anwendung des Werkvertragsrechts unabhängig davon, ob der Vertrag vor oder nach der Fertigstellung des Gebäudes abgeschlossen wird, verschiebt lediglich die Frage der Abgrenzung zwischen Kauf- und Werkvertrag, da der Veräußerer, der das Gebäude selbst errichtet und dann

---

51 BGH Urt. 06. 12. 2001 – VII ZR 241/00 = NJW-RR 2002, 661 (Mörtelreste), juris Rn. 46; BGH Beschl. 08. 10. 2020 – VII ARZ 1/20 = NJW 2021, 53, Rn. 43. Kaiser, BauR 2013, 139 (150).

52 BGH Urt. 24. 04. 1997 – VII ZR 110/96 = NJW-RR 1997, 1106, juris Rn. 13; Urt. 06. 12. 2001 – VII ZR 241/00 = NJW-RR 2002, 661 (Mörtelreste), juris Rn. 43; Urt. 10. 11. 2005 – VII ZR 64/04 = NJW-RR 2006, 304 (Fliesen in Seniorenwohnanlage), Rn. 14; Urt. 10. 04. 2008 – VII ZR 214/06 = NJW-RR 2008, 971 (Trockenbautrennwände), Rn. 16.

53 BGH Urt. 04. 04. 2014 – V ZR 275/12 = BGHZ 200, 350 = NJW 2015, 468 (Hausschwamm), Rn. 41.

nebst dem bebauten Grundstück veräußert hat, nicht unendlich als Werkunternehmer angesehen werden soll. Wird ein Gebäude erst mehrere Jahre nach dessen Errichtung veräußert, unterliegt der Vertrag – soweit keine Sanierungsmaßnahme durchgeführt wird – unstreitig dem Kaufrecht[54].

a) Privatverkauf

Veräußert eine Privatperson ein Grundstück nebst einem von ihr (neu) errichteten Gebäude, bezieht sich das Geschäft nur auf einen bestimmten Erwerber und ist damit (anders als Bauträgerverkauf) die Gleichbehandlung zwischen allen Erwerbern außer Betracht zu lassen. Die Frage, ob der Veräußerer die Herstellungspflicht übernommen hat und damit der Vertrag dem Werkvertragsrecht unterliegt, ergibt sich – wie sonstige Auslegungsfragen – aus dem konkreten Vertragsinhalt und aus allen den Vertragsschluss begleitenden Umständen.

Ist das Gebäude bei der Veräußerung noch nicht fertiggestellt, ist das Werkvertragsrecht auf Mängel am Gebäudeteil anzuwenden, soweit der Veräußerer dem Erwerber versprochen hat, das Gebäude entsprechend dem Wunsch des Erwerbers fertigzustellen[55]. Muss der Veräußerer hingegen dem Erwerber nur den Baubestand nach dem derzeitigen Zustand verschaffen und fällt damit die Fertigstellung des Gebäudes unter den Verantwortungsbereich des Erwerbers (etwa Beauftragung eines anderen von ihm ausgewählten Auftragnehmers), findet das Kaufrecht Anwendung.

Ist der Vertrag erst nach der Fertigstellung des Vertrags abgeschlossen, richtet sich das Rechtsverhältnis grundsätzlich nach dem Kaufrecht[56]. Denn in diesem Zeitpunkt ist keine Bauarbeit mehr durchzuführen, so dass es an jedem Anhaltspunkt für die Übernahme der Herstellungspflicht fehlt[57]. Dabei ist es nicht anders als der Fall, in dem der Veräußerer den stillstehenden Baubestand veräußert und nicht fertigzustellen hat. Etwas anders gilt (wohl) nur, wenn der Veräußerer (auch) zum Zweck der Veräu-

54 BGH Urt. 25. 02. 2016 – VII ZR 156/13 = NJW 2016, 1575, Rn. 25; Staudinger BGB / Coester-Waltjen (2019), § 309 Nr. 8 BGB Rn. 25; Pause, NZBau 2017, 22 (23); MüKo BGB / Wurmnest, § 309 Nr. 8 BGB Rn. 18; BeckOK BGB / Becker, § 309 Nr. 8 BGB Rn. 23.

55 BGH Urt. 05. 04. 1979 – VII ZR 308/77 = BGHZ 74, 204 = NJW 1979, 1406, juris Rn. 15.

56 Ähnliche Ansicht vor der Schuldrechtsmodernisierung: Sturmberg, NJW 1989, 1832 (1836 ff.).

57 Sturmberg, NJW 1989, 1832 (1837).

ßerung (neben seiner eigenen Benutzung) das Gebäude errichtet hat[58] – ein solcher Fall ist aber bei der Veräußerung durch eine nicht gewerblich tätige Privatperson selten[59].

b) Bauträgerverkauf

Beim Bauträgerverkauf sollen alle Erwerber in demselben Bauvorhaben gleichbehandelt werden, so dass das Werkvertragsrecht unabhängig von dem (zufälligen) Zeitpunkt des jeweiligen Vertragsabschlusses auf den Gebäudeteil Anwendung findet (**siehe oben 2. b**)). Das Argument der Gleichbehandlung verliert jedoch im Lauf der Zeit seine Rechtfertigung. Die weitergehende Anwendung des Werkvertragsrechts weicht nämlich gravierend von der Verkehrsauffassung ab, wenn das Gebäude erst mehrere Jahre nach seiner Fertigstellung veräußert wird. Nach der Rechtsprechung greift daher das Kaufrecht ein, wenn das Gebäude nach der Verkehrsauffassung im Allgemein nicht mehr als ein „neu errichtetes Objekt“ zu qualifizieren ist[60].

In diesem Zusammenhang kann man auf den Begriff der „neu hergestellten Sache“ i.S.v. § 309 Nr. 8 lit. b BGB und der „gebrauchten Sache“ i.S.v. § 474 Abs. 2 S. 2 BGB (Art. 3 Abs. 5 lit. a WKRL) zurückgreifen. Eine Sache ist nicht mehr „neu hergestellt“ (also „gebraucht“), wenn sie durch Benutzung oder Zeitlauf einem zusätzlichen Sachmängelrisiko ausgesetzt worden ist, das sich im geschäftlichen Verkehr in einem Preisnachlass auszudrücken pflegt[61]. Beim Gebäude bedarf die Erhöhung eines zur Wertminderung führenden gebrauchsbedingten und/oder altersabhängigen Sachmängelrisikos regelmäßig aufgrund seiner längeren Lebensdauern im Vergleich mit einer beweglichen Sache einer längeren Zeit.

---

58 BGH Urt. 06. 05. 1982 – VII ZR 74/81 = NJW 1982, 2243 (Musterhauskauf), juris Rn. 9.

59 Im „Musterhauskauffall“ (BGH Urt. 06. 05. 1982 – VII ZR 74/81 = NJW 1982, 2243) ist der Verkäufer ein freiberuflich tätiger Architekt, der das Haus zum Zweck der Ausstellung und auch zum Zweck der Veräußerung nach dem Abschluss der Ausstellung errichtet hat.

60 BGH Urt. 25. 02. 2016 – VII ZR 156/13 = NJW 2016, 1575, Rn. 25.

61 Staudinger BGB / Coester-Waltjen (2019), § 309 Nr. 8 Rn. 21; BeckOK BGB / Becker, § 309 Nr. 8 BGB Rn. 23; Stoffels, AGB-Recht, Rn. 925; MüKo BGB / Lorenz, § 474 BGB Rn. 17; Medicus / Lorenz, Schuldrecht BT, § 11 Rn. 7; Bülow / Artz, Verbraucherprivatrecht, Rn. 492.

aa) Bereits bewohntes oder benutztes Gebäude

Daher führt eine kurzfristige Benutzung eines Gebäudes – beispielsweise nur einige Monate vermietet[62] oder nur 6 Monate als Musterhaus unbewohnt benutzt ist[63] – grundsätzlich nicht dazu, dass es abgenutzt und daher nicht mehr neu ist. Jedenfalls ist eine Eigenwohnung jedoch nicht mehr neu, wenn ein Bauträger sie ungefähr 3 Jahre nach Errichtung veräußert und sie zuvor vermietet war[64]. Ein angemessener Zeitraum für Verlust der Neuheit wegen erhöhten gebrauchsbedingten Sachmängelrisikos ist dennoch nicht zu lang zu ziehen, da das Mangelrisiko regelmäßig durch die dauerhafte Benutzung allmählich erhöht ist. Insoweit ist eine Auffassung in der Literatur vertreten, dass 2 Jahre für Verlust der Neuheit zu lang ist[65].

bb) Leerstehendes Gebäude

Bei einem leerstehenden Gebäude erhöht sich das Sachmängelrisiko ausschließlich durch die abgelaufene Zeit. Im Vergleich zu einem bereits bewohnten oder genutzten Gebäude bedarf es deshalb einer längeren Zeit für Verlust seiner Neuheit. In der Literatur werden im Hinblick auf Anwendung des § 309 Nr. 8 lit. b BGB unterschiedliche Zeiträume als unverbindliche Faustregel genannt[66]. Hier handelt es sich jedoch nicht um den formgerechten Ausschluss der Gewährleistungshaftung, sondern um die Abgrenzung zwischen dem Kauf- und Werkvertrag. Für die Faustregel sollen daher auch die Begründungen für die Anwendung des Werkvertragsrechts berücksichtigt werden.

Vor der Schuldrechtsmodernisierung sollte deshalb vor allem die Diskrepanz der Verjährungsfrist zwischen der kauf- und werkvertraglichen Gewährleistung in Betracht gezogen werden. Während beim Mangel am

---

62 Staudinger BGB / Coester-Waltjen (2019), § 309 Nr. 8 BGB Rn. 25; BeckOK BGB / Becker, § 309 Nr. 8 BGB Rn. 23; BeckOK WEG / Müller, § 9a WEG Rn. 154.

63 BGH Urt. 06. 05. 1982 – VII ZR 74/81 = NJW 1982, 2243 (Musterhauskauf), juris Rn. 9.

64 BGH Urt. 25. 02. 2016 – VII ZR 156/13 = NJW 2016, 1575, Rn. 25.

65 BeckOK BGB / Becker, § 309 Nr. 8 BGB Rn. 23.

66 **2-5 Jahre:** Staudinger BGB / Coester-Waltjen (2019), § 309 Nr. 8 BGB Rn. 25. **3 Jahre:** Pause, NZBau 2017, 22 (23). **5 Jahre:** MüKo BGB / Wurmnest, § 309 Nr. 8 BGB Rn. 18; BeckOK BGB / Becker, § 309 Nr. 8 BGB Rn. 23.

Grundstück (einschließlich des Bauwerks) im Kaufrecht die 1-jährige Gewährleistungsfrist Anwendung fand (§ 477 Abs. 1 S. 1 BGB a.F.), unterlagen die Ansprüche des Bestellers wegen eines Mangels am Bauwerk 5-jähriger Verjährungsfrist (§ 638 Abs. 1 BGB a.F.). Nach der Rechtsprechung fehlte es an einer Rechtfertigung, wenn die Mängelrechte eines Nachzüglers früher verjährt waren als die Rechte des Erwerbers, der zufällig kurz vor der Fertigstellung des Gebäudes den Vertrag abgeschlossen hatte, da der Vertragsgegenstand in beiden Fällen vergleichbar war[67]. Dieses Argument sprach dafür, dass ein Gebäude seine Neuheit grundsätzlich ca. 4 bis 5 Jahre nach seiner Errichtung verloren hat.

Diese Diskrepanz ist jedoch im Zug der Schuldrechtsmodernisierung in der Weise aufgehoben, dass die kauf- und werkvertraglichen Sachmängelhaftung wegen Mängel am Bauwerk einheitlich 5-jähriger Verjährungsfrist unterliegt (§§ 438 Abs. 1 Nr. 2, 634a Abs. 1 Nr. 2 BGB). Stattdessen soll die mögliche Kollision zwischen dem Wahlrecht des Käufers (§ 439 Abs. 1 BGB) und des für die Mängel letztverantwortlichen Subunternehmers (§ 635 Abs. 1 BGB) über die Nacherfüllungsweise[68] berücksichtigt werden. Diese Kollision liegt nur vor, wenn der Bauträger seine Mängelrechte gegenüber dem letztverantwortlichen Subunternehmer noch gelten machen kann, insbesondere wenn seine Ansprüche noch nicht verjährt sind. Da die beiden Vertragsparteien, die im Bauwesen gewerblich tätig sind, häufig die Anwendung der VOB/B vereinbart haben, unterliegen die Mängelrechte des Bauträgers gegenüber dem Subunternehmer grundsätzlich der 4-jährigen Verjährungsfrist (§ 13 Abs. 4 Nr. 1 VOB/B). Ohne Bezug auf VOB/B findet die 5-jährige gesetzliche Verjährungsfrist (§ 634a Abs. 1 Nr. 2 BGB) Anwendung. Aus diesem Grund soll ein neu errichtetes Gebäude seine Neuheit grundsätzlich c.a. 4 bis 5 Jahre nach seiner Errichtung verlieren.

Soweit kein Anhaltpunkt für einen kürzeren Zeitraum – z.B. wie das Gebäude dazwischen einer besonderen (natürlichen) Katastrophe wie Erdbeben oder Hochwasser ausgesetzt ist – spricht, kann man grundsätzlich davon ausgehen, dass das Kaufrecht statt des Werkvertragsrechts anwendbar ist, wenn das Gebäude mehr als 4 Jahre alt ist.

---

67 BGH Urt. 21. 02. 1985 – VII ZR 72/84 = NJW 1985, 1551, juris Rn. 15-16.

68 BGH Urt. 12. 05. 2016 – VII ZR 171/15 = BGHZ 210, 206 = NJW 2016, 2878, Rn. 25.

III. Veräußerung eines sanierten Altbaus

Wird ein Gebäude erst mehrere Jahre nach seiner Errichtung, und zwar als Altbau ohne Sanierung, veräußert, findet unzweifelhaft das Kaufvertragsrecht in vollem Umfang Anwendung. Hingegen greift das Werkvertragsrecht wieder ein, wenn die Veräußerung eines Altbaus (Grundstücks) mit einer Herstellungsverpflichtung verbunden ist[69]. Dies ist bereits im Jahr 2009 vom Gesetzgeber des Forderungssicherungsgesetzes mit § 632a Abs. 2 BGB a.F. bestätigt, nach dem neben der (neuen) Errichtung ausdrücklich der „Umbau" eines Hauses oder eines vergleichbaren Bauwerks als Merkmal des Bauträgervertrags vorgeschrieben ist[70], was im Jahr 2018 vom Gesetzgeber der Bauvertragsrechtsreform als Legaldefinition des Bauträgervertrags in § 650u Abs. 1 S. 1 BGB verankert ist.

Aus dem vom § 650u Abs. 1 S. 1 BGB verwendeten Wortlaut „Umbau" kann man herleiten, dass nicht nur „erhebliche Umbaumaßnahmen" eines bestehenden Gebäudes (§ 650i Abs. 1 BGB, Art. 3 Abs. 3 lit. f VRRL) in den Anwendungsbereich des Bauträgervertrags fallen, sondern auch „punktuelle Sanierungsmaßnahmen"[71]. Insoweit deckt der Schutzbereich des Verbraucherbauvertrags (§§ 650i ff. BGB) nicht vollständig den Bauträgervertrag ab[72]. Beim Erwerb eines punktuellen sanierten Altbaus liegt nämlich eine Schutzlücke vor (**siehe 3.1 I 2. b**)). Denn derartige Verträge unterliegen zum einen kraft Gesetzes einer notariellen Beurkundung (§ 311b Abs. 1 BGB), so dass die allgemeinen verbraucherrechtlichen Schutzvorschriften (§§ 312 ff. BGB) nur sehr begrenzt anwendbar sind (§ 312 Abs. 2 Nr. 1 BGB), insbesondere die allgemeinen Informationspflichten (§ 312a Abs. 2 BGB i.V.m. Art. 246 EGBGB) keine Anwendung findet. Zum andern genießt der Erwerber seit der Bauvertragsrechtsreform 2018 eine Sicherheit für die rechtzeitige Herstellung des Werkes ohne wesentliche Mängel (§ 650m Abs. 2 BGB, § 632a Abs. 3 BGB a.F.) nicht mehr.

Darüber hinaus betrifft das Maß der Umbaumaßnahmen auch den Umfang der Anwendung des Werkvertragsrechts. Sind die Umbaumaßnahmen insgesamt nach Umfang und Bedeutung mit Neubauarbeiten ver-

---

69 BGH Urt. 07. 05. 1987 – VII ZR 366/85 = BGHZ 100, 391 = NJW 1988, 490, juris Rn. 25; BGH Urt. 29. 06. 1989 – VII ZR 151/88 = BGHZ 108, 164 = NJW 1989, 2748, juris Rn. 28; Urt. 06. 10. 2005 – VII ZR 117/04 = BGHZ 164, 225 = NJW 2006, 214, Rn. 11.

70 BT-Drucks. 16/511, S. 15.

71 BGH Urt. 06. 10. 2005 – VII ZR 117/04 = BGHZ 164, 225 = NJW 2006, 214, Rn. 16.

72 Karczewski, NZBau 2018, 328 (330).

gleichbar (erhebliche Umbaumaßnahmen)[73], übernimmt der Veräußerer eine umfassende Herstellungsverpflichtung, die die gesamte Bausubstanz erfasst[74] – auch unverändert bleibende Altbausubstanz und sonstige auf dem Grundstück befindliche Anlagen, die zwar nicht unmittelbar dem Gebäude zuzuordnen sind, aber dessen Funktion dienen[75].

Bei der punktuellen Sanierung unterliegt nur der sanierte Bauteil dem Werkvertragsrecht, weil die baulichen Maßnahmen nicht mit Neubauarbeiten vergleichbar sind und damit es an einer Rechtfertigung fehlt, die Reichweite des Werkvertragsrechts auch auf von den übernommenen Herstellungspflichten unberührt gebliebene Bauteile zu erweitern[76]. Im Hinblick auf die unverändert bleibende Altbausubstanz und das Grundstück findet daher das Kaufrecht Anwendung.

Die Anwendung des Werkvertragsrechts ist nach der Rechtsprechung unabhängig davon, ob die Sanierungsmaßnahmen vor oder nach dem Vertragsschluss durchgeführt wurden[77]. Nach der hier vertretenen Ansicht (**siehe oben II. 3.**) gilt diese Rechtsprechung ohne weiteres für den Fall, in dem der gewerblich tätige Bauträger sanierte Altbauten veräußert, da er keinen Unterschied zwischen jeweiligen Vertragsabschlüssen in demselben Bauvorhaben macht. Beim Erwerb von einer Privatperson kommt es jedoch darauf an, ob der private Veräußerer im Vertrag ausdrücklich eine Herstellungspflicht übernommen oder zum Zweck der Veräußerung die Sanierungsmaßnahme durchgeführt hat.

§ 2.2 Kombinationsvertrag

I. Allgemeiner Grundsatz für Rechtsanwendung

Der Bauträgervertrag ist ein einheitlicher Vertrag, der den Grundstückserwerb (Element des Kaufvertrags) und die Errichtung oder den Umbau eines Gebäudes (Element des Werkvertrags) enthält (§ 650 Abs. 1 BGB). Außerdem enthält der Bauträgervertrag je nach Umständen auch das Ele-

---

73 Vgl. Erwg. 26 VRRL; BT-Drucks. 17/12637, S. 46; BT-Drucks. 18/8486, S. 61.

74 BGH Urt. 06. 10. 2005 – VII ZR 117/04 = BGHZ 164, 225 = NJW 2006, 214, Rn. 11.

75 BGH Urt. 16. 12. 2004 – VII ZR 257/03 = NJW 2005, 1115, juris Rn. 62 f.

76 BGH Urt. 06. 10. 2005 – VII ZR 117/04 = BGHZ 164, 225 = NJW 2006, 214, Rn. 16.

77 BGH Urt. 16. 12. 2004 – VII ZR 257/03 = NJW 2005, 1115, juris Rn. 23-24; Urt. 26. 04. 2007 – VII ZR 210/05 = NJW 2007, 3275, Rn. 19.

ment des Geschäftsbesorgungsvertrags[78] (z.B.: Koordination und Prüfung von Sonderwünschen[79]). Der Bauträgervertrag ist daher ein (gesetzlich fixierter) „Kombinationsvertrag[80]“: Die Leistungspflichten des Bauträgers bestehen aus den Elementen verschiedener typischer Verträge, während der Erwerber eine einheitliche Vergütung schuldet[81].

Im Hinblick auf die einschlägigen gesetzlichen Vorschriften bei gemischten Verträgen sind zunächst zwei grundlegenden Methoden – Absorptions- und Kombinationsmethode – zu erwähnen. Nach der Absorptionsmethode richtet sich die anzuwendende Vorschrift nach dem überwiegenden Element des Vertrags. Dadurch wird das untergeordnete Element des Vertrags vom überwiegenden Element absorbiert[82]. Bei der Kombinationsmethode werden hingegen unterschiedliche Leistungsteile in die jeweils einschlägigen Vertragstypen eingeordnet und dann gelten die jeweiligen Vorschriften[83]. Keine dieser beiden Methoden allein reicht aber aus, diese aus dem gemischten Vertrag entstandene, komplexe Rechtsanwendungsfrage sachgemäß zu lösen. Die sachgerechte Lösung ist vielmehr auf die besonderen Umstände des Einzelfalls, auf die Interessenlage der Vertragsparteien sowie auf Sinn und Zweck der vertraglichen Vereinbarung abzustellen[84].

Im Fall der Kombinationsverträge geht man bei der rechtlichen Behandlung vorrangig von der Kombinationsmethode aus, da die Verpflichtungen aus verschiedenen Vertragstypen nur lose miteinander kombiniert sind. Dennoch ist die Kombinationsmethode je nach Art des Vertrags, Interessenlage beider Vertragsparteien sowie der Vertragssitten vielfältig modifiziert[85]. Das gilt auch für den Bauträgervertrag. Der Gesetzgeber der Bauvertragsrechtsreform hat diese Kombinationsmethode in § 650 Abs. 1

---

78 BGH Urt. 21. 11. 1985 – VII ZR 366/83 = BGHZ 96, 275 = NJW 1986, 925, juris Rn. 10.

79 Vogel, NZW 2017, 681 (683).

80 Oetker / Maultzsch, Vertragliche Schuldverhältnisse, § 8 Rn. 325; Vogel, NZW 2017, 681 (682); BT-Drucks. 14/6587, S. 59 (Verwendung der Terminologie „typengemischte Verträge“).

81 Oetker / Maultzsch, Vertragliche Schuldverhältnisse, § 16 Rn. 12.

82 Oetker / Maultzsch, Vertragliche Schuldverhältnisse, § 16 Rn. 21.

83 Oetker / Maultzsch, Vertragliche Schuldverhältnisse, § 16 Rn. 22.

84 BGH Urt. 13. 09. 2007 – I ZR 207/04 = BGHZ 173, 344 = NJW 2008, 1072, Rn. 19; Staudinger BGB / Feldmann (2018), § 311 BGB Rn. 37; MüKo BGB / Emmerich, § 311 BGB Rn. 28.

85 MüKo BGB / Emmerich, § 311 BGB Rn. 29; Staudinger BGB / Feldmann (2018), § 311 BGB Rn. 43; Oetker / Maultzsch, Vertragliche Schuldverhältnisse, § 16 Rn. 25; Medicus / Lorenz, Schuldrecht BT, § 57 Rn. 5.

S. 2 und S. 3 BGB verankert und dadurch die bisherige Rechtsprechung[86] bestätigt. Im Hinblick auf die Errichtung und den Umbau findet deshalb die Vorschriften des Werkvertragsrechts Anwendung, während hinsichtlich der Übertragung des Eigentums am Grundstücks oder der Bestellung oder Übertragung des Erbbaurechts die Vorschriften über Kauf anzuwenden sind.

Die Kombinationsmethode kann aber nicht in jedem Fall zu einem sachgerechten Ergebnis führen. Beispielsweise schuldet der Erwerber gegen den Grundstückserwerb und die Bauerrichtung ein einheitliches Entgelt[87]. Die Kombinationsmethode hat die aufgespaltene Rechtsanwendung zur Folge und ist damit für das einheitliche Entgelt ungeeignet[88], denn es fehlt nicht nur an einem tauglichen Kriterium zur Aufteilung der einheitlichen Leistung[89], sondern auch der Aufspaltung steht der Wille der Vertragspartei entgegen. In diesem Fall widerspricht eine starre Festhaltung an die in § 650u Abs. 1 BGB bestimmte Kombinationsmethode den Interessen der Vertragsparteien und läuft dem Zweck und Sinn des Vertrags zuwider. Die Kombinationsmethode gibt zudem keine Antwort für die Frage, ob sich eine Störung eines Leistungsteils, die die Wirksamkeit oder den Fortbestand des Vertrags beeinträchtigt, auf den gesamten Vertrag ausdehnt[90]. Für solche Fälle ist der Grundsatz des Vorrangs der Kombinationsmethode nach dem Sinn und Zweck des Vertrags, nach der Interessenlage der Vertragsparteien sowie nach dem Zweck und der Funktionsweise der betroffenen Rechtsnormen zu modifizieren.

86 BGH Urt. 21. 11. 1985 – VII ZR 366/83 = BGHZ 96, 275 = NJW 1986, 925, juris Rn. 10.

87 BGH Urt. 12. 10. 1978 – VII ZR 288/77 = BGHZ 72, 229 = NJW 1979, 156, juris Rn. 15; Koeble in: Kompendium des Baurechts, Teil 10 Rn. 669.

88 Koeble in: Kompendium des Baurechts, Teil 10 Rn. 669; Staudinger BGB / Peters / Jacoby (2019), § 196 BGB Rn. 11. **a.A.:** BeckOK BGB / Heinrich, § 196 BGB Rn. 4.

89 Staudinger BGB / Peters / Jacoby (2019), § 196 BGB Rn. 11.

90 Oetker / Maultzsch, Vertragliche Schuldverhältnisse, § 16 Rn. 26; Medicus / Lorenz, Schuldrecht BT, § 57 Rn. 6.

II. Vergütung und Abschlagszahlungen

1. Einheitliches Entgelt

a) Einheitliche Rechtsanwendung

Durch den Bauträgervertrag schuldet der Erwerber regelmäßig – in Form des Festpreises – ein einheitliches Entgelt gegen den Grundstückserwerb und die Errichtung des Gebäudes[91]. Im Bauträgervertrag sind zwar häufig die Abschlagszahlungen vereinbart und der Erwerber hat vor der vollständigen Fertigstellung nach den im Abschlagszahlungsplan bestimmten Bauabschnitten die jeweilige Ratenzahlung zu bewirken. Dieser Umstand ändert aber nichts daran, dass das Entgelt pauschal und einheitlich für die gesamten Leistungen des Bauträgers vereinbart ist. Insoweit bestimmt der Abschlagszahlungsplan vielmehr lediglich den Betrag und die Fälligkeit der jeweiligen Rate, die weder den Kaufpreis des Grundstücks (die erste Rate gemäß § 3 Abs. 2 S. 2 Nr. 1 MaBV) noch die Vergütung des jeweiligen Bauabschnitts (weitere Raten gemäß § 3 Abs. 2 S. 2 Nr. 2 MaBV) darstellt.

Im Hinblick auf die Rechtsanwendung ist das OLG München der Meinung, hinsichtlich der Vergütung sei wie hinsichtlich der Gewährleistung und hinsichtlich der Prüfung von AGB eine Teilung in einen kauf- und werkvertraglichen Teil vorzunehmen[92]. Diese Ansicht ist jedoch äußerst fragwürdig[93]. Das Entgelt ist pauschal und einheitlich für die gesamten Leistungen des Bauträgers vereinbart, nicht eine gesamte Summe, die sich aus den für jeweilige Leistungen bestimmten einzelnen Beträgen zusammengesetzt. Das Entgelt ist daher nach dem Willen der Vertragsparteien nicht teilbar, so dass die zur Aufspaltung der Rechtsanwendung führende Kombinationsmethode nicht geeignet ist[94]. Darüber hinaus führt eine Aufspaltung des Preises zu erheblichen praktischen Problemen bei der Berechnung der Höhe des jeweiligen Teils und bei der Verrechnung der Abschlagszahlungen[95]. Aufgrund des einheitlich versprochenen Entgelts spricht sich der BGH zutreffend für eine einheitliche Rechtsanwendung

---

91 BGH Urt. 12. 10. 1978 – VII ZR 288/77 = BGHZ 72, 229 = NJW 1979, 156, juris Rn. 15; Koeble in: Kompendium des Baurechts, Teil 10 Rn. 669.

92 OLG München Beschl. 16. 02. 2015 – 9 U 3997/14 Bau = BauR 2015, 1194, Rn. 1; BeckOK BGB / Heinrich, § 196 BGB Rn. 4.

93 Staudinger BGB / Peters / Jacoby (2019), § 196 BGB Rn. 11; Koeble in: Kompendium des Baurechts, Teil 10 Rn. 669.

94 Oetker / Maultzsch, Vertragliche Schuldverhältnisse, § 16 Rn. 22.

95 Staudinger BGB / Peters / Jacoby (2019), § 196 BGB Rn. 11.

aus[96]. Insoweit findet die in § 650u Abs. 1 S. 2 und S. 3 BGB bestimmten Kombinationsmethode nicht Anwendung.

Etwas anders gilt nur, wenn die Vertragsparteien im Vertrag den entsprechenden Leistungsteilen konkrete Entgeltsansprüche ausdrücklich zugeordnet haben[97]. Eine solche Vereinbarung im Bauträgervertrag ist wohl in der Praxis selten.

b) Erfüllungssicherheit nach § 650m Abs. 2 BGB

Nach § 650m Abs. 2 BGB ist der Werkunternehmer verpflichtet, dem Verbraucher bei ersten Abschlagszahlung eine Sicherheit für die rechtzeitige Herstellung ohne wesentliche Mängel in Höhe von 5 % der vereinbarten Gesamtvergütung zu leisten (**siehe § 3.4 V**). Diese Bestimmung gilt gemäß § 650u Abs. 1 S. 2 BGB und § 1 S. 3 AbschlagsV auch für den Bauträgervertrag. Der besondere Schutzzweck[98] des § 650m Abs. 2 BGB (und § 632a Abs. 3 BGB a.F.) spricht auch für seine Anwendung auf den Bauträgervertrag.

Im Hinblick auf den Betrag der Sicherheit spricht sich eine vereinzelte Literaturstimme dafür aus, nach der Bauvertragsrechtreform 2018 beziehe sich die Höhe der Sicherheit nur auf die der Bauleistung entsprechenden Summe, da § 650u Abs. 1 S. 2 BGB nur hinsichtlich der Bauleitung auf das Werkvertragsrecht verweise[99].

Richtigerweise errechnet sich die maßgeblichen 5 % jedoch aus dem gesamten Entgelt einschließlich des Grundstücksteils, nicht nur aus der dem Bauleistungsteil entsprechenden Summe[100]. Denn das Entgelt ist pauschal und einheitlich für die gesamten Leistungen des Bauträgers vereinbart und damit nach dem Willen der Vertragsparteien unteilbar. Die Ermittlung der dem Bauleistungsteil entsprechenden Summe ist zudem im einzelnen Fall eine schwierige Aufgabe und löst häufig einen unnötigen Streit zwischen Vertragsparteien. Eine Aufspaltung des einheitlichen Entgelts führt deshalb nicht zu einem sachgerechten Ergebnis. Der Betrag des gesamten

96 BGH Urt. 12. 10. 1978 – VII ZR 288/77 = BGHZ 72, 229 = NJW 1979, 156, juris Rn. 15.
97 MüKo BGB / Busche, § 650u BGB Rn. 21.
98 BT-Drucks. 16/511, S. 15.
99 BeckOK BGB / Voit,§ 650m BGB Rn. 15.
100 Esbjörnsson in: BeckNotar-HdB, § 2 Rn. 172; Pause, BauR 2009, 898 (906).

Entgelts ist deshalb für die Sicherheitsleistung nach § 650m Abs. 2 BGB maßgeblich.

2. Rechtsanwendung

a) Grundsatz für Feststellung der einschlägigen Rechtsvorschrift

Das einheitlich versprochene Entgelt erfordert eine einheitliche Rechtsanwendung über die Zahlungspflichten des Erwerbers, so dass die in § 650u Abs. 1 S. 2 und S. 3 BGB bestimmte Kombinationsmethode keine Anwendung findet. Im Hinblick auf die einschlägige Rechtsvorschrift steht es immer im Vordergrund, den Normzweck der betroffenen Rechtsvorschrift zu berücksichtigen[101], insbesondere die zwingenden Vorschriften[102], und damit ist das vom Gesetzgeber verfolgte Ziel nicht verfehlt. Ergibt sich aus dem Normzweck kein Hinweis auf die einschlägige Vorschrift, ist auf die Absorptionsmethode zurückzugreifen und findet die Norm aus dem überwiegenden Vertragstyp Anwendung.

b) Verjährungsfristen

aa) Vor der Schuldrechtsmodernisierung

Vor der Schuldrechtsmodernisierung war der BGH der Auffassung, dass der Vergütungsanspruch des Bauträgers (einheitlich) der 2-jährigen Verjährungsfrist gemäß § 196 Abs. 1 Nr. 1 BGB a.F. unterlag[103]. Denn § 196 Abs. 1 Nr. 1 BGB a.F. galt für alle Vergütungsansprüche, die ein Kaufmann aus der tatsächlichen Ausführung von Arbeiten oder der Besorgung fremder Geschäfte herleitete – auch für die Vergütung des Bauträgers aus dem Bau einer Eigentumswohnung oder eines Hauses[104]. Die Verpflichtung des Bauträgers zur Übertragung des Eigentums am Grundstück stand zudem der Anwendung des § 196 Abs. 1 Nr. 1 BGB a.F. nicht entgegen, da die

101 Oetker / Maultzsch, Vertragliche Schuldverhältnisse, § 16 Rn. 25.

102 Medicus / Lorenz, Schuldrecht BT, § 58 Rn. 7; Staudinger BGB / Feldmann (2018), § 311 BGB Rn. 40.

103 BGH Urt. 12. 10. 1978 – VII ZR 288/77 = BGHZ 72, 229 = NJW 1979, 156, juris Rn. 9.

104 BGH Urt. 12. 10. 1978 – VII ZR 288/77 = BGHZ 72, 229 = NJW 1979, 156, juris Rn. 9 und 12.

Gegenleistung nicht insgesamt allein für die Grundstücksverschaffung geschuldet war, sondern auch für die Bauarbeiten[105].

bb) Nach der Schuldrechtsmodernisierung

Nach der Aufhebung des § 196 BGB a.F.[106] spricht sich eine vereinzelte Stimme dafür aus, auch hinsichtlich der Verjährung der Vergütungsansprüche sei eine Teilung in einen kaufrechtlichen und einen werkvertraglichen Teil vorzunehmen (Kombinationsmethode)[107]. Dieser Ansicht soll man sich aufgrund des einheitlich versprochenen Entgelts nicht anschließen[108] (**siehe oben 1. a**)).

Da das Entgelt auch für den Grundstückserwerb geschuldet ist, stellt sich die Frage, ob der Gegenleistungsanspruch des Bauträgers (einheitlich) der in § 196 BGB bestimmten 10-jährigen Verjährungsfrist unterliegt.

Eine Ansicht in der Literatur[109] spricht sich für die Anwendung der 3-jährigen allgemeinen Verjährungsfrist (§ 195 BGB) aus, da im Vergleich zum Grundstückserwerb offensichtlich der werkvertragliche Teil der Gesamtleistung (Planung und Bauerrichtung) überwiege[110]. Beim Bauträgervertrag handele es sich zudem um einen Vertrag eigner Art, nicht um einen Grundstücksvertrag i.S.v. § 196 BGB[111]. Darüber hinaus führe die Anwendung des § 196 BGB zu einem ungerechten Ergebnis, dass der Bauträger den Erwerbspreisanspruch wesentlich länger durchsetzen könne als der Erwerber den Mangelanspruch[112]. Nur etwa bei der punktuellen Sanierung stehe der Kaufvertrag im Vordergrund und damit gelte die 10-jährige Verjährungsfrist gemäß § 196 BGB[113].

Die hier vertretene Ansicht geht hingegen davon aus, dass der Gegenleistungsanspruch des Bauträgers der 10-jährigen Verjährungsfrist gemäß

---

105 BGH Urt. 12. 10. 1978 – VII ZR 288/77 = BGHZ 72, 229 = NJW 1979, 156, juris Rn. 14.

106 BT-Drucks. 14/6040, S. 99.

107 OLG München Beschl. 16. 02. 2015 – 9 U 3997/14 Bau = BauR 2015, 1194, Rn. 1; BeckOK BGB / Heinrich, § 196 BGB Rn. 4.

108 Staudinger BGB / Peters / Jacoby (2019), § 196 BGB Rn. 11; Koeble in: Kompendium des Baurechts, Teil 10 Rn. 669.

109 Vogel, NZM 2017, 681 (684); Koeble in: Kompendium des Baurechts, Teil 10 Rn. 669; MüKo BGB / Busche, 8. § 650u BGB Rn. 21.

110 Vogel, NZM 2017, 681 (684); MüKo BGB / Busche, § 650u BGB Rn. 21.

111 Koeble in: Kompendium des Baurechts, Teil 10 Rn. 669.

112 Vogel, NZM 2017, 681 (684).

113 MüKo BGB / Busche, § 650u BGB Rn. 21.

§ 196 BGB unterliegt[114]. Im Vergleich zum Grundstückserwerb überwiegt zwar zutreffend das werkvertragliche Element[115]. Im Hinblick auf die Verjährung steht aber immer der spezielle Normzweck des § 196 BGB im Vordergrund. Der Gesetzgeber beabsichtigt mit der Einbeziehung der Gegenleistung in § 196 BGB zu verhindern, dass die Verträge nicht beendet werden können, da die in § 196 BGB bezeichneten Ansprüche aufgrund des Leistungsverweigerungsrechts gemäß § 320 BGB nach der Verjährung des Gegenleistungsanspruchs nicht durchsetzbar ist[116]. Insoweit fordert der Gesetzgeber einen Gleichlauf der Verjährungsfrist zwischen Anspruch auf Grundstückseigentumsübertragung und Gegenleistungsanspruch. Beim Bauträgervertrag ist das Entgelt unzweifelhaft auch für die Übertragung des Eigentums am Grundstück geschuldet. Würde der Gegenleistungsanspruchs des Bauträgers nicht der 10-jährigen Verjährungsfrist des § 196 BGB unterliegen, wäre das vom Gesetzgeber mit § 196 BGB verfolgte Ziel verfehlt.

Das Argument, dass ein wesentlich länger als der Mangelanspruch durchsetzbare Erwerbpreisanspruch ungeeignet ist[117], ist nicht überzeugend. Zum einen ist auch bei einem bloßen Grundstückskauf die Verjährungsfrist des Kaufpreisanspruchs (§ 196 BGB) wesentlich länger als die des Sachmängelrechts (§ 438 Abs. 1 Nr. 2 und Nr. 3 BGB). Zum anderen kann der Erwerber auch nach der Verjährung seines Mangelrechts gemäß §§ 320, 641 Abs. 3 BGB oder gemäß § 634a Abs. 4 S. 2 und S. 5 BGB seine Gegenleistung berechtigt verweigern oder gegen den (verjährten) Mangelanspruch aufrechnen (§ 215 BGB).

Unterwirft sich der Erwerber jedoch im notariell-beurkundeten Bauträgervertrag wegen seiner Vergütungspflicht der sofortigen Zwangsvollstreckung (§ 794 Abs. 1 Nr. 5 ZPO), ist die 30-jährige Verjährungsfrist gemäß § 197 Abs. 1 Nr. 4 BGB anzuwenden[118].

---

114 Pause in: DLOPS, Das neue Bauvertragsrecht, § 6 Rn. 60; Staudinger BGB / Peters / Jacoby (2019), § 196 BGB Rn. 11.

115 Vogel, NZM 2017, 681 (684); MüKo BGB / Busche, § 650u BGB Rn. 21.

116 BT-Drucks. 14/7052, S. 179.

117 Vogel, NZM 2017, 681 (684).

118 Staudinger BGB / Peters / Jacoby (2019), § 196 BGB Rn. 11; Koeble in: Kompendium des Baurechts, Teil 10 Rn. 670.

c) Sonstige Umstände

Soweit kein spezieller Normzweck zu wahren ist, kommt die Absorptionsmethode in Betracht, d.h. es kommt darauf an, welcher Teil in der Gesamtleistung des Bauträgers überwiegend ist. Da der werkvertragliche Teil der Gesamtleistung (Planung und Bauerrichtung) offensichtlich überwiegt[119], sind für das Entgelt werkvertragliche Bestimmungen maßgeblich. Für diese Schlussfolgerung spricht auch § 650v BGB (§ 632a Abs. 2 BGB a.F.) i.V.m. Art. 244 EGBGB, der andeutet, dass im Hinblick auf die Zahlungspflichten des Erwerbers grundsätzlich die Bestimmungen des Werkvertragsrechts anzuwenden sind. Deshalb setzt etwa die Fälligkeit der Schlusszahlung (Vergütung) nach § 650g Abs. 4 BGB grundsätzlich eine Abnahme oder Abnahmefiktion (Nr. 1) und eine prüffähige Schlussrechnung (Nr. 2) voraus (**siehe § 4.1**).

III. Kündigung

1. Freie Kündigung (§ 648 BGB)

Der Besteller kann nach § 648 BGB bis zur Vollendung des Werks jederzeit ohne Besondere Begründung den Vertrag kündigen. Beim Bauträgervertrag steht aber dem Erwerber nach § 650u Abs. 2 BGB ein solches freies Kündigungsrecht nicht zu, was vor der Bauvertragsrechtsreform 2018 bereit von der Rechtsprechung[120] bestätigt worden ist. Denn der Bauträger ist nicht nur zur Erbringung der Gesamtleistung verpflichtet, sondern grundsätzlich auch berechtigt. Aus den kalkulatorischen und bautechnischen Gründen sind regelmäßig Grundstücksveräußerung und Bauerrichtung untrennbar. Beide Teile des Vertrags sollen miteinander stehen und fallen[121]. Eine freie Kündigung hätte jedoch eine Zerlegung der beiden Teile zur Folge. Der Erwerber könnte das Grundstück einschließlich der bis zur Kündigung erbrachten Bauleistung gegen die entsprechende Vergütung verlangen und anschließend einen anderen Bauunternehmer mit dem Weiterbau beauftragen. Dieses liefe dem von Vertragsparteien verfolg-

---

119 Vogel, NZM 2017, 681 (684); MüKo BGB / Busche, § 650u BGB Rn. 21.

120 BGH Urt. 21. 11. 1985 – VII ZR 366/83 = BGHZ 96, 275 = NJW 1986, 925, juris Rn. 13.

121 BT-Drucks. 18/8486, S. 72; BGH Urt. 21. 11. 1985 – VII ZR 366/83 = BGHZ 96, 275 = NJW 1986, 925 juris, Rn. 14.

ten wirtschaftlichen Ziel zuwider[122]. Außerdem würden insbesondere im Geschosswohnungsbau mit Blick auf die Gesamtherstellungsverpflichtung erhebliche Probleme im Verhältnis des Kündigenden zu den übrigen Erwerbern entstehen[123].

2. Kündigung aus wichtigem Grund (§ 648a BGB)

Der Bauträgervertrag erfordert grundsätzlich eine einheitliche Abwicklung des Vertrages. Die Begründung besteht hauptsächlich darin, dass Grundstückserwerb und Bauerrichtung aus den kalkulatorischen und bautechnischen Gründen untrennbar sind[124]. Zudem hat der Gesetzgeber der Bauvertragsrechtsreform 2018 erwähnt, dass der Alleingang des Kündigenden im Geschosswohnungsbau auch zu erheblichen rechtlichen Problemen im Verhältnis zu den übrigen Erwerbern führt[125]. Aus demselben Grund kommt auch ein Teilrücktritt beim Bauträgervertrag nicht in Betracht[126].

Problematisch ist, ob dieser Grundsatz im Interesse des bauträgervertragsspezifischen Erwerberschutzes durchbrochen werden kann, d.h. ob der Erwerber wegen der wesentlichen Pflichtverletzung des Bauträgers aus wichtigem Grund den Vertrag kündigen kann (vgl. § 648a BGB). Dabei handelt sich um die Wirkung der akzessorischen Auflassungsvormerkung, die das Kernstück des Sicherungssystems des Vormerkungsmodells (§ 3 MaBV) ist (**siehe § 3.4 II.**).

122 BT-Drucks. 18/8486, S. 72.

123 BT-Drucks. 18/8486, S. 72: aus demselben Grund hat der Gesetzgeber der Bauvertragsrechtsreform 2018 das Anordnungsrecht des Erwerbers (§ 650b BGB: Recht des Bestellers auf einseitigen Änderung des Leistungsinhalts) ausgeschlossen (§ 650u Abs. 2 BGB). Vgl. BT-Drucks. 18/8486, S. 72.

124 BT-Drucks. 18/8486, S. 72; BGH Urt. 21. 11. 1985 – VII ZR 366/83 = BGHZ 96, 275 = NJW 1986, 925 juris, Rn. 14.

125 BT-Drucks. 18/8486, S. 72.

126 Koeble in: Kompendium des Baurechts, Teil 10 Rn. 293 f.; Pause in: DLOPS, Das neue Bauvertragsrecht, § 6 Rn. 45; BGH Urt. 21. 11. 1985 – VII ZR 366/83 = BGHZ 96, 275 = NJW 1986, 925, juris Rn. 14; BGH Urt. 30. 04. 1976 – V ZR 143/74 = NJW 1976, 1931, juris Rn. 14; BT-Drucks. 18/8486, S. 72.

a) Vor der Bauvertragsrechtsreform

Vor der Bauvertragsrechtsreform im Jahr 2018 war die Rechtsprechung der Ansicht, dass dem Erwerber ein Kündigungsrecht aus wichtigem Grund zustand und insoweit der Grundsatz der einheitlichen Abwicklung des Bauträgervertrags durchbrochen wurde[127]. Die Erwägung der Rechtsprechung lag vor allem daran, dass die Auflassungsvormerkung, die das Kernstück des Sicherungssystems gemäß § 3 MaBV war, vom Übereignungsanspruch abhängig und damit beim Rücktritt gegenstandslos war[128]. Unter dem Sicherungssystem des § 3 MaBV könnten die Ansprüche des Erwerbers mit der Eintragung der Auflassungsvormerkung nicht mehr beeinträchtigt werden und er war auch im Fall des stillstehenden Baus hinreichend gesichert. Dies führte sogar bei der Insolvenz des Bauträgers zur Zerlegung des einheitlichen Vertrags, wenn der Insolvenzverwalter die Fertigstellung des Gebäudes nach § 103 Abs. 2 InsO (§ 17 KO a.F.) abgelehnt hat (§ 106 Abs. 1 S. 2 InsO, § 24 S. 2 KO a.F.)[129]. Die Zerlegung des einheitlichen Vertrags war außerdem dadurch gerechtfertigt, dass im Vergleich zur Schutzbedürftigkeit des vertragstreuen Erwerbers, der dem Vorleistungsrisiko ausgesetzt war, das Interesse des schwer vertragswidrig handelnden Bauträgers an der einheitlichen Abwicklung des Vertrags nachrangig war[130].

b) Nach der Bauvertragsrechtsreform

aa) Kein Kündigungsrecht aus wichtigem Grund

Der Gesetzgeber der Bauvertragsrechtsreform hat aber das seit langem von der Rechtsprechung anerkannte Kündigungsrecht des Erwerbers aus wichtigem Grund (§ 648a BGB) ersatzlos abgeschafft (§ 650u Abs. 2 BGB). Nur die Gesamtabwicklung des Vertrags im Rahmen des Rücktritts kommt in Betracht. Als Begründung zur Verkürzung des Erwerberschutzes hat

127 BGH Urt. 21. 11. 1985 – VII ZR 366/83 = BGHZ 96, 275 = NJW 1986, 925, juris Rn. 18.

128 BGH Urt. 21. 11. 1985 – VII ZR 366/83 = BGHZ 96, 275 = NJW 1986, 925, juris Rn. 19.

129 BGH Urt. 21. 11. 1985 – VII ZR 366/83 = BGHZ 96, 275 = NJW 1986, 925, juris Rn. 20.

130 BGH Urt. 21. 11. 1985 – VII ZR 366/83 = BGHZ 96, 275 = NJW 1986, 925, juris Rn. 21.

der Gesetzgeber nur einfach in der Gesetzesbegründung „die Einheitlichkeit des Vertrags" erwähnt[131], ohne die Abwägung der Interessenlage beider Vertragsparteien und das Verhältnis zum Sicherungssystem des § 3 MaBV auszuführen. Zudem will der Gesetzgeber durch Ausschluss des Kündigungsrechts aus wichtigem Grund verhindern, dass die erheblichen Probleme im Verhältnis des Kündigenden zu den übrigen Erwerbern entstehen[132].

bb) Kritik

Diese Novellierung stößt auf heftige Kritik[133], da die Funktionen des Sicherungssystems des Vormerkungsmodells (§ 3 MaBV) stark begrenzt sind und sich die Sicherungslücke des Vormerkungsmodells vergrößert. Im Rahmen des Vormerkungsmodells dürfen die vom Erwerber erbrachten Vorleistungen (Raten-/Abschlagszahlungen) die in § 3 Abs. 2 S. 2 MaBV für jeweilige Bauabschnitte bestimmten Betragsgrenzen nicht überschreiten, die ungefähr dem Wert des Grundstücks einschließlich des bisher teilweise errichteten Bauwerks entsprechen. Der Anspruch des Erwerbers auf die Übereignung des Grundstücks, das bereits mit dem teilweise fertiggestellten Bauwerk bebaut ist, ist durch die Auflassungsvormerkung gesichert, so dass die vom Erwerber bereits erbrachten Vorauszahlungen auch gesichert sind. Die Auflassungsvormerkung ist aber aufgrund ihrer Akzessorietät von dem Bestand und der Wirksamkeit des gesicherten Übereignungsanspruchs abhängig. Der Rücktritt vom Vertrag führt zur Gesamtabwicklung des Vertrags und hat die Aufhebung aller Erfüllungsansprüche einschließlich des Übereignungsanspruchs zur Folge, so dass die akzessorische Auflassungsvormerkung erloschen ist[134]. Die Ansprüche des Erwerbers auf

131 BT-Drucks. 18/8486, S. 72.

132 BT-Drucks. 18/8486, S. 72.

133 Karczewski, NZBau 2018, 328 (337); Vogel, NZM 2017, 681 (686); ders., BauR 2018, 717 (718); Grziwotz, NZBau 2019, 218 (224); Basty, MittBayNot 2017, 445 (447); Staudinger BGB / Peters (2019), § 650u BGB Rn. 12; Koeble in; Kompendium des Baurechts, Teil 10 Rn. 287, 313. **a.A.:** Pause findet jedoch die Abschaffung des Kündigungsrechts aus wichtigem Grund im Grundsatz richtig, aber die Änderung des Zahlungsmodells (zum Schluss der Sicherungslücke) ist erforderlich (Pause in: DLOPS, Das neue Bauvertragsrecht, § 6 Rn. 44 f.).

134 BGH Urt. 05. 04. 2001 – VII ZR 498/99 = NJW 2001, 2249, juris Rn. 16; Pause in: DLOPS, Das neue Bauvertragsrecht, § 6 Rn. 158; Karczewski, NZBau 2018, 328 (337); Vogel, NZM 2017, 681 (686); ders., BauR 2018, 717 (718); Staudinger BGB / Peters (2019), § 650u BGB Rn. 12.

Rückabwicklung (§ 346 BGB) sind ihrer Natur nach nicht von der Vormerkung gesichert[135], und das Zurückbehaltungsrecht des Erwerbers gegen den Berichtigungsanspruch des Bauträgers (§ 894 BGB) ist nicht insolvenzfest[136]. Mit dem Ausschluss der Kündigung aus wichtigem Grund sind daher die Funktionen des Sicherungssystems des Vormerkungsmodells stark begrenzt und damit vergrößert sich die Sicherungslücke des Vormerkungsmodells (**siehe § 3.4 II 2. a**)).

Zudem werden die berechtigten Interessen des Erwerbers nicht hinreichend berücksichtigt. Der Bauträger ist zwar berechtigt, die Gesamtleistung zu erbringen[137]. Im Vergleich zum schwerwiegend vertragswidrig handelnden Bauträger ist aber der vertragstreue Erwerber schutzwürdiger[138]. Die Möglichkeit zum Ausstieg aus dem Vertragsverhältnis soll dem Erwerber eingeräumt werden, wenn ihm die Aufrechterhaltung des Vertrags nicht zumutbar ist. Der Rücktritt, auf den der Gesetzgeber in der Gesetzesbegründung ausdrücklich hingewiesen hat[139], führt dazu, dass die enormen Vorauszahlungen des Erwerbers vollständig sicherungslos werden. Folglich ist der Ausstieg aus dem Vertragsverhältnis nur mit erheblichem Risiko möglich. Zudem ist „wichtiger Grund" i.S.v. § 648a BGB bei der Kündigung seitens Bestellers grundsätzlich eine schwerwiegende Pflichtverletzung des Werkunternehmers. Es ist daher nicht ersichtlich, warum das Interesse des schwerwiegend vertragswidrig handelnden Bauträgers an der einheitlichen Abwicklung des Vertrags absolut vorrangig ist.

Diese Bestimmung steht außerdem systematisch mit §§ 103 Abs. 2, 106 Abs. 1 InsO nicht im Einklang. Im Falle der Insolvenz des Bauträgers, die auch einen wichtigen Grund zur Kündigung des Vertrags nach § 648a BGB darstellt[140], ist eine Aufteilung des einheitlichen Bauträgervertrags zur Wahrung der Sicherungswirkung der Auflassungsvormerkung in § 106

---

135 BGH Urt. 22. 07. 2010 – III ZR 293/09 = BGHZ 186, 335 = NJW 2010, 3243, Rn. 18; BGH Urt. 22. 01. 2009 – IX ZR 66/07 = NJW 2009, 1414, Rn. 17.

136 Karczewski, NZBau 2018, 328 (337); Pause in: DLOPS, Das neue Bauvertragsrecht, § 6 Rn. 158; BGH Urt. 07. 03. 2002 – IX 457/99 = BGHZ 150, 138 = NJW 2002, 2313, juris Rn. 27 f.; BGH Urt. 22. 01. 2009 – IX ZR 66/07 = NJW 2009, 1414, Rn. 8.

137 BT-Drucks. 18/8486, S. 72; BGH Urt. 21. 11. 1985 – VII ZR 366/83 = BGHZ 96, 275 = NJW 1986, 925 juris, Rn. 14.

138 BGH Urt. 21. 11. 1985 – VII ZR 366/83 = BGHZ 96, 275 = NJW 1986, 925, juris Rn. 21.

139 BT-Drucks. 18/8486, S. 72.

140 BT-Drucks. 18/8486, S. 51; BGH Urt. 07. 04. 2016 – VII ZR 56/15 = BGHZ 210, 1 = NJW 2016, 1945 Rn. 41, 53.

Abs. 1 S. 2 InsO bestimmt[141]. Auch wenn der Insolvenzverwalter die Erfüllung der Bauerrichtungspflicht nach § 103 Abs. 2 InsO berechtigt ablehnt, ist der von der Vormerkung gesicherte Übereignungsanspruch des Erwerbers nach § 106 Abs. 1 InsO noch durchsetzbar. Der Gesetzgeber der Sachenrechtsänderung im Jahr 1978 hat diese Interpretation mit Einfügung des Satzes 2 in den damaligen § 24 KO (heute § 106 Abs. 1 InsO) ausdrücklich bestätigt und mit seiner „Rückwirkung[142]“ (aber nur Klarstellung ohne Änderung der bisherigen Rechtslage) – nämlich durch „authentische Interpretation“ – die davon abweichende frühere Rechtsprechung korrigiert[143], nach welcher der Konkursverwalter aufgrund der „Einheitlichkeit des Vertrags“ nach § 17 KO a.F. (heute: § 103 InsO) abgesehen von der Insolvenzfestigkeit der Auflassungsvormerkung nur den ganzen Vertrag annehmen oder ablehnen könne[144]. Die Einheitlichkeit des Vertrags bleibt daher hinter der Insolvenzfestigkeit der Vormerkung – sowie hinter der Wahrung ihrer Sicherungswirkung – zurück. Der Insolvenzverwalter kann nämlich mit der Erfüllungsablehnung nach § 103 Abs. 2 S. 1 InsO die mit der Kündigung vergleichbare Rechtsfolge bewirken. Der Erwerber kann den Insolvenzverwalter zur Ausübung des Wahlrechts auffordern und bei der Unterlassung auch die kündigungsähnliche Wirkung herbeiführen (§ 103 Abs. 2 S. 2 und S. 3 InsO). Im Fall der Bauträgerinsolvenz ist die vom Gesetzgeber der Bauvertragsrechtsreform 2018 verfolgte einheitliche Abwicklung des Bauträgervertrags tatsächlich nicht erreichbar.

Der Ausschluss der Kündigung aus wichtigem Grund schmälert die Funktionen des Sicherungssystems im Vormerkungsmodell (§ 3 MaBV) und verkürzt unangemessen den bauträgervertragsspezifischen Schutz des Erwerbers, der häufig ein Verbraucher ist. Insoweit widerspricht diese Novellierung dem Ziel des Gesetzgebers, mit der Reform insbesondere den Verbraucherschutz im Bauvertragsrecht zu verstärken[145].

---

141 BeckOK InsO / Berberich, § 106 InsO Rn. 41; MüKo InsO / Ott / Vuia,§ 106 InsO Rn. 24; BGH Urt. 21. 11. 1985 – VII ZR 366/83 = BGHZ 96, 275 = NJW 1986, 925 juris Rn. 20.

142 Vgl. Art. 8 § 4 Abs. 2 Sachenrechtsänderungsgesetz.

143 BT-Drucks. 8/359, S. 14; BGH Urt. 21. 04. 1978 – V ZR 77/77 = NJW 1978, 1437, juris Rn. 15-17.

144 BGH Urt. 29. 10. 1976 – V ZR 4/75 = NJW 1977, 146, juris Rn. 23.

145 Karczewski, NZBau 2018, 328 (338).

cc) Ausweg und Änderungsvorschläge

Die Abschaffung des Kündigungsrechts aus wichtigem Grund ist folglich ungeeignet und ungerecht. Trotzdem ist die Rechtsanwendung an den Willen des Gesetzgebers gebunden (§ 20 Abs. 3 GG), auch wenn seiner Entscheidung eine falsche Erwägung zugrunde liegt. Der Ausweg ist *de lege lata* leider sehr eng. Eine Analogie des § 648a BGB oder die Weitergeltung der bisherigen Rechtsprechung kommt zur Auslegung *contra legem* nicht in Betracht[146]. Ein vereinbartes Kündigungsrecht aus wichtigem Grund zugunsten des Erwerbers[147] ist von der Freiwilligkeit des Bauträgers abhängig und tatsächlich schwer umzusetzen[148], da die Immobilienmärkte insbesondere in Ballungsgebieten reine Verkäufermärkte sind[149].

Eine sachgerechte Lösung ist wohl nur durch eine zukünftige Gesetzesänderung erreichbar. In der Literatur werden viele Novellierungsvorschläge vorgelegt. Ein Teil der Literatur spricht sich dafür aus, durch eine künftige Novellierung solle § 648a BGB aus dem Ausschlusskatalog des § 650u Abs. 2 BGB herausgenommen und das Kündigungsrecht aus wichtigem Grund wieder in den Bauträgervertrag eingeführt werden, damit die gerechte Rechtslage vor der Bauvertragsrechtsreform 2018 wiederhergestellt werde[150].

Eine andere Ansicht konzentriert sich auf die Änderung des Zahlungsmodells oder die Verbesserung des Sicherungssystems in MaBV[151], da die Nachteile des Ausschlusses des Kündigungsrechts aus wichtigem Grund (§ 648a BGB) vor allem an die Sicherungslücke des Vormerkungsmodells anknüpfen. Nach diesem Vorschlag könne der Bauträger entweder bis zur Besitzübergabe vorleisten (vgl. § 641 Abs. 1 BGB) oder für seine Rückzahlungspflicht eine Bankbürgschaft oder eine Versicherung stellen (§ 7 Abs. 1 i.V.m. § 2 Abs. 1 MaBV), d.h. das rückenhafte Vormerkungsmodell nach § 3 MaBV sei abzuschaffen[152].

Die Abschaffung des Vormerkungsmodells ist aber unpraktisch. Die vom Bauträger empfangenen Abschlagszahlungen dienen vor allem dazu, sein Bauvorhaben mit zu finanzieren und die Fremdfinanzierung abzulö-

146 Pause in: DLOPS, Das neue Bauvertragsrecht, § 6 Rn. 45; Karczewski, NZBau 2018, 328 (337).
147 Basty, MittBayNot 2017, 445 (447); Weise, NJW-Spezial 2018, 44 (44).
148 Vogel, BauR 2018, 717 (719).
149 Grziwotz, NZBau 2019, 218 (224).
150 Karczewski, NZBau 2018, 328 (338); Weiss, NJW-Spezial 2018, 44 (45).
151 Pause, BauR 2017, 430 (441).
152 Pause, BauR 2017, 430 (441).

sen[153]. Eine totale Absicherung durch die Bürgschaft oder die Versicherung nach § 7 MaBV ist regelmäßig kostspielig[154]. Die Abschaffung des Vormerkungsmodells führt daher zu erhöhten Finanzierungskosten auf Seiten des Bauträgers, die wiederum mittelbar über den Preis auf den Erwerber abgewälzt werden[155]. Vor diesem Hintergrund wurde das kostengünstige, aber mit der Sicherungslücke behaftete Vormerkungsmodell im Zuge der Novellierung der MaBV im Jahr 1975[156] eingeführt.

Als Alternative der Änderung des Zahlungsmodells wird die Schließung der Sicherungslücke des Vormerkungsmodells vorgeschlagen. Die Schließung der Sicherungslücke könne durch eine Änderung der InsO erfolgen. Danach sei dem Erwerber ein insolvenzfestes Zurückbehaltungsrecht an der Auflassungsvormerkung einzuräumen und er könne damit bis zur Rückzahlung der von ihm bewirkten Abschlagszahlungen dem Insolvenzverwalter die Berichtigung des Grundbuchs berechtigt verweigern[157].

---

153 Ullmann, NJW 2002, 1073 (1074).
154 Ullmann, NJW 2002, 1073 (1075).
155 Staudinger, DNotZ 2002, 166 (182); Ullmann, NJW 2002, 1073 (1075).
156 Entwicklungsgesicht siehe: Griziwotz, NZBau 2019, 218 (218 f.).
157 Pause in: DLOPS, Das neue Bauvertragsrecht, § 6 Rn. 161.

Abschnitt 3

Verbraucherschutz beim Bauträgervertrag

Der Bauträgervertrag hat eine Wohnung oder ein Haus zum Gegenstand und bezieht sich somit auf das Grundbedürfnis „Wohnen". Da bebaubare Grundstücke nicht unbegrenzt sind, ist die Wohnungsversorgung insbesondere im Ballungsgebiet immer knapp, so dass die Immobilienmärkte reine Verkäufermärkte sind[158]. Außerdem betrifft das Bauwesen technische und rechtliche Fachkenntnisse. Im Vergleich zum gewerblich tätigen Bauträger fehlt dem Erwerber als Verbraucher regelmäßig eine Erfahrung und Sachkunde in diesem Bereich. Eine strukturelle Unterlegenheit spricht für einen Verbraucherschutz beim Vertragsschluss und im Hinblick auf den Vertragsinhalt.

Der Bauträgervertrag ist grundsätzlich in der Planungs- oder Bauerrichtungsphase abgeschlossen. Im Zeitpunkt des Vertragsschlusses liegt der Vertragsgegenstand noch nicht vor. Die Informationen über wesentliche Eigenschaften des Vertragsgegenstands, und zwar die Baubeschreibung, sind für die Abschlussentscheidung des Erwerbers von großer Bedeutung (**siehe § 3.2**). Außerdem ist der Bauträgervertrag nicht nur inhaltlich kompliziert, sondern auch regelmäßig mit erheblichen finanziellen Belastungen verbunden. Für ein solches kompliziertes und riskantes Geschäft soll dem Verbraucher eine angemessene Bedenkzeit für seine Abschlussentscheidung eingeräumt werden (**siehe § 3.3**). Darüber hinaus enthält der Bauträgervertrag regelmäßig eine Abschlagszahlungsvereinbarung. Eine Sicherung oder eine Sicherheit kann den Verbraucher vor enormem Vermögensverlust im Falle der Bauträgerinsolvenz schützen (**siehe § 3.4**). Zum Ausgleich der strukturellen Unterlegenheit des Verbrauchers sind diese Verbraucherschutzmaßnahmen im Wege der Gesetzgebung einzuführen.

Im Bereich des Verbraucherrechts ist der deutsche Gesetzgeber in großem Umfang an die europäische Gesetzgebung gebunden. Die Verbraucherrechte-RL (RL 2011/83/EU, **Abkürzung:** VRRL) fordert eine Vollharmonisierung an (Art. 4 VRRL), so dass der nationale Gesetzgeber im Harmonisierungsbereich keine abweichenden Bestimmungen – auch zuguns-

---

158 Grziwotz, NZBau 2019, 218 (224).

ten des Verbrauchers – einführen oder aufrechterhalten darf. Im Bereich des Wohnungsbaus hat der deutsche Gesetzgeber unter dem Ausnahmetatbestand in Art. 3 Abs. 3 lit. f. VRRL im Rahmen des Verbraucherbauvertrags (§ 650i ff. BGB) in Anlehnung an die VRRL parallele Verbraucherschutzvorschriften eingeführt (**siehe § 3.1 I.**).

Außerdem unterliegt der Bauträgervertrag nach § 311b Abs. 1 S. 1 BGB einem Beurkundungszwang. Neben Schutzvorschriften im Rahmen des Verbraucherbauvertrags (§§ 650i ff. BGB) genießt der Erwerber/Verbraucher im Beurkundungsverfahren einen zusätzlichen (Verbraucher)Schutz (**siehe § 3.1 III. 1. und § 3.3 II.**). Die Transparenz- und Inhaltskontrolle im Rahmen des AGB-Rechts spielen auch für den Verbraucherschutz eine wichtige Rolle (**siehe § 3.1 III. 2.**). Das AGB-Recht vervollständigt das Schutzsystem des Verbraucherbauvertrags. Das Transparenzgebot (vgl. § 307 Abs. 1 S. 2 BGB) ergänzt die gesetzlichen Anforderungen für die Baubeschreibung in Art. 249 § 2 EGBGB (**siehe § 3.2 II.**), während die Inhaltskontrolle nach §§ 307 ff. BGB im Vergleich zu starren halbzwingenden Vorschriften im Bereich der Sachmängelhaftung praktische Rechtsprobleme flexibel lösen kann (**siehe § 3.1 II. und § 4.2 IV.**). Das gewerberechtliche Verbot der MaBV setzt zudem die Mindestanforderungen für Sicherung der Vorleistungen, die durch eine Verweisungskette in § 650v BGB der privatrechtliche Tatbestand der Abschlagszahlungsvereinbarung wird (**siehe § 3.4**).

§ 3.1 Verbraucherbauvertrag

I. Verhältnis zur Verbraucherrechte-RL (VRRL)

1. Parallele Vorschriften in Anlehnung an VRRL

Der Bauträgervertrag stellt einen Kombinationsvertrag dar, der das kauf- und werkvertragliche Element enthält. Im Hinblick auf die Errichtung oder den Umbau verweist § 650u Abs. 1 S. 2 BGB auf die meisten Bestimmungen des Werkvertragsrechts, auch die Vorschriften über den Verbraucherbauvertrag (§ 650i ff. BGB). Diese bauwesenspezifischen Verbraucherschutzvorschriften wurden vom deutschen Gesetzgeber im Zug der

Bauvertragsrechtsreform 2018 eingefügt, um den Wertungswiderspruch zu vermeiden[159] und Schutzlücken zu schließen[160].

Dabei handelt es sich um den Geltungsbereich der VRRL. Die VRRL enthält ausführliche vorvertragliche Informationspflichten (Art. 5, 6 VRRL) und räumt dem Verbraucher bei Außergeschäftsraums- und Fernabsatzverträgen ein Widerrufsrecht (Art. 9 VRRL) ein. Dennoch sind Verträge über den Bau von neuen Gebäuden und erhebliche Umbaumaßnahmen an bestehenden Gebäuden aus dem Geltungsbereich der VRRL ausgeklammert (Art. 3 Abs. 3 lit. f. VRRL), da solche Verträge bereits Gegenstand einer Reihe spezifischer einzelstaatlicher Rechtsvorschriften sind[161]. Im Zug der Umsetzung der VRRL dehnte der deutsche Gesetzgeber jedoch nicht durch die überschießenden Umsetzung den Anwendungsbereich der Umsetzungsvorschriften auf solche Verträge aus (§ 312 Abs. 2 Nr. 3 BGB). Dies hatte ein nicht hinnehmbares Ungleichgewicht zur Folge. Während kleinere Bauverträge den auf die VRRL zurückgehenden Informationspflichten unterlagen, bestanden hingegen keine vergleichbaren Pflichten für größere, mit einem höheren Risiko für den Verbraucher verbundene Verträge[162]. Vor diesem Hintergrund hat der Gesetzgeber der Bauvertragsrechtsreform für erforderlich gehalten, außerhalb des Geltungsbereichs der VRRL bauwesenspezifische Verbraucherschutzvorschriften einzuführen.

In diesem Zusammenhang hat der deutsche Gesetzgeber in Anlehnung an die VRRL – nämlich die Bestimmungen über die Fernabsatz- und Außergeschäftsraumverträge – vergleichbare parallele Vorschriften über Informationspflichten (Baubeschreibungen, § 650j BGB i.V.m. Art. 249 EGBGB) und ein Widerrufsrecht (§§ 650l, 356e, 357d BGB) eingeführt. Ein Teil der Literatur ordnet derartige Gesetzgebung als eine Art der überschießenden Umsetzung der VRRL ein[163]. Dabei handelt es sich jedoch nicht – wie bei typischen Fällen der überschießenden Umsetzung – um eine bloße Ausdehnung des Anwendungsbereichs der Umsetzungsvorschriften. Der deutsche Gesetzgeber hat vielmehr unter seiner vollständigen nationalen Regelungskompetenz sein eigenes Konzept eingeführt. Insoweit beziehen sich die Informationspflichten auf die Leistungsbeschrei-

159 BT-Drucks. 18/8486, S. 61.
160 BT-Drucks. 18/8486, S. 63.
161 ErwGr. 26 VRRL.
162 BT-Drucks. 18/8486, S. 61.
163 Pause, BauR 2017, 430 (431); Stretz in: DLOPS, Das neue Bauvertragsrecht, § 5 Rn. 14.

bungen, die auf das Bauwesen zugeschnitten sind (§ 650j BGB i.V.m. Art. 249 § 2 EGBGB). Das Widerrufsrecht knüpft allein an ein bestimmtes vertragliches Schuldverhältnis (Verbraucherbauvertrag) an (§ 650l BGB), ohne Rücksicht darauf, ob die Vertragshandlung oder der Vertragsschluss in einer Fernabsatz- oder Außergeschäftsraumsituation erfolgt[164]. Zudem ist das Widerrufsrecht etwa im Hinblick auf seine Rechtsfolgen und Verwirkungstatbestände (§§ 356e, 357d BGB) teilweise anders als das Widerrufsrecht gemäß § 312g BGB (§§ 356, 357 BGB) gestaltet. Mangels der Gleichheit kommt eine richtlinienorientierte Auslegung[165] nicht in Betracht, so dass für die Auslegung der betroffenen Vorschriften ausschließlich die Vorstellung und die Erwägung des deutschen Gesetzgebers maßgeblich sind. Die VRRL gibt folglich lediglich den Anlass zur Einführung des Verbraucherbauvertrags, spielt jedoch keine Rolle für die Auslegung seiner Vorschriften.

2. Anwendungsbereich streng abhängig von VRRL

a) Strenge Anknüpfung an Ausnahmetatbestand der VRRL

Obwohl die VRRL keinen Hinweis für die Interpretation der §§ 650i ff. BGB geben kann, knüpft der Schutzbereich des Verbraucherbauvertrags streng an den Ausnahmetatbestand des Art. 3 Abs. 3 lit. f VRRL an. Nach der Legaldefinition in § 650i Abs. 1 BGB fallen nur der Neubau und die erheblichen Umbaumaßnahmen hinsichtlich Gebäudes in den Schutzbereich des Verbraucherbauvertrags. Der Hintergrund besteht darin, dass die VRRL eine Vollharmonisierung (Art. 4 VRRL) anfordert und der Verbraucherbauvertrag damit nur den nationalen Handlungsspielraum des Art. 3 Abs. 3 lit. f VRRL ausfüllt. Nach der Vorstellung des Gesetzgebers erstreckt sich deshalb der Schutzbereich des Verbraucherbauvertrags nicht auf die Verbraucherverträge, die unter die Geltungsbereich der VRRL fallen[166]. Zum Ergebnis steht der objektive Anwendungsbereich des Verbraucherbauvertrags nicht mit den „allgemeinen“ Bauvertrag (§ 650a BGB) im Einklang[167]. Nur ein sehr kleiner Teil der Bauverträge zwischen Unterneh-

---

164 Pause, BauR 2017, 430 (435 f.).

165 Über „richtlinienorientierte Auslegung“ siehe: Mayer / Schürnbrand, JZ 2004, 545 (550 ff.).

166 BT-Drucks. 18/8486, S. 100 Gegenäußerung der Bundesregierung Nr. 24.

167 Orlowski, ZfBR 2016, 419 (430).

mer (i.S.v. § 14 BGB) und Verbraucher ist in den Verbraucherbauvertrag eingeordnet[168]. Da der Verbraucherbauvertrag nur den Neubau und den dem Neubau vergleichbaren Umbau eines Gebäudes betrifft, ist wohl die Bezeichnung „Verbrauchergebäudebauvertrag" exakter und passender[169].

b) Schutzlücke aus einer erhöhten Schwelle der Baumaßnahmen

Der strenge an den Ausnahmetatbestand des Art. 3 Abs. 3 lit. f VRRL anknüpfende Schutzbereich erhöht die Schwelle zur Anwendung der bauwesenspezifischen Verbraucherschutzvorschriften in §§ 650i ff. BGB, was in einzelnen Fällen zu einem unsachgerechten Ergebnis führt[170]. Nach der Rechtsprechung des EuGH sind auslegungsbedürftige Begriffe in einer ausnahmecharakterisierten Bestimmung eng auszulegen[171] – auch der Begriff „erheblichen Umbaumaßnahmen" i.S.v. Art. 3 Abs. 3 lit. f VRRL[172]. Die enge Auslegung der Ausnahmetatbestände des Art. 3 Abs. 3 VRRL zieht die Erweiterung des Schutzbereiches der VRRL nach sich und entspricht deshalb dem *effet-utile*-Grundsatz. Die enge Auslegung der Baumaßnahmen i.S.v. § 650i Abs. 1 BGB grenzt jedoch zugleich den Schutzbereich des Verbraucherbauvertrags unangemessen ein.

Beispielsweise ist ein Verbraucher bei einer Beauftragung verschiedener Werkunternehmer für die Errichtung oder den Umbau eines Gebäudes aufgrund der finanziellen Bedeutung und der technischen Komplexität ebenso schutzbedürftig wie bei Beauftragung eines Generalunternehmers[173]. Aus dem Wortlaut des § 650i Abs. 1 BGB („Bau eines neuen Gebäudes") und der engen Auslegung des Aunahmetatbestands in Art. 3 Abs. 3 lit. f VRRL ergibt sich jedoch, nur die Errichtung oder den Umbau eines gesamten Gebäudes „aus einem Hand" in den Verbraucherbauver-

---

168 Pause, BauR 2017, 430 (432).

169 Pfennig, RNotZ 2018, 585 (587).

170 Orlowski, ZfBR 2016, 419 (430); Karczewski, NZBau 2018, 328 (330f.); BT-Drucks. 18/8486, S. 91 Stellungnahme des Bundesrates Nr. 24.

171 EuGH Urt. 12. 03. 2020 – C-538/18 = ECLI:EU:C:2020:199 (Verbraucherzentrale Berlin e.V.), Rn. 27-28.

172 BGH Urt. 30. 08. 2018 – VII ZR 243/17 = NJW 2018, 3380, Rn. 16; BT-Drucks. 17/12637, S. 46.

173 Omlor, NJW 2018, 817 (818 f.); Pfennig, RNotZ 2018, 585 (587 f.); Stretz in: DLOPS, Das neue Bauvertragsrecht, § 5 Rn. 37.

trag einzuordnen[174]. Die für die Errichtung oder den Umbau eines Gebäudes einzelnen vergebenen Bauverträge kommen folglich nicht in den Genuss der bauwesenspezifischen Verbraucherschutzvorschriften in §§ 650i ff. BGB[175]. Eine solche Differenzierung ist jedoch unsachgerecht und unangemessen, insbesondere wenn die durch die Einzelvergabe beauftragten Gewerke mit der Errichtung oder den Umbau eines Gebäude in engem sachlichen, zeitlichen und funktionalen Zusammenhang stehen und dies für den Werkunternehmer beim Vertragsabschluss auch erkennbar war[176].

Bei der Veräußerung eines sanierten Altbaus gehen Umbaumaßnahmen nicht ohne weiteres über die Schwelle der Erheblichkeit hinaus. Punktuelle sanierte Altbauten fallen nicht in den Schutzbereich des Verbraucher-

---

174 Omlor, NJW 2018, 817 (818); Pause, BauR 2017, 430 (431); Pfennig, RNotZ 2018, 585 (587 f.); Stretz in: DLOPS, Das neue Bauvertragsrecht, § 5 Rn. 28. **a.A.:** Motzke, NZBau 2017, 515 (520); OLG Zweibrücken, Urt. 29. 03. 2022 – 5 U 52/21, Rn. 34 ff. (im Hinblick auf den Ausschluss der Bauhandwerksicherung beim Verbraucherbauvertrag nach § 650 Abs. 6 Nr. 2 BGB, der aber die Harmonieserungsbereich der VRRL nicht betrifft.). Diese streitige Frage wird zukünftig **vom VII. Senat des BGH (Az. VII ZR 94/22)** und ggf. im Vorabentscheidungsverfahren nach Art. 267 AEUV vom EuGH erklärt werden.
Das Problem besteht vor allem darin, dass der Anwendungsbereich der **§§ 650i ff. BGB eng an den Ausnahmetatbestand in Art. 3 Abs. 3 lit. f VRRL anknüpft**, so dass die Erweiterung des Anwendungsbereichs des Verbraucherbauvertrags unvermeidbar zur Verkürzung des Geltungsbereichs der VRRL und damit zur Richtlinienwidrigkeit führt, insbesondere wenn das Schutznievau des Verbraucherbauvertrags in einzelnen Aspekten niedriger als VRRL ist (vgl. Art. 249 § 2 Abs. 1 S. 1 EGBGB) oder von VRRL abweicht (vgl. §§ 356e, 357d BGB). Dieses Problem ist auf die fehlerhafte Vorstellung des deutschen Gesetzgebers über seine Regelungskompetenz zurückzuführen (siehe **unten c)**). Soweit der Begriff „Verbraucherbauvertrag" i.S.v. § 650i Abs. 1 BGB weiterhin an Art. 3 Abs. 3 lit. f VRRL anknüpft und - entsprechend dem (mutmaßlichen) Einheitlichwillen des Gesetzgebers (vgl. BT-Drucks. BT-Drucks. 18/8486, S. 64 für § 632m Abs. 2 BGB) - für die Anwendung der §§ 650 ff. BGB unabhängig von dem Harmonisierungsbereich der VRRL einheitlich auszulegen ist, ist die Erweiterung des Anwendungsbereichs auf die Fälle „Einzelvergabe" nach der hier vertretenen Ansicht ***de lege lata* nur zurückhaltend anzunehmen**. Zum Beispiel fallen Bauverträge, die von einem Verbraucher zum Zweck der Errichtung eines Gebäudes mit mehreren Unternehmer abgeschlossen werden, unter Anwendungsbereich des Verbraucherbauvertrags, soweit diese Verträge so zusammen gesetzt werden, dass sie gemeinsam miteinander „stehen und fallen" sollten (**zusammengesetzte Verträge**), denn dieser Sachverhalt kann rechtfertigen, dass diese zusammengesetzten Verträge rechtlich als „ein Vertrag" (wie ein Kombinationsvertrag) zu behandeln sind.

175 Pause, BauR 2017, 430 (432).

176 Stretz in: DLOPS, Das neue Bauvertragsrecht, § 5 Rn. 37.

bauvertrags. Bei punktuellen Sanierungen bedarf der Verbraucher auch bautechnischer Informationen, da solche Umbaumaßnahmen aufgrund der Verbindung mit der unveränderten Altbausubstanz größere Schwierigkeiten enthalten und einen erheblichen technischen und finanziellen Aufwand zur Folge haben[177]. Zudem genießt der Erwerber eine Sicherheit für die rechtzeitige Herstellung des Werks ohne wesentliche Mängel in Höhe von 5 % der gesamten Vergütung (§ 650m Abs. 2 BGB, § 632a Abs. 3 BGB a.F.) nicht mehr, da seit der Einführung des Verbraucherbauvertrags unerhebliche Umbaumaßnahmen aus ihren Anwendungsfällen ausgrenzt werden[178]. Bei der Veräußerung eines sanierten Altbaus besteht deshalb eine Schutzlücke.

c) Nationale Regelungskompetenz unter Vollharmonisierung

Die Vorschriften des Verbraucherbauvertrags sind auf das Bauwesen zugeschnitten und gewähren dem Verbraucher ein hohes Schutzniveau. Es wäre deshalb wünschenswert und zweckmäßig, sämtlich Neubauten sowie Umbaumaßnahmen hinsichtlich eines Gebäudes dem Verbraucherbauvertrag zu unterstellen[179]. Zudem hat der Bundesrat im Gesetzgebungsverfahren vorgeschlagen, dass der Anwendungsbereich des Verbrauchbauvertrags und des Bauvertrags (§ 650a BGB) miteinander im Einklang stehen soll[180]. Dennoch hat der Gesetzgeber den Schutzbereich des Verbraucherbauvertrags auf den Neubau und den erheblichen Umbau eines Gebäudes begrenzt, da die VRRL eine Vollharmonisierung anfordert (Art. 4 VRRL)[181].

Hier kann man fragen, ob die Vollharmonisierungspflicht der VRRL verletzt wäre, wenn §§ 650i ff. BGB auch auf die von der VRRL erfassten Bauverträge anzuwenden wären. Relevant sind nur die Informationspflichten (§ 650j BGB i.V.m. Art. 249 EGBGB) und das Widerrufsrecht (§§ 650l, 356e, 357d BGB). Die Schutzvorschriften etwa über Abschlagszahlungen und Absicherung des Vergütungsanspruchs (§ 650m BGB), die

177 Karczewski, NZBau 2018, 328 (330).

178 Aber der Gesetzgeber der Bauvertragsrechtsreform hat nur in der Gesetzesbegründung „nicht wesentliche Änderung“ gesprochen, vgl. BT-Drucks. 18/8486, S. 64.

179 Pause, BauR 2017, 430 (432 f.).

180 BT-Drucks. 18/8486, S. 90 f. Stellungnahme des Bundesrates Nr. 24.

181 BT-Drucks. 18/8486, S. 100 Gegenäußerung der Bundesregierung Nr. 24; Omlor, NJW 2018, 817 (818 f.); Pfennig, RNotZ 2018, 585 (588); Stretz in: DLOPS, Das neue Bauvertragsrecht,§ 5 Rn. 38.

Dokumentationspflichten (§ 650n BGB) sowie die Freigestellt von der Verpflichtung einer Bauhandwerkersicherung (§ 650f Abs. 6 S. 1 Nr. 2 BGB) fallen ohne Zweifel nicht in den Harmonisierungsbereich der VRRL und unabhängig von Art. 3 VRRL steht dem deutschen Gesetzgeber eine vollständige Regelungskompetenz zu.

aa) Der Stand der Meinungen

Der Ausdehnung der vorvertraglichen Pflicht zur Stellung einer Baubeschreibung (§ 650i BGB i.V.m. Art. 249 EGBGB) auf die von der VRRL erfassten Bauverträge – abgesehen davon, dass Art. 249 § 2 Abs. 1 S. 1 EGBGB nur eine klare, aber nicht verständliche Baubeschreibung anfordert – steht die VRRL nicht entgegen, da die VRRL im Hinblick auf die Informationspflichten nur eine Mindestharmonisierung verlangt (Art. 5 Abs. 4 und Art. 6 Abs. 8 UAbs. 1 VRRL) und damit zusätzliche vorvertragliche Informationspflichten gestattet[182]. *De lege ferenda* wird vereinzelt in der Literatur[183] vorgeschlagen, dass sich der Schutzbereich des Verbraucherbauvertrags auf die von der VRRL erfassten Bauverträge ausdehnen könne und die Vollharmonisierung dadurch beachtet sei, dass das Widerrufsrecht gemäß § 650l BGB in der Weise angepasst werde, sich auf die nicht von VRRL erfassten Bauverträge zu beschränken (wie bei Ratenlieferungsverträgen nach § 510 Abs. 2 BGB[184]), oder auf das Widerrufsrecht im Interesse des einheitlichen Rechts vollständig verzichtet werde[185].

Nach der Gegenansicht[186] sei lediglich die Modifizierung des Widerrufsrechts gemäß § 650l BGB nicht ausreichend, die Vollharmonisierung zu beachten, da die VRRL einen deutlichen weiteren Regelungsrahmen (Art. 19, 21, 22 VRRL) enthalte. Der deutsche Gesetzgeber habe deshalb keine Kompetenz, die von der VRRL abweichenden §§ 650i ff. BGB auf die von VRRL erfassten Bauverträgen zur Anwendung zu bringen[187]. Eine Erstreckung des Verbraucherbauvertrags werde eine Änderung der VRRL voraussetzen[188].

182 Pause, BauR 2017, 430 (433).
183 Pause, BauR 2017, 430 (433).
184 BT-Drucks. 17/12637, S. 71.
185 Pause, BauR 2017, 430 (433).
186 Omlor, NJW 2018, 817 (817 ff.).
187 Omlor, NJW 2018, 817 (817 f.).
188 Omlor, NJW 2018, 817 (819).

bb) Stellungnahme

Die VRRL fordert zwar eine Vollharmonisierung (Art. 4 VRRL), aber diese bedeutet nicht, dass der nationale Gesetzgeber keine Kompetenz hat, außerhalb des Harmonisierungsbereichs sein eigenes Verbraucherschutzkonzept einzuführen. Die Vollharmonisierung gilt deshalb nur für die Fälle, in denen Vorschriften durch die Richtlinie harmonisiert werden. Handelt es sich nicht um die harmonisierten Vorschriften, steht dem Mitgliedstaat eine vollständige Regelungskompetenz zu[189]. Der nationale Gesetzgeber ist nämlich nur im Harmonisierungsbereich an die Richtlinie gebunden.

Beim Geltungsbereich (Harmonisierungsbereich) der VRRL kommt es nicht allein auf die Bestimmung des Art. 3 VRRL an, sondern müssen auch ihre harmonisierten Vorschriften in Betracht gezogen werden. Dies kann sich aus dem Wortlaut des Art. 3 Abs. 1 VRRL ergeben: Die VRRL gilt nur „unter den Bedingungen und in dem Umfang, wie sie in ihren Bestimmungen festgelegt sind", für jegliche Verträge zwischen Unternehmer und Verbraucher[190]. Vor diesem Hintergrund bezieht sich das Widerrufsrecht gemäß Art. 9 VRRL nicht auf jeglichen Verbrauchervertrag i.S.v. § 310 Abs. 3 BGB.

Beispielsweise unterliegen nur B2C-Geschäfte dem Widerrufsrecht für Fernabsatz- und Außergeschäftsraumverträge gemäß Art. 9 VRRL, nicht hingegen auch Verbraucherverträge, die der Verbraucher die vertragscharakteristische Leistung erbringen muss, wie z.B. in den Fällen der C2B-Geschäfte und des Bürgschaftvertrags[191]. Denn das Ende der Widerrufsfrist bezieht sich nur auf Kauf- und Dienstleistungsverträge sowie Verträge über die Lieferung öffentlicher Versorgungsleistung und über die Bereitstellung

---

189 ErwGr. 9 Verbraucherkredit-RL. Beispielsweise kann der deutsche Gesetzgeber trotz der Vollharmonisierung der Verbraucherkredit-RL (vgl. Art. 22 Abs. 1 Verbraucherkredit-RL) im Verbraucherdarlehensvertrag (§§ 491 ff. BGB) die Schutzvorschriften über den Zahlungsverzug (§ 497 BGB) sowie die Gesamtfälligkeit (§ 498 BGB) aufrechterhalten.

190 BGH Urt. 22. 09. 2020 – XI ZR 219/19 = BGHZ 227, 72 = NJW 2020, 3649, Rn. 27; Loewenich, WM 2015, 113 (115); Bülow / Artz, Verbraucherprivatrecht, Rn. 86.

191 BGH Urt. 22. 09. 2020 – XI ZR 219/19 = BGHZ 227, 72 = NJW 2020, 3649, Rn. 27 ff.; Loewenich, WM 2015, 113 (113 ff.); Bülow / Artz, Verbraucherprivatrecht, Rn. 86; Heiderhoff, Europäisches Privatrecht, Rn. 330; Stackmann, NJW 2014, 2403 (2403 ff.); BeckOK BGB / Schmidt-Räntsch, § 312 BGB Rn. 1. **a.A.:** Hoffmann, ZIP 2015, 1365 (1367f.); Schürnbrand, WM 2014, 1157 (1159 f.); P. Meier, ZIP 2015, 1156 (1159 ff.); Brennecke, ZJS 2014, 236 (238); Schärtl, JuS 2014, 577 (578 Fn. 29); BeckOK BGB / Rohe,§ 765 BGB Rn. 24.

von digitalen Inhalten (Art. 9 Abs. 2 VRRL)[192]. Die an Fernabsatz- und Außergeschäftsraumverträge anknüpfenden Informationspflichten (Art. 6 Abs. 1 VRRL) sind nur auf B2C-Geschäfte zugeschnitten[193]. Aus diesem Grund liegt ein Widerrufsrecht für einen Verbrauchervertrag, der den Verbraucher zur Erbringung einer vertragscharakteristischen Leistung verpflichtet, wie z.B. eine Bürgschaft zu übernehmen (vgl. § 765 BGB), auch wenn dieser in einer Fernabsatz- oder Außergeschäftsraumsituation abgeschlossen ist, außerhalb des Harmonisierungsbereichs der VRRL[194], so dass dem nationalen Gesetzgeber trotz der Vollharmonisierung der VRRL eine vollständige Regelungskompetenz zusteht[195].

(1) Widerrufsrecht (§ 650l BGB)

Aus ErwGr. 9 VRRL ergibt sich, dass die VRRL nur die Vorschriften der Mitgliedsstaaten über das Widerrufsrecht bei Verträgen angleicht, die im Fernabsatz oder außerhalb von Geschäftsräumen verhandelt oder abgeschlossen werden. Dies folgt auch aus Art. 3 Abs. 1 i.V.m. Art. 9 VRRL. Im Hinblick auf das Widerrufsrecht richtet sich der Geltungsbereich (Harmonisierungsbereich) der VRRL nach den Bedingungen und dem Umfang, wie sie im Art. 9 VRRL festgelegt, welcher sich nur auf Fernabsatz- und Außergeschäftsraumverträge bezieht. Das Widerrufsrecht, das nicht an eine in Art. 9 VRRL bestimmte besondere Vertriebsform, sondern nur an ein bestimmtes vertragliches Schuldverhältnis anknüpft, fällt somit nicht in den Harmonisierungsbereich der VRRL. Dafür spricht auch der unter-

---

192 BGH Urt. 22. 09. 2020 – XI ZR 219/19 = BGHZ 227, 72 = NJW 2020, 3649, Rn. 27 f.; Loewenich, WM 2015, 113 (115); Bülow / Artz, Verbraucherprivatrecht, Rn. 86.

193 Loewenich, WM 2015, 113 (115); BGH Urt. 22. 09. 2020 – XI ZR 219/19 = BGHZ 227, 72 = NJW 2020, 3649, Rn. 29.

194 BGH Urt. 22. 09. 2020 – XI ZR 219/19 = BGHZ 227, 72 = NJW 2020, 3649, Rn. 26 ff.

195 Schürnbrand, WM 2014, 1157 (1161); Heiderhoff, Europäisches Privatrecht, Rn. 330.
Dennoch hat der deutsche Gesetzgeber unter seiner nationalen Regelungskompetenz **bewusst nicht** im Wege der überschießenden Umsetzung des Art. 9 VRRL **dem Bürgen**, der ein Verbraucher i.S.v. § 13 BGB ist, **ein Widerrufsrecht eingeräumt**, wie ihm dieses nach der bisherigen Rechtsprechung (vgl. BGH Urt. 10. 01. 2006 – XI ZR 169/05 = BGHZ 165, 363 = NJW 2006, 845, Rn. 13 f.) zusteht. Vgl. BGH BGH Urt. 22. 09. 2020 – XI ZR 219/19 = BGHZ 227, 72 = NJW 2020, 3649, Rn. 19 ff.

schiedliche Zwecksetzung des Widerrufsrechts. Das Widerrufsrecht gemäß Art. 9 VRRL gleicht Nachteile (Überrumpelung oder Fehlen der Prüfungsmöglichkeit beim Vertragsschluss) aus einer vom Unternehmer eingesetzten besonderen Vertriebsform aus[196], während das Widerrufsrecht, das an ein bestimmtes vertragliches Schuldverhältnis anknüpft, dem Verbraucher – neben der Überrumplungsschutz[197] – eine nachträgliche Überlegungsfrist für den Abschluss eines komplexen[198], riskanten[199] und/oder mit einer besonderen wirtschaftlichen Gefährdung[200] oder finanziellen Belastung[201] einhergehenden Rechtsgeschäfts gewährt.

Aus diesem Grund betrifft die Gestaltung des Widerrufsrechts gemäß § 650l BGB grundsätzlich nicht den Harmonisierungsbereich der VRRL. Denn das Widerrufsrecht gemäß § 650l BGB knüpft allein an ein bestimmtes Schuldverhältnis (Verbraucherbauvertrag) an, ohne Rücksicht darauf, ob die Vertragshandlung oder der Vertragsschluss in einer Fernabsatz- oder Außergeschäftsraumsituation erfolgt. Insoweit durfte der deutsche Gesetzgeber nicht nur das Widerrufsrecht nach seinem eigenen Konzept gestalten (z.B. §§ 356e, 357d BGB), sondern auch unter seiner eigenen Erwägung die Anwendungsfälle des Widerrufsrechts – ggf. auch für von Art. 3 VRRL erfassten Bauverträge. Auch wenn man diese Ansicht nicht annehmen will, könnte ein Widerrufsrecht zumindest für die von Art. 3 erfassten Bauverträge eingeräumt werden, die nicht in einer Fernabsatz- oder Außergeschäftsraumsituation abgeschlossen wurden (vgl. Ratenlieferungsvertrag nach § 510 Abs. 2 BGB[202]).

(2) Allgemeine Pflichten (§ 312a BGB)

Die zweite Ansicht (Gegenansicht[203]) fürchtet, dass die Umsetzung von Art. 19, 21, 22 VRRL und damit die Vollharmonisierung nach Art. 4

---

196 ErwGr. 37 VRRL; BGH Urt. 12. 11. 2015 – I ZR 168/14 = WM 2016, 968, Rn. 30, 32.

197 BT-Drucks. 18/8486, S. 63 (Verbraucherbauvertrag).

198 BT-Drucks. 13/4185, S. 12 (Teilzeitwohnrecht).

199 BGH Urt. 19. 07. 2012 – III ZR 252/11 = NJW 2012, 3428, Rn. 22 (Verbraucherdarlehen).

200 BT-Drucks. 7/1398, S. 3 i.V.m. BT-Drucks. 7/598, S. 5 (Verbraucherdarlehen).

201 BT-Drucks. 18/8486, S. 63 (Verbraucherbauvertrag); BT-Drucks. 7/1398, S. 5 (Ratenlieferungsvertrag).

202 BT-Drucks. 17/12637, S. 71.

203 Omlor, NJW 2018, 817 (817 ff.).

VRRL durch die Erweiterung des Anwendungsbereichs des Verbraucherbauvertrags auf die von Art. 3 VRRL erfassten Bauverträge beeinträchtigt würden. Diese Sorge ist jedoch nicht realistisch. Denn der Verbraucherbauvertrag (§§ 650i ff. BGB) enthält keine Bestimmungen über das Entgelt der Zahlungsmittel (Art. 19 VRRL, § 312a Abs. 4 Nr. 2 BGB), Telefonkommunikation (Art. 21 VRRL, § 312a Abs. 5 BGB) sowie zusätzliche Zahlungsmittel (Art. 22 VRRL, § 312a Abs. 3 BGB). Die Umsetzung dieser Bestimmungen erfolgt im Rahmen der „allgemeinen Pflichten“ (§ 312a BGB) und würde deswegen nicht durch die Ausdehnung des Schutzbereichs des Verbraucherbauvertrags auf die von der VRRL erfassten Bauverträge beeinträchtigt. Insoweit ist die Umsetzung des Art. 19 und 22 VRRL dadurch gewährgeleistet, dass diese Regelungen im Wege der überschießenden Umsetzung auch auf den Verbraucherbauvertrag anzuwenden sind (§ 312 Abs. 2 BGB). *De lege ferenda* ist allerdings vorstellbar, dass § 312 Abs. 2 Nr. 3 BGB – wie seine Formulierung in der Fassung vor der Bauvertragsrechtsreform 2018 – unmittelbar an Art. 3 Abs. 3 lit. f VRRL anknüpft und dadurch auch die Umsetzung des Art. 21 VRRL sichergestellt ist.

cc) Zwischenergebnis

Nach der hier vertretenen Ansicht durfte der deutsche Gesetzgeber nach seiner eigenen Erwägung den Schutzbereich des Verbraucherbauvertrages auf die von der VRRL erfassten Bauverträge ausdehnen. Im Hinblick auf die Informationspflichten fallen zwar alle B2C-Geschäfte in den Harmonisierungsbereich der VRRL (ErwGr. 9 und Art. 5 VRRL), aber die VRRL verlangt nur eine Mindestharmonisierung (Art. 5 Abs. 4 und Art. 6 Abs. 8 UAbs. 1 VRRL) und gestattet damit zusätzliche vorvertragliche Informationspflichten wie die Baubeschreibung in § 650j BGB i.V.m. Art. 249 § 2 EGBGB[204]. Allerdings wäre die Baubeschreibung der Mindestanforderung der VRRL anzupassen, und zwar nicht nur in klarer Weise (Art. 249 § 2 EGBGB), sondern auch in verständlicher Weise (Art. 5 Abs. 1, Art. 6 Abs. 1 VRRL) zu formulieren. Das Widerrufsrecht in § 650l BGB betrifft nach seiner Gestaltung den Harmonisierungsbereich der VRRL nicht, da Art. 9 VRRL sich nur auf das Widerrufsrecht für Fernabsatz- und Außergeschäftsraumverträge bezieht (ErwGr. 9 VRRL). Zumindest könnte das Widerrufsrecht in Anlehnung an § 510 Abs. 2 BGB insoweit eingeräumt werden, als der Bauvertrag weder im Fernabsatz

---

204 Pause, BauR 2017, 430 (433).

noch außerhalb von Geschäftsräumen abgeschlossen würde. Auch § 650m, § 650n BGB und § 650f Abs. 6 Nr. 2 BGB fallen zweifellos nicht in den Harmonisierungsbereich der VRRL. Daher hat der deutsche Gesetzgeber eine weitere Regelsetzungskompetenz, als er sie sich eigentlich vorgestellt hat[205]. Für die Erweiterung des Schutzbereichs des Verbraucherbauvertrags ist nämlich die Änderung der VRRL nicht erforderlich[206].

d) Schließung der Schutzlücke

aa) Keine Analogiemöglichkeit

Der deutsche Gesetzgeber hat bewusst davon Abstand genommen, den Schutzbereich des Verbraucherbauvertrags auf die von der VRRL erfassten Bauverträge auszudehnen[207]. Im Hinblick auf einzelne Schutzinstrumente hat der Gesetzgeber zudem seine Aufmerksamkeit vor allem auf den Neubau und den (erheblichen) Umbau eines Gebäudes gerichtet[208]. Daher fehlt es an einer planwidrigen Regelungslücke, so dass die Analogie der §§ 650i ff. BGB nicht in Betracht kommt[209].

bb) Baubeschreibung

Im Hinblick auf die Baubeschreibung bei Bauverträgen, deren Baumaßnahmen die Schwelle des § 650i Abs. 1 BGB nicht überschreiten, ist grundsätzlich auf § 312d Abs. 1 BGB i.V.m. Art. 246a § 1 Abs. 1 Nr. 1, § 4 Abs. 1 EGBGB oder § 312a Abs. 2 BGB i.V.m. Art. 246 Abs. 1 Nr. 1 EGBGB zurückzugreifen, nach denen der Unternehmer verpflichtet ist, dem Verbraucher vor dem Vertragsabschluss Informationen über die wesentlichen Eigenschaften der Dienstleistung in klarer und verständlicher Weise zur Verfügung zu stellen. Die wesentlichen Eigenschaften der Bauleistungen sind je nach der Komplexität und der Höhe der Vergütung jeweiliger

---

205 BT-Drucks. 18/8486, S. 100 Gegenäußerung der Bundesregierung Nr. 24.

206 **A.A.:** Omlor, NJW 2018, 817 (819).

207 BT-Drucks. 18/8486, S. 100 Gegenäußerung der Bundesregierung Nr. 24.

208 Widerrufsrecht (BT-Drucks. 18/8486, S. 63); Abschlagszahlungen (BT-Drucks. 18/8486, S. 64).

209 Omlor, NJW 2018, 817 (819).

Bauverträge[210] – ggf. in Anlehnung an Art. 249 § 2 EGBGB – zu konkretisieren.

Beim Erwerb eines punktuell sanierten Altbaus kommt ein Rückgriff auf § 312a Abs. 2 und § 312d Abs. 1 BGB nicht in Betracht, da derartige Verträge einer notariellen Beurkundung bedürfen (§ 311b Abs. 1 S. 1 BGB), so dass die allgemeine Verbraucherschutzregeln in §§ 312 ff. BGB nur sehr begrenzt anwendbar sind (§ 312 Abs. 2 Nr. 1 BGB). Dennoch unterliegen die Vertragsklauseln, die einseitig vom Veräußerer vorformuliert wurden, auch wenn sie nur einmalig verwendet werden (§ 310 Abs. 3 Nr. 2 BGB), dem Transparenzgebot des AGB-Rechts (§ 307 Abs. 1 S. 2 BGB, Art. 5 S. 1 Klausel-RL), nach dem die Vertragsklauseln einschließlich Leistungsbeschreibungen (§ 307 Abs. 3 S. 2, Abs. 1 S. 2 BGB, Art. 4 Abs. 2 Klausel-RL) in klarer und verständlicher Weise abgefasst werden müssen (**siehe § 3.2 II.**). Der Vertragstext einschließlich der Baubeschreibung soll zudem nach § 17 Abs. 2a S. 2 Nr. 2 BeurkG im Regelfall 2 Wochen vor dem Beurkundungstermin dem Verbraucher zur Verfügung gestellt werden. Mit dieser Weise könnte das Informationsbedürfnis des Verbrauchers angemessen befriedigt werden (**siehe § 3.3 II.**).

cc) Erfüllungssicherheit bei Abschlagszahlungen (§ 650m Abs. 2 BGB)

Überschreitet die Umbaumaßnahme die Schwelle der Erheblichkeit noch nicht, genießt der Verbraucher nach der Bauvertragsrechtsreform die Sicherheit nach § 650m Abs. 2 BGB (§ 632a Abs. 3 BGB a.F.) nicht mehr. Der Vertrag über den Erwerb eines punktuell sanierten Altbaus unterliegt jedoch der Beurkundungspflicht nach § 311b Abs. 1 S. 1 BGB. Der Notar ist nach § 17 Abs. 1 S. 1 BeurkG verpflichtet, die Beteiligten auf die Gefahren aufmerksam zu machen, die mit ungesicherten Vorleistungen verbunden sind, und entsprechende Abhilfen aufzuzeigen[211] (**siehe § 3.4 I.**). Zumindest im Falle des Erwerbs eines punktuell sanierten Altbaus kann u.U. durch diese Notaramtspflicht eine mit § 650m Abs. 2 BGB vergleichbare Sicherheit vereinbart werden.

---

210 BeckOK BGB / Martens, Art. 246 EGBGB Rn. 12.

211 BGH Urt. 27. 10. 1994 – IX ZR 12/94 = NJW 1995, 330, juris Rn. 12 f.; Staudinger BGB / Hertel (2017), BeurkG Rn. 469; Pause, BauR 2009, 898 (905).

3. Erhebliche Umbaumaßnahme

Ein Bauvertrag ist bei Erfüllung der folgenden Voraussetzungen in den Verbraucherbauvertrag i.S.v. § 650i Abs. 1 BGB einzustufen: Der Gegenstand ist ein Gebäude oder ein vergleichbares Bauwerk[212] zu allen Zwecken[213]. Die betroffenen Bauleistungen sind insgesamt von einem Generalunternehmer zu erbringen, so dass die Beauftragung verschiedener Werkunternehmer im Weg der Einzelvergabe nicht ausreichend ist[214]. Die betroffenen Baumaßnahmen sind der Neubau oder dem Neubau vergleichbare Umbaumaßnahmen (erhebliche Umbaumaßnahmen).

Bei Baumaßnahmen handelt es sich im Falle des Bauträgervertrags nach § 650u Abs. 1 S. 1 BGB um die Errichtung oder den Umbau eines Hauses oder eines vergleichbaren Bauwerks. Aus der Kombination von Grundstückserwerb und Bauerrichtung ist die Einzelvergabe (**siehe oben 2. b**)) schwer vorstellbar, da der Erwerber den Vertrag mit einem Generalunternehmer als Grundstücksverkäufer abgeschlossen hat[215]. Dennoch überschreiten im Falle des Erwerbs eines sanierten Altbaus vom Bauträger auszuführende Umbaumaßnahmen nicht immer die Schwelle der Erheblichkeit des § 650i BGB (sog. Erwerb eines punktuellen sanierten Altbaus). Insoweit kann der Schutzbereich des Verbraucherbauvertrags alle Bauträgerverträge nicht vollständig abdecken (**siehe oben 2. b**) **und d**)). Darüber hinaus bezieht sich die Erheblichkeit der Umbaumaßnahmen auch auf die Reichweite der werkvertraglichen Sachmängelhaftung[216] (**siehe § 2.1 III.**). Die Frage, ob die Umbaumaßnahmen im Einzelfall erheblich sind, ist nämlich auch beim Bauträgervertrag für die Rechtsanwendung von großer Bedeutung.

Erhebliche Umbaumaßnahmen sind solche, die dem Bau eines neuen Gebäudes vergleichbar sind. Maßgeblich sind mithin Umfang und Komplexität des Eingriffs sowie das Ausmaß des Eingriffs in die bauliche

212 Stretz in: DLOPS, Das neue Bauvertragsrecht, § 5 Rn. 26.

213 Omlor, NJW 2018, 817 (819); Pause, BauR 2017, 430 (431); Stretz in: DLOPS, Das neue Bauvertragsrecht, § 5 Rn. 26.

214 Omlor, NJW 2018, 817 (818); Pausel, BauR 2017, 430 (431); Pfennig, RNotZ 2018, 585 (587 f.); Stretz in: DLOPS, Das neue Bauvertragsrecht, § 5 Rn. 28. **a.A.:** Motzke, NZBau 2017, 515 (520).

215 BGH Urt. 21. 03. 2002 – VII ZR 493/00 = BGHZ 150, 226 = NJW 2002, 2470, juris Rn. 40.

216 BGH Urt. 06. 10. 2005 – VII ZR 117/04 = BGHZ 164, 225 = NJW 2006, 214, Rn. 16.

Substanz des Gebäudes[217]. In der VRRL wird als Beispiel erwähnt, dass Baumaßnahmen, bei denen nur die Fassade eines alten Gebäudes erhalten bleibt, erheblich sind[218]. Bei der Aufstockung eines Altbaus mit einer weiteren Etage[219] oder bei einer Umwandlung eines Einfamilienhauses ins Zweifamilienhaus[220] sind ein wesentlicher Eingriff in bauliche Substanz des Gebäudes erforderlich, so dass die Baumaßnahmen einem Neubau vergleichbar sind. Das gilt gleich für die vollständige und umfassende (also nicht nur punktuelle) Sanierung und Modernisierung eines Altbaus – beispielsweise erfassen die Baumaßnahmen die Neuerrichtung der gesamten Bewässerung-, Entwässerung-, Elektro- und Heizungsanlage sowie die Erneuerung der Dacheindeckung, der Boden- und Wandbeläge, des Außenputzes sowie des Anstrichs und ggf. auch mit einem Anbau oder Ausbau zahlreicher Anlagen[221].

Nach der Rechtsprechung sind außerdem Umbaumaßnahmen erheblich, die eine Nutzungsänderung ermöglichen, etwa die Umwandlung eines gewerblichen Gebäudeteils in eine Eigentumswohnung[222]. Nach einem Teil der Literatur geht diese Rechtsprechung zu weit[223]. Meines Erachtens kommt es bei der Nutzungsänderung vielmehr auf Einzelfallumstände an. Die eine Nutzungsänderung ermöglichenden Maßnahmen sind nicht unbedingt einem Neubau vergleichbar und überschreiten somit die Schwelle der Erheblichkeit. Bei einer Umwandlung einer Sozialwohnung in eine Eigentumswohnung handelt es sich sogar nicht um eine Herstellungspflicht[224]. Im Hinblick auf das Abgrenzungskriterium ist folglich wiederum auf den Umfang, die Komplexität des Eingriffs sowie den Ausmaß des Eingriffs in bauliche Substanz des Gebäudes zurückzugrei-

---

217 BT-Drucks. 17/12637, S. 46; BT-Drucks. 18/8486, S. 61; BGH Urt. 30. 08. 2018 – VII ZR 243/17 = NJW 2018, 3380, Rn. 16.

218 ErwGr. 26 VRRL; BGH Urt. 07. 05. 1987 – VII ZR 366/85 = BGHZ 100, 391 = NJW 1988, 490, juris Rn. 32 f.

219 BGH Urt. 29. 06. 1989 – VII ZR 151/88 = BGHZ 108, 164 = NJW 1989, 2784, juris Rn. 29; BGH Urt. 26. 04. 2007 – VII ZR 210/05 = NJW 2007, 3275, Rn. 21.

220 BGH Urt. 29. 06. 1989 – VII ZR 151/88 = BGHZ 108, 164 = NJW 1989, 2784, juris Rn. 29.

221 BGH Urt. 07. 05. 1987 – VII ZR 366/85 = BGHZ 100, 391 = NJW 1988, 490, juris Rn. 26; BGH Urt. 16. 12. 2004 – VII ZR 257/03 = NJW 2005, 1115, juris Rn. 22.

222 BGH Urt. 29. 06. 1989 – VII ZR 151/88 = BGHZ 108, 164 = NJW 1989, 2748, juris Rn. 28.

223 Staudinger BGB / Coester-Waltjen (2019), § 309 Nr. 8 BGB Rn. 25.

224 BGH Urt. 23. 06. 1989 – V ZR 40/88 = BGHZ 108, 156 = NJW 1989, 2534, juris Rn. 15.

fen. Im Zweifel ist im Interesse der Erweiterung des Schutzbereiches der VRRL (**siehe oben 2. b)**) anzunehmen, dass die Baumaßnahmen unerheblich sind.

Unerheblich sind auch Baumaßnahmen, die lediglich punktuell in die Bausubstanz eingreifen[225] und die Altbausubstanz nicht wesentlich verändern, wie sie im Verlaufe des „Lebensalters" eines Wohngebäudes von Zeit zu Zeit vorgenommen werden[226]. Die Errichtung von Anbauten am Gebäude – z. B. einer Garage oder eines Wintergartens – überschreitet auch nicht die Schwelle der Erheblichkeit[227].

II. Halbzwingender Charakter und AGB-Festigkeit

Wie viele Verbraucherverträge ordnet § 650o BGB an, dass von den Vorschriften des Verbraucherbauvertrags mit Ausnahme des § 650m BGB und von § 640 Abs. 2 S. 2 BGB nicht zum Nachteil des Verbrauchers – auch durch eine Individualabrede i.S.v. § 305b BGB – abgewichen werden darf. Nach dem ausdrücklichen Willen des Gesetzgebers erfasst diese halbzwingende Wirkung nicht die Sachmängelhaftung (§§ 633 ff. BGB)[228] und die Schutzvorschriften über Abschlagszahlungen (§ 650m BGB)[229]. Stattdessen schützt die AGB-Inhaltkontrolle (etwa §§ 307, 309 Nr. 7, Nr. 8 lit. b und Nr. 15 BGB) die Verbraucher vor den ungerechten Vertragsklauseln.

Insbesondere der halbzwingende Charakter der Sachmängelhaftung stößt bereits im Verbrauchsgüterkauf (§§ 474 ff. BGB) auf heftige Kritik[230]. Da beim Verbrauchsgüterkauf die Lebensdauer der Kaufsache und die vom Käufer verfolgten Verwendungszwecke vielfältig sind, kann der deutsche und europäische Gesetzgeber oft die Interessen des Verbrauchers in einzelnen Fällen nicht wirklich einschätzen[231]. Die „starre" halbzwingende Sachmängelhaftung ist nämlich nicht immer auf die konkrete Interessenlage der Verbraucher zugeschnitten. Beispielsweise ist die 2-jährige Verjäh-

---

225 BGH Urt. 06. 10. 2005 – VII ZR 117/04 = BGHZ 164, 225 = NJW 2006, 214, Rn. 24.
226 BGH Urt. 07. 05. 1987 – VII ZR 366/85 = BGHZ 100, 391 = NJW 1988, 490, juris Rn. 26.
227 ErwGr. 26 VRRL; BT-Drucks. 17/12637, S. 46; BT-Drucks. 18/8486, S. 61.
228 BT-Drucks. 18/8486, S. 101.
229 BT-Drucks. 18/8486, S. 37.
230 Medicus / Lorenz, Schuldrecht BT, § 11 Rn. 20; MüKo BGB / Lorenz, § 476 BGB Rn. 10; Heiderhoff, Europäisches Privatrecht, Rn. 287.
231 Heiderhoff, Europäisches Privatrecht, Rn. 287.

rungsfrist für die Lebensmittel oder die nur einmal verwendeten Sachen zu lang. Auch ein Risikogeschäft, das zwar im Einzelfall für Verbraucher günstig und sinnvoll ist, da er die Kaufsache (z.B. einen Gebrauchtwagen) unter einem vollständigen Haftungsausschluss zu einem sehr günstigen Preis erwerben kann, ist im Rahmen des Verbrauchsgüterkaufs nicht mehr möglich (§ 476 Abs. 1 S. 1 BGB)[232]. Im Vergleich dazu gewährt die AGB-Inhaltskontrolle mehr Flexibilität, damit die Vertragsbedingungen der konkreten Interessenlage der Vertragsparteien im Einzelfall besser anzupassen sind. Aus diesen Gründen vertritt ein Teil der Literatur, dass eine halbzwingende Sachmängelhaftung massiv in die Vertragsfreiheit eingreift und damit rechtspolitisch falsch ist[233]. Außerdem genießt der Verbraucher im Hinblick auf mangelhafte neuhergestellte Sachen im Rahmen des AGB-Rechts einen umfassenden Schutz (§§ 307, 309 Nr. 7, Nr. 8 b BGB). Insoweit ist eine halbzwingende Sachmängelhaftung aus rechtspolitischen Gründen nicht notwendig.

Anders als im Verbrauchsgüterkauf besteht keine europarechtliche Bindung wie Art. 21 Abs. 1 WKRL im Verbraucherbauvertrag und Bauträgervertrag. Die Inhaltskontrolle des AGB-Rechts – insbesondere § 309 Nr. 8 lit. b BGB – gewährt bereits dem Verbraucher einen ausreichenden Schutz vor missbräuchlichen Vertragsbedingungen[234] (**siehe auch § 4.2 IV.**). Insoweit ist eine halbzwingende Wirkung der Sachmängelhaftung rechtspolitisch nicht erforderlich.

Auch eine von § 650m BGB abweichende Vereinbarung kann nach der Ansicht des Gesetzgebers in Form der Individualabrede getroffen werden (§ 309 Nr. 15 BGB)[235]. Das Gesetz räumt dem Verbraucher die Möglichkeit ein, Vorauszahlungen bewusst hinzunehmen, wenn ihm dafür an anderer Stelle günstigere Vertragsbedingungen (z.B. Preisnachlass) angeboten werden[236]. Beim Bauträgervertrag unterliegt aber die Abschlagszahlungsvereinbarung durch eine lange Verweisungskette (§ 650v BGB, Art. 244 EGBGB, § 1 AbschlagV i.V.m. § 3 und § 7 MaBV) den besonderen Anforderungen im Rahmen der MaBV. Dabei handelt es sich um ein gesetzliches Verbot i.S.v. § 134 BGB. Die von Anforderungen in § 3 und § 7 MaBV

---

232 Oetker / Maultzsch, Vertragliche Schuldverhältnisse, § 2 Rn. 613; Bülow / Artz, Verbraucherprivatrecht, Rn. 497; Medicus / Lorenz, Schuldrecht BT, § 11 Rn. 20; MüKo BGB / Lorenz, § 476 BGB Rn. 10.

233 Medicus / Lorenz, Schuldrecht BT, § 11 Rn. 20; MüKo BGB / Lorenz, § 476 BGB Rn. 10.

234 BT-Drucks. 18/8486, S. 101.

235 BT-Drucks. 16/511, S. 15; BT-Drucks. 18/8486, S. 37.

236 BT-Drucks. 18/8486, S. 37.

abweichenden Vereinbarungen – auch die Individualabreden i.S.v. § 305b BGB –sind nach § 12 MaBV und § 134 BGB unwirksam[237] (**siehe § 3.4 IV. 1.**).

III. Besonderheit beim Bauträgervertrag

1. Beteiligung des Notars

Der Bauträgervertrag enthält neben der Bauleistung die Verpflichtung zur Verschaffung des Grundstückseigentums oder Erbbaurechts (§ 650u Abs. 1 BGB) und unterliegt damit der notariellen Beurkundung (§ 311b Abs. 1 BGB, § 4 Abs. 3 WEG, § 11 Abs. 2 ErbbauRG). Der Notar ist unabhängiger und unparteiischer Betreuer der Beteiligten (§ 14 Abs. 1 BNotO). Im Rahmen der Beurkundung obliegen dem Notar Verlesungs-, Prüfungs- und Belehrungspflichten (§ 13 Abs. 1 und § 17 BeurkG)[238]. Aufgrund dieser notariellen Amtspflichten ist der Verbraucher auf die rechtliche Tragweite sowie auf die Risiken des beabsichtigen Geschäfts hinzuweisen und über eine sichere Vertragsgestaltung zu belehren. Durch die Mitwirkung des Notars ist zumindest die rechtliche Unterlegenheit des Verbrauchers in gewisser Weise auszugleichen. Der Aufklärungsmechanismus im Beurkundungsverfahren wird nach § 17 Abs. 2a S. 2 BeurkG bei Verbraucherverträgen – insbesondere bei komplexen und riskanten Immobiliengeschäften – durch weitere notarielle Amtspflichten optimiert und verstärkt[239].

§ 17 Abs. 2a S. 2 Nr. 1 BeurkG fordert eine persönliche Anwesenheit des Verbrauchers oder eine Vertretung durch eine Vertrauensperson an. Damit sind Verbraucherverträge durch geschäftsmäßige Vertreter mit u.U. konkurrierenden Eigeninteressen aufgrund sehr weitgehender Vollmachten zu vermeiden[240].

Nach § 17 Abs. 2a S. 2 Nr. 2 BeurkG bekommt der Verbraucher die Gelegenheit, sich vorab mit dem beabsichtigten Vertrag auseinanderzusetzen. Insbesondere bei nach § 311b Abs. 1 S. 1, Abs. 3 BGB beurkundungsbedürftigen Verbraucherverträgen (Immobiliengeschäfte) steht dem Verbrau-

237 BGH Urt. 22. 12. 2000 – VII ZR 310/99 = BGHZ 146, 250 = NJW 2001, 818 juris Rn. 23; BGH Urt. 22. 03. 2007 – VII ZR 268/05 = BGHZ 171, 364 = NJW 2007, 1947, Rn. 19.

238 BT-Drucks. 17/12637, S. 57.

239 BT-Drucks. 14/9266, S. 50.

240 BT-Drucks. 14/9266, S. 50 f.

cher in der Regel 2 Wochen vor dem Beurkundungstermin der beabsichtigte Vertragstext zur Verfügung. Dadurch ist nicht nur das Aufklärungspotenzial des Beurkundungsverfahrens zu optimieren[241], sondern auch dem Verbraucher eine Bedenkzeit vor Vertragsschluss einzuräumen, in Ruhe und vom Unternehmer unbeeinflusst seine Abschlussentscheidung nachzudenken[242] (**siehe § 3.3 II**). Vor diesem Hintergrund ist das Widerrufsrecht (§ 650l BGB) beim Bauträgervertrag nach § 650u Abs. 2 BGB ausgeschlossen[243] (**siehe § 3.3 I 2.**). Während dieser Überlegungsfrist kann der Verbraucher sich vor Abgabe seiner Vertragserklärung ausreichend informieren und ggf. Experten heranziehen. Insoweit ist der vom Gesetzgeber durch die Informationspflichten (§ 650j BGB i.V.m. Art. 249 EGBGB) verfolgte Schutzzweck im Rahmen der Beurkundung erreichbar[244] (**siehe § 3.2 I 2. a)**).

Im Rahmen der Belehrungspflicht nach § 17 Abs. 1 S. 1 BeurkG hat der Notar außerdem im Hinblick auf die ungesicherte Vorleistung eine doppelte Belehrungspflicht. Er muss nicht nur über die Vorleistungsrisiken belehren, sondern auch die Wege zur Vermeidung der Risiken aufzeigen[245]. Der Notar muss nach § 4 BeurkG die Beurkundung der Abschlagszahlungsvereinbarung ablehnen, die nach § 12 MaBV i.V.m. § 134 BGB oder nach §§ 307 ff. BGB unwirksam ist[246]. Durch diesen notariellen Amtspflichten sind zum einen die gesetzlichen Sicherungsinstrumente (z.B. §§ 3, 7 MaBV, § 650m Abs. 2 BGB) im konkreten Vertragsverhältnis sicherzustellen, zum anderen ist auch den sonstigen von diesen Sicherungsinstrumenten nicht erfassten Vorleistungsrisiken wirksam entgegenzuwirken (**siehe § 3.4 I**).

241 BGH Urt. 25. 06. 2015 – III ZR 292/14 = BGHZ 206, 112 = NJW 2015, 2646, Rn. 19; BT-Drucks. 14/9266, S. 50.

242 Staudinger BGB / Hertel (2017), BeurkG Rn. 526.

243 BT-Drucks. 18/8486, S. 72.

244 Pfennig, RNotZ 2018, 585 (591); BT-Drucks. 14/9266, S. 50.

245 BGH Urt. 27. 10. 1994 – IX ZR 12/94 = NJW 1995, 330, juris Rn. 12 f.; Staudinger BGB / Hertel (2017), BeurkG Rn. 469; Pause, BauR 2009, 898 (905).

246 BeckOK BGB / Litzenburger, § 4 BeurkG Rn. 2; Wagner in: Messerschmidt / Voit, Privates Baurecht, Teil I E Rn. 30.13.

2. AGB-Vermutung

Bei der Bauträgerveräußerung handelt es sich vor allem um einen standardisierten Eigentumswohnungsvorratsbau[247]. Das Klauselwerk ist regelmäßig in Form des Formularvertrags gestaltet, damit der Bauträger alle Eigentumswohnungen in demselben Bauvorhaben an mehrere Erwerber veräußern kann. Aus der Gestaltung des Formularvertrags kann sich das Vorliegen von AGB i.S.v. § 305 Abs. 1 BGB ergeben, d.h. das Klauselwerk ist für einen mehrfachen Vertragsabschluss vorformuliert und vom Bauträger gestellt[248]. Dabei geht es um einen Anscheinsbeweis[249]. Soweit der Erwerber ein Verbraucher ist, greift die Fiktion des § 310 Abs. 3 Nr. 1 BGB ein, und zwar die AGB gelten als vom Bauträger gestellt – d.h. auch der vom Notar verwendete Formularvertrag unterliegt ohne weiteres AGB-Recht. Folglich finden §§ 305 ff. BGB im Falle des Bauträgerverkaufs regelmäßig ihre Anwendung.

§ 3.2 Baubeschreibung

I. Allgemein

1. Doppelter Charakter der Baubeschreibung

Die verbraucherrechtlichen vorvertraglichen Informationspflichten sind eines der wesentlichen Verbraucherschutzinstrumente. Jede Vertragspartei hat eigentlich keine allgemeine Pflicht zur Aufklärung der für die Entscheidung ihres Vertragspartners wesentlichen Umstände, da sie ihre eigenen Interessen vertritt und ihre Vorteile bedenkt[250]. Im Vergleich zum Verbraucher beherrscht der gewerbetätige Unternehmer aber aufgrund ihrer besonderen Fachkenntnis und Erfahrung deutlich mehr Informationen über die angebotenen Waren und Dienstleistungen. Die verbraucherrechtlichen Informationspflichten dienen vor allem dazu, die strukturell asymmetrische Informationslage zwischen Unternehmer und Verbraucher

---

247 Grziwotz, NZBau 2019, 218 (218).

248 BGH Urt. 14. 05. 1992 – VII ZR 204/90 = BGHZ 118, 229 = NJW 1992, 2160, juris Rn. 30 ff.

249 BGH Urt. 14. 05. 1992 – VII ZR 204/90 = BGHZ 118, 229 = NJW 1992, 2160, juris Rn. 30.

250 Stadler, BGB AT, § 25 Rn. 77; Medicus / Lorenz, Schuldrecht AT, § 40 Rn. 21.

auszugleichen. Sie fördern die privatautonome Entscheidung des Verbrauchers und erleichtern bei der Leistungsstörung oder bei der späteren Rechtsstreitigkeit die Rechtsausübung.

Die vorvertraglichen Informationspflichten können in zahlreichen verbraucherrechtlichen Richtlinien ihre Niederlassung finden, auch in der VRRL. Die in Art. 5 und Art. 6 VRRL enthaltenen vorvertraglichen Informationspflichten sind in § 312a Abs. 2 BGB i.V.m. Art. 246 EGBGB und in § 312d Abs. 1 BGB i.V.m. Art. 246a EGBGB umgesetzt. Art. 246 Abs. 1 Nr. 1 und Art. 246a § 1 Abs. 1 Nr. 1 EGBGB fordern den Unternehmer auf, dem Verbraucher Informationen über die wesentlichen Eigenschaften der Waren oder Dienstleistungen zur Verfügung zu stellen. Diese Bestimmungen gelten aber nach § 312 Abs. 1 Nr. 3 BGB nicht für einen Verbraucherbauvertrag i.S.v. § 650i Abs. 1 BGB. Im Zuge der Bauvertragsrechtsreform hat der deutsche Gesetzgeber im Rahmen des Verbraucherbauvertrags die vorvertraglichen Informationspflichten, und zwar die Pflicht zur Aushändigung der Baubeschreibung (§§ 650j f. BGB) eingeführt, um die Schutzlücke zu schließen und den Wertungswiderspruch zu vermeiden[251].

Die Baubeschreibung bezieht sich nicht nur auf die vorvertraglichen Informationspflichten, sondern auch auf die vertraglichen Leistungen des Unternehmers. Der Vertragsgegenstand des Bauvertrags ist im Zeitpunkt des Vertragsschlusses noch zu errichten und liegt damit noch nicht vor. Jedes Bauvorhaben ist nach jeweiligen individuellen Umständen – etwa wie Baugrund, Verhältnis zur Umgebung und individueller Wünsche des Bestellers – im Einzelfall unterschiedlich. Die vom Unternehmer angebotene Leistung kann daher nicht allein durch die Nennung des Vertragsgegenstands, sondern auch durch eine weitere Leistungsbeschreibung (Baubeschreibung) bestimmt werden. In Ermangelung der Baubeschreibung kann der Vertrag oft mangels *essentialia negotii* nicht zustande kommen[252]. Die Bauschreibung konkretisiert auch die Beschaffenheit der Bauleistungen und ist damit die Beschaffenheitsvereinbarung i.S.v. § 633 Abs. 2 S. 1 BGB[253].

Vor diesem Hintergrund hat der Verbraucher das Interesse daran, die Baubeschreibung in der Phase der Vertragsanbahnung und der Vertragshandlung zu erhalten, damit er prüfen kann, ob die angebotene Leis-

---

251 BT-Drucks. 18/8486, S. 61.

252 Stretz in: DLOPS, in: Das neue Bauvertragsrecht, § 5 Rn. 128.

253 Karczewski, NZBau 2018, 328 (329); Pause in: DLOPS, das neue Bauvertragsrecht, § 6 Rn. 81; MüKoBGB / Busche, § 633 BGB Rn. 1; Medicus / Lorenz, Schuldrecht BT, § 37 Rn. 6; JurisPK-BGB / Genius, § 633 BGB Rn. 18.

tung seinem Wunsch entspricht, und sie mit anderen Angeboten vergleichen kann. Die vorvertragliche Pflicht zur Erteilung der Baubeschreibung (§ 650j BGB i.V.m. Art. 249 EGBGB) fördert nämlich die privatautonome Entscheidung des Verbrauchers und den Wettbewerb[254]. Soweit ein Verbraucherbauvertrag endlich zustande kommt, wird die vorvertragliche Baubeschreibung durch ausdrückliche oder konkludente Vereinbarung[255] oder kraft Gesetzes (§ 650k Abs. 1 BGB)[256] Bestandteil des Vertrags. Insoweit weist die Baubeschreibung einen doppelten Charakter auf, und zwar die Informationen im Vorfeld des Vertragsschlusses und den bindenden Vertragsinhalt. Vor diesem Hintergrund unterliegt die Baubeschreibung sowohl den Bestimmungen über vorvertragliche Informationspflichten als auch den Bestimmungen über einen bereits abgeschlossenen Vertrag – insbesondere den allgemeinen Auslegungsgrundsätzen und u.U. auch dem Transparenzgebot des AGB-Rechts (**siehe unten II**).

2. Besonderheit des Bauträgervertrags

a) Notarielle Beurkundung

Der Bauträgervertrag enthält neben der Bauleistung die Verpflichtung zur Verschaffung des Grundstückseigentums oder Erbbaurechts (§ 650u Abs. 1 BGB) und unterliegt damit der notariellen Beurkundung (§ 311b Abs. 1 BGB, § 4 Abs. 3 WEG, § 11 Abs. 2 ErbbauRG). Die Formbedürftigkeit erfasst nicht nur die Verpflichtung zur Verschaffung des Grundstücks, sondern auch alle Vereinbarungen einschließlich der Baubeschreibung im Bauträgervertrag[257]. Da die Baubeschreibung einen notwendigen Bestandteil des beurkundeten Bauträgervertrags darstellt, ist nach der Ansicht des Gesetzgebers die Einbeziehung der Baubeschreibung kraft Gesetzes nach § 650k Abs. 1 BGB nicht erforderlich, so dass diese Regelung auf den Bauträgervertrag keine Anwendung findet (§ 650u Abs. 2 BGB)[258]. Außerdem ist der Schutzzweck des Art. 249 § 1 EGBGB, dass der Verbraucher sich vor Abgabe seiner Vertragserklärung ausreichend informieren

---

254 BT-Drucks. 18/8486, S. 62.

255 BT-Drucks. 14/6040, S. 261.

256 BT-Drucks. 18/8486, S. 62.

257 BGH Urt. 20. 12. 1974 – V ZR 132/73 = BGHZ 63, 359 = NJW 1975, 536, juris Rn. 20; BGH Urt. 03. 07. 2008 – III ZR 189/07 = NJW-RR 2008, 1506, Rn. 10.

258 BT-Drucks. 18/8486, S. 72.

und ggf. Experten heranziehen kann, auch dadurch erreichbar, dass der Notar nach § 17 Abs. 2a S. 2 Nr. 2 BeurkG dem Verbraucher den beabsichtigten Vertragstext einschließlich der Baubeschreibung aushändigt[259]. Dieser beurkundungsrechtliche Schutz erfasst über den Schutzbereich des Verbraucherbauvertrags hinaus auch den Vertrag über die Veräußerung eines punktuell sanierten Gebäudes (**siehe § 3.1 I. 2. b) und d)**). Darüber hinaus muss die Formbedürftigkeit auch bei der Auslegung der Baubeschreibung in Betracht gezogen werden. Die außerhalb der Urkunde liegenden Umstände sind im Interesse der Formbeachtung nicht unbeschränkt zu berücksichtigen[260] (**siehe unten III**).

b) Vorformulierte Baubeschreibung

Beim Bauträgervertrag kann man grundsätzlich davon ausgehen, dass die Baubeschreibung auch AGB i.S.v. § 305 Abs. 1 BGB darstellt, weil im Bauvorhaben des Bauträgers häufig mehrere gleichartige Wohnungen zu errichten sind. Die Baubeschreibung als die Beschreibung des Vertragsgegenstands unterliegt zwar nicht der materiellen Inhaltskontrolle, aber dem Transparenzgebot des AGB-Rechts (§ 307 Abs. 3 S. 2, Abs. 1 S. 2 BGB, siehe auch Art. 4 Abs. 2 Klausel-RL)[261]. Dies gilt grundsätzlich auch für den Fall, dass die Baubeschreibung nur eine bestimmte Einheit betrifft und deshalb nur für einen Vertrag verwendet wird, weil die Baubeschreibung aufgrund der Planungshoheit grundsätzlich einseitig vom Bauträger vorformuliert wird und das Transparenzgebot nach § 310 Abs. 3 Nr. 2 BGB auf solche Einmalbedingungen anzuwenden ist[262].

3. Rechtsfolge der Verletzung der Informationspflichten

Die vorvertraglichen Informationspflichten gemäß § 650j BGB i.V.m. Art. 249 EGBGB können in verschiedener Weise mangelhaft oder unvollständig erfüllt werden. Die Baubeschreibung könnte von vornherein (voll-

---

259 Pfennig, RNotZ 2018, 585 (591). Vgl. auch Begründung für § 17 Abs. 2a BeurkG: BT-Drucks. 14/9266, S. 50.

260 BGH Urt. 20. 12. 1974 – V ZR 132/73 = BGHZ 63, 359 = NJW 1975, 536, juris Rn. 24.

261 Stretz in: DLOPS, Das neue Bauvertragsrecht, § 5 Rn. 89.

262 Karczewski, NZBau 2018, 328 (329); Stretz in: DLOPS, Das neue Bauvertragsrecht, § 5 Rn. 88.

ständig) fehlen. Im Hinblick auf ihren Inhalt könnte die Baubeschreibung nicht in klarer und verständlicher Weise formuliert sein. Die Baubeschreibung könnte auch zwar dem Verbraucher zur Verfügung stehen, aber nicht rechtzeitig. Der Unternehmer könnte in der Baubeschreibung bewusst oder fahrlässig fehlerhafte Informationen übermitteln.

Darauf hat der Gesetzgeber bereits reagiert. Nach § 650k Abs. 1 BGB wird die vorvertragliche Baubeschreibung beim Vertragsschluss kraft Gesetzes der Bestandteil des Vertrags. Damit garantiert der Unternehmer die Richtigkeit der Baubeschreibung, so dass die berechtigte Erwartung des Verbrauchers geschützt wird[263]. Die Unklarheit und Unvollständigkeit der Baubeschreibung ist vor allem durch die Vertragsauslegung zu beheben. Insoweit sind alle vertragsbegleitenden Umstände, insbesondere Komfort- und Qualitätsstandard nach der übrigen Leistungsbeschreibung zu berücksichtigen (§ 650k Abs. 2 S. 1 BGB)[264] (**siehe unten II 3. a) aa**)). Im Zweifel ist der Vertrag – auch bei einer individuell ausgehandelten Baubeschreibung[265] – zugunsten des Verbrauchers auszulegen (§ 650k Abs. 2 S. 2 BGB) (**siehe unten II 3. a) bb**)). Durch die Auslegungsregeln können die vom Unternehmer geschuldeten Leistungen möglichst der berechtigten Erwartung des Verbrauchers entsprechen. Auch bei einer nicht rechtzeitigen Übermittlung der Baubeschreibung ist durch das Widerrufsrecht (§ 650l BGB) eine nachträgliche Überlegungszeit sicherzustellen[266] (**siehe § 3.3 I.**). Bei unwiderruflichem Bauträgervertrag räumt § 17 Abs. 2a S. 2 Nr. 2 BeurkG hingegen dem Verbraucher eine 2-wöchige Überlegungsfrist vor dem Vertragsschluss (Beurkundungstermin) ein (**siehe § 3.3 II.**).

Außerdem stellen die vorvertraglichen Informationspflichten eine echte Rechtspflicht des Unternehmers dar. Ihre Verletzung hat einen Schadensersatz aus *c.i.c.* (§§ 311 Abs. 2, 280 Abs. 1 BGB) zur Folge[267]. Soweit eine (mangelhafte) Baubeschreibung vorliegt, konkurriert dieser Anspruch mit

---

263 Karczewski, NZBau 2018, 328 (328).

264 BT-Drucks. 18/8486, S. 62; BGH Urt. 14. 06. 2007 – VII ZR 45/06 = BGHZ 172, 346 = NJW 2007, 2983 (DIN 4109), Rn. 25; BGH Urt. 04. 06. 2009 – VII ZR 54/07 = BGHZ 181, 225 = NJW 2009, 2349 (Schallschutz), Rn. 12; BGH Urt. 21. 11. 2013. VII ZR 275/12 = NJW 2014, 620 (Gefälle), Rn. 11.

265 Stretz in: DLOPS, Das neue Bauvertragsrecht, § 5 Rn. 122.

266 **A.A.:** Stretz in: DLOPS, Das neue Bauvertragsrecht, § 5 Rn. 94: Der Unternehmer müsse dem Verbraucher in Anlehnung an § 17 Abs. 2a S. 2 Nr. 2 BeurkG – neben 14 Tage Widerrufsfrist – 2 Wochen vor dem Vertragsabschluss einräumen, die Baubeschreibung zu prüfen.

267 BT-Drucks. 18/8486, S. 62 f.; Omlor, NJW 2018, 817 (819); Reiter, JA 2018, 241 (242).

der Sachmängelhaftung und wird damit grundsätzlich von der Letzteren verdrängt (**siehe unten II 3. b) aa**)). Fehlt eine Baubeschreibung hingegen vollständig, hat der Gesetzgeber zwar in der Gesetzesbegründung ausdrücklich auf den Schadensersatz hingewiesen[268]. Aber ein Verbraucherbauvertrag ohne Baubeschreibung kann grundsätzlich nicht zustande kommen oder ist formnichtig, da die Vertragsparteien sich nicht über *essentialia negotii* einig sind[269] und/oder die mündliche Einigung über die Bauausführung mangels einer notariellen Beurkundung (beim Bauträgervertrag) oder einer Textform (§ 650i Abs. 1 BGB) nach § 125 BGB unwirksam ist[270].

II. Transparenzanforderung der Baubeschreibung

1. Empfängerhorizont

a) Kollision zwischen Verbraucherbaurecht und AGB-Recht

Im Hinblick auf die Formulierungsweise der Baubeschreibung fordert Art. 249 § 2 Abs. 1 S. 1 EGBGB lediglich, die wesentlichen Eigenschaften des angebotenen Werks „in klarer Weise" darzustellen, d.h. eine für den Verbraucher verständliche Baubeschreibung ist nicht erforderlich. Insoweit weicht Art. 249 § 2 Abs. 1 S. 1 EGBGB von allen anderen verbraucherrechtlichen Informationspflichten ab, nach denen die Informationen „in klarer und verständlicher Weise" zu übermitteln sind (vgl. Art. 246 Abs. 1 EGBGB). Diese Abweichung ist auf die Erwägung des Gesetzgebers zurückzuführen, dass die Bauschreibung unvermeidlich teilweise komplexe technische Informationen enthält und eine für den Verbraucher verständliche Baubeschreibung nicht geboten ist[271]. Statt der Kenntnisse eines durchschnittlichen Verbrauchers ist der Empfängerhorizont eines Experten maßgeblich[272]. Nach der Ansicht des Gesetzgebers kann der Verbraucher im Hinblick auf das Verständlichkeitsproblem einen Experten hinzuziehen[273].

---

268 BT-Drucks. 18/8486, S. 62 f.

269 Stretz in: DLOPS, in: Das neue Bauvertragsrecht, § 5 Rn. 128.

270 BGH Urt. 12. 07. 1996 – V ZR 202/95 = NJW 1996, 2792, juris Rn. 13.

271 BT-Drucks. 18/8486, S. 73 f.

272 Pfennig, RNotZ 2018, 585 (593).

273 BT-Drucks. 18/8486, S. 73 f.

Die Baubeschreibung kann auch vom Unternehmer einseitig vorformuliert werden, was vielmehr der Regelfall beim Bauträgervertrag ist. Die vorformulierte Baubeschreibung wird nach dem Abschluss eines konkreten Vertrags Vertragsklauseln, in denen der Hauptgegenstand des Vertrags dargestellt ist. Beim Verbrauchervertrag unterliegen solche vorformulierte Vertragsklauseln dem Transparenzgebot des AGB-Rechts, unabhängig davon, ob sie für mehrfache oder einmalige Verwendung abgefasst werden (§ 310 Abs. 3 Nr. 2 BGB). Nach § 307 Abs. 1 S. 2 BGB ist die Klausel „in klarer und verständlicher Weise“ zu formulieren (vgl. auch Art. 5 S. 1 Klausel-RL). Der Empfängerhorizont wird auf den durchschnittlichen Verbraucher – und nicht wie Art. 249 § 2 Abs. 1 S. 1 EBGB auf einen Experten – abgestellt[274]. Im Hinblick auf die Formulierungsweise der Baubeschreibung entsteht deshalb eine Kollision zwischen AGB-Recht und Verbraucherbaurecht.

b) Stand der Meinungen

Hinsichtlich dieser Kollision wird vereinzelt[275] vertreten, dass die vorformulierte Baubeschreibung auch unter Berücksichtigung des Transparenzgebots nicht verständlich zu formulieren sei. Das Transparenzgebot fordere lediglich, den Verbraucher auf die Abweichung von seinem Erwartungshorizont hinzuweisen[276]. Als Begründung hat diese Ansicht vor allem vom gesetzlichen Leitbild des Art. 249 § 2 Abs. 1 S. 1 EGBGB gesprochen. Aus dem Rechtsgedanken des § 307 Abs. 2 Nr. 2 BGB ergebe sich, dass ein Verstoß gegen AGB-Recht nicht ohne weiteres anzunehmen sei, soweit dem gesetzlichen Leitbild gefolgt werde. Art. 249 § 2 Abs. 1 S. 1 EGBGB fordere lediglich, die Baubeschreibung in klarer Weise zu formulieren. Diese Bestimmung beinhalte eine wesentliche Erwägung des Gesetzgebers, dass das Gebot der Verständlichkeit in der Baubeschreibung tatsächlich schwer erreichbar sei und eine klare Baubeschreibung dem Verbraucher genüge, mithilfe eines Experten einen sinnvollen Marktvergleich durchzuführen[277]. Auch vor der Einführung des Art. 249 § 2 Abs. 1 S. 1 EGBGB sei zudem das Transparenzgebot des AGB-Rechts in Bezug auf die Bau-

---

274 Pfeiffer in: Grabitz/Hilf, Das Recht der Europäischen Union, Art. 5 RL 93/13/EWG Rn. 9.
275 Pfennig, RNotZ 2018, 585 (593 f.).
276 Pfennig, RNotZ 2018, 585 (594).
277 Pfennig, RNotZ 2018, 585 (593).

beschreibung nicht in voller Konsequenz umgesetzt worden. Eine klare Formulierung der Baubeschreibung – etwa durch die Nennung des technischen Regelungswerks – sei als ausreichend anerkannt worden, soweit diese nicht vom Erwartungshorizont des Verbrauchers abweiche[278]. Art. 249 § 2 Abs. 1 S. 1 EGBGB schaffe nämlich ein gesetzliches Leitbild für die Baubeschreibung, so dass eine klare, aber für den Verbraucher unverständliche Baubeschreibung, soweit sie auf die Abweichung vom Erwartungshorizont des Verbrauchers hinweise, als ausreichend anerkannt werde[279].

Die hier vertretene Ansicht schließt sich der überwiegenden Ansicht an, nach welcher die vorformulierte Baubeschreibung in klarer und verständlicher Weise formuliert werden soll[280]. Das in § 307 Abs. 1 S. 2 BGB bestimmte Transparenzgebot ist auf die Art. 4 Abs. 2, Abs. 5 S. 1 Klausel-RL zurückzuführen. Nach Art. 5 S. 1 Klausel-RL muss eine Klausel „in klarer und verständlicher Weise" abgefasst sein. Aus der Umsetzungspflicht muss der Mitgliedstaat nicht nur die Richtlinie umfassend und richtig ins nationale Recht umsetzen, sondern auch nicht durch eine spätere Gesetzgebung abschaffen[281]. Da Art. 8 Klausel-RL eine Mindestharmonisierung anfordert, darf der nationale Gesetzgeber in Geltungsbereich der Klausel-RL keine Rechtsvorschriften erlassen, deren Schutzniveau den Mindestschutzstandard der Klausel-RL unterschreitet[282]. Außerdem muss der Mitgliedstaat nach ErwGr. 14 Klausel-RL dafür sorgen, dass in seinem nationalen Zivilrecht keine missbrauchsbegründenden Rechtsvorschriften enthalten sind[283]. Eine Richtlinienwidrigkeit kann daher angenommen werden, wenn eine bloß klare Formulierung einer Baubeschreibung unter Berücksichtigung des Art. 249 § 2 Abs. 1 S. 1 EGBGB dem Transparenzgebot des § 307 Abs. 1 S. 2 BGB genügen würde[284]. Insoweit ist § 307 Abs. 1 S. 2 BGB so richtlinienkonform auszulegen, dass die vorformulierte Baube-

278 Pfennig, RNotZ 2018, 585 (594).

279 Pfennig, RNotZ 2018, 585 (593 f.).

280 Karczewski, NZBau 2018, 328 (329); Grziwotz, NZBau 2019, 218 (222); Stretz in: DLOPS, Das neue Bauvertragsrecht, § 5 Rn. 86 ff.; Pause, in demselben Buch, § 6 Rn. 88 ff.; MüKo BGB / Busche, § 650j BGB Rn. 14.

281 Karczewski, NZBau 2018, 328 (329); Pause in: DLOPS, Das neue Bauvertragsrecht, § 6 Rn. 89 f.

282 Ullmann, NJW 2002, 1073 (1077); Vogel, BauR 2018, 717 (719); Staudinger, DNotZ 2002, 166 (173).

283 Pfeiffer in: Grabitz/Hilf, Das Recht der Europäischen Union, Art. 1 RL 93/13/EWG Rn. 24; MüKo BGB / Wurmnest,§ 307 BGB Rn. 11; Ullmann, NJW 2002, 1073 (1078); Staudinger, DNotZ 2002, 166 (173).

284 Karczewski, NZBau 2018, 328 (329); Pause in: DLOPS, Das neue Bauvertragsrecht, § 6 Rn. 89 f.

schreibung trotz der niedrigen Anforderung des Art. 249 § 2 Abs. 1 S. 1 EGBGB nach der Maßgabe des § 307 Abs. 1 S. 2 BGB in klarer und verständlicher Weise zu formulieren ist. Diese Interpretation entspricht auch dem *effet-utile*-Grundsatz.

Trotzdem ist der Unterschied zwischen beiden Ansichten bei der Umsetzung in die praktischen Fälle wohl nicht so erheblich. Das Transparenzgebot hat seine immanente und generelle Beschränkung auf das Mögliche und Zumutbare (**siehe unten 2. a) dd**))[285]. Das Transparenzgebot fordert daher nicht, dem Verbraucher jedes technische Detail in verständlicher Weise – also mit einem großen Volumen – zu erklären. Die Baubeschreibung muss sich auf einige wesentliche Punkte konzentrieren[286]. Außerdem haben beide Ansichten in bestimmten Punkten ähnliche Ergebnisse. Beispielsweise halten beide Ansichten die funktionale Baubeschreibung für zulässig und zweckgemäß (**siehe unten 2. b**))[287]. Beide Ansichten sind sich zudem darüber einig, dass der Bauträger den Erwerber (Verbraucher) auf die Abweichung von seiner berechtigten Erwartung hinzuweisen hat und nicht durch einen dem Erwerber fremden Fachbegriff oder eine missverständliche Formulierung irreführen darf (**siehe unten 2. c**))[288]. Der Unterschied zwischen beiden Ansichten ist wohl lediglich dogmatisch, da die beiden Ansichten auf die BGH-Rechtsprechung über den Schallschutzstandard (DIN 4109) verwiesen haben[289]. Bei der Umsetzung in konkrete Fälle dürfte der praktische Unterschied wohl nicht spürbar werden.

---

285 Staundinger BGB / Wendland (2019), § 307 BGB Rn. 195; Fuchs in: UBH, AGB-Rechte, § 307 BGB Rn. 348; BeckOK BGB / H. Schmidt, § 307 BGB Rn. 48; BGH Urt. 20. 07. 2005 – VIII ZR 121 /04 = BGHZ 164, 11 = NJW-RR 2005, 1496, juris Rn. 9.

286 Stoffels, AGB-Recht, Rn. 573; Fuchs in: UBH, AGB-Recht, § 307 BGB Rn. 349; Staudinger BGB / Wendland (2019), § 307 BGB Rn. 195.

287 **Erste Ansicht:** Pfennig, RNotZ 2018, 585 (595). **Überwiegende Ansicht:** Pause, BauR 2017, 430 (434); Grziwotz, NZBau 2019, 218 (222).

288 **Erste Ansicht:** Pfennig, RNotZ 2018, 585 (595). **Überwiegende Ansicht:** Stretz in: DLOPS, Das neue Bauvertragsrecht, § 5 Rn. 90; Karczewski, NZBau 2018, 328 (330).

289 **Erste Ansicht:** Pfennig, RNotZ 2018, 585 (594 Fn. 93). **Überwiegende Ansicht:** Karczewski, NZBau 2018, 328 (330 Fn. 31); Stretz in: DLOPS, Das neue Bauvertragsrecht, § 5 Rn. 90 Fn. 117.

2. Transparenzgebot des AGB-Rechts

Das Transparenzgebot nach § 307 Abs. 1 S. 2 BGB hat die gleichen Zielsetzungen wie in den meisten Verbraucherverträgen verankerte vorvertragliche Informationspflichten. Die richtige und durchschaubare Übermittlung der Rechte und Pflichten des beabsichtigten Vertrags stellt eine wichtige Grundlage für die Entfaltung der Entscheidungsfreiheit des Verbrauchers dar[290]. Auch wenn der Verbraucher erfahrungsmäßig nicht die gesamten Vertragsbedingungen durchliest, interessiert er sich auch für einige grundlegende Marktparameter – insbesondere die vom Unternehmer angebotenen Hauptleistungen und sonstige wettbewerbsrelevante Nebenbedingungen wie Zahlungsbedingungen, Finanzmöglichkeit und Garantie[291]. Das Transparenzgebot erfordert, Klauseln in einer für den durchschnittlichen Verbraucher klaren und verständlichen Weise zu formulieren, und verbessert damit die Informationslage des Verbrauchers beim Vertragsschluss. Es erhöht die Markttransparenz und fördert damit Wettbewerb[292].

a) Anforderungen des Transparenzgebot im AGB-Recht

aa) Klarheit und Verständlichkeit

Die Baubeschreibung eines Bauträgervertrags ist regelmäßig vom Bauträger für Veräußerung der Eigentumswohnungen an mehrere Erwerber (meistens Verbraucher) vorformuliert. Nach § 305 Abs. 1 oder § 310 Abs. 3 Nr. 2 BGB unterliegt nämlich die Baubeschreibung grundsätzlich dem Transparenzgebot des AGB-Rechts (§ 307 Abs. 1 S. 2 BGB), nach dem die vom Klauselverwender (Bauträger) vorformulierten Klauseln in klarer und verständlicher Weise zu formulieren sind. Das Transparenzgebot beinhaltet deshalb das Bestimmtheitsgebot (Klarheitsgebot) und das Verständlichkeitsgebot. Das Bestimmtheitsgebot zielt darauf, dass die Zweideutigkeit und Auslegungszweifel einer Klausel vermieden werden[293]. Es fordert den Klauselverwender auf, im Rahmen des rechtlich und tatsächlich Zumutbaren und Möglichen die Rechte und Pflichten des Klauselgegners (Erwer-

290 Fuchs in: UBH, AGB-Recht, § 307 BGB Rn. 326.
291 Staudinger BGB / Wendland (2019), § 307 BGB Rn. 176.
292 Fuchs in: UBH, AGB-Recht, § 307 BGB Rn. 326.
293 Pfeiffer in: Grabitz/Hilf, Das Recht der Europäischen Union, Art. 5 RL 93/13/EWG, Rn. 8.

ber) so klar und präzise wie möglich umzuschreiben, um ungerechtfertigte Beurteilungsspielräume des Klauselverwenders zu vermeiden[294]. Aus dem Verständlichkeitsgebot ist die vorformulierte Klausel aus der Perspektive des Empfängerhorizonts des durchschnittlichen Klauselgegners abzufassen[295], damit der Klauselgegner ohne fremde Hilfe möglichst klar und einfach seine Rechte feststellen kann und nicht von deren Durchsetzung abgehalten wird[296].

bb) Verständnis- und Erwartungshorizont

Bei der Klarheit und Verständlichkeit kommt es auf die Verständnismöglichkeit und Erwartungen des typischerweise bei Verträgen der geregelten Art zu erwartenden durchschnittlichen Klauselgegners an[297]. Beim Bauträgervertrag sind daher der Verständnis- und Erwartungshorizont eines typischen Erwerbers maßgeblich, der eine Wohnung von einem Bauträger erwirbt. Insoweit ist der Empfängerhorizont nicht wie nach Art. 249 § 2 EGBGB auf einen Experten, sondern auf einen durchschnittlichen Erwerber – nämlich einen fachunkundigen Verbraucher – abzustellen. Dabei handelt es sich nicht um einen flüchtigen Betrachter, sondern um einen aufmerksamen und sorgfältigen Teilnehmer am Wirtschaftsverkehr[298]. Insoweit wird der Verbraucher aufgefordert, seine Erkenntniskraft zumutbar anzuspannen. Der Verbraucher muss nämlich zumutbare Anstrengungen anwenden, um den Sinn einer Klausel richtig zu verstehen[299]. Auch un-

294 MüKo BGB / Wurmnest, § 307 BGB Rn. 61; BGH Urt. 26. 09. 2007 – VIII ZR 143/06 = NJW 2007, 2632, Rn. 31; BGH Urt. 05. 03. 2008 – VIII ZR 95/07 = NJW 2008, 1438, Rn. 17.

295 Pfeiffer in: Grabitz/Hilf, Das Recht der Europäischen Union, Art. 5 RL 93/13/EWG Rn. 9.

296 BGH Urt. 26. 09. 2007 – VIII ZR 143/06 = NJW 2007, 2632, Rn. 31; BGH Urt. 05. 03. 2008 – VIII ZR 95/07 = NJW 2008, 1438, Rn. 17; Fuchs in: UBH, AGB-Recht, § 307 BGB Rn. 344.

297 Fuchs in: UBH, AGB-Recht, § 307 BGB Rn. 344; Staudinger BGB / Wendland (2019), § 307 BGB Rn. 183 f.; MüKo BGB / Wurmnest, § 307 BGB Rn. 64; BGH Urt. 29. 04. 2015 – VIII ZR 104/14 = NJW 2015, 2244, Rn. 17; BGH Urt. 25. 02. 2016 – VII ZR 156/13 = NJW 2016, 1575, Rn. 31.

298 Fuchs in: UBH, AGB-Recht, § 307 BGB Rn. 344; Staudinger BGB / Wendland (2019), § 307 BGB Rn. 196; EuGH Urt. 30. 04. 2014 – C-26/13 = ECLI:EU:C:2014:282 (Kásler), Rn. 74.

299 Staudinger BGB / Mäsch (2019), § 305 BGB Rn. 110; Staudinger BGB / Wendland (2019), § 307 BGB Rn. 196.

ter dem Schutz des Verbrauchers ist das Selbstverantwortungsprinzip des Schuldrechts nicht verzichtbar[300].

cc) Konkrete Anforderungen des Transparenzgebots

Das Transparenzgebot enthält auch weitere Anforderungen, die in bestimmten Fallgruppen das Klarheits- und Verständlichkeitsgebot konkretisieren. Soweit der Klauselinhalt von der berechtigten Erwartung des durchschnittlichen Klauselgegners abweicht, muss er je nach dem Abweichungsgrad in den AGB auf diese Abweichung hingewiesen werden. Insoweit ist der Rechtsgedanke der überraschenden Klausel (§ 305c Abs. 1 BGB)[301] auch bei der Transparenzkontrolle nach § 307 Abs. 1 S. 2 BGB zu berücksichtigen[302]. Das Irreführungsverbot und Täuschungsverbot verbieten zudem dem Klauselverwender, durch eine ungeeignete Formulierung der Klausel einen falschen Eindruck des Klauselgegners über seine Rechtslage, über seine Rechte oder Pflichten oder über den Vertragsgegenstand zu erwecken[303]. Die für den Klauselgegner schwere Benachteiligung und Benachteiligungsgefahr sind in angemessener Weise hervorzuheben[304]. In der Baubeschreibung soll der Bauträger nämlich den Erwerber besondere darauf hinweisen, dass die Qualität der bestimmten Leistung seine berechtigte Erwartung unterschreitet, nämlich schlechter als der übliche Qualitätsstandard oder als der vertraglich vereinbarte allgemeine Vertragsstandard ist[305]. Darüber hinaus darf der Bauträger auch nicht durch einen dem Erwerber fremden Fachbegriff oder durch eine missverständliche Formulierung eine falsche Vorstellung des Erwerbers über den Vertragsgegenstand herbeiführen[306].

Außerdem soll die Baubeschreibung wie sonstige Klauseln[307] auch eine klare Gliederung und eine übersichtliche Gestaltung enthalten, damit der

---

300 Staudinger BGB / Wendland (2019), § 307 BGB Rn. 196.

301 Das Transparenzkontrolle nach § 307 Abs. 1 S. 2 BGB ist insbesondere für Einmalbedingungen von Bedeutung, für die § 305c Abs. 1 BGB nach § 310 Abs. 3 Nr. 2 BGB nicht gilt.

302 Staudinger BGB / Wendland (2019), § 307 BGB Rn. 184.

303 MüKo BGB / Wurmnest, § 307 BGB Rn. 63.

304 Staudinger BGB / Wendland (2019), § 307 BGB Rn. 185.

305 Pfennig, RNotZ 2018, 585 (594).

306 Pfennig, RNotZ 2018, 585 (594); Stretz in: DLOPS, Das neue Bauvertragsrecht, § 5 Rn. 90; Basty, MittBayNot 2017, 445 (450).

307 MüKo BGB / Wurmnest, § 307 BGB Rn. 60.

Verbraucher in der Lage ist, die Inhalte der Baubeschreibung zu erfassen[308].

dd) Immanente Beschränkung des Transparenzgebots

Das Transparenzgebot darf jedoch nicht überspannt sein und den Klauselverwender nicht überfordern. Das Transparenzgebot hat seine immanente und generelle Beschränkung auf das Mögliche und Zumutbare[309]. Zum einen ist eine völlige Klarheit und Verständlichkeit einer Klausel tatsächlich schwer erreichbar[310]. Zum anderen ist eine ausufernde Ausweitung des Transparenzgebots vielmehr im Ergebnis kontraproduktiv. Die Gefahr der Informationshypertrophie ist selbst wieder ein Grund der Intransparenz: Das Klauselwerk könnte wegen seines Volumens – zu lang und detailgenau – den Klauselgegner überfordern. Das Transparenzgebot fordert nämlich „eine Fokussierung der dargebotenen Informationen auf einige zentrale Parameter oder den Kern einer Regelung“ an[311]. Es ist deshalb für den Bauträger unzumutbar, dem Erwerber in verständlicher Weise darzustellen, was die Vereinbarung eines jeden technischen Standards für ihn bedeutet[312]. Eine solche Formulierungsweise hat eine zu lange und zu detaillierte Baubeschreibung zur Folge, so dass die Baubeschreibung ihren Fokus verliert. Eine solche Baubeschreibung ist wiederum für den Erwerber nicht mehr übersichtlich und überfordert ihn.

b) Funktionale Baubeschreibung

Um das Transparenzgebot zu beachten, empfehlen viele in der Literatur eine funktionale Baubeschreibung[313]. In der funktionalen Baubeschrei-

---

308 Pfennig, RNotZ 2018, 585 (595).

309 Staundinger BGB / Wendland (2019), § 307 BGB Rn. 195; Fuchs in: UBH, AGB-Rechte, § 307 BGB Rn. 348; BeckOK BGB / H. Schmidt, § 307 BGB Rn. 48; BGH Urt. 20. 07. 2005 – VIII ZR 121 /04 = BGHZ 164, 11 = NJW-RR 2005, 1496, juris Rn. 9.

310 Staundinger BGB / Wendland (2019), § 307 BGB Rn. 195.

311 Stoffels, AGB-Recht, Rn. 573; Fuchs in: UBH, AGB-Recht, § 307 BGB Rn. 349; Staudinger BGB / Wendland (2019), § 307 BGB Rn. 195.

312 Pfennig, RNotZ 2018, 585 (594).

313 Pause, BauR 2017, 430 (434); Karczewski, NZBau 2018, 328 (329f.); Pfennig, RNotZ 2018, 585 (595).

bung sind nicht alle Ausführungsdetails und konstruktiven Einzelheiten erwähnt oder genau beschrieben, sondern die vertraglich geschuldeten Leistungen nach den gewünschten Funktionen darzustellen, die durch die Bauleistung erreicht werden müssen[314]. Beim Bauträgervertrag handelt es sich um eine schlüsselfertige Bauleistung, so dass die funktionale Baubeschreibung der Regelfall ist[315]. Das in § 307 Abs. 1 S. 2 BGB enthaltene Transparenzgebot fordert, dass die Baubeschreibung für den durchschnittlichen Erwerber (Verbraucher) verständlich ist und sich auf einige wesentliche Zentralpunkte konzentriert, die für die Abschlussentscheidung des Erwerbers oder für die Vertragsabwicklung ausschlaggebend sind. Im Vergleich mit zahlreichen komplexen bautechnischen Daten ist eine funktionsorientierte Leistungsbeschreibung ohne Zweifel für den durchschnittlichen Erwerber verständlich und erfassbar. Im Hinblick auf die Bauleistungen kommt es zudem dem Verbraucher vielmehr auf die Nutzung und den Gebrauch des zu errichten Gebäudes, nicht auf technische Details etwa über die Bauausführung oder die zu verbauenden Baumaterialien an[316].

c) Hinweis auf Abweichung

Das Transparenzgebot fordert zudem den Bauträger auf, den Erwerber ausdrücklich auf die von seiner Erwartung abweichende Qualität hinzuweisen und nicht durch einen ihm unbekannten technischen Standard oder durch missverständliche Äußerungen irrezuführen oder zu täuschen. Soweit der Bauträger nur eine schlechtere Qualität schulden will, darf er nämlich nicht einfach auf einen dem Erwerber fremden, seine berechtigte Erwartung unterschreitenden Standard – etwa Mindestanforderung von DIN 4109 für Schallschutz – verweisen[317]. Ein solcher geringerer Standard ist für den fachunkundigen Erwerber irreführend und verbirgt den wahren Zustand, dass der Bauträger nur eine geringere Qualität schulden will. Der Bauträger muss diese Abweichung in der Baubeschreibung deutlich

---

314 Karczewski, NZBau 2018, 328 (329); Grziwotz, NZBau 2019, 218 (222); Pfennig, RNotZ 2018, 585 (595).

315 Karczewski, NZBau 2018, 328 (329); Grziwotz, NZBau 2019, 218 (222).

316 Karczewski, NZBau 2018, 328 (329f.); Pfennig, RNotZ 2018, 585 (595).

317 BGH Urt. 14. 06. 2007 – VII ZR 45/06 = BGHZ 172, 346 = NJW 2007, 2983 (DIN 4109), Rn. 25; BGH Urt. 04. 06. 2009 – VII ZR 54/ 07 = BGHZ 181, 225 = NJW 2009, 2349 (Schallschutz), Rn. 15.

aufzeigen[318]. Ansonsten ist diese Angabe bei der Auslegung der Baubeschreibung unbeachtlich oder durch die Transparenzkontrolle nach § 307 Abs. 1 S. 2 BGB zu streichen.

Wie oben **in 1. b**) genannt, gibt es zwei Ansichten über die Frage zur Lösung der Kollision zwischen verschiedenen Anforderungen in Art. 249 § 2 Abs. 1 S. 1 EGBGB und in § 307 Abs. 1 S. 2 BGB. Nach diesen beiden Ansichten muss der Bauträger auf die Abweichung vom Erwartungshorizont des Verbrauchers hinweisen. Der Unterschied besteht vielmehr in der dogmatischen Grundlage und in dem Ausmaß des Hinweises.

Nach der Mindermeinung genügt eine klare, aber nicht für den Verbraucher verständliche Baubeschreibung dem Transparenzgebot des § 307 Abs. 1 S. 2 BGB[319]. Die Pflicht zum Hinweis auf die Abweichung beruht ausschließlich auf der Klarheitsanforderung[320]. Hat der Bauträger beispielsweise eine dem allgemeinen Komfort- und Qualitätsstandard entsprechende Bauleistung versprochen und gleichzeitig den Schallschutz nach einem niedrigen Standard – Mindestanforderung von DIN 4109 – definiert, entsteht ein Widerspruch in der Baubeschreibung. Zur Klarheit ist dieser Widerspruch durch einen ausdrücklichen Hinweis darauf, dass der vertragliche geschuldete Schallschutz unter den üblichen Qualitätsstandard liegt, zu beseitigen. Andernfalls ist die Angabe der Mindestanforderung von DIN 4109 widersprüchlich und irreführend[321]. Für die Klarheitsanforderung ist eine weitergehende Beschreibung der Auswirkungen der Abweichung nicht erforderlich[322].

Nach der überwiegenden Ansicht ist die vorformulierte Baubeschreibung hingegen nach der Maßgabe des § 307 Abs. 1 S. 2 BGB in klarer und verständlicher Weise zu formulieren[323]. Sie begründet die Hinweispflicht mit dem Verständlichkeitsgebot[324]. Denn ein bautechnischer Standard (etwa wie DIN 4109) ist zwar dem Experten bekannt, aber für den durchschnittlichen Erwerber nicht verständlich. Er hat regelmäßig keine

318 Pfennig, RNotZ 2018, 585 (594); Stretz in: DLOPS, Das neue Bauvertragsrecht,, §§ 5 Rn. 90; Basty, MittBayNot 2017, 445 (450).

319 Pfennig, RNotZ 2018, 585 (593 f.).

320 Basty, MittBayNot 2017, 445 (450); Pfennig, RNotZ 2018, 585 (594 f.).

321 Pfennig, RNotZ 2018, 585 (594).

322 Pfennig, RNotZ 2018, 585 (595).

323 Karczewski, NZBau 2018, 328 (329); Grziwotz, NZBau 2019, 218 (222); Stretz in: DLOPS, Das neue Bauvertragsrecht, § 5 Rn. 86 ff.; Pause, in demselben Buch, § 6 Rn. 88 ff.; MüKo BGB / Busche, § 650j BGB Rn. 14.

324 Stretz in: DLOPS, Das neue Bauvertragsrecht, § 5 Rn. 90; Karczewski, NZBau 2018, 328 (330).

Vorstellung darüber, was sich hinter dem Fachbegriff verbirgt. Soweit der Unternehmer über bestimmte Leistungen nur eine niedrigere Qualität schulden will, muss er zur Wahrung des Transparenzgebots den Verbraucher nicht durch einen ihm fremden Fachbegriff irreführen, sondern die betroffene Leistung in einer für den Verbraucher verständlichen Weise – etwa durch eine funktionale Beschreibung – umschreiben[325].

Nach den beiden Ansichten muss der Unternehmer den Verbraucher auf die Abweichung von seinem Erwartungshorizont hinweisen. Der Unterschied zwischen beiden Ansichten besteht vielmehr im Ausmaß des Hinweises. Dieser Unterschied ist wohl lediglich dogmatisch, da die beiden Ansichten auf die BGH-Rechtsprechung über Schallschutzstandard (DIN 4109) verwiesen haben[326]. Nach der Rechtsprechung ist der niedrigere Qualitätsstandard so hervorzuheben, dass der Verbraucher eine konkrete Vorstellung über die schlechtere Qualität der angebotenen Leistungen hat[327]. Insoweit könnte ein zu einfacher Hinweis auf einen niedrigen Standard ebenso wenig ausreichend sein wie eine bloße Nennung eines dem Verbraucher fremden Fachbegriffs wie DIN 4109, die für Experten im Bauwesen eindeutig ein niedriger Schallschutzstandard ist. In konkreten Fällen soll der Verbraucher mit weiteren Beschreibungen – etwa mit einer klaren Aufklärung über die (konkrete) Auswirkung auf Wohnqualität[328] – auf die Abweichung von dem üblichen Qualitätsstandard aufmerksam gemacht werden. Vor diesem Hintergrund könnte der praktische Unterschied zwischen beiden Ansichten in konkreten Fällen wohl nicht spürbar.

---

325 Stretz in: DLOPS, Das neue Bauvertragsrecht, § 5 Rn. 90; Karczewski, NZBau 2018, 328 (330); BGH Urt. 04. 06. 2009 – VII ZR 54/ 07 = BGHZ 181, 225 = NJW 2009, 2349 (Schallschutz), Rn. 15.

326 **Mindermeinung:** Pfennig, RNotZ 2018, 585 (594 Fn. 93). **Überwiegende Ansicht:** Karczewski, NZBau 2018, 328 (330 Fn. 31); Stretz in: DLOPS, Das neue Bauvertragsrecht, § 5 Rn. 90 Fn. 117.

327 BGH Urt. 14. 06. 2007 – VII ZR 45/06 = BGHZ 172, 346 = NJW 2007, 2983 (DIN 4109), Rn. 25.

328 BGH Urt. 04. 06. 2009 – VII ZR 54/07 = BGHZ 181, 225 = NJW 2009, 2349 (Schallschutz), Rn. 15.

3. Rechtsfolge der intransparenten Baubeschreibung

a) Behebung der intransparenten Inhalte

Ist eine vorformulierte Klausel nicht nach § 307 Abs. 1 S. 2 BGB in klarer und verständlicher Weise formuliert, ist die beanstandete Klausel nicht ohne weitere nach § 307 Abs. 1 S. 1 BGB unwirksam[329]. Auch wenn sich diese Transparenzanforderung im deutschen Recht in der Vorschrift mit der Überschrift „Inhaltskontrolle" – also § 307 BGB – niederlässt, erschöpft sich das Transparenzgebot allerdings nicht darin. Das Transparenzgebot betrifft vielmehr darüber hinaus viele Dimensionen[330]. Anders als im deutschen Recht, das die Anforderung der Klarheit und Verständlichkeit mittelbar in § 307 Abs. 1 S. 2 BGB als ein Grund für die unangemessene Benachteiligung festlegt, ist diese Anforderung unmittelbar und eindeutig als diejenige für Formulierung der vorformulierten Klausel in Art. 5 S. 1 Klausel-RL bestimmt. Im Hinblick auf die Rechtsfolge der Intransparenz bezieht sich die Klausel-RL auf die Unklarheitsregel (Art. 5 S. 2 Klausel-RL) und auf die Kontrolle der Missbräuchlichkeit (Art. 4 Abs. 2 Klausel-RL), die im deutschen Recht in § 305c Abs. 2 BGB[331] und in § 307 Abs. 1 S. 2 BGB umgesetzt sind. Aus der in Art. 5 S. 2 Klausel-RL und in § 305c Abs. 2 BGB verankerten Unklarheitsregel ergibt sich, dass die Intransparenz nicht unbedingt die Unwirksamkeit der Klausel zur Folge hat[332]. Auch nach dem Wortlaut des § 307 Abs. 1 S. 2 BGB ist eine intransparente Klausel erst unwirksam, wenn sie wegen ihrer Intransparenz den Verbraucher unangemessen benachteiligt[333]. Wenn eine intransparente Klausel beispielsweise – im Vergleich zur Rechtslage beim Nichtvorliegen dieser Klausel – die Rechtslage des Verbrauchers verbessert, benachteiligt sie den Verbraucher nicht und haltet daher der Transparenzkontrolle gemäß § 307 Abs. 1 S. 2 BGB stand[334]. Dabei ist die Intransparenz der Klausel durch die Vertragsauslegung – ggf. auch durch die Unklarheitsregel gemäß § 305c Abs. 2

329 Fuchs in: UBH, AGB-Recht, § 307 BGB Rn. 354.

330 Voraussetzungen für Einbeziehung in Vertrag (§ 305 Abs. 2 BGB), überraschende Klausel (§ 305c Abs. 1 BGB), Unklarheitsregel (§ 305c Abs. 2 BGB, Art. 5 S. 2 Klausel-RL), Transparenzkontrolle (§ 307 Abs. 1 S. 2 BGB, Art. 4 Abs. 2 Klausel-RL).

331 BT-Drucks. 13/2713, S. 6.

332 BT-Drucks. 14/7052, S. 188.

333 MüKoBGB / Wurmnest, § 307 BGB Rn. 58; Fuchs in: UBH, AGB-Recht, § 307 BGB Rn. 330; Staudinger BGB / Wendland (2019), § 307 BGB Rn. 174.

334 MüKoBGB / Wurmnest, § 307 BGB Rn. 58.

BGB – zu beheben. Beim Verbraucherbauvertrag ist die Vertragsauslegung als die Rechtsfolgen der den Anforderungen nicht genügenden – nämlich unklaren und unvollständigen – Baubeschreibung in § 650k Abs. 2 BGB verankert[335].

aa) Auslegung unter Berücksichtigung sämtlicher Umstände (§ 650k Abs. 2 S. 1 BGB)

(1) Verhältnis zum Grundsatz der objektiven Auslegung

Nach § 650k Abs. 2 S. 1 BGB ist der Vertrag unter Berücksichtigung sämtlicher vertragsbegleitender Umstände auszulegen. Diese Formulierung ist mit derjenigen in § 310 Abs. 3 Nr. 3 BGB vergleichbar, welcher aber nur für die Inhaltskontrolle relevant ist. Nach dem ausdrücklichen Wortlaut des § 650k Abs. 2 S. 1 BGB sind die konkreten Umstände im Einzelfall auch bei Auslegung des Vertrags in Betracht zu ziehen[336].

Beim Bauträgervertrag kann man grundsätzlich davon ausgehen, dass die Baubeschreibung auch AGB i.S.v. § 305 Abs. 1 BGB darstellt (**siehe oben I 2. b**)). Nach der ständigen Rechtsprechung[337] und der wohl überwiegenden Literaturansicht[338] unterliegt die Auslegung der AGB dem Grundsatz der objektiven Auslegung, d.h. bei der Auslegung der Klausel sind die individuell-konkreten Umstände des Einzelfalls nicht zu berücksichtigen[339]. Dieser spezielle Auslegungsgrundsatz für AGB gilt auch für den Verbrauchervertrag, da sich die Berücksichtigung der den Vertragsschluss begleitenden Umstände nach § 310 Abs. 3 Nr. 3 BGB auf die Inhaltskontrolle beschränkt[340]. Nach einer teilweise abweichenden Ansicht ist zwar der Grundsatz der objektiven Auslegung trotz § 310 Abs. 3 Nr. 3 BGB unberührt, aber die Berücksichtigung der einzelnen Umstände hat eine ergänzende und korrigierende Funktion, da sich § 310 Abs. 3 Nr. 3

335 BT-Drucks. 18/8486, S. 62.

336 Stretz in: DLOPS, Das neue Bauvertragsrecht, § 5 Rn. 115.

337 BGH Urt. 20. 08. 2009 – VII ZR 212/07 = NJW 2009, 3717, Rn. 18; BGH Urt. 06. 12. 2011 – XI ZR 401/10 = NJW 2012, 1066, Rn. 23; BGH Urt. 25. 02. 2016 – VII ZR 49/15 = NJW 2016, 1572, Rn. 35.

338 Ulmer / Schäfer in: UBH, AGB-Recht, § 305c BGB Rn. 73; MüKo BGB / Basedow, § 305c BGB Rn. 33; Erman BGB / Roloff / Looschelders, § 305c BGB Rn. 20.

339 Ulmer / Schäfer in: UBH, AGB-Recht, § 305c BGB Rn. 73.

340 Ulmer / Schäfer in: UBH, AGB-Recht, § 305c BGB Rn. 66c.

BGB nach seinem Sinn und Zweck auch auf die Auslegung erstreckt[341]. Die beiden Ansichten sind sich zumindest darüber einig, dass der übereinstimmende reale Wille der Vertragsparteien immer seinen Vorrang hat vor dem Auslegungsergebnis, das nach dem Grundsatz der objektiven Auslegung ermittelt ist[342]. Der Vorrang des übereinstimmenden Parteiwillens kann auf dem Rechtsgedanken des Vorrangs der Individualabrede (§ 305b BGB)[343] oder auf der Vermeidung des Wertungswiderspruchs zu § 305c Abs. 1 BGB (überraschende Klausel)[344] beruhen.

Nach § 650k Abs. 2 S. 1 BGB sind bei der Vertragsauslegung sämtliche vertragsbegleitende Umstände – einschließlich der individuell-konkreten Umstände – zu berücksichtigen[345]. Insoweit durchbricht § 650k Abs. 2 S. 1 BGB wohl den Grundsatz der objektiven Auslegung. Dennoch sind auslegungsrelevante individuell-konkrete Umstände – beispielsweise einzelne Äußerungen der Vertragsparteien bei der Vertragsverhandlung[346] – im Rahmen des „allgemeinen" AGB-Rechts auch in Anlehnung an § 310 Abs. 3 Nr. 3 BGB[347] oder als der sog. übereinstimmende reale Parteiwille[348] bei der Auslegung der Baubeschreibung in Betracht zu ziehen. Im Ergebnis ändert § 650k Abs. 2 S. 1 BGB tatsächlich nichts.

Nach der hier vertretenen Ansicht[349] kann die grundsätzlich objektive Auslegung der AGB dogmatisch unmittelbar auf den in §§ 133, 157 BGB enthaltenen allgemeinen Auslegungsgrundsätzen beruhen, so dass ein eigenständiger spezieller Auslegungsgrundsatz für AGB nicht notwendig ist. Denn die allgemeinen Auslegungsgrundsätze bezwecken auch, unter Berücksichtigung von Treu und Glauben und Verkehrssitte den objektiven

---

341 MüKo BGB / Basedow, § 305c BGB Rn. 34.

342 Ulmer / Schäfer in: UBH, AGB-Recht, § 305c BGB Rn. 84; Staudinger BGB / Mäsch (2019), § 305c BGB Rn. 121; MüKo BGB / Basedow, § 305c BGB Rn. 39.

343 MüKo BGB / Basedow, § 305c BGB Rn. 39; Ulmer / Schäfer in: UBH, AGB-Recht, § 305c BGB Rn. 84.

344 Denn der Überraschungseffekt einer Klausel kann auch mit den an dem konkreten Umstand orientierten Vorstellungen des konkreten Klauselgegners begründet oder abgelehnt werden. Vgl. Staudinger BGB / Mäsch (2019), § 305c BGB Rn. 119a.

345 Stretz in: DLOPS, Das neue Bauvertragsrecht, § 5 Rn. 115.

346 BT-Drucks. 18/8486, S. 62; BGH Urt. 14. 06. 2007 – VII ZR 45/06 = BGHZ 172, 346 = NJW 2007, 2983 (DIN 4109), Rn. 25; BGH Urt. 04. 06. 2009 – VII ZR 54/07 = BGHZ 181, 225 = NJW 2009, 2349 (Schallschutz), Rn. 12.

347 Stretz in: DLOPS, Das neue Bauvertragsrecht, § 5 Rn. 115.

348 Ulmer / Schäfer in: UBH, AGB-Recht, § 305c BGB Rn. 84; Staudinger BGB / Mäsch (2019), § 305c BGB Rn. 121; MüKo BGB / Basedow, § 305c BGB Rn. 39.

349 BeckOK BGB / H. Schmidt, § 305c BGB Rn. 47; Staudinger BGB / Mäsch (2019), § 305c BGB Rn. 119a.

Bedeutungsgehalt des Rechtsgeschäfts zu ermitteln[350]. Für die Auslegung eines Vertrags ist der objektive Empfängerhorizont maßgeblich, bei der AGB nämlich der des durchschnittlichen Klauselgegners[351]. Bei der Auslegung der AGB fehlt es grundsätzlich wegen ihrer Gleichförmigkeit an auslegungsrelevanten Einzelumständen. Insoweit bleibt es bereits nach den allgemeinen Auslegungsgrundsätzen bei einem objektiven Maßstab[352]. Soweit Einzelumstände für die Auslegung des Vertrags relevant sind, sind ihnen bei der Auslegung der AGB auch Rechnung zu tragen[353]. Zu auslegungsrelevanten Umständen gehören etwa der übereinstimmende Parteiwille[354] und Erklärungen und Erläuterungen des Klauselverwenders in Einzelfällen[355]. § 650k Abs. 2 S. 1 BGB bestätigt vielmehr nochmals die – auch auf AGB anzuwendenden – allgemeinen Auslegungsgrundsätze.

(2) Qualität- und Komfortstandard der übrigen Leistung

Nach § 650k Abs. 2 S. 1 BGB ist die Baubeschreibung unter Berücksichtigung sämtlicher vertragsbegleitender Umstände, insbesondere des Komfort- und Qualitätsstandards nach der übrigen Leistungsbeschreibung, auszulegen. Danach sollen Unklarheiten so beseitigt und Lücken so gefüllt werden, wie es dem Leistungsniveau der Baubeschreibung im Übrigen entspricht[356]. Der Verbraucher muss sich nämlich nicht mit einer geringeren Qualität als derjenigen begnügen, die sich aus sämtlichen vertragsbegleitenden Umständen ergibt und als stillschweigend vereinbart ist[357].

Die in § 650k Abs. 2 S. 1 BGB enthaltene Auslegungsregel ist auf die bisherige Rechtsprechung, der §§ 133, 157 BGB zugrunde liegen, zurückzuführen[358]. Sie dient auch dazu, die Beeinträchtigungen aus einer für

---

350 Staudinger BGB / Mäsch (2019), § 305c BGB Rn. 119a.

351 BGH Urt. 30. 09. 2004 – VII ZR 458/02 = BGHZ 160, 277, juris Rn 28.

352 Staudinger BGB / Mäsch (2019), § 305c BGB Rn. 122; BeckOK BGB / H. Schmidt, § 305c BGB Rn. 47. Ähnliche Argumente bei Inhaltskontrolle: MüKo BGB / Basedow, § 310 BGB Rn. 113.

353 BeckOK BGB / H. Schmidt, § 305c BGB Rn. 47.

354 BeckOK BGB / H. Schmidt, § 305c BGB Rn. 47; Staudinger BGB / Mäsch (2019), § 305c BGB Rn. 119a.

355 BeckOK BGB / H. Schmidt, § 305c BGB Rn. 49.

356 BT-Drucks. 18/8486, S. 62.

357 BT-Drucks. 18/8486, S. 62; BGH Urt. 14. 06. 2007 – VII ZR 45/06 = BGHZ 172, 346 = NJW 2007, 2983 (DIN 4109), Rn. 25; BGH Urt. 21. 11. 2013 VII ZR 275/12 = NJW 2014, 620 (Gefälle), Rn. 11.

358 BT-Drucks. 18/8486, S. 62.

den Verbraucher unverständlichen und irreführenden Angabe in der Baubeschreibung zu bereinigen. Nach der Rechtsprechung ist ein in einem dem Verbraucher fremden Fachbegriff enthaltener niedriger Qualitätsstandard (etwa DIN 4109 für Schallschutz) in der Baubeschreibung für die Feststellung der geschuldeten Leistungen ohne Bedeutung[359]. Maßgebend sind vielmehr die im Vertrag zum Ausdruck gebrachten Vorstellungen über die Qualität. Der vom Verbraucher erwartete übliche Qualitäts- und Komfortstandard können sich aus sämtlichen vertragsbegleitenden Umständen ergeben und von beiden Vertragsparteien (stillschweigend) vereinbart werden[360]. Insoweit hat der Verbraucher regelmäßig keine Vorstellung darüber, was sich hinter einem ihm unbekannten Fachbegriff verbirgt. Daher muss der Unternehmer, der hiervon vertraglich abweichen will, deutlich darauf hinweisen und den Verbraucher über die Auswirkung auf die Wohnqualität aufklären (**siehe auch oben 2. c**))[361].

bb) Unklarheitsregel (§§ 305c Abs. 2, 651k Abs. 2 S. 2 BGB)

Im Falle des Auslegungszweifels ist der Vertrag bezüglich der vom Unternehmer geschuldeten Leistung nach § 650k Abs. 2 S. 2 BGB zu dessen Lasten auszulegen. Diese Unklarheitsregel ist auf § 305c Abs. 2 BGB zurückzuführen[362]. § 305c Abs. 2 BGB gilt nur für AGB i.S.v. § 305 Abs. 1 BGB[363] und Einmalbedingungen gemäß § 310 Abs. 3 Nr. 2 BGB. § 650k Abs. 2 S. 2

---

359 BGH Urt. 14. 06. 2007 – VII ZR 45/06 = BGHZ 172, 346 = NJW 2007, 2983 (DIN 4109), Rn. 25.

360 BGH Urt. 14. 06. 2007 – VII ZR 45/06 = BGHZ 172, 346 = NJW 2007, 2983 (DIN 4109), Rn. 25.

361 BGH Urt. 04. 06. 2009 – VII ZR 54/ 07 = BGHZ 181, 225 = NJW 2009, 2349 (Schallschutz), Rn. 15.

362 BT-Drucks. 18/8486, S. 62.

363 Nach der neuen Ansicht unterliegen die AGB einem zweistufigen Auslegungsverfahren: Sie ist zunächst zum Zweck der materiellen Angemessenheitskontrolle nach §§ 307 bis 309 BGB kundenfeindlich auszulegen. Ist die Klausel trotzdem noch nicht wegen materieller Unangemessenheit beanstandet, greift dann die kundenfreundliche Auslegung gemäß § 305c BGB ein (vgl. Ulmer / Schäfer in: UBH, AGB-Recht, § 305c BGB Rn. 91; MüKo BGB / Basedow, § 305c BGB Rn. 30.). Bei der Baubeschreibung handelt es sich jedoch um den Hauptgegenstand des Vertrags. Zum einen unterliegt sie nach § 307 Abs. 3 S. 1 BGB nicht der materiellen Angemessenheitskontrolle, soweit sie sich auf *essentialia negotii* bezieht. Zum anderen fehlt es regelmäßig an einer günstigen Ersatzregel (dispositives Recht). Daher erfolgt ausschließlich die kundenfreundliche Auslegung (vgl. Staudinger BGB / Mäsch (2019), § 305c BGB Rn. 93.).

BGB erstreckt die Unklarheitsregel jedoch auf die individuell ausgehandelte Baubeschreibung[364]. Bei Individualverträgen sind beide Vertragsparteien regelmäßig gleichermaßen für die verwendete Formulierung des Vertragsinhalts verantwortlich, so dass die Erstreckung der Unklarheitsregel auf Individualverträge nur ausnahmsweise bei Vorliegen einer bestimmten strukturellen Überlegenheit einer Vertragspartei anzunehmen ist[365]. Eine solche strukturelle Überlegenheit des Unternehmers ist beim Verbraucherbauvertrag anzunehmen, da der Unternehmer regelmäßig eine besondere Erfahrung und Sachkunde über das Bauwesen beherrscht und eine starke wirtschaftliche Macht hat. Die Baubeschreibung ist nämlich im Zweifel zugunsten des Verbrauchers auszulegen, wenn der Unternehmer nach § 650j BGB i.V.m. Art. 249 EGBGB für den Verbraucher die Baubeschreibung erstellt hat.

cc) Transparenzkontrolle (§ 307 Abs. 1 S. 2 BGB)

Nach § 307 Abs. 1 S. 2 BGB ist eine intransparente Klausel unwirksam, soweit sie wegen ihrer Intransparenz den Klauselgegner unangemessen benachteiligt. Eine solche Benachteiligung ist insbesondere anzunehmen, wenn eine Klausel wegen ihrer Intransparenz die Entscheidungsfreiheit des Klauselgegners beim Vertragsschluss beeinträchtigt[366]. Eine intransparente Angabe in der Leistungsbeschreibung kann den echten Zustand der Leistungen – etwa eine niedrige Qualität – verbergen, sogar eine falsche Vorstellung des Verbrauchers darüber erwecken. Die Entscheidungsfreiheit des Verbrauchers wird deshalb in der Weise beeinträchtigt, dass er einen unerwünschten Vertrag oder den Vertrag mit ungünstigen Bedingungen (etwa mit einem erhöhten Preis) abschließt.

Dabei handelt sich oft um eine negative Beschaffenheitsvereinbarung. Beispielsweise verbirgt ein dem Verbraucher unbekannter Fachbegriff – wie DIN 4109 für Schallschutz – die Tatsache, dass der Unternehmer nur eine Leistung mit einer niedrigen Qualität versprechen möchte. Eine solche intransparente – sogar irreführende – negative Angabe in der Baubeschreibung ist nach § 307 Abs. 1 S. 2 BGB zu streichen, da sie die

364 Stretz in: DLOPS, Das neue Bauvertragsrecht, § 5 Rn. 122.

365 BeckOK BGB / Wendtland, § 157 BGB Rn. 13; MüKo BGB / Busche, § 157 BGB Rn. 8; Staudinger BGB / Singer (2017), § 133 BGB Rn. 63.

366 Staudinger BGB / Wendland (2019), § 307 BGB Rn. 174; Fuchs in: UBH, AGB-Recht, § 307 BGB Rn. 365.

Entscheidungsfreiheit des Verbrauchers beeinträchtigt und damit ihn unangemessen benachteiligt. Außerdem stellt eine solche Angabe u.U. eine überraschende Klausel i.S.v. § 305c Abs. 1 BGB dar, wenn sie von der berechtigten Erwartung des Verbrauchers aus sämtlichen vertragsbegleitenden Umständen (gravierend) abweicht.

Bei der Streichung der beanstandeten Angabe sind die geschuldeten Leistungen durch die ergänzende Vertragsauslegung ermittelt, als ob diese Angabe von vornherein nicht vereinbart worden wäre und die Baubeschreibung unvollständig wäre. Nach § 650k Abs. 2 S. 1 BGB sind sämtliche vertragsbegleitende Umstände, insbesondere der Qualitäts- und Komfortstandard nach den übrigen Leistungsbeschreibungen in Betracht zu ziehen (**siehe oben aa**) (**2**)). Bezieht sich der beanstandete Teil auf *essentialia negotii*, ist die Aufrechterhaltung des Vertrags mangels des wesentlichen Vertragsinhalts nicht mehr möglich und der Vertrag ist insgesamt unwirksam[367].

b) Culpa in contrahendo (c.i.c.)

aa) Konkurrenz mit Sachmängelhaftung

Aus der Formulierung des § 650j BGB und Art. 249 § 1 EGBGB und aus der Gesetzesbegründung[368] ergibt sich, dass es um eine echte Rechtspflicht geht, die Baubeschreibung rechtzeitig vor Abgabe der Vertragserklärung des Verbrauchers zu erstellen und ihm zur Verfügung zu stellen. Die Verletzung dieser vorvertraglichen Informationspflichten führt zu einem Schadensersatz aus *c.i.c.* (§§ 311 Abs. 2, 280 Abs. 1 BGB)[369]. Die Baubeschreibung bezieht sich jedoch auch auf die Beschaffenheitsvereinbarung i.S.v. § 633 Abs. 2 S. 1 BGB[370]. Durch die Auslegung und die Transparenzkontrolle sind die negativen Auswirkungen der intransparenten Baubeschreibung zu beseitigen (**siehe oben a**)) und die geschuldeten Leistungen

---

367 Fuchs in: UBH, AGB-Recht, § 307 BGB Rn. 368; Heiderhoff, Europäisches Privatrecht, Rn. 408; BGH Urt. 30. 06. 1995 – V ZR 184/94 = BGHZ 130, 150 = NJW 1995, 2637 (Time-Sharing), juris Rn. 11.

368 BT-Drucks. 18/8486, S. 62 f.

369 BT-Drucks. 18/8486, S. 62 f.; Omlor, NJW 2018, 817 (819); Reiter, JA 2018, 241 (242).

370 Karczewski, NZBau 2018, 328 (329); Pause in: DLOPS, das neue Bauvertragsrecht, § 6 Rn. 81; MüKoBGB / Busche, § 633 BGB Rn. 1; Medicus / Lorenz, Schuldrecht BT, § 37 Rn. 6; JurisPK-BGB / Genius, § 633 BGB Rn. 18.

nähern sich damit möglichst an die berechtigte Erwartung des Verbrauchers an. Die Abweichung von der Vorstellung des Verbrauchers über die angebotenen Leistungen, die aus den intransparenten oder fehlerhaften Informationen in der Baubeschreibung entsteht, begründet nämlich regelmäßig auch die Sachmängelhaftung nach §§ 633 ff. BGB.

Im Rahmen der Sachmängelhaftung ist dem Werkunternehmer eine Möglichkeit zur Nacherfüllung einzuräumen, so dass der Besteller grundsätzlich erst nach erfolgloser Fristsetzung Rücktritt, Minderung oder Schadensersatz statt der Leistung geltend machen darf (vgl. § 636 BGB). Im Rahmen von *c.i.c.* ist hingegen eine erfolglose Fristsetzung für die Geltendmachung der Vertragsaufhebung oder der Rückzahlung der überhöhten Gegenleistung nicht erforderlich. Die Sachmängelhaftung und die Haftung aus *c.i.c.* unterliegen zudem verschiedener Verjährungsfrist. Aus diesen Gründen wird die Haftung aus *c.i.c.* nach der h.M. im Kaufrecht[371] grundsätzlich von Rechtsbehelfen der Sachmängelhaftung verdrängt[372]. Unberührt sind nur Ansprüche aus vorsätzlicher vorvertraglicher Pflichtverletzung, da der Schuldner nicht mehr schutzwürdig ist[373]. In diesem Fall darf der Gläubiger wegen des Vertrauenswegfalls die sekundären Mängelrechte ohne Fristsetzung geltend machen[374]. Die Verjährungsfrist zwischen beiden Rechtsinstitute läuft weiterhin gleich (§§ 438 Abs. 3, 634a Abs. 3 BGB). Dieser Ansicht schließt sich die h.M. im Werkvertragsrecht an[375].

Nach der Mindermeinung[376] sind die Ansprüche aus *c.i.c.* neben der Sachmängelhaftung anwendbar und unterliegen auch nicht deren Be-

---

371 Medicus / Lorenz, Schuldrecht AT, § 40 Rn. 25; Medicus / Lorenz, Schuldrecht BT, § 12 Rn. 6 f.; Oetker / Maultzsch, Vertragliche Schuldverhältnisse, § 2 Rn. 359; Staudinger BGB / Matusche-Beckmann (2013), § 437 BGB Rn. 73; MüKo BGB / Westermann, § 437 BGB Rn. 58; Staudinger BGB / Feldmann (2018), § 311 BGB Rn. 128.

372 BGH Urt. 27. 03. 2009 – V ZR 30/08 = BGHZ 180, 205 = NJW 2009, 2120, Rn. 21 ff.

373 BGH Urt. 27. 03. 2009 – V ZR 30/08 = BGHZ 180, 205 = NJW 2009, 2120, Rn. 24; BGH Urt. 06. 11. 2015 – V ZR 78/14 = BGHZ 207, 349 = NJW 2016, 1815, Rn. 24.

374 BGH Beschl. 08. 21. 2006 – V ZR 249/50 = NJW 2007, 835, Rn. 13 f.; BGH Urt. 19. 10. 2018 – V ZR 256/16 = NJW-RR 2018, 752, Rn. 23.

375 Staudinger BGB / Peter (2019), § 634 BGB Rn. 6; MüKo BGB / Busche, § 634 BGB Rn. 7; BeckOK BGB / Voit, § 634 BGB Rn. 28.

376 BeckOK BGB / Faust, § 437 BGB Rn. 199; MüKo BGB / Emmerich, § 311 BGB Rn. 82. Nur Zustimmung bei der Verletzung der verbraucherrechtlichen Informationspflichten: BeckOK BGB / Sutschet, § 311 BGB Rn. 83.

schränkung. Dabei handelt es sich um unterschiedliche Haftungssysteme, die verschiedene Zwecke verfolgen und verschiedene Voraussetzungen haben. Insbesondere zielt die Haftung aus *c.i.c.* darauf, Nachteile aus der Beeinträchtigung der Entscheidungsfreiheit wegen informationeller Defizite auszugleichen. Die Sachmängelhaftung bezweckt hingegen bei der Abweichung der Ist- von der Sollbeschaffenheit die Herstellung der Letzteren. Die Begründung für den Vorrang der Sachmängelhaftung und für die Einschränkung der Haftung aus *c.i.c.* ist nicht ersichtlich[377]. Außerdem liegt die zu vertretene Verletzung der vorvertraglichen Pflichten nur in einem relativ kleinen Teil aller Sachmängelfälle vor[378].

Es ist zwar richtig, dass die Haftung aus *c.i.c.* ein eigenständiges Haftungssystem darstellt und zum Ausgleich der Nachteile aus der Beeinträchtigung der Entscheidungsfreiheit beim Vertragsschluss dient. Außerdem ist die Leistungsbeschreibung als verbraucherrechtliche vorvertragliche Informationspflichten ausdrücklich im Gesetz verankert ist (vgl. Art. 246 Abs. 1 Nr. 1, Art. 246a § 1 Abs. 1 Nr. 1, Art. 249 § 2 Abs. 1 EGBGB), was auch für eine uneingeschränkte Haftung aus *c.i.c.* neben der Sachmängelhaftung spricht[379]. Diese vorvertraglichen Informationspflichten über die Angabe der wesentlichen Eigenschaften der angebotenen Leistungen erfassen einen sehr großen Teil des Kauf- und Werkvertrags zwischen Verbrauchern und Unternehmern. Vor diesem Hintergrund sind uneingeschränkte Ansprüche aus *c.i.c.* wegen intransparenter oder fehlerhafter beschaffenheitsrelevanter Informationen – zumindest für Verbraucherverträge[380] – sehr aussagekräftig.

In diesem Zusammenhang soll man trotzdem der h.M. folgen. Die konkreten Nachteile aus der Beeinträchtigung der Entscheidungsfreiheit beim Vertragsschluss bestehen vielmehr darin, dass die berechtigte Leistungserwartung des Verbrauchers nicht durch die tatsächliche angebotene Leistung befriedigt wird[381]. Hätte der Unternehmer von Anfang an entsprechend der berechtigten Erwartung des Verbrauchers seine Leistung erbracht, entstünden dem Verbraucher keine Nachteile aus den intransparenten oder fehlerhaften Informationen. Diese Nachteile sind grundsätzlich durch eine ordnungsgemäße Nacherfüllung zu beheben, soweit die

377 BeckOK BGB / Faust, § 437 BGB Rn. 199; MüKo BGB / Emmerich, § 311 BGB Rn. 82.
378 BeckOK BGB / Faust, § 437 BGB Rn. 199.
379 BeckOK BGB / Sutschet, § 311 BGB Rn. 83.
380 BeckOK BGB / Sutschet, § 311 BGB Rn. 83.
381 BGH Urt. 19. 01. 2018 – V ZR 256/16 = NJW-RR 2018, 752, Rn. 12.

Vertrauensgrundlage nicht wegen der vorvertraglichen Pflichtverletzung des Unternehmers zerstört. Insoweit ist nicht ersichtlich, warum dem Unternehmer sein Recht auf zweite Andienung[382] ohne weiteres entzogen wird, wenn er seine vorvertraglichen Informationspflichten lediglich leicht fahrlässig verletzt hat und die Vertrauensgrundlage noch nicht wegfällt.

Die Umstände der Verletzung der vorvertraglichen Informationspflichten sind bei der Beurteilung der Zumutbarkeit der Nacherfüllung (§§ 440 S. 1 Alt. 3, 636 Alt. 3 BGB) zu berücksichtigen. Eine Unzumutbarkeit ist anzunehmen, wenn der Unternehmer wegen seiner Verletzung der vorvertraglichen Informationspflichten die Vertrauensgrundlage zerstört. Der Vertrauenswegfall erschöpft sich allerdings nicht in arglistiger Täuschung[383] des Unternehmers. Eine erhebliche Beeinträchtigung der Entscheidungsfreiheit aus der (gravierenden) Verletzung der vorvertraglichen Informationspflichten ist auch mit Rücksicht auf den Grundsatz von Treu und Glauben als Unzumutbarkeit der Nacherfüllung anzunehmen. Darüber hinaus ist die Aufhebung des Vertrags im Wege des Rücktritts nach § 324 BGB oder des Schadensersatzes statt der ganzen Leistung gemäß §§ 280 Abs. 1, 2, 282 BGB wegen der (gravierenden) Verletzung der vorvertraglichen Informationspflichten unberührt.

bb) Schadensersatz

Soweit der Unternehmer wegen seiner Verletzung der vorvertraglichen Informationspflichten den Vertrauensschaden des Verbrauchers nach §§ 311 Abs. 2, 280 Abs. 1 BGB ersetzen muss, ist der Verbraucher nach der Differenzhypothese (§ 249 Abs. 1 BGB) so zu stellen, wie er stehen würde, wenn er eine pflichtgemäße Baubeschreibung erhalten hätte[384]. Es ist nach dem Erfahrungssatz anzunehmen, dass der Verbraucher aufgrund der richtigen und transparenten Informationen eine vernünftige Entscheidung getroffen, und zwar den Vertrag nicht oder mit einem anderen Inhalt abgeschlossen hätte (sog. „aufklärungsrichtiges Verhalten“)[385]. Insoweit ist die Kausalität zwischen dem Schaden und der Verletzung der Informati-

382 BGH Urt. 23. 02. 2005 VIII ZR 100/05 = BGHZ 162, 219= NJW 2005, 1348, juris Rn. 24; BGH Urt.15. 07. 2008 VIII ZR 211/07 = BGHZ 177, 224 = NJW 2008, 2837 (Parkettstäbe), Rn. 21.

383 BGH Beschl. 08. 21. 2006 – V ZR 249/50 = NJW 2007, 835, Rn. 13; BGH Urt. 12. 03. 2010 – V ZR 147/09 = NJW 2010, 1805, Rn. 9.

384 Omlor, NJW 2018, 817 (819).

385 BGH Urt. 19. 01. 2018 – V ZR 256/16 = NJW-RR 2018, 752, Rn. 12.

ons- oder Aufklärungspflichten zu vermuten. Der Sinn und Zweck der verbraucherrechtlichen Informationspflichten sprechen auch dafür, dass sich diese Vermutung nicht nur auf einen Anscheinsbeweis, sondern auf eine echte Beweislastumkehr bezieht[386]. Die Unklarheiten, die durch eine Verletzung der Informationspflichten bedingt sind, gehen nämlich zu Lasten des Unternehmers[387]. Da der Verbraucher aufgrund der richtigen und transparenten Informationen den Vertrag nicht oder mit einem anderen Inhalt abgeschlossen hätte, kann der Verbraucher die Aufhebung des unerwünschten Vertrags[388] oder die Rückzahlung der überhöhten Gegenleistung[389] als Schadensersatz geltend machen.

III. Auslegung der Baubeschreibung und Formbeachtung

1. Auslegung und Formbeachtung

Die Baubeschreibung ist regelmäßig auslegungs- und ergänzungsbedürftig. Bei der Auslegung des Vertrags sind sowohl nach den in §§ 133, 157 BGB enthaltenen allgemeinen Auslegungsgrundsätzen als auch nach § 650k Abs. 2 S. 1 BGB sämtliche vertragsbegleitende Umstände – allerdings auch auslegungsrelevante Umstände außerhalb des Vertragstextes – zu berücksichtigen. Beim Verbraucherbauvertrag (Textform, § 650i Abs. 2 BGB) und beim Bauträgervertrag (notarielle Beurkundung, § 311b Abs. 1 BGB) handelt es sich jedoch um einen formbedürftigen Vertrag. Insoweit muss das gesamte Rechtsgeschäft dem Formerfordernis unterliegen. Es stellt sich deshalb die Frage, ob und inwieweit die Umstände außerhalb des formgerechten Vertragstextes bei der Auslegung in Betracht zu ziehen sind, um die einschlägige Formvorschrift zu beachten.

---

386 BGH Urt. 08. 05. 2012 – XI ZR 262/10 = BGHZ 193, 159 = NJW 2012, 2427 Rn. 35; MüKo BGB / Emmerich, § 311 BGB Rn. 208; Staudinger BGB / Feldmann (2018), § 311 BGB Rn. 172.

387 BGH Urt. 08. 05. 2012 – XI ZR 262/10 = BGHZ 193, 159 = NJW 2012, 2427 Rn. 35.

388 BGH Urt. 19. 01. 2018 – V ZR 256/16 = NJW-RR 2018, 752, Rn. 12; Stretz in: DLOPS, Das neue Bauvertragsrecht, § 5 Rn. 131.

389 BGH Urt. 06. 11. 2015 – V ZR 78/14 = BGHZ 207, 349 = NJW 2016, 1815, Rn. 24; BGH Urt. 19. 01. 2018 – V ZR 256/16 = NJW-RR 2018, 752, Rn. 12.

Im Hinblick auf die Auslegung des formbedürftigen Rechtsgeschäfts müssen nach der h.M.[390] die Formfrage und die Inhaltsfrage voneinander unterschieden werden. Erst nach der Feststellung des Sinngehalts der Willenserklärung stellt sich die Frage, ob die Willenserklärung der Anforderung der Formvorschrift entspricht. Danach erfolgt die Auslegung des formbedürftigen Vertrags in zwei Schritten:

In dem ersten Schritt ist der Inhalt des Vertrags nach den in §§ 133, 157 BGB enthaltenen Auslegungsgrundsätzen zu ermitteln. Sämtliche, auch außerhalb des formgerechten Vertragstextes liegende Umstände sind bei der Auslegung des Vertrags zu berücksichtigen, soweit sie zur Ermittlung des Parteiwillens geeignet sind[391]. Das Formgebot beinhaltet diesbezüglich keine Vorschriften über die Inhaltsermittlung des Rechtsgeschäfts[392] und beschränkt daher den Umfang der auslegungsrelevanten Sachverhalte nicht auf solche im formgerechten Vertragstext[393]. Der Vertragsinhalt kann zudem tatsächlich nicht allein aus dem formgerechten Vertragstext entschieden werden, da auch ausdrückliche Formulierung unklar, missverständlich und mehrdeutig sein können[394]. Die Ausgrenzung der außerhalb des formgerechten Vertragstextes liegenden Umstände würde hingegen zum Verstoß gegen das Verbot der Buchstabeninterpretation führen (§ 133 BGB)[395].

Erst in dem zweiten Schritt ist zu prüfen, ob der im Weg der Auslegung ermittelte Vertragsinhalt der Anforderung der einschlägigen Formvorschrift genügt. Insoweit greift die Andeutungstheorie ein. Nach der Andeutungstheorie reicht es für die Formbedürftigkeit aus, wenn der ermittelte Vertragsinhalt in der formgerechten Urkunde einen wenn auch nur unvollkommenen oder andeutungsweisen Ausdruck gefunden hat[396].

---

390 MüKo BGB / Busche, § 133 BGB Rn. 31; BeckOK BGB / Wendtland, § 133 Rn. 26.1; Staudinger BGB / Singer (2017), § 133 BGB Rn. 30; Stadler, BGB AT, § 18 Rn. 16; Vogel, NZM 2017, 681 (686); Jurgeleit, NJW 2019, 2649 (2654).

391 BGH Urt. 20. 12. 1974 – V ZR 132/73 = BGHZ 63, 359 = NJW 1975, 536, juris Rn. 23; BGH Urt. 25. 03. 1983 – V ZR 268/81 = BGHZ 87, 150 = NJW 1983, 1610, juris Rn. 19.

392 Staudinger BGB / Singer (2017), § 133 BGB Rn. 30.

393 BGH Urt. 12. 07. 1996 – V ZR 202/95 = NJW 1996, 2792 (Autowaschanlage), juris. Rn. 10.

394 BGH Urt. 25. 03. 1983 – V ZR 268/81 = BGHZ 87, 150 = NJW 1983, 1610, juris Rn. 19.

395 Staudinger BGB / Singer (2017), § 133 BGB Rn. 30.

396 BGH Urt. 20. 12. 1974 – V ZR 132/73 = BGHZ 63, 359 = NJW 1975, 536, juris Rn. 23; BGH Urt. 25. 03. 1983 – V ZR 268/81 = BGHZ 87, 150 = NJW 1983, 1610, juris Rn. 19; Jurgeleit, NJW 2019, 2649 (2654).

Die Andeutungstheorie zieht zugleich die Grenze für die Berücksichtigung der außerhalb des formgerechten Vertragstextes liegenden Umstände[397]. Die Berücksichtigung der außerhalb der formgerechten Urkunde liegenden Umstände geht nicht über die Vervollständigung des unvollständigen formgerechten Vertrags hinaus[398]. Die Umstände, die keinen Anhaltspunkt in der formgerechten Urkunde finden, sind grundsätzlich bei der Auslegung des formbedürftigen Vertrags außer Betracht zu lassen, um die Formunwirksamkeit nach § 125 BGB zu vermeiden[399]. Dieses Ergebnis beruht nicht nur auf der Wahrung der verfolgten Formzwecke[400], sondern folgt auch aus einer interessengerechten Auslegung des Vertrags, da die Vertragsparteien regelmäßig einen formnichtigen Vertrag nicht abschließen wollten[401]. Daran ändert nichts, wenn der formunwirksame Vertrag nach § 311b Abs. 1 S. 2 BGB geheilt werden kann[402]. Die auslegungsrelevanten Sachverhalte beschränken sich nämlich grundsätzlich darauf, was in der formgerechten Urkunde zumindest einen gewissen Anhaltspunkt findet.

In diesem Zusammenhang dient die Berücksichtigung der außerhalb der formgerechten Urkunde liegenden Umstände zur Konkretisierung und zur Ergänzung des zwar formgerechten, aber unklaren oder unvollständigen Vertrags. Nicht darüber hinaus werden den Vertragsparteien dadurch neue Leistungspflichten auferlegt[403]. Dennoch erfolgt die Prüfung der Formbeachtung nach der Andeutungstheorie sehr großzügig. Es genügt, wenn in der formgerechten Urkunde irgendein Punkt unklar und unvollständig und damit auslegungs- oder ergänzungsbedürftig ist[404]. Insoweit kann der Umfang der bei der Auslegung des formbedürftigen Vertrags

---

397 Oetker / Maultzsch, Vertragliche Schuldverhältnisse, § 2 Rn. 62.

398 Köhler, BGB AT, § 9 Rn. 15; Pfennig, RNotZ 2018, 585 (603 f.).

399 BGH Urt. 06. 11. 2015 – V ZR 78/14 = BGHZ 207, 349 = NJW 2016, 1815, Rn. 15 ff.; BGH Urt. 09. 02. 2018 – V ZR 274/16 = NJW 2018, 1954, Rn. 20; Vogel, NZM 2017, 681 (686).

400 BGH Urt. 06. 11. 2015 – V ZR 78/14 = BGHZ 207, 349 = NJW 2016, 1815 Rn. 19.

401 BGH Urt. 06. 11. 2015 – V ZR 78/14 = BGHZ 207, 349 = NJW 2016, 1815, Rn. 17 f.; BGH Urt. 09. 02. 2018 – V ZR 274/16 = NJW 2018, 1954, Rn. 20.

402 BGH Urt. 06. 11. 2015 – V ZR 78/14 = BGHZ 207, 349 = NJW 2016, 1815 Rn. 18.

403 Pfennig, RNotZ 2018, 585 (603 f.).

404 BGH Urt. 20. 12. 1974 – V ZR 132/73 = BGHZ 63, 359 = NJW 1975, 536, juris Rn. 23; BGH Urt. 25. 03. 1983 – V ZR 268/81 = BGHZ 87, 150 = NJW 1983, 1610, juris Rn. 19; Jurgeleit, NJW 2019, 2649 (2654); Basty, MittBayNot 2017, 445 (449).

zu berücksichtigenden Umstände auch unter Berücksichtigung der Formbeachtung sehr weit zu ziehen sein.

2. Baubeschreibung des Bauträgervertrags

Beim Bauträgervertrag sind etwa der Prospekt und die Werbung des Bauträgers für die Abschlussentscheidung des Erwerbers von besonderer Bedeutung. Bei der Ermittlung der vereinbarten Beschaffenheit der zu errichtenden Wohnung sind diese außerhalb der formgerechten Urkunde liegenden Umstände unvermeidbar zu berücksichtigen. Nach der Rechtsprechung[405] sind die außerhalb der formgerechten Urkunde liegenden Umstände – z.B. die Wohnflächenangabe in Exposé und Internetwebseite des Verkäufers[406] – jedoch bei der Auslegung der Beschaffenheitsvereinbarung außer Betracht zu lassen, soweit sie keine Niederlassung in der formgerechten Urkunde finden[407]. Insoweit sind vereinzelte Stimmen in der Literatur der Meinung, diese Rechtsprechung sei relativ streng und nach der Einfügung des § 650k Abs. 2 BGB überholt, d.h. diese vertragsbegleitenden Umstände seien bei der Schließung der Vertragslücke zu berücksichtigen, auch wenn es an irgendeinem Anhaltspunkt in der beurkundeten Urkunde fehle[408].

Eine solche Durchbrechung der Andeutungstheorie ist eigentlich nicht notwendig, um die außerhalb der Urkunde liegenden Umstände bei der Vertragsauslegung zu berücksichtigen. Die Anforderung der Formbeachtung ist nach der Andeutungstheorie sehr niedrig. Es reicht aus, wenn der Vertrag auslegungs- und ergänzungsbedürftig ist[409]. Insoweit kann

---

405 BGH Urt. 06. 11. 2015 – V ZR 78/14 = BGHZ 207, 349 = NJW 2016, 1815, Rn. 15 ff.

406 Siehe Tatbestand von BGH Urt. 06. 11. 2015 – V ZR 78/14 = BGHZ 207, 349 = NJW 2016, 1815.

407 Dennoch sind diese außerhalb der formgerechten Urkunde liegenden Umstände u.U. als öffentliche Äußerungen i.S.v. § 434 Abs. 3 S. 1 Nr. 2 lit. b BGB bei der Feststellung der objektiven Beschaffenheit in Betracht zu ziehen. Vgl. BGH Urt. 19. 01. 2018 – V ZR 256/16 = NJW-RR 2018, 752, Rn. 10; BGH Urt. 09. 02. 2018 – V ZR 274/16 = NJW 2018, 1954, Rn. 21. (**siehe unten: IV. 1. b)**)

408 Pause, BauR 2017, 430 (435); Pause in: DLOPS, Das neue Bauvertragsrecht, § 6 Rn. 101.

409 BGH Urt. 20. 12. 1974 – V ZR 132/73 = BGHZ 63, 359 = NJW 1975, 536, juris Rn. 23; BGH Urt. 25. 03. 1983 – V ZR 268/81 = BGHZ 87, 150 = NJW 1983, 1610, juris Rn. 19; Jurgeleit, NJW 2019, 2649 (2654); Basty, MittBayNot 2017, 445 (449).

der Bauträgervertrag regelmäßig dieser Anforderung genügen. Da der Vertragsgegenstand im Zeitpunkt des Vertragsschlusses oft noch nicht errichtet oder fertiggestellt ist[410], ist die zu erbringende Leistung daher nicht – wie beim Kaufvertrag – allein durch die Nennung des Vertragsgegenstands zu bestimmen, sondern in der Baubeschreibung weiter zu beschreiben, die häufig nur grob und unvollständig abgefasst ist[411]. Die Baubeschreibung ist daher aufgrund ihrer immanenten Unvollständigkeit nicht abschließend und damit immer unter Berücksichtigung der außerhalb der Urkunde liegenden Umstände auszulegen und zu ergänzen[412]. Der einschlägige rechtgeschäftliche Parteiwille kann zugleich seinen Anhaltspunkt durch solche auslegungs- und ergänzungsbedürftigen Punkte im formgerechten Vertrag finden.

Beim Bauträgervertrag ist die angebotene Leistung oft durch die funktionale Baubeschreibung oder den vereinbarten Qualitätsstandard zu bestimmen. Durch die Funktionsbeschreibung oder den beschriebenen Qualitätsstandard kann sich die Andeutung in der beurkundeten Urkunde finden[413]. Beispielsweise setzt die Funktionsbeschreibung „Garten mit großer Rasenfläche und bepflanzten Beeten" das Vorhandensein eines Wasseranschlusses voraus[414]. Der Oberbegriff „Gewerbebetrieb" erfasst die Genehmigungsfähigkeit einer SB-Waschanlage[415]. Der Wasseranschluss und die Genehmigungsfähigkeit der SB-Waschanlage sind bereits in der formgerechten Urkunde angedeutet.

Die Wohnungsfläche ist beispielsweise zwar nicht im notariell-beurkundeten Bauträgervertrag schriftlich bestimmt, sondern nur in einem Prospekt oder in einem der formgerechten Urkunde nicht beigefügten Aufteilungsplan gefunden. Dennoch enthält der beurkundete Bauträgervertrag eine Preisanpassungsklausel für Minderflächen. Die Preisanpassungsklausel deutet den übereinstimmenden Parteiwillen über die Wohnungsfläche an, der sich aus dem nicht beurkundeten Prospekt oder Aufteilungsplan

410 Der Erwerb einer fertiggestellten Wohnung von einem Bauträger ist eine Ausnahme.

411 Basty, MittBayNot 2017, 445 (448 f.).

412 BGH 21. 11. 2013 – VII ZR 275/12 = NJW 2014, 620 (Gefälle), Rn. 11; Jurgeleit, NJW 2019, 2649 (2652).

413 Pfennig, RNotZ 2018, 585 (604); Jurgeleit, NJW 2019, 2649 (2654).

414 Beispiel aus: Pfennig, RNotZ 2018, 585 (604).

415 BGH Urt. 12. 07. 1996 – V ZR 202/95 = NJW 1996, 2792 (SB-Waschanlage), juris Rn. 12.

ergibt, da diese Klausel unzweifelhaft eine Vereinbarung über Wohnungsfläche voraussetzt[416].

Auch Werbeaussagen oder Prospektangaben, die von der ausdrücklichen Bezeichnung in einem beurkundeten Vertrag eindeutig abweichen, können bei der Auslegung des Bauträgervertrags problemlos in Betracht gezogen werden. Soweit sich aus sämtlichen – auch den außerhalb der formgerechten Urkunde liegenden Umständen etwa wie Werbeaussagen oder Prospektangaben des Bauträgers – ein übereinstimmender abweichender Parteiwille ergibt, handelt es sich um eine unbewusst irrtümliche Falschbezeichnung (*falsa demonstratio*). Insoweit gilt das wirklich Gewollte und nicht das fehlerhaft Erklärte – auch bei einem formbedürftigen Vertrag[417]. Denn durch die Anerkennung der Unschädlichkeit der irrtümlichen Falschbezeichnung (*falsa demonstratio non nocet*) ist die durch § 311b Abs. 1 BGB verfolgten Formzwecke – Warnfunktion, Schutzfunktion und Beweisfunktion – nicht gefährdet[418].

Vor diesem Hintergrund ist den außervertraglichen Äußerungen des Bauträgers wie Werbeaussagen oder Prospektangaben, die für die Abschlussentscheidung des Erwerbers maßgeblich sind, bei der Ermittlung des Vertragsinhalts hinsichtlich der vom Bauträger geschuldeten Leistungen angemessen Rechnung zu tragen.

IV. Exkurs: außervertragliche Äußerung kraft Gesetzes als Vertragsinhalt

Außervertragliche Äußerungen des Unternehmers i.S.v. § 14 BGB wie Werbeaussagen oder Prospektangaben sind grundsätzlich durch konkludente Vereinbarung[419] oder durch Vertragsauslegung bei der Feststellung der zu erbringenden Leistungen angemessen zu berücksichtigen. Neben der Vereinbarung können außervertragliche Äußerungen des Unternehmers auch (ergänzend) kraft Gesetzes der Vertragsinhalt werden[420].

416 Beispiel aus BGH Urt. 08. 01. 2004 – VII ZR 181/02 = NJW 2004, 2156.

417 Jurgeleit, NJW 2019, 2649 (2654).

418 BGH Urt. 25. 03. 1983 – V ZR 268/81 = BGHZ 87, 150 = NJW 1983, 1610 juris Rn. 17 ff.

419 BT-Drucks. 14/6040, S. 214 (Kaufvertrag) und S. 261 (Werkvertrag).

420 Diese Diskussion ist für den hier erfolgten Rechtsvergleich wichtig, da die Werbeaussage des Unternehmers im taiwanischen Verbraucherschutzgesetz nach dem Vertragsabschluss kraft Gesetzes der Bestandteil des Vertrags wird (§ 22 VerbrSchG) (**siehe § 5.3 II.**).

1. Öffentliche Äußerung (§ 434 Abs. 3 S. 1 Nr. 2 lit. b BGB)

Im Kaufrecht ist eine Kaufsache frei von Mängeln, wenn sie subjektiven und objektiven Anforderungen sowie Montageanforderungen entspricht. Den objektiven Anforderungen genügen, wenn die Kaufsache für die gewöhnliche Verwendung eignet und eine Beschaffenheit aufweist, die bei Sachen derselben Art üblich ist und die der Käufer erwarten kann (§ 434 Abs. 3 S. 1 Nr. 1 und Nr. 2 BGB). Im Hinblick auf die Erwartung des Käufers sind öffentliche Äußerungen des Verkäufers oder eines Glieds der Vertragskette oder ihrer Gehilfen zu berücksichtigen (§ 434 Abs. 3 S. 1 Nr. 2 lit. b BGB). Die Angaben über die Eigenschaft der Kaufsache in Werbungen oder Prospekten sind daher bei der Feststellung der objektiven Beschaffenheit in Betracht zu ziehen, soweit sie nicht durch eine (konkludente) Vereinbarung der Vertragsinhalt werden[421].

a) Ausschluss der Bindungswirkung der öffentlichen Äußerung

Will sich der Verkäufer nicht an seine öffentlichen Äußerungen oder solche eines Glieds der Lieferkette binden, räumt das Gesetz dem Verkäufer zwei Möglichkeiten ein. Er kann mit dem Käufer eine wirksame negative Beschaffenheitsvereinbarung treffen (vgl. § 476 Abs. 1 S. 2 BGB) und dann richtet sich die Sachmangelfreiheit ausschließlich nach der (negativen) Beschaffenheitsvereinbarung. Er kann auch rechtzeitig vor dem Vertragsschluss die fehlerhafte Angabe in der öffentlichen Äußerung in derselben oder in gleichwertiger Weise berichtigen (§ 434 Abs. 3 S. 3 Alt. 2 BGB). Der Verkäufer kann außerdem zur Befreiung von seiner Sachmängelhaftung im einzelnen Rechtstreit beweisen, dass er Äußerungen nicht kannte und auch nicht kennen konnte[422] oder die Äußerungen die Kaufentscheidung nicht beeinflussen konnte (§ 434 Abs. 3 S. 3 Alt. 1 und 3 BGB).

421 BeckOK BGB / Faust, § 434 BGB Rn. 78.

422 Darauf kann sich ein gewerblich tätiger Verkäufer selten berufen. Vgl. Medicus / Lorenz, Schuldrecht BT, § 6 Rn. 21; Oetker / Maultzsch, Vertragliche Schuldverhältnisse, § 2 Rn. 77.

aa) Negative Beschaffenheitsvereinbarung (§ 476 Abs. 1 S. 2 BGB)

Mit einer negativen Beschaffenheitsvereinbarung ist ein bestimmtes Merkmal der Kaufsache, das hinter dem üblichen Qualitätsstandard zurückbleibt, im Vertrag definiert, so dass im Rahmen des subjektiven Fehlerbegriffs bereits das Vorliegen eines Mangels vermieden wird[423]. Dadurch wird den Vertragsparteien – insbesondere beim Verkauf von gebrauchten Sachen – mehr Flexibilität eingeräumt[424]. Es ist auch für den Käufer vorteilhaft, unter Kenntnis von Mängeln die Kaufsache preisgünstig erwerben zu können. Beim Verbrauchsgüterkauf (§ 474 ff. BGB) kann die negative Beschaffenheitsvereinbarung nur unter den strengen Anforderungen des § 476 Abs. 1 S. 2 BGB wirksam getroffen werden. Durch diese Anforderungen ist die Transparenz bei der Vereinbarung einer negativen Beschaffenheit gewährleisten und folglich ist die Entscheidungsfreiheit des Verbrauchers sicherzustellen.

Der Verbraucher muss zunächst vor der Abgabe seiner Vertragserklärung „eigens" darauf hingewiesen werden, inwieweit die Kaufsache von den objektiven Anforderungen an die Vertragsmäßigkeit abweicht (§ 476 Abs. 1 S. 2 Nr. 1 BGB). Insoweit ist die Anforderung des Hinweises höher als andere (verbraucherrechtliche) vorvertragliche Informationspflichten. Es genügt daher nicht, die Abweichung nur als eine von mehreren Eigenschaften der Kaufsache in der Leistungsbeschreibung anzuführen[425]. Diese Hinweispflicht ist auch auf die halbzwingenden Wirkung der Sachmängelhaftung und das Umgehungsverbot des Verbrauchsgüterkaufs (§ 476 Abs. 1 S. 1, Abs. 4 BGB) zurückzuführen, wonach der Unternehmer das Risiko eines verborgenen Mangels nicht auf den Verbraucher abwälzen darf[426]. Da bei der Feststellung der objektiven Anforderungen an Vertragsmäßigkeit die öffentlichen Äußerungen des Verkäufers oder des sonstigen Glieds in der Lieferkette zu berücksichtigen sind (§ 434 Abs. 3 S. 1 Nr. 2 lit. b BGB), ist der Verbraucher auch auf die Abweichung von den früheren öffentlichen Äußerungen hinzuweisen.

Neben dem besonderen Hinweis auf die Abweichung ist die negative Beschaffenheitsvereinbarung im Vertrag ausdrücklich und gesondert zu

423 Medicus / Lorenz, Schuldrecht BT, § 11 Rn. 20; MüKo / Westermann, § 434 BGB Rn. 23.

424 ErwGr. 36 WKRL; BT-Drucks. 19/27424, S. 42.

425 BT-Drucks. 19/27424, S. 42.

426 MüKo BGB / Lorenz, § 476 BGB Rn. 10; Bülow / Artz, Verbraucherprivatrecht, Rn. 497.

vereinbaren (§ 476 Abs. 1 S. 2 Nr. 2 BGB). Die Vertragsunterlagen müssen so gestaltet sein, dass dem Verbraucher bei Abgabe seiner Vertragserklärung bewusst wird, dass er eine Kaufsache erwirbt, die von objektiven Anforderungen an die Vertragsmäßigkeit abweicht oder abweichen kann. Insoweit reicht es daher nicht aus, die negative Beschaffenheitsvereinbarung konkludent zu treffen oder neben zahlreichen anderen Vereinbarungen in einen Formularvertrag einzustellen[427].

bb) Berichtigung (§ 434 Abs. 3 S. 3 Alt. 2 BGB)

Enthält eine öffentliche Äußerung eine unrichtige Angabe über die Beschaffenheit der Sache, kann der Verkäufer sie im Zeitpunkt des Vertragsschlusses in derselben oder gleichwertiger Weise berichtigen, um nicht mehr an sie gebunden zu sein (§ 434 Abs. 3 S. 3 Alt. 2 BGB). Bei der Berichtigung darf die fehlerhafte Angabe nicht einfach durch eine richtige ersetzen werden, sondern es muss ausdrücklich darauf hingewiesen werden, dass eine bestimmte öffentliche Äußerung unrichtig ist[428]. Denn der Käufer hat aufgrund der früheren Werbung bereits eine Vorstellung von bestimmten Eigenschaften der Sache bekommen, so dass die abgeänderte Angabe über dieselben Eigenschaften in der späteren Werbung oft seine Aufmerksamkeit nicht oder nur vermindert erwecken wird und er die Veränderung gar nicht zur Kenntnis nehmen kann[429].

Die Berichtigung muss zudem in derselben oder gleichwertiger Weise erfolgen. Bei einer generellen Berichtigung sind die eingesetzten Medien wie die für die ursprüngliche Äußerung verwendete ähnlich effizient und öffentlichkeitswirksam, haben also dieselbe Reichweite und Wirkung[430]. Soweit die generelle Berichtigung nach diesem Maßstab erfolgt, entsteht nach der h.M. ihre Wirkung unabhängig davon, ob der individuelle Käufer diese Berichtigung zur Kenntnis genommen hat oder nur nehmen

---

427 BT-Drucks. 19/27424, S. 42.

428 BGH Urt. 25. 01. 2019 – V ZR 38/18 = NJW 2019, 2380, Rn. 15; Oetker / Maultzsch, Vertragliche Schuldverhältnisse, § 2 Rn. 78; Staudinger BGB / Matusche-Beckmann (2013), § 434 BGB Rn. 111; BeckOK BGB / Faust, § 434 BGB Rn. 89; MüKo BGB / Westermann, § 434 BGB Rn. 34; Erman BGB / Grunewald, § 434 BGB Rn. 27; Medicus / Lorenz, Schuldrecht BT, § 6 Rn. 22.

429 BeckOK BGB / Faust, § 434 BGB Rn. 89.

430 BT-Drucks. 14/7052, S. 196; Staudinger BGB / Matusche-Beckmann (2013), § 434 BGB Rn. 111; BeckOK BGB / Faust, § 434 BGB Rn. 89.

konnte[431]. Die Berichtigung kann zudem auch individuell gegenüber dem Käufer erfolgen[432].

b) Öffentliche Äußerungen und formbedürftiger Vertrag

Die öffentlichen Äußerungen des Verkäufers oder seines Gehilfen werden regelmäßig durch die konkludente Vereinbarung der Vertragsinhalt[433] oder sind als vertragsbegleitende Umstände bei der Vertragsauslegung zu berücksichtigen. Soweit die öffentlichen Äußerungen nicht zur Beschaffenheitsvereinbarung werden, sind sie bei der Feststellung der objektiven Beschaffenheit in Betracht zu ziehen (§ 434 Abs. 3 S. 1 Nr. 2 lit. b BGB). Beim formbedürftigen Vertrag zieht die Andeutungstheorie die Grenze für eine Berücksichtigung der außerhalb der formgerechten Urkunde liegenden Umstände (**siehe oben III 1.**)[434]. Finden die öffentlichen Äußerungen keinen Anhaltspunkt in der formgerechten Urkunde, können sie weder durch die konkludente Vereinbarung der Vertragsinhalt werden noch bei der Vertragsauslegung in Betracht gezogen werden. Es stellt sich nämlich die Frage, ob auch bei einem formbedürftigen Vertrag die objektive Beschaffenheit der Kaufsache nach § 434 Abs. 3 S. 1 Nr. 2 lit. b BGB unter Berücksichtigung der öffentlichen Äußerungen festzustellen ist.

Nach einer Ansicht in der Literatur[435] sei § 434 Abs. 3 S. 1 Nr. 2 lit. b BGB aufgrund einer teleologischen Reduktion[436] bei formbedürftigen Kaufverträgen nicht anzuwenden. Ansonsten sei das Beurkundungserfordernis nach § 311b Abs. 1 BGB in dieser Weise umgangen[437]. Denn im Hinblick auf die in öffentlichen Äußerungen enthaltenen Qualitätsangaben könnten die Vertragsparteien (insbesondere der Verkäufer) weder durch die Beurkundungsbedürftigkeit gewarnt werden noch die notarielle Beratung genießen. Die Beweisfunktion der Urkunde werde verfehlt. Inso-

---

431 Oetker / Maultzsch, Vertragliche Schuldverhältnisse, § 2 Rn. 78; Staudinger BGB / Matusche-Beckmann (2013), § 434 BGB Rn. 111; BeckOK BGB / Faust, § 434 BGB Rn. 89; Erman BGB / Grunewald,§ 434 BGB Rn. 28.

432 Oetker / Maultzsch, Vertragliche Schuldverhältnisse, § 2 Rn. 78; BeckOK BGB / Faust, § 434 BGB Rn. 89.

433 BT-Drucks. 14/6040, S. 214.

434 Oetker / Maultzsch, Vertragliche Schuldverhältnisse, § 2 Rn. 62.

435 BeckOK BGB / Faust, § 434 BGB Rn. 78; Oetker / Maultzsch, Vertragliche Schuldverhältnisse, § 2 Rn. 75; Erman BGB / Grunewald, § 434 BGB Rn. 25.

436 BeckOK BGB / Faust, § 434 BGB Rn. 78.

437 BeckOK BGB / Faust, § 434 BGB Rn. 78.

weit seien die von § 311b Abs. 1 BGB verfolgten Formzwecke gefährdet[438]. Auch die WKRL stehe der teleologischen Reduktion nicht entgegen, da der Grundstückskauf nicht in den Anwendungsbereich der WKRL falle (Art. 2 Nr. 5 WKRL)[439].

Die Rechtsprechung ist hingegen der anderen Ansicht[440]. Denn die Anforderungen des § 434 Abs. 3 BGB beziehen sich auf die objektiven Anforderungen an die Vertragsmäßigkeit, die nicht auf einer beurkundungs- und auslegungsbedürftigen Vereinbarung beruhen, sondern auf dem Gesetz. Die Annahme eines Sachmangels wegen des Fehlens einer Eigenschaft der Kaufsache, die der Käufer aufgrund der Werbeaussagen oder Prospektangaben erwarten kann, setzt daher nicht voraus, dass diese Eigenschaft in dem notariellen Kaufvertrag Erwähnung findet[441]. Insoweit sind Werbeaussagen oder Prospektangaben, soweit sie eine berechtigte Erwartung des Käufers über die Eigenschaft herbeiführen können, auch ohne Andeutung in der formgerechten Urkunde zu berücksichtigen.

2. Vorvertragliche Informationspflichten

a) Einbeziehung in Vertrag kraft Gesetzes

In vielen Verbraucherverträgen können die aufgrund jeweiliger verbraucherrechtlicher vorvertraglicher Informationspflichten dem Verbraucher zur Verfügung stehenden Informationen kraft Gesetzes der Vertragsinhalt werden[442]. Solche vom Unternehmer vor dem Vertragsschluss erteilten Informationen können zwar etwa durch eine konkludente Vereinbarung der Vertragsinhalt werden oder sind bei der Vertragsauslegung als vertragsbegleitende Umstände zu berücksichtigen. Es kommt aber auf die rechtliche Würdigung des Gerichts im Einzelfall an. Die Einbeziehung der vertragsbezogenen Informationen in den Vertrag kraft Gesetzes gewährt

---

438 BeckOK BGB / Faust, § 434 BGB Rn. 78.

439 BeckOK BGB / Faust, § 434 BGB Rn. 78.

440 BGH Urt. 19. 01. 2018 – V ZR 256/16 = NJW-RR 2018, 752, Rn. 10; BGH Urt. 09. 02. 2018 – V ZR 274/16 = NJW 2018, 1954, Rn. 21.

441 BGH Urt. 09. 02. 2018 – V ZR 274/16 = NJW 2018, 1954, Rn. 21.

442 Beispiele: Fernabsatz- und Außergeschäftsraumverträge (§ 312d Abs. 1 S. 2 BGB / Art. 6 Abs. 5 VRRL), Teilzeit-Wohnrechteverträge (§ 484 Abs. 2 BGB / Art. 5 Abs. 2 Teilnutzungsverträge-RL), Verbraucherbauverträge (§ 650k Abs. 1 BGB) und Pauschalreiseverträge (§ 651d Abs. 3 BGB / Art. 6 Abs. 1 Pauschalreise-RL).

mehr Rechtssicherheit und schützt damit das Vertrauen des Verbrauchers in vorvertragliche Informationen[443]. Dadurch ist die Zuverlässigkeit der Informationen sicherzustellen[444]. Diese Regel gewährleistet auch dem Verbraucher die Transparenz und schützt ihn vor einer überraschenden abweichenden Vereinbarung[445], da sie nur von den Vertragsparteien – ggf. auch unter weiteren Anforderungen nach der jeweiligen Vorschrift[446] – ausdrücklich getroffen wird. Damit ist ein höheres Verbraucherschutzniveau zu gewährleisten.

Solche verbraucherrechtlichen vorvertraglichen Informationen sind oft vom Unternehmer gegenüber unbestimmten Verbrauchern vorformuliert. Soweit ein Verbrauchervertrag schließlich abgeschlossen wird, sind diese vom Unternehmer erteilten Informationen als AGB i.S.v. § 305 Abs. 1 BGB qualifiziert. Insoweit finden die Vorschriften über AGB nach §§ 305 ff. BGB – neben den Vorschriften über die verbraucherrechtlichen Informationspflichten (etwa § 312d BGB) – Anwendung[447]. Daher unterliegen die vom Unternehmer erteilten Informationen beispielsweise der AGB-Inhaltskontrolle gemäß §§ 307 ff. BGB[448]. Die Informationen werden außerdem erst zum Vertragsbestandteil, wenn die Anforderungen des § 305 Abs. 2 Nr. 2 BGB erfüllt sind[449] – ggf. bei der Auslegung des Begriffs „zumutbare Weise“ unter Berücksichtigung der Anforderungen der verbraucherrechtlichen Informationspflichten[450]. Allerdings ist die Einbeziehungskontrolle gemäß § 305 Abs. 2 Nr. 2 BGB nur zugunsten des Verbrauchers anzuwenden[451]. Der Verbraucher kann sich nämlich – unabhängig von § 305 Abs. 2 Nr. 2 BGB – auf den für ihn günstigen Inhalt in vorvertraglichen Informationen unproblematisch berufen.

Nur die Informationen, die für den bindenden Vertragsinhalt sinnvoll sind, können kraft Gesetzes der Vertragsinhalt werden[452]. Beispiels-

---

443 Kramme, NJW 2015, 279 (279f.).

444 Karczewski, NZBau 2018, 328 (328).

445 Stretz in: DLOPS, Das neue Bauvertragsrecht, § 5 Rn. 108.

446 Beispiel: § 484 Abs. 2 S. 3 und S. 4 BGB / Art. 5 Abs. 2 UAbs. 2, 3 Teilzeitnutzungsverträge-RL (Textform und Hinweis auf Abweichung).

447 MüKo BGB / Wendehorst, § 312d BGB Rn. 13; BeckOK BGB / Martens, § 312d BGB Rn. 11; Kramme, NJW 2015, 279 (281).

448 Kramme, NJW 2015, 279 (281).

449 BeckOK BGB / Martens, § 312d BGB Rn. 11.

450 MüKo BGB / Wendehorst, § 312d BGB Rn. 13.

451 BGH Urt. 08. 07. 1999 – VII ZR 237/98 = NJW 1999, 3261, juris 11; Pfeiffer in: WLP, AGB-Recht, § 305 BGB Rn. 110.

452 BeckOK BGB / Martens, § 312d BGB Rn. 9; Staudinger BGB / Thüsing (2019), § 312d BGB Rn. 145.

weise sind die Kontaktinformationen (Art. 246a § 1 Abs. 1 S. 1 Nr. 2 EGBGB) trotz § 312d Abs. 1 S. 2 BGB unverbindlich. Der Unternehmer darf die Kontaktinformationen unproblematisch nachträglich ändern[453]. Allerdings hat er die aus § 312d Abs. 1 S. 2 BGB folgende vertragliche Nebenpflicht, eine Änderung der Kontaktinformation dem Verbraucher mitzuteilen[454].

Fehlt es an einer gesetzlichen Vorschrift, nach der die erteilten vorvertraglichen Informationen der Vertragsinhalt werden, beispielsweise bei Verbraucherverträgen im stationären Handel (§ 312a Abs. 2 BGB), können die Informationen durch die konkludente Vereinbarung der Vertragsinhalt werden oder sind als vertragsbegleitende Umständen bei der Vertragsauslegung zu berücksichtigen. Handelt es sich um die wesentlichen Eigenschaften der Waren (Art. 246 Abs. 1 Nr. 1 EGBGB), sind sie auch bei der Feststellung der objektiven Anforderung an Vertragsmäßigkeit in Betracht zu ziehen (§ 434 Abs. 3 S. 1 Nr. 2 lit. b BGB), soweit sie gegenüber unbestimmten Verbrauchern abgefasst sind.

b) Abweichung und Abänderung

aa) Abweichende Vereinbarung

Die vom Unternehmer erteilten verbraucherrechtlichen Informationen können nach jeweiligen einschlägigen Vorschriften kraft Gesetzes zum Vertragsinhalt werden. Dennoch dürfen die Vertragsparteien ausdrücklich davon abweichen (vgl. § 312d Abs. 1 S. 2 BGB). Die Anforderung der Ausdrücklichkeit gewährt dem Verbraucher mehr Transparenz über die (insbesondere zum Nachteil des Verbrauchers) abweichenden Vereinbarungen. Die Ausdrücklichkeit erfordert auf der Seite des Verbrauchers entweder eine selbst formulierte Erklärung (Individualabrede i.S.v. § 305b BGB) oder im Fall der vom Unternehmer vorformulierten Erklärung (AGB i.S.v. § 305 Abs. 1 BGB oder Einmalbedingungen nach § 310 Abs. 3 Nr. 2 BGB) eine von anderen Erklärungen getrennte Zustimmung durch

---

453 BeckOK BGB / Martens, § 312d BGB Rn. 9; Staudinger BGB / Thüsing (2019), § 312d BGB Rn. 145; MüKo BGB / Wendehorst, § 312d BGB Rn. 10.

454 BeckOK BGB / Martens, § 312d BGB Rn. 9; MüKo BGB / Wendehorst, § 312d BGB Rn. 10.

aktives Tun[455]. Der Unternehmer muss nämlich bei einer von ihm vorformulierten Erklärung den Verbraucher eindeutig auf seinen Abweichungswillen hinweisen. Ein bloß von den früheren erteilten Informationen abweichender Vertragstext ist daher für die ausdrückliche Vereinbarung nicht ausreichend[456].

Diese Anforderung steht deshalb mit dem Transparenzgebot des AGB-Rechts im Einklang. Soweit eine vorformulierte Klausel von der berechtigten Erwartung des Verbrauchers aus den ihm zur Verfügung stehenden Informationen (zulasten des Verbrauchers) abweicht, muss der Unternehmer die Abweichung hervorheben. Andernfalls ist die Klausel als überraschende Klausel nicht in den Vertrag einzubeziehen (§ 305c Abs. 1 BGB) oder – insbesondere bei Einmalbedingungen nach § 310 Abs. 3 Nr. 2 BGB – nach § 307 Abs. 1 S. 2 BGB unwirksam. Vor diesem Hintergrund unterliegt die abweichende Vereinbarung derselben Anforderung, auch wenn die vorvertraglichen Informationen nicht kraft Gesetzes der Vertragsinhalt wird.

Beziehen sich die gegenüber unbestimmten Verbrauchern abgefassten vorvertraglichen Informationen auf die wesentlichen Eigenschaften der Waren (Art. 246a § 1 Abs. 1 Nr. 1 EGBGB), unterliegt die abweichende Vereinbarung (zum Nachteil des Verbrauchers) den Anforderungen für negative Beschaffenheitsvereinbarung in § 476 Abs. 1 S. 2 BGB, nach denen die Abweichung von objektiven Anforderungen an die Vertragsmäßigkeit, für die nach § 434 Abs. 3 S. 1 Nr. 2 lit. b BGB auch die öffentlichen Äußerungen des Unternehmers zu berücksichtigen sind, nur unter Hinweis auf die Abweichung ausdrücklich und gesondert zu vereinbaren ist. Die Voraussetzung der negativen Beschaffenheitsvereinbarung steht wiederum mit der Ausdrücklichkeitsanforderung nach § 312d Abs. 1 S. 2 BGB in Einklang.

Die Anforderung der Ausdrücklichkeit dient allein zum Schutz des Verbrauchers[457]. Nach dem Sinn und Zweck der jeweiligen einschlägigen Vorschriften (etwa wie § 312d BGB) darf der Verbraucher eine für ihn günstige Abweichung jederzeit und in jeder Form – also auch durch eine

---

455 MüKo BGB / Wendehorst, § 312d BGB Rn. 8; Staudinger BGB / Thüsing (2019), § 312d BGB Rn. 148; Stretz in: DLOPS, Das neue Bauvertragsrecht, § 5 Rn. 105.

456 MüKo BGB / Wendehorst, § 312d BGB Rn. 8; Stretz in: DLOPS, Das neue Bauvertragsrecht, § 5 Rn. 108.

457 Staudinger BGB / Thüsing (2019), § 312d BGB Rn. 146; BeckOK BGB / Martens, § 312d BGB Rn. 8.

konkludente Vereinbarung oder durch einseitigen Nachinformationen des Unternehmers geltend machen[458].

bb) Einseitige Abänderung vor Vertragsschluss

Im Gegensatz zur abweichenden Vereinbarung fehlt es in den meisten Verbraucherverträgen[459] an einer ausdrücklichen Bestimmung über die einseitige Abänderung der früher erteilten Informationen. Dennoch darf der Unternehmer die von ihm früher erteilten Informationen vor dem Vertragsschluss einseitig korrigieren oder abändern[460]. Insoweit kann man davon ausgehen, dass der Unternehmer nicht einfach durch die neuen Informationen die ursprünglichen ersetzen darf. Erforderlich ist ein eindeutiger Hinweis darauf, welche Punkte in den ursprünglichen erteilten Informationen abgeändert werden.

In diesem Zusammenhang ist die Interesselage mit der Berichtigung der unrichtigen öffentlichen Äußerungen (§ 434 Abs. 3 S. 3 Alt. 2 BGB) vergleichbar – vielmehr stellen oft die Informationen über die wesentlichen Eigenschaften der Waren zugleich die öffentlichen Äußerungen des Unternehmers i.S.v. § 434 Abs. 3 S. 1 Nr. 2 lit. b BGB dar. Da der Verbraucher bereits aufgrund der früheren Informationen eine bestimmte Vorstellung von den angegebenen Punkten hat, kann der Verbraucher oft nicht leicht durch die Erteilung der neuen Informationen die Abweichung oder die abweichenden Punkte beachten und damit zur Kenntnis nehmen[461]. Die Anforderung der Ausdrücklichkeit der abweichenden Vereinbarung (etwa nach § 312d Abs. 1 BGB) spricht auch für den Hinweis auf die Abweichung. Muss der Unternehmer bei einer von ihm vorformulierten Erklärung den Verbraucher auf seinen Abweichungswillen hinweisen, um eine davon abweichende Vereinbarung wirksam zu treffen (**siehe oben aa)**)[462], ist es ersichtlich, dass diese Anforderung auch bei der einseitigen Abänderung der vorvertraglichen Informationen anwendbar ist. Soweit der Unternehmer nicht ausdrücklich auf die Abweichung hingewiesen

458 BeckOK BGB / Martens, § 312d BGB Rn. 10; Staudinger BGB / Thüsing (2019), § 312d BGB Rn. 146; MüKo BGB / Wendehorst, § 312d BGB Rn. 9.

459 Ausnahme: Teilzeit-Wohnrechtsverträge (§ 484 Abs. 2 S. 2 bis S. 4 BGB).

460 BeckOK BGB / Martens, § 312d BGB Rn. 10.

461 BeckOK BGB / Faust, § 434 BGB Rn. 89.

462 MüKo BGB / Wendehorst, § 312d BGB Rn. 8; Stretz in: DLOPS, Das neue Bauvertragsrecht, § 5 Rn. 108.

hat, kann der Verbraucher die Rechte aus den bisherigen Informationen geltend machen.

Diese Anforderung dient allein zum Schutz des Verbrauchers. Es bleibt deshalb dem Verbraucher unbenommen, für ihn günstige Angaben aus den neu erteilten Informationen auch ohne Hinweis auf die Abänderung in Anspruch zu nehmen. Werden die Informationen auf Verlangen des Verbrauchers abgeändert und neu erteilt, um beispielsweise die vorvertraglichen Baubeschreibung den Wünschen des Verbrauchers anzupassen, können die neuen Informationen insofern ohne Hinweis auf die Abänderung an Stelle der bisherigen Informationen treten[463], da der Verbraucher von Anfang an die Abweichung erwarten kann.

V. Zwischenergebnis

Die verbraucherrechtlichen vorvertraglichen Informationspflichten sind eines der wesentlichen Verbraucherschutzinstrumente. Der Verbraucher kann aufgrund dieser Informationen einen Marktvergleich durchführen und dann eine vernünftige Entscheidung treffen. Beim Verbraucherbauvertrag ist der Unternehmer nach § 650j BGB i.V.m. Art. 249 EGBGB verpflichtet, dem Verbraucher rechtzeitig vor Abgabe von dessen Vertragserklärung eine Baubeschreibung zur Verfügung zu stellen. Die Baubeschreibung bezieht sich nicht nur auf die vorvertraglichen Informationspflichten, sondern auch auf die vertraglichen Leistungen des Unternehmers. Insoweit unterliegt die Baubeschreibung auch den Bestimmungen über einen bereits abgeschlossenen Vertrag – insbesondere den allgemeinen Auslegungsgrundsätzen und dem Transparenzgebot des AGB-Rechts (**siehe oben I 1.**).

Die Baubeschreibung ist zwar nach Art. 249 § 2 Abs. 1 S. 1 EGBGB nur in klaren Weise zu formulieren, so dass eine verständliche Baubeschreibung nicht geboten ist. Beim Bauträgervertrag ist die vorformulierte Baubeschreibung entweder AGB i.S.v. § 305 Abs. 1 BGB oder Einmalbedingungen eines Verbrauchervertrags (§ 310 Abs. 3 Nr. 2 BGB), so dass sie dem Transparenzgebot des AGB-Rechts unterliegt (vgl. § 307 Abs. 1 S. 2 BGB), d.h. sie ist in klaren und verständlichen Weise abzufassen (**siehe oben II 1.**). Die Intransparenz der Baubeschreibung ist zunächst durch die Auslegung des Vertrags zu beheben. Nach § 650k Abs. 2 S. 1 BGB, der auf die allgemeinen Auslegungsgrundsätze zurückzuführen ist,

---

463 BeckOK BGB / Voit, § 650k BGB Rn. 4.

müssen alle vertragsbegleitenden Umständen bei der Vertragsauslegung zu berücksichtigen. Bei Auslegungszweifel ist der Vertrag zu Lasten des Unternehmers auszulegen (§§ 305c Abs. 2, 650k Abs. 2 S. 2 BGB). Sind die negativen Auswirkungen der intransparenten Baubeschreibung nicht durch Auslegung zu beseitigen, ist die betroffene Klausel nach § 307 Abs. 1 S. 2 BGB wegen ihrer Intransparenz unwirksam. Ein Schadensersatz aus c.i.c. (§§ 311 Abs. 2, 280 Abs. 1 BGB) kommt jedoch aufgrund der Konkurrenzverhältnis zur Sachmängelhaftung nur ausnahmsweise in Betracht (**siehe oben II 3.**).

Bei der Feststellung der vom Unternehmer geschuldeten Leistungen sind alle vertragsbegleitenden Umstände einschließlich der außerhalb des formgerechten Vertragstextes liegenden zu berücksichtigen. Der Bauträgervertrag unterliegt der Beurkundungspflicht nach § 311b Abs. 1 S. 1 BGB. Deshalb zieht die Andeutungstheorie die Grenze für die Berücksichtigung der außerhalb des formgerechten Vertragstextes liegenden Umstände, d.h. nur die Umstände, die irgendeine Niederlassung in der Urkunde finden können, können bei der Vertragsauslegung in Betracht gezogen werden. Da die Baubeschreibung aufgrund ihrer vertragsimmanenten Unvollständigkeit immer auslegungs- und ergänzungsbedürftig ist, kann der Bauträgervertrag regelmäßig der Anforderung der Andeutungstheorie genügen. Auch eindeutig vom beurkundeten Vertragstext abweichende Werbeaussagen können nach dem Grundsatz von *falsa demonstratio non nocet* in Betracht gezogen werden (**siehe oben III**).

Neben der konkludenten Vereinbarung und der Vertragsauslegung sind die außervertraglichen Äußerungen des Unternehmers u.U. kraft Gesetzes (etwa §§ 312d, 650k Abs. 1 BGB oder § 434 Abs. 3 S. 1 Nr. 2 lit. b BGB) bei der Feststellung des Leistungsinhalts zu berücksichtigen. Solche Instrumente zielen vor allem auf den Schutz der berechtigten Erwartung des Verbrauchers. Die Abweichung kann durch eine einseitige Berichtigung oder durch eine Vereinbarung getroffen werden. Die Abweichung zulasten des Verbrauchers kommt jedoch nur unter der Beachtung des Transparenzgebots in Betracht, um die berechtigte Erwartung des Verbrauchers zu schützen. Dafür ist ein ausdrücklicher Hinweis auf die Abweichung von ursprünglichen Äußerungen erforderlich (**siehe oben IV**).

§ 3.3 Überlegungsfrist statt Widerrufsrechts

I. Widerrufsrecht für Verbraucherbauverträge (§ 650l BGB)

1. Widerrufsrecht (§ 650l BGB)

Neben den verbraucherrechtlichen Informationspflichten stellt das (verbraucherrechtliche) Widerrufsrecht ein wesentliches Verbraucherschutzinstrument dar. Das Widerrufsrecht räumt dem Verbraucher eine Möglichkeit ein, innerhalb eines bestimmten Zeitraums ohne materielle Voraussetzungen und Begründungen einseitig den Vertrag aufzuheben[464], damit er während der Widerrufsfrist in Ruhe und vom Unternehmer unbeeinflusst nochmals überlegen kann, ob er eigentlich den Vertrag abschließen will. Beim Widerrufsrecht handelt es nämlich um die Ausnahme vom Grundsatz *pacta sunt servanda*. Daher ist das Widerrufsrecht nicht als allgemeiner Rechtsgrundsatz auf alle Verbraucherverträge auszudehnen und grundsätzlich nur durch die Gesetzgebung einzuräumen[465]. Die Einräumung eines Widerrufsrechts bedarf zudem einer besonderen Rechtfertigung zur Durchbrechung des Grundsatzes *pacta sunt servanda*. Insoweit knüpft das Widerrufsrecht entweder an besondere Umstände beim Vertragsabschluss (also eine vom Unternehmer eingesetzte besondere Vertriebsform) oder an vertragsimmanente Risiken eines bestimmten vertraglichen Schuldverhältnisses an.

Beim Verbraucherbauvertrag hat der Gesetzgeber im Zuge der Bauvertragsrechtsreform das Widerrufsrecht eingeführt (§ 650l BGB). Der Verbraucherbauvertrag bezieht sich auf den Bau eines neuen Gebäudes oder erhebliche Umbaumaßnahmen an einem bestehenden Gebäude (§ 650i Abs. 1 BGB). Bauverträge in dieser Größenordnung werden von Verbrauchern in den meisten Fällen nur einmal im Leben abgeschlossen und sind regelmäßig mit erheblichen finanziellen Belastungen verbunden. In der Praxis werden der Verbraucher zudem insbesondere beim Vertrieb von schlüsselfertigen Häusern mit zeitlich begrenzten Rabattangeboten zu schnellen Vertragsabschlüssen gedrängt werden[466]. Unter Berücksichtigung der regelmäßigen Unerfahrenheit des Verbrauchers, der besonderen wirtschaftlichen Bedeutung des Verbraucherbauvertrags sowie des Über-

---

464 BGH Urt. 16. 03. 2016 – VIII ZR 146/15 = NJW 2016, 1951, Rn. 16; BGH Urt. 30. 08. 2018 – VII ZR 243/17 = NJW 2018, 3380 (Senkrechtlift), Rn. 34.

465 Heiderhoff, Europäisches Privatrecht, Rn. 245.

466 BT-Drucks. 18/8486, S. 63; Lenkeit, BauR 2017, 454 (465).

rumpelungsschutzes soll der Verbraucher durch Einräumung einer nachträglichen Überlegungsfrist vor der Übereilung geschützt werden[467]. Darüber hinaus verbessert das Widerrufsrecht zusammen mit der vorvertraglichen Informationspflichten des Unternehmers (§ 650j BGB i.V.m. Art. 249 EGBGB) Markttransparenz und fördert damit die Wettbewerb[468].

2. Ausschluss des Widerrufsrechts (§ 650l S. 1 Hs. 2 und § 650u Abs. 2 BGB)

Beim Verbraucherbauvertrag, der (tatsächlich[469]) notariell beurkundet wurde, ist das Widerrufsrecht gemäß § 650l BGB ausgeschlossen (§ 650l S. 1 Hs. 2 BGB). Das Widerrufsrecht gemäß § 650l BGB findet zudem auf den Bauträgervertrag, der nach § 311b Abs. 1 S. 1 BGB einer notariellen Beurkundung bedarf, keine Anwendung (§ 650u Abs. 2 BGB).

Der Ausschluss des Widerrufsrechts bei notariell-beurkundeten Verträgen kann auch in Fernabsatz- und Außergeschäftsraumverträgen (§ 312 Abs. 1 Nr. 1 und § 312g Abs. 1 Nr. 13 BGB) und in Verbraucherdarlehensverträgen[470] (§ 495 Abs. 2 Nr. 2 BGB) gefunden werden[471]. Nach den jeweiligen einschlägigen Richtlinien ist der Ausschluss des Widerrufsrechts zulässig[472] oder sind die betroffenen Verträge von ihrem Anwendungsbereich ausgenommen[473], wenn die betroffenen Verträge unter Mitwirkung des Notars abgeschlossen werden (und ggf. weitere Anforderungen erfüllt werden). Der deutsche Gesetzgeber hat den Ausschluss des Widerrufsrechts damit begründet, dass der Verbraucherschutz durch die Mitwirkung

---

467 Pause, BauR 2017, 430 (435 f.); Reiter, JA 2018, 241 (243).

468 Reiter, JA 2018, 241 (243).

469 Lenkeit, BauR 2017, 454 (466).

470 Der Ausschlusstatbestand in § 495 Abs. 2 Nr. 2 BGB ist nur auf den Vertrag anzuwenden, der der Beurkundungspflicht unterliegt. Vgl. MüKo BGB / Schürnbarnd / Weber, § 495 BGB Rn. 19; Erman BGB / Nietsch, § 495 BGB Rn. 11; Staudinger BGB / Kessal-Wulf (2012), § 495 BGB Rn. 12.

471 Beim Teilzeit-Wohnrechtvertrag liegt jedoch kein vergleichbarer Ausschlusstatbestand vor (vgl. § 485 BGB).

472 Art. 6 Abs. 3 lit. c Fernabsatzfinanzdienstleistung-RL (Fernabsatzfinanzdienstleistungsvertrag); Art. 14 Abs. 6 Verbraucherkredit-RL (Verbraucherdarlehensvertrag).

473 Art. 3 Abs. 3 lit. i VRRL (Allgemeine Vorschriften des Verbrauchervertrags sowie Fernabsatz- und Außergeschäftsraumvertrag).

des Notars sichergestellt werden kann[474]. Denn dem Notar obliegen im Rahmen der Beurkundung Verlesungs-, Prüfungs- und Belehrungspflichten (§ 13 Abs. 1 und § 17 BeurkG), so dass der Verbraucher wirksam vor einer Überforderung oder Überrumpelung geschützt wird (Warnfunktion der notariellen Beurkundung)[475]. Bei bestimmten Verbraucherverträgen bedarf zudem der Ausschluss des Widerrufsrechts weiterer Anforderungen. Beim Verbraucherdarlehensvertrag[476] und Fernabsatzfinanzdienstleistungsvertrag[477] muss der Notar bestätigen, dass der Unternehmer bereits seine Informationspflichten ordnungsgemäß erfüllt hat[478].

Beim Verbraucherbauvertrag hat der Gesetzgeber den Ausschluss des Widerrufsrechts bei notariell-beurkundeten Verträgen neben der Belehrungspflicht des Notars insbesondere mit der in § 17 Abs. 2a S. 2 Nr. 2 BeurkG vorgesehene Zeit für die Prüfung des Vertragsentwurfs begründet[479]. Die Überlegungsfrist gemäß § 17 Abs. 2a S. 2 Nr. 2 BeurkG (im Regelfall 2 Wochen) bezieht sich auf die Verbraucherverträge, die nach § 311b Abs. 1 S. 1, Abs. 3 BGB der notariellen Beurkundung bedürfen, d.h. Bauträgervertrag sowie eine rechtliche Einheit zwischen Bau- und Grundstückskaufvertrag[480]. Dabei handelt es sich zudem um einen Grundstücksvertrag (vgl. § 312 Abs. 1 Nr. 2 BGB), so dass ein Widerrufsrecht zu einer

---

474 BT-Drucks. 11/5462, S. 18 (Verbraucherdarlehensvertrag); BT-Drucks. 17/12637, S. 57 (Fernabsatz- und Außergeschäftsraumvertrag).

475 BT-Drucks. 17/12637, S. 57.

476 Die inhaltliche Bestätigung der Richtigkeit der Angaben des Darlehensgebers ist für den Notar tatsächlich unmöglich (Erman BGB / Nietsch, § 495 BGB Rn. 11). Außerdem ist ein Verbraucherdarlehensvertrag mit einer Beurkundungspflicht in der Praxis selten. Denkbar ist nur Grundstückskauf mit Ratenzahlung nach § 506 BGB (BeckOK BGB / Möller, § 495 BGB Rn. 31). Folglich ist der Ausschlusstatbestand in § 495 Abs. 2 Nr. 2 BGB in der Praxis kaum anwendbar.

477 Notariell-beurkundete Fernabsatzverträge dürften in der Praxis äußerst selten vorliegen, so dass der Ausnahmetatbestand in § 312g Abs. 1 Nr. 13 Hs. 2 BGB in der Praxis kaum anwendbar ist. Vgl. BeckOK BGB / Martens, § 312 BGB Rn. 16; Staudinger BGB / Thüsing (2019), § 312 BGB Rn. 17; MüKo BGB / Wendehorst, § 312 BGB Rn. 50.

478 Bei freiwilligen beurkundeten Verträgen bedarf der Ausschluss des Widerrufsrechts keiner Belehrung über Ausfall des Widerrufsrechts (§ 312g Abs. 1 Nr. 13 Hs. 1 BGB). Diese (fragwürdige) Rechtspolitik stößt jedoch auf heftige Kritik. Vgl. MüKo BGB / Wendehorst, § 312g BGB Rn. 56; BeckOK BGB / Martens, § 312g BGB Rn. 54 und § 312 BGB Rn. 19; Staudinger BGB / Thüsing (2019), § 312g BGB Rn. 85.

479 BT-Drucks. 18/8486, S. 63 (Verbraucherbauvertrag), S. 72 (Bauträgervertrag).

480 BGH Urt. 06. 12. 1979 – VII ZR 313/78 = BGHZ 76, 43 = NJW 1980, 829, juris Rn. 20; BGH Urt. 06. 11. 1980 – VII ZR 12/80 = BGHZ 78, 346 = NJW 1981, 274, juris Rn. 8; Omlor, NJW 2018, 817 (820).

unerträglichen Rechtsunsicherheit – insbesondere nach der Begründung oder der Übertragung eines Rechts an Grundstück[481] – führen würde[482]. Neben den beurkundungsbedürftigen Verbraucherbauverträgen[483] erfasst der Ausschlusstatbestand des § 650l S. 1 Hs. 1 BGB auch die freiwillig beurkundeten Verbraucherbauverträge. Insoweit kann der Verbraucher trotz der Unanwendbarkeit der 2-Wochen-Regelfrist[484] ausreichend Gelegenheit erhalten, sich vorab mit dem Gegenstand der Beurkundung auseinanderzusetzen (§ 17 Abs. 2a S. 2 Nr. 2 BeurkG). Nach dem Willen des Gesetzgebers ist der Übereilungsschutz daher auch bei freiwilligen beurkundeten Verträgen durch die notarielle Beurkundung – insbesondere durch die Belehrungspflichten – sicherzustellen[485].

II. Bauträgervertrag: Überlegungsfrist (§ 17 Abs. 2a S. 2 Nr. 2 BeurkG)

1. Überlegungsfrist im Beurkundungsverfahren

Nach dem § 650u Abs. 2 BGB ist das Widerrufsrecht gemäß § 650l BGB nicht auf den Bauträgervertrag anzuwenden. Stattdessen räumt § 17 Abs. 2a S. 2 Nr. 2 BeurkG dem Verbraucher eine Überlegungsfrist[486] vor dem Vertragsschluss ein. Nach dieser Vorschrift ist der Notar bei Verbraucherverträgen, die nach § 311b Abs. 1 S. 1, Abs. 3 BGB der notariellen Beurkundung bedürfen, verpflichtet, dem Verbraucher vorher den beabsichtigten Vertragstext zur Verfügung zu stellen und eine ausreichende Überlegungsfrist einzuräumen. Die Überlegungsfrist beträgt in Anlehnung an

---

481 ErwGr. 23 WIKR (Wohnimmobilienkredit-RL = Richtlinie 2014/17/EU).

482 BeckOK BGB / Martens, § 312 BGB Rn. 20; MüKo BGB / Wendehorst, § 312 BGB Rn. 56; ErwGr. 23 WIRK.

483 Für den Ausschluss des Widerrufsrechts gemäß § 650l S. 1 Hs. 2 BGB ist – auch bei beurkundungsbedürftigen Verträgen – eine tatsächliche Beurkundung erforderlich (Lenkeit, BauR 2017, 454 (466)). Insoweit kann der Verbraucher bei der Formnichtigkeit des Vertrags noch das Widerrufsrecht ausüben und dessen Rechtsfolgen geltend machen (Doppelwirkung im Recht). Beim Bauträgervertrag ist das Widerrufsrecht gemäß § 650l BGB hingegen nach § 650u Abs. 2 BGB unabhängig von tatsächlichen Beurkundung ausgeschlossen.

484 Staudinger BGB / Hertel (2017), BeurkG Rn. 531.

485 BT-Drucks. 18/8486, S. 63.

486 Der Terminus „Überlegungsfrist“ kommt aus der Gesetzesbegründung (BT-Drucks. 14/9266, S. 51). In der Literatur wird auch „Bedenkzeit“ verwendet (BeckOK BGB / Litzenburger, § 17 BeurkG Rn. 27).

die Widerrufsfrist nach § 355 Abs. 2 BGB im Regelfall 2 Wochen[487]. § 17 Abs. 2a S. 2 Nr. 2 BeurkG erfasst auch Verträge über Erwerb eines punktuell sanierten Altbaus, bei denen die Umbaumaßnahmen die Schwelle der Erheblichkeit (§ 650i Abs. 1 BGB) nicht überschreiten, so dass §§ 650i ff. BGB nicht anwendbar sind.

§ 17 Abs. 2a S. 2 Nr. 2 BeurkG zielt zunächst wie das verbraucherrechtliche Widerrufsrecht darauf, dem Verbraucher eine ausreichende Zeit vor dem Vertragsschluss (Beurkundungstermin) in Ruhe und vom Unternehmer unbeeinflusst nachzudenken, ob er das zu beurkundende Rechtsgeschäft wirklich will[488]. Allerdings erschöpfen sich die Funktionen der Überlegungsfrist gemäß § 17 Abs. 2a S. 2 Nr. 2 BeurkG nicht darin. Diese Bestimmung dient nach ihrem Normzweck vor allem dazu, das Aufklärungspotenzial des Beurkundungsverfahrens zu optimieren. Durch die frühzeitige Zurverfügungstellung des Vertragsentwurfs kann der Verbraucher sich mit dem beabsichtigen Vertragstext vertraut machen und sich überlegen, welche Fragen und/oder ggf. Änderungswünsche er in das Beurkundungsverfahren einbringen möchte[489]. Die Überlegungszeit ermöglicht zudem dem Verbraucher, im Hinblick auf wirtschaftliche, steuerliche oder bautechnische[490] Fragen, worüber der Notar die Beteiligten nicht aufklären kann und muss, im Vorfeld der Beurkundung rechtzeitig die jeweiligen diesbezüglichen Experten heranzuziehen[491].

Der nach § 17 Abs. 2a S. 2 Nr. 2 BeurkG dem Verbraucher zur Verfügung stehende Text muss sich auf den später zu beurkundenden konkreten Vertrag beziehen. Deshalb genügt ein abstrakter Vertragstext ohne Angabe von Vertragsgegenstand und Entgelt nicht[492]. Dies ist auf die Schutzzwecke der Überlegungsfrist zurückzuführen. Nur mit dem gesamten Vertragsentwurf einschließlich aller *essentialia negotii* kann der Verbraucher unter Berücksichtigung aller für den Vertrag wesentlichen Elemente über-

---

487 BT-Drucks. 14/9266, S. 51.

488 Staudinger BGB / Hertel (2017), BeurkG Rn. 526.

489 BGH Urt. 25. 06. 2015 – III ZR 292/14 = BGHZ 206, 112 = NJW 2015, 2646, Rn. 19; BT-Drucks. 14/9266, S. 50.

490 Da die Bauschreibung unvermeidlich teilweise komplexe technische Informationen enthält, ist der Verbraucher nach der Ansicht des Gesetzgebers der Bauvertragsrechtsreform 2018 aufzufordern, im Hinblick auf die technischen Fragen den Experten heranzuziehen. Vgl. BT-Drucks. 18/8486, S. 74.

491 BGH Urt. 25. 06. 2015 – III ZR 292/14 = BGHZ 206, 112 = NJW 2015, 2646, Rn. 19; Staudinger BGB / Hertel (2017), BeurkG Rn. 526.

492 Staudinger BGB / Hertel (2017), BeurkG Rn. 527; BGH Urt. 24. 11. 2014 – NotSt (Brfg) 3/14 = BGHZ 203, 273 = NJW-RR 2015, 951, Rn. 20.

legen, ob er den Vertrag eigentlich abschließen will sowie welche Frage und ggf. Änderungswünsche er in das Beurkundungsverfahren stellt, oder im Hinblick auf die Frage, die der Notar nicht beantworten kann und muss, den jeweiligen Experten heranziehen[493].

Bei der Überlegungsfrist nach § 17 Abs. 2a S. 2 Nr. 2 BeurkG handelt es sich um die Amtspflicht des Notars. Die Einhaltung der Regelfrist steht nämlich nicht zur Disposition der Beteiligten[494]. Dennoch kann der Notar im Einzelfall die Frist verkürzen, soweit sachliche Gründe vorliegen und die Schutzzwecke dieser Vorschrift anderweitig erreichbar sind[495]. Außerdem kann die Frist im Einzelfall aber auch zu überschreiten sein[496].

2. Verkürzung der Überlegungsfrist

Die 2-wöchige Überlegungsfrist ist eine Regelfrist, die im Einzelfall unterschritten werden kann[497]. Insbesondere soll sich die Überlegungsfrist nicht als eine unnötige „Beurkundungssperre" auswirken. Um den mit der Überlegungsfrist verfolgten Verbraucherschutz nicht zu reduzieren, bedarf die Fristverkürzung einer besonderen Rechtfertigung. Die Voraussetzung für die Unterschreitung der Frist ist deshalb ein sachlicher Grund für ihre Abkürzung. Der vom Gesetz bezweckte Übereilungs- und Überlegungsschutz muss anderweitig erreicht werden[498]. Darüber hinaus sollen die Gründe für die Fristverkürzung in der Niederschrift angegeben werden (§ 17 Abs. 2a S. 2 Nr. 2 Hs. 3 BeurkG). Durch die Dokumentation sind die Gründe für die Fristverkürzung später überprüfbar. Der Verbraucher ist zudem durch das Verlesen bei der Beurkundung auf diese Gründe und die Fristverkürzung deutlich hinzuweisen[499].

493 BGH Urt. 24. 11. 2014 – NotSt (Brfg) 3/14 = BGHZ 203, 273 = NJW-RR 2015, 951, Rn. 20.

494 Staudinger BGB / Hertel (2017), BeurkG Rn. 530; BGH Urt. 07. 02. 2013 – III ZR 121/12 = BGHZ 196, 166 = NJW 2013, 1451, Rn. 20; BGH Urt. 25. 06. 2015 – III ZR 292/14 = BGHZ 206, 112 = NJW 2015, 2646, Rn. 16.

495 BGH Urt. 07. 02. 2013 – III ZR 121/12 = BGHZ 196, 166 = NJW 2013, 1451, Rn. 20; BGH Urt. 25. 06. 2015 – III ZR 292/14 = BGHZ 206, 112 = NJW 2015, 2646, Rn. 16; BT-Drucks. 14/9266, S. 51.

496 BT-Drucks. 14/9266, S. 51.

497 BT-Drucks. 14/9266, S. 51.

498 BGH Urt. 07. 02. 2013 – III ZR 121/12 = BGHZ 196, 166 = NJW 2013, 1451, Rn. 20; BGH Urt. 25. 06. 2015 – III ZR 292/14 = BGHZ 206, 112 = NJW 2015, 2646, Rn. 16; BT-Drucks. 14/9266, S. 51.

499 BT-Drucks. 17/12035, S. 8.

Im Hinblick auf die sachlichen Gründe wird häufig eine besondere Eilbedürftigkeit (Termindruck) erwähnt. Beispielsweise muss der Vertrag aus steuerlichen Gründen vor einem bestimmten Zeitpunkt – etwa vor Jahresschluss – abgeschlossen werden[500]. Die Eilbedürftigkeit kann sich etwa auch aus dem Grund der privaten Zeitplanung (z.B. gebuchte Urlaubsreise oder bevorstehender Krankenhausaufenthalt des Verbrauchers) ergeben[501]. Ein sachlicher Grund ist zudem anzunehmen, wenn der Verbraucher etwa aus beruflichen Gründen eine besondere Fachkenntnis oder Geschäftserfahrung beherrscht, so dass er sich schneller mit dem Vertragsentwurf vertraut machen kann und deshalb in geringerem Umfang schutzbedürftig ist[502].

Allein die oben genannten Gründe können jedoch die Unterschreitung der Regelfrist nicht rechtfertigen. Sie sind lediglich Motive für die Fristverkürzung[503]. Entscheidend ist vielmehr nur, ob der vom Gesetz bezweckte Verbraucherschutz auf andere Weise als durch die Einhaltung der Regelfrist erreichbar ist[504]. In der Literatur wird sogar eine Auffassung vertreten, dass ein weiterer sachlicher Grund für Fristverkürzung nicht erforderlich ist, soweit der vom Gesetz verfolgten Verbraucherschutz gewährleistet ist, d.h. allein die anderweitige Zweckerreichung kann als sachlicher Grund die Fristverkürzung rechtfertigen[505]. Eine anderweitige Zweckerreichung ist beispielsweise anzunehmen, wenn sich aus den konkreten Umständen – etwa aus den dem Notar mitgeteilten Änderungswünschen des Verbrauchers – ergeben kann, dass er sich mit dem ihm übersandten Vertragsentwurf bereits umfassend auseinandergesetzt hat und daher tatsächlich nicht mehr Zeit benötigt[506].

Für die anderweitige Zweckerreichung genügt es jedoch nicht, dem Verbraucher in Anlehnung an das Widerrufsrecht ein vereinbartes freies Rück-

500 Staudinger BGB / Hertel (2017), BeurkG Rn. 529a; Hagemann in: BeckNotar-HdB, § 1 Rn. 713.

501 Staudinger BGB / Hertel (2017), BeurkG Rn. 529a; Hagemann in: BeckNotar-HdB, § 1 Rn. 713.

502 BGH Urt. 23. 08. 2018 – III ZR 506/16 = NJW-RR 2018, 1531, Rn. 21; Staudinger BGB / Hertel (2017), BeurkG Rn. 529a; Hagemann in: BeckNotar-HdB, § 1 Rn. 713.

503 Hagemann in: BeckNotar-HdB, § 1 Rn. 713.

504 Staudinger BGB / Hertel (2017), BeurkG Rn. 529b; Hagemann in: BeckNotar-HdB, § 1 Rn. 713.

505 Hagemann in: BeckNotar-HdB, § 1 Rn. 713.

506 BGH Urt. 23. 08. 2018 – III ZR 506/16 = NJW-RR 2018, 1531, Rn. 21.

trittsrecht einzuräumen[507]. Die Überlegungsfrist in § 17 Abs. 2a S. 2 Nr. 2 BeurkG gewährt zwar dem Verbraucher wie das Widerrufsrecht die Gelegenheit, in Ruhe und vom Unternehmer unbeeinflusst nachzudenken, ob er den Vertrag wirklich will[508]. Die Funktion der Optimierung des Aufklärungspotenzials des Beurkundungsverfahrens ist aber ersichtlich nicht durch eine Nachfrist zu erfüllen[509]. Denn das freie Rücktrittsrecht räumt dem Verbraucher nur die Möglichkeit ein, ob er den bereits abgeschlossenen Vertrag insgesamt so hinnimmt oder verwirft („Alles-oder-Nichts“)[510]. Der Verbraucher ist jedoch nach dem Vertragsschluss nicht mehr in der Lage, an den Notar oder an sonstige Experten Fragen über den abzuschließenden Vertrag oder den Vertragsgegenstand zu stellen. Da der Verbraucher bereits an den Vertrag gebunden ist, sind die Änderungswünsche des Verbrauchers auch nicht mehr durch eine weitere Vertragsverhandlung, sondern nur im Rahmen der Vertragsänderung (§ 311 Abs. 1 BGB) zu realisieren, was mit Rücksicht auf die eventuellen Kosten tatsächlich nicht in Betracht kommt. Insoweit ist die Einräumung eines freien Rücktrittsrechts der Sicherstellung der Überlegungsfrist von 2 Wochen nicht gleichwertig. Dennoch spielt das freie Rücktrittsrecht im Amtshaftungsprozess für die haftungsausführende Kausalität und das Mitverschulden eine bestimmte Rolle[511].

3. Notarhaftung bei Nichteinhaltung der Frist (§ 19 Abs. 1 BNotO)

Hat der Notar seine Amtspflicht nach § 17 Abs. 2a S. 2 Nr. 2 BeurkG nicht eingehalten, ist die Wirksamkeit der beurkundeten Rechtsgeschäfte im Interesse des Rechtsverkehrs unberührt. Die Einhaltung soll vielmehr mit den Mitteln der Notaraufsicht und ggf. auch mit der Notarhaftung durchgesetzt werden[512]. Der Verbraucher kann damit wegen Amtspflicht-

---

507 BeckOK BGB / Litzenburger, § 17 BeurkG Rn. 48; Staudinger BGB / Hertel (2017), BeurkG Rn. 530; BGH Urt. 25. 06. 2015 – III ZR 292/14 = BGHZ 206, 112 = NJW 2015, 2646, Rn. 19.

508 Staudinger BGB / Hertel (2017), BeurkG Rn. 526.

509 BGH Urt. 25. 06. 2015 – III ZR 292/14 = BGHZ 206, 112 = NJW 2015, 2646, Rn. 19.

510 Staudinger BGB / Hertel (2017), BeurkG Rn. 530; BGH Urt. 25. 06. 2015 – III ZR 292/14 = BGHZ 206, 112 = NJW 2015, 2646, Rn. 19.

511 Staudinger BGB / Hertel (2017), BeurkG Rn. 530; BGH Urt. 25. 06. 2015 – III ZR 292/14 = BGHZ 206, 112 = NJW 2015, 2646, Rn. 22.

512 BT-Drucks. 14/9266, S. 50.

verletzung den Schadensersatzanspruch nach § 19 Abs. 1 BNotO geltend machen.

Im Fall der Nichteinhaltung der Regelfrist ohne sachliche Gründe kommt ein Schaden aus dem Zustandekommen eines ungewollten Vertrags in Betracht. Insoweit ist die Kausalität zwischen der Verletzung der Amtspflicht und dem Vertragsschluss zu vermuten. Der Notar muss daher im Amtshaftungsprozess darlegen und beweisen, dass der Verbraucher auch den Vertrag (mit demselben Inhalt) nach Fristablauf genauso abgeschlossen hätte, d.h. Zweifel gehen zu Lasten des Notars[513]. Die Anforderungen an die Beweisführung dürfen jedoch nicht überspannt werden; das herabgesetzte Beweismaß nach § 287 ZPO findet auch hier zugunsten des Schädigers ihre Anwendung[514]. Beispielsweise ist der Umstand, dass der Verbraucher ein ihm eingeräumtes mehrwöchiges freies Rücktrittsrecht nicht ausgeübt hat, bei der Beantwortung der Frage, wie er sich bei gesetzmäßigem Vorgehen des Notars verhalten hätte, zu berücksichtigen[515].

Im Rahmen des Schadensersatzes ist der Verbraucher nach § 249 Abs. 1 BGB so zu stellen, wie er stehen würde, wenn der Vertrag nicht abgeschlossen hätte. Da der Notar nicht die Vertragspartei des beurkundeten Vertrags ist und daher nicht berechtigt ist, den Vertrag aufzuheben, kann der Verbraucher die Freistellung von seiner Vertragsverpflichtung oder die Erstattung seiner Vertragsleistung verlangen kann. Im Gegenzug muss er nach den Grundsätzen der Vorteilsausgleichung die Rechte oder das Erlangte aus dem Vertrag an den Schädiger (Notar) herausgeben[516].

---

513 Staudinger BGB / Hertel, BeurkG Rn. 529b; BGH Urt. 25. 06. 2015 – III ZR 292/14 = BGHZ 206, 112 = NJW 2015, 2646, Rn. 21.

514 BGH Urt. 25. 06. 2015 – III ZR 292/14 = BGHZ 206, 112 = NJW 2015, 2646, Rn. 21.

515 Staudinger BGB / Hertel, BeurkG Rn. 529b; BGH Urt. 25. 06. 2015 – III ZR 292/14 = BGHZ 206, 112 = NJW 2015, 2646, Rn. 21.

516 Medicus / Lorenz, Schuldrecht AT, § 40 Rn. 31; Oetker / Maultzsch, Vertragliche Schuldverhältnisse, § 2 Rn. 585; BGH Urt. 05. 07. 2016 – XI ZR 254/15 = BGHZ 211, 189 = NJW 2017, 61, Rn. 22.

III. Vergleich: Bedenkzeit bei Immobiliar-Verbraucherdarlehensverträgen (§ 495 Abs. 3 BGB)

1. Bedenkzeit als Alternative zum Widerrufsrecht

Neben der Überlegungsfrist nach § 17 Abs. 2a S. 2 Nr. 2 BeurkG kann eine Bedenkzeit auch in Immobiliar-Verbraucherdarlehensverträgen (§ 491 Abs. 3 BGB) gefunden werden. In Fällen des Ausschlusses des Widerrufsrechts nach § 495 Abs. 2 BGB ist dem Verbraucher vor Vertragsschluss eine Bedenkzeit von zumindest 7 Tagen einzuräumen (§ 495 Abs. 3 BGB).

Diese Bedenkzeit ist auf die Wohnimmobilienkredit-RL (RL 2014/17/EU, **Abkürzung:** WIKR) zurückzuführen. Dabei handelt es sich um Kreditverträge, die durch ein Grundpfandrecht oder durch ein Recht an Wohnimmobilien besichert sind oder für den Erwerb oder die Erhaltung des Rechts an Grundstücken oder Gebäuden bestimmt (Art. 3 Abs. 1 WIKR). Angesichts der Bedeutung dieses Geschäfts ist es erforderlich, den Verbrauchern ausreichend Zeit einzuräumen, damit sie die Auswirkungen prüfen und eine fundierte Entscheidung treffen können[517]. Insoweit sollte den Mitgliedstaaten etwa im Interesse der Rechtssicherheit im Zusammenhang mit Immobilientransaktionen[518] mehr Flexibilität einzuräumen sein, wie dieser ausreichende Zeitraum in ihrer nationalen Rechtsordnung konkreten zu gestalten ist[519]. Dieser ausreichende Zeitraum ist entweder in Form einer Bedenkzeit vor dem Vertragsschluss oder einer nachträglichen Widerrufsfrist bzw. einer Kombination dieser beiden Formen festzulegen (Art. 14 Abs. 6 UAbs. 2 WIKR). Ob die Bedenkzeit eine Sperrwirkung hat, bleibt zudem den Mitgliedstaaten unbenommen (Art. 14 Abs. 6 UAbs. 4 WIKR). Darüber hinaus dürfen die Mitgliedstaaten zugunsten der Rechtssicherheit die Voraussetzungen der Verwirkung des Widerrufsrechts oder der Beendung der Bedenkzeit festlegen[520].

---

517 ErwGr. 23 WIKR.

518 Ähnliche Erwägung kann auch im Art. 3 Abs. 3 lit. e VRRL gefunden werden, nach dem Verträge über die Begründung, den Erwerb oder die Übertragung von Eigentum oder anderen Rechten an Immobilien (Grundstücksverträge) nicht in den Anwendungsbereich der VRRL fallen, da ein Widerrufsrecht gemäß Art. 9 VRRL wohl zu einer unerträglichen Rechtsunsicherheit führen würde. Vgl. BeckOK BGB / Martens, § 312 BGB Rn. 20; MüKo BGB / Wendehorst, § 312 BGB Rn. 56.

519 ErwGr. 23 WIKR.

520 ErwGr. 23 WIKR.

Im deutschen Recht fällt der Immobiliar-Verbraucherdarlehensvertag seit dem Inkrafttreten des Verbraucherkreditgesetzes unter den Anwendungsbereich des Verbraucherdarlehensvertrags (vgl. § 3 Abs. 2 Nr. 2 VerbrKrG a.F.). Seit 01. 08. 2002 ist auch das Widerrufsrecht gemäß § 495 BGB durch die ersatzlose Streichung des damaligen § 491 Abs. 3 Nr. 1 BGB (die nachfolgende Vorschrift von § 3 Abs. 2 Nr. 2 VerbrKrG a.F.) auf den Immobiliar-Verbraucherdarlehensvertrag anzuwenden[521]. Im Zuge der Umsetzung der WIKR ist dem Verbraucher in Fällen des Ausschlusses des Widerrufsrechts nach § 495 Abs. 2 BGB (tatsächlich nur für Umschuldungsdarlehen relevant[522]) eine Bedenkzeit von zumindest 7 Tagen vor Vertragsschluss eingeräumt (§ 495 Abs. 3 BGB, Umsetzung des Art. 14 Abs. 6 UAbs. 3 WIKR), um den Anforderungen des Art. 14 Abs. 6 WIKR zu entsprechen[523].

2. Annahmefrist i.S.v. § 148 BGB

Die Bedenkzeit gemäß § 495 Abs. 3 BGB stellt eine Annahmefrist i.S.v. § 148 BGB dar. Nach § 495 Abs. 3 S. 2 BGB ist während der Bedenkzeit nur der Darlehensgeber einseitig an sein Angebot gebunden (§ 145 BGB). Der Verbraucher kann hingegen während dieses Zeitraums jederzeit das Angebot des Darlehensgebers annehmen[524]. Die Sperrwirkung der Bedenkzeit nach Art. 14 Abs. 6 UAbs. 4 WIKR hat der deutsche Gesetzgeber nicht

521 BT-Drucks. 14/9266, S. 34.

522 Im Hinblick auf die Bedenkzeit nach § 495 Abs. 3 BGB kommt praktisch nur die Umschuldungsdarlehen (§ 495 Abs. 2 Nr. 1 BGB) in Betracht. Der Immobiliar-Verbraucherdarlehensvertrag umfasst entgeltlich Verbraucherdarlehensverträge, die zur Erhaltung der Rechtsposition Eigentum aufgenommen wird (§ 491 Abs. 3 S. 1 Nr. 2 BGB). Dies ist insbesondere der Fall bei Umschuldungskrediten (BT-Drucks. 18/5922, S. 77).
§ 495 Abs. 2 Nr. 2 BGB ist hingegen in der Praxis kaum anwendbar. Denn Die inhaltliche Bestätigung der Richtigkeit der Angaben des Darlehensnehmers ist für den Notar tatsächlich unmöglich (Erman BGB / Nietsch, § 495 BGB Rn. 11). Außerdem ist ein Verbraucherdarlehensvertrag mit einer Beurkundungspflicht in der Praxis selten (BeckOK BGB / Möller, § 495 BGB Rn. 31).
Auch die Einräumung der Überziehungsmöglichkeit (§ 491 Abs. 2 Nr. 3 BGB) in Form der Immobiliar-Verbraucherdarlehen ist kaum vorstellbar. Denn dabei handelt es sich um Verbraucherdarlehensverträge im Rahmen eines laufenden Kontos (vgl. §§ 504 Abs. 1, 505 Abs. 1 BGB).

523 BT-Drucks. 18/5922, S. 87.

524 BT-Drucks. 18/5922, S. 88.

umgesetzt. Dies ist für die Umschuldungsdarlehen (§§ 495 Abs. 2 Nr. 1 BGB) von großer Bedeutung, da dabei ein schnelles Handeln erforderlich ist, um die Zinslast nicht unnötig zu vergrößern[525].

Ohne Sperrzeit kann der Verbraucher jederzeit nach seinem eigenen Willen die Bedenkzeit beenden und den Vertrag abschließen. Insoweit ist die Bedenkzeit nach § 495 Abs. 3 BGB anders als die Überlegungsfrist nach § 17 Abs. 2a S. 2 Nr. 2 BeurkG, die der Notar nur verkürzen darf, wenn ein sachlicher Grund dafür vorliegt und die Schutzzwecke anderweitig erreichbar sind[526]. Die Einhaltung der Regelfrist steht nicht zur Disposition des Beteiligten[527]. Dieser Unterschied ist auf die unterschiedliche Zwecksetzung zurückzuführen. § 17 Abs. 2a S. 2 Nr. 2 BeurkG zielt neben der Einräumung der Überlegungsfrist[528] auf die Optimierung des Aufklärungspotenzials des Beurkundungsverfahrens[529]. Aus der rechtlichen und wirtschaftlichen Bedeutung der Grundstücksveräußerung ist vielmehr ein vorsichtiges und überlegtes Vorgehen des Verbrauchers geboten. Beim Umschuldungsdarlehen ist hingegen zur Vermeidung der unnötigen Vergrößerung der Zinslast eine schnelle Entscheidung erforderlich, so dass das Widerrufsrecht nach § 495 Abs. 2 Nr. 1 BGB ausgeschlossen ist[530]. Insoweit wäre eine Sperrwirkung der Bedenkzeit kontraproduktiv. Unter Berücksichtigung der Besonderheit des Umschuldungsdarlehens ist die Sicherstellung der Mindestannahmefrist ausreichend, den Verbraucher vor zeitlichem und psychologischem Druck aus dem Darlehensgeber zu schützen.

3. Pflicht zur Einräumung der Bedenkzeit

Nach § 495 Abs. 3 BGB muss die Bedenkzeit dem Verbraucher vom Darlehensgeber eingeräumt werden. Insoweit muss der Darlehensgeber dem

525 BeckOK BGB / Möller, § 495 BGB Rn. 33. Vgl. auch: BT-Drucks. 16/11643, S. 84.

526 BGH Urt. 07. 02. 2013 – III ZR 121/12 = BGHZ 196, 166 = NJW 2013, 1451, Rn. 20; BGH Urt. 25. 06. 2015 – III ZR 292/14 = BGHZ 206, 112 = NJW 2015, 2646, Rn. 16; BT-Drucks. 14/9266, S. 51.

527 Staudinger BGB / Hertel (2017), BeurkG Rn. 530; BGH Urt. 07. 02. 2013 – III ZR 121/12 = BGHZ 196, 166 = NJW 2013, 1451, Rn. 20; BGH Urt. 25. 06. 2015 – III ZR 292/14 = BGHZ 206, 112 = NJW 2015, 2646, Rn. 16.

528 Staudinger BGB / Hertel (2017), BeurkG Rn. 526.

529 BGH Urt. 25. 06. 2015 – III ZR 292/14 = BGHZ 206, 112 = NJW 2015, 2646, Rn. 19; BT-Drucks. 14/9266, S. 50.

530 BT-Drucks. 16/11643, S. 84.

Verbraucher in seinem Angebot deutlich auf die Bedenkzeit hinweisen[531]. Die Bedenkzeit beträgt zumindest 7 Tage; dabei handelt es sich um die Mindestanforderung des Gesetzes, so dass eine längere Frist unproblematisch zulässig ist[532]. Die Verletzung der Pflicht zur Einräumung der Bedenkzeit führt zum Schadensersatz aus c.i.c. (§§ 311 Abs. 2, 280 Abs. 1 BGB)[533]. Wie im Falle der Verletzung der Notaramtspflicht nach § 17 Abs. 2a S. 2 Nr. 2 BeurkG kommt der Schaden aus dem Zustandekommen eines ungewollten Vertrags in Betracht. Beim Umschuldungsdarlehen ist der Schaden denkbar, wenn dem Verbraucher wegen eines übereilten Vertragsschlusses ein anderes günstigeres Angebot entgangen ist[534]. Im Hinblick auf die Kausalität müssen zugunsten des Verbrauchers Beweiserleichterungen – etwa die Vermutung aufklärungsrichtigen Verhaltens[535] – eingreifen[536].

§ 3.4 Absicherung der Vorauszahlungen

I. Vorleistungsrisiko und Sicherungssystem

Der Bauträgervertrag wird typischerweise in der Planungs- und Bauerrichtungsphase abgeschlossen. Durch die Vorverlegung des Abschlusszeitpunkts ist dem Bauträger eine Möglichkeit einzuräumen, in Form der Abschlagszahlungen im Voraus einen Teil des „Kaufpreises“ entgegenzunehmen, um sein Bauvorhaben zu finanzieren und die Fremdfinanzierung abzulösen[537]. Dieses Vertriebsmodell bringt jedoch dem Erwerber erhebliche Risiken. Im Gegensatz zu typischen Bauverträgen errichtet der Bauträger das Gebäude auf seinem eigenen Grundstück, d.h. die Bauausführung führt ausschließlich zum Zuwachs des Vermögens des Bauträgers (vgl. § 946 BGB). Beim Bauträgervertrag sind deshalb Abschlagszahlungen als eine reine Vorleistungspflicht des Erwerbers anzusehen. Außerdem ist das zu bebauende Grundstück regemäßig zur Sicherung des Kredits mit (vorrangigen) Grundpfandrechten belastet. Im Bauträgermodell ist der Erwerber dem Vorleistungsrisiko und dem Risiko der Bauträgerinsolvenz

531 MüKo BGB / Schürnbrand / Weber, § 495 BGB Rn. 24.
532 MüKo BGB / Schürnbrand / Weber, § 495 BGB Rn. 23.
533 MüKo BGB / Schürnbrand / Weber, § 495 BGB Rn. 24.
534 MüKo BGB / Schürnbrand / Weber, § 495 BGB Rn. 24.
535 **Genau siehe § 3.2 II 3. b) bb)**.
536 MüKo BGB / Schürnbrand / Weber, § 495 BGB Rn. 24.
537 Ullmann, NJW 2002, 1073 (1074).

ausgesetzt. Zur Bekämpfung dieser Risiken ist eine taugliche Sicherung erforderlich.

Da Abschlagszahlungen beim Bauträgervertrag eine reine Vorleistungspflicht des Erwerbers darstellen, enthält der Bauträgervertrag – abweichend von § 632a Abs. 1 BGB – keine gesetzlichen Ansprüche auf Abschlagszahlungen (§ 650v BGB)[538]. Die Ansprüche auf die Abschlagszahlungen sind nur im Rahmen der Rechtsverordnung aufgrund Art. 244 EGBGB zu vereinbaren[539]. Durch eine lange Verweisungskette (§ 650v BGB, Art. 244 EGBGB, § 1 AbschlagV i.V.m. §§ 3 und 7 MaBV)[540] greifen die gewerberechtliche Makler- und Bauträgerverordnung (MaBV) als die privatrechtlichen Mindestanforderungen für die Abschlagszahlungsvereinbarung ein[541]. Insoweit bietet die MaBV zwei Alternativen für die Entgegennahme des Vermögenswerts[542] des Erwerbers – Vormerkungsmodell (§ 3 MaBV) und Vorauszahlungsbürgschaft[543] (§ 7 MaBV) – an. Durch das Sicherungssystem in MaBV sind der Übereignungs- und Rückgewähranspruch angemessen gesichert. Nach der Ansicht des Gesetzgebers enthält § 3 Abs. 2 S. 2 MaBV (allerdings nur für das „Vormerkungsmodell[544]") eine abschließende Regelung für Betragsgrenzen, so dass die 90 %-Obergrenze

---

538 Insoweit ist die Rechtslage beim Bauträgervertrag ähnlich wie ein Werklieferungsvertrag (§ 650 BGB). Beim Werklieferungsvertrag erhält der Unternehmer durch die Verarbeitung (§ 950 BGB) das Sacheigentum (Beim Bauträgervertrag durch Verbindung nach § 946 BGB) und ist der Eigentümer bis zu Eigentumsübertragung. Durch die vollständige Verweisung auf Kaufrecht (§ 650 S. 1 BGB) fehlt es auch beim Werklieferungsvertrag auch an einem gesetzlichen Anspruch auf die Abschlagszahlungen (§ 632a Abs. 1 BGB).

539 BeckOK BGB / Voit, § 650v BGB Rn. 3.

540 Ein Teil der Literatur findet die doppelte Verweisung (Art. 244 EGBGB, § 1 Abs. 1 AbschlagV i.V.m. § 3 und § 7 MaBV) rechtspolitisch problematisch, da die Regeln unübersichtlich und intransparent. Vgl. Pause in: DLOPS, Das neue Bauvertragsrecht, § 6 Rn. 157; Staudinger BGB / Peters (2019), § 650v BGB Rn. 5.

541 Karczewski, NZBau 2018, 328 (331).

542 Die „Vermögenswerte" i.S.v. § 3 Abs. 1 S. 1, Abs. 2 S. 1 MaBV beschränken sich nicht nur auf Abschlagszahlungen i.S.v. §§ 632a, 650v BGB, sondern beziehen sich auch auf „sämtliche dem Gewerbetreibenden zur Verfügung stehenden Möglichkeiten, in den Besitz von Vermögenswerten der Auftraggeber zu gelangen oder zumindest eine Verfügungsbefugnis hierüber zu erhalten" – Beispielsweise „Vollstreckungsunterwerfung" (§ 794 Abs. 1 Nr. 5 ZPO) (vgl. BGH Urt. 22. 10. 1998 – VII ZR 99/97 = BGHZ 139, 387 = NJW 1999, 51, juris Rn. 12 f.).

543 Terminologie aus BGH Urt. 29. 01.2008 – XI ZR 160/07 = BGHZ 175, 161 = NJW 2008, 1729, Rn. 16.

544 Nach der hier vertretenen Ansicht ist auch im Falle der Bestellung einer Bürgschaft nach § 7 MaBV der Ausschluss der 90 %-Obergrenze rechtpolitisch un-

(§ 650m Abs. 1 BGB) für die gesamten Abschlagszahlungen nicht auf Bauträgervertrag anzuwenden ist (§ 650u Abs. 2 BGB)[545].

Neben der MaBV ist der Unternehmer (Bauträger) nach § 650m Abs. 2 BGB verpflichtet, bei der ersten Abschlagszahlung dem Verbraucher eine Sicherheit für die rechtzeitige Herstellung ohne wesentliche Mängel in Höhe von 5 % der vereinbarten Gesamtvergütung zu leisten (Erfüllungssicherheit[546]). Dabei handelt es sich um einen gesetzlichen Anspruch des Erwerbers[547]. Aufgrund des Transparenzgebots des AGB-Rechts hat der Unternehmer den Verbraucher auf diesen Sicherheitsanspruch hinzuweisen[548].

Darüber hinaus hat der Notar nach § 17 Abs. 1 S. 1 BeurkG im Hinblick auf die ungesicherte Vorleistung eine doppelte Belehrungspflicht. Er muss nicht nur über die ungesicherten Vorleistungsrisiken belehren, sondern auch die Wege zur Vermeidung der Risiken aufzeigen[549]. Der Notar muss nach § 4 BeurkG die Beurkundung der Abschlagszahlungsvereinbarung ablehnen, die nach § 12 MaBV oder nach §§ 307 ff. BGB unwirksam ist[550]. Durch diese notariellen Amtspflichten sind zum einen die gesetzlichen Sicherungsinstrumente in der MaBV und in § 650m Abs. 2 BGB im konkreten Vertragsverhältnis durchzusetzen, zum anderen ist auch den sonstigen von MaBV und § 650m Abs. 2 BGB nicht erfassten Vorleistungsrisiken[551] entgegenzuwirken.

Zuletzt bedarf der Bauträger keiner vereinbarten Sicherheit für seinen Entgeltanspruch, da er auf seinem Grundstück das Gebäude errichtet und bis zur vollständigen Zahlung Eigentümer des Vertragsobjekts bleibt[552]. Eine Sicherheitsleistung des Erwerbers ist als Entgegenahme des Vermögenswerts i.S.v. § 3 Abs. 1 MaBV anzusehen. Im Regelungssystem der §§ 3,

---

problematisch, da die Vorleistungsrisiken des Erwerbers vollständig durch die Vorauszahlungsbürgschaft gesichert wird.

545 BT-Drucks. 18/8486, S. 73. **Kritik:** Pause in: DLOPS, Das neue Bauvertragsrecht, § 6 Rn. 120.

546 Terminologie aus BGH Urt. 08. 11. 2012 – VII ZR 191/12 = NJW 2013, 219, Rn. 22.

547 BT-Drucks. 16/511, S. 15.

548 BGH Urt. 08. 11. 2012 – VII ZR 191/12 = NJW 2013, 219, Rn. 18.

549 BGH Urt. 27. 10. 1994 – IX ZR 12/94 = NJW 1995, 330, juris Rn. 12 f.; Staudinger BGB / Hertel (2017), BeurkG Rn. 469; Pause, BauR 2009, 898 (905).

550 BeckOK BGB / Litzenburger, § 4 BeurkG Rn. 2; Wagner in: Messerschmidt / Voit, Privates Baurecht, Teil I E Rn. 30.13.

551 z.B. Erschließungskosten. Vgl. BGH Urt. 17. 01. 2008 – III ZR 136/07 = BGHZ 175, 111 = NJW 2008, 1321 (Erschließungskosten), Rn. 10 ff.

552 Karcewski, NZBau 2018, 328 (333).

7 MaBV verbleibt deshalb kein Platz für eine vereinbarte Sicherheit i.S.v. § 650m Abs. 4 BGB. Es ist unzweifelhaft für jeden Bauträger unvernünftig, eine Sicherung zugunsten des Erwerbers im Rahmen der MaBV zu bestellen, um eine Sicherheit für seinen Entgeltsanspruch zu vereinbaren. Insoweit verdrängt § 650v BGB (mit der Verweisungskette zu § 3 MaBV) als *lex specialis* § 650m Abs. 4 BGB[553].

II. Vormerkungsmodell (§ 3 MaBV)

1. Funktionsweise des Sicherungssystems

Das in § 3 MaBV bestimmte Vormerkungsmodell[554] ist in der Praxis weit verbreitet verwendet. Das Sicherungssystem des Vormerkungsmodells richtet sich auf die typischen Vorleistungsrisiken beim Bauträgervertrag, d.h. etwa infolge der Bauträgerinsolvenz scheitert der Anspruch auf den Erwerb eines lastenfreien, mit dem zu errichten Gebäude bebauten Grundstücks. Im Rahmen des Vormerkungsmodells ist der Anspruch auf den lastenfreien Erwerb durch die Auflassungsvormerkung (§ 3 Abs. 1 S. 1 Nr. 2 MaBV) und Freistellungserklärung des Kreditgebers (§ 3 Abs. 1 S. 1 Nr. 3, S. 2, 3 MaBV) abgesichert. Dadurch ist es sichergestellt, dass der Erwerber bei der vollständigen Fertigstellung sofort nach seiner Schlusszahlung das Vertragsobjekt lastenfrei erwerben kann.

Darüber hinaus unterliegen die vom Erwerber bewirkten Abschlagszahlungen den für jeweilige Bauabschnitte bestimmten strengen Betragsgrenzen (§ 3 Abs. 2 S. 2 MaBV), um dem Wert des teilweise bebauten Grundstücks ungefähr zu entsprechen[555]. Insoweit ist der Erwerber so gestellt, als ob er einen Generalunternehmer mit einem Wohnungsbau auf seinem eigenen Grundstück beauftragen würde. Beim Baustillstand insbesondere wegen der Bauträgerinsolvenz kann der Erwerber mit der Wirkung der Auflassungsvormerkung und der Freistellungserklärung entweder das Grundstück mit dem teilweise errichteten Gebäude lastenfrei erwerben (§ 106 InsO und § 3 Abs. 1 S. 2 Alt. 2 MaBV) oder nach der Wahl des

553 Karcewski, NZBau 2018, 328 (333); MüKo BGB / Busche, § 650m BGB Rn. 13.

554 Das Vormerkungsmodell ist durch die Änderung der MaBV am 13. 5. 1975 (ca. 8 Monate nach Inkrafttreten der MaBV) als eine Alternative zur Vorleistungsbürgschaft in MaBV eingeführt. Entwicklungsgesicht siehe: Griziwotz, NZBau 2019, 218 (218 f.).

555 BGH Urt. 05. 12. 2008 – V ZR 144/07 = NJW 2009, 673, Rn. 11.

Kreditgebers[556] (§ 3 Abs. 1 S. 3 MaBV) die bereits bewirkten Zahlungen bis zum anteiligen Wert des Vertragsobjekts zurückfordern.

2. Schwachpunkte des Vormerkungsmodells

a) Sicherungslücke des Vormerkungsmodells

Das Kernstück des Sicherungssystems des Vormerkungsmodells ist die Auflassungsvormerkung. Sie sichert den Übereignungsanspruch des Erwerbers in der Weise, dass eine spätere Verfügung über das Grundstück insoweit unwirksam ist, als sie den gesicherten Übereignungsanspruch vereiteln oder beeinträchtigen würde (§ 883 Abs. 2 BGB). Dieses Sicherungsmittel an sich kann offensichtlich andere Ansprüche des Erwerbers als den Übereignungsanspruch, insbesondere die Rückzahlung der bereits erbrachten Beträge im Leistungsstörungsfall, nicht erfassen[557].

Außerdem ist die Vormerkung als akzessorisches Sicherungsmittel von dem Bestand und der Wirksamkeit des gesicherten Übereignungsanspruchs abhängig. Mit Untergang des Übereignungsanspruchs etwa wegen Rücktritts vom Vertrag sind die Rechte aus der davon abhängigen Vormerkung erloschen[558]. Insoweit stellt die inhaltsleere Vormerkung lediglich eine formale Rechtsposition dar, und das Grundbuch ist daher unrichtig[559], so dass der Bauträger nach § 894 BGB vom Erwerber die Berichtigung des Grundbuchs verlangen kann[560]. Demgegenüber steht dem Erwerber nur das Zurückbehaltungsrecht gemäß § 273 Abs. 1 BGB zu, nach welchem er die Berichtigungsbewilligung ablehnen kann, bis der Bauträger ihm die bereits erbrachten Beträge zurückzahlt[561]. Jedoch ist das Zurückbehaltungsrecht nach § 273 Abs. 1 BGB anders als die Vormerkung (§ 106

---

556 Dabei handelt es sich je nach der Gestaltung der Vorbehaltung i.S.v. § 3 Abs. 1 S. 3 MaBV um eine Wahlschuld i.S.v. § 262 BGB oder um eine Ersetzungsbefugnis. Vgl. Esbjörnosson in: BeckNotar-HdB, § 2 Rn. 137; Koeble in: Kompendium des Baurechts, Teil 10 Rn. 637.

557 BGH Urt. 22. 07. 2010 – III ZR 293/09 = BGHZ 186, 335 = NJW 2010, 3243, Rn. 18; BGH Urt. 22. 01. 2009 – IX ZR 66/07 = NJW 2009, 1414, Rn. 17.

558 Pause in: DLOPS, Das neue Bauvertragsrecht, § 6 Rn. 158; BGH Urt. 05. 04. 2001 – VII ZR 498/99 = NJW 2001, 2249, juris Rn. 16.

559 BGH Urt. 22. 01. 2009 – IX ZR 66/07 = NJW 2009, 1414, Rn. 12.

560 Pause in: DLOPS, Das neue Bauvertragsrecht, § 6 Rn. 158.

561 BGH Urt. 07. 03. 2002 – IX 457/99 = BGHZ 150, 138 = NJW 2002, 2313, juris Rn. 26.

Abs. 1 InsO) nicht insolvenzfest[562]. Soweit die Bauträgerinsolvenz mit dem Entfall des Übereignungsanspruchs einhergeht, werden die Ansprüche des Erwerbers sicherungslos. Die Sicherungslücke des Vormerkungsmodells vergrößert sich nach der Bauvertragsrechtsreform 2018, da das von der bisherigen Rechtsprechung[563] anerkannte Kündigungsrecht aus wichtigem Grund (vgl. § 648a BGB) beim Bauträgervertrag im Interesse der sog. „Einheitlichkeit des Vertrags[564]" abgeschafft wurde (§ 650u Abs. 2, **siehe § 2.2 III 2. b)**)[565].

Als Ausweg hat der BGH versucht, im Einzelfall durch die Auslegung der Freistellungserklärung des Kreditinstituts diese Sicherungslücke zu schließen. § 3 Abs. 1 S. 3 MaBV räumt dem Kreditinstitut eine Möglichkeit ein, beim Baustillstand als Alternative zur Pfandfreistellung den (anteiligen) Preis zurückzuzahlen. Soweit die Verpflichtungen zur Pfandfreistellung und zur Rückzahlung gleichrangig nebeneinander stehen, ist eine Wahlschuld i.S.v. § 262 BGB anzunehmen[566]. Nach dem Rücktritt ist die Pfandfreistellung durch den Entfall des Übereignungsanspruchs und die Löschung der Vormerkung gegenstandslos geworden und deshalb nicht mehr möglich, so dass sich die Verpflichtung des Kreditinstituts auf die Rückzahlung beschränkt (§ 265 BGB)[567]. Der berechtigte Rücktritt des Erwerbers ist nicht als ein pflichtwidriges Verhalten gegenüber dem Kreditinstitut anzusehen[568]. Auf diese Weise kann der Erwerber auch vom Kreditinstitut die bereits bewirkten Zahlungen zumindest bis zum antei-

---

562 Karczewski, NZBau 2018, 328 (337); Pause in: DLOPS, Das neue Bauvertragsrecht, § 6 Rn. 158; BGH Urt. 07. 03. 2002 – IX 457/99 = BGHZ 150, 138 = NJW 2002, 2313, juris Rn. 27 f.; BGH Urt. 22. 01. 2009 – IX ZR 66/07 = NJW 2009, 1414, Rn. 8.

563 BGH Urt. 21. 11. 1985 – VII ZR 366/83 = BGHZ 96, 275 = NJW 1986, 925, juris Rn. 18 ff.

564 BT-Drucks. 18/8486, S. 72.

565 **Kritik:** Karczewski, NZBau 2018, 328 (337); Vogel, NZM 2017, 681 (686); ders., BauR 2018, 717 (718); Grziwotz, NZBau 2019, 218 (224); Basty, MittBayNot 2017, 445 (447); Staudinger BGB / Peters (2019), § 650u BGB Rn. 12; Koeble in; Kompendium des Baurechts, Teil 10 Rn. 287, 313. **a.A.:** Pause in: DLOPS, Das neue Bauvertragsrecht, § 6 Rn. 44 f.: Die Abschaffung des Kündigungsrechts aus wichtigem Grund ist zwar richtig, aber die Änderung des Zahlungsmodells (zum Schluss der Sicherungslücke) ist auch erforderlich.

566 BGH Urt. 30. 09. 2004 – VII ZR 458/02 = BGHZ 160, 277 = ZIP 2005, 33, juris Rn 28 ff.

567 BGH Urt. 30. 09. 2004 – VII ZR 458/02 = BGHZ 160, 277 = ZIP 2005, 33, juris Rn 32 ff.

568 BGH Urt. 30. 09. 2004 – VII ZR 458/02 = BGHZ 160, 277 = ZIP 2005, 33, juris Rn 35.

ligen Wert des Vertragsobjekts zurückerhalten. Dennoch ist diese Rechtsprechung nur auf eine bestimmte Gestaltung der Freistellungserklärung und somit nicht allgemein anwendbar. Die Sicherungslücke verbleibt noch in sonstigen Fällen.

De lege ferenda schlägt ein Teil der Literatur[569] vor, durch die zukünftige Novellierung der InsO dem Begünstigten ein insolvenzfestes Zurückbehaltungsrecht an der Auflassungsvormerkung einzuräumen. Dadurch könne der Erwerber bis zu Rückzahlung der von ihm bewirkten Abschlagszahlungen dem Insolvenzverwalter die Berichtigung des Grundbuchs berechtigt verweigern und damit sei die Sicherungslücke des Vormerkungsmodells zu schließen (**siehe § 2.2 III 2. b) cc)**)[570].

Nach der hier vertretenen Ansicht könnte die Sicherungslücke auch – in Anlehnung an die oben genannten Rechtsprechung des BGH[571] – durch die Änderung des § 3 Abs. 1 S. 3 MaBV geschlossen werden, d.h. die Möglichkeit der Rückzahlung würde dem Kreditinstitut nicht – wie geltend § 3 Abs. 1 S. 3 MaBV – in Form der Ersetzungsbefugnis, sondern in Form der Wahlschuld einzuräumt, so dass der Erwerber nach der Löschung der Vormerkung zumindest vom Kreditinstitut die Rückzahlung verlangen könnte.

b) Überhöhte Abschlagszahlungen wegen minderwertiger Bauausführung

aa) Fehlende effektive Qualitätskontrolle während Bauausführung

Im Rahmen des Vormerkungsmodells darf die Ratenzahlung die in § 3 Abs. 2 S. 2 MaBV bestimmte Betragsgrenze nicht überschreiten, um dem Wert des teilweise bebauten Grundstücks ungefähr zu entsprechen. Dennoch bringt ein ggf. vorhandener mangelbedingter Minderwert überhöhte Abschlagszahlungen und ein verstecktes Vorleistungsrisiko mit sich. Da der Erwerber regelmäßig keine Fachkenntnis im Bereich des Bauwesens hat, erbringt er nur aufgrund der Bautenstandsmitteilungen und Zahlungsaufforderungen des Bauträgers seine Abschlagszahlungen, ohne seinerseits eine faktische Qualitätskontrolle durchzuführen[572]. Der Ver-

569 Pause in: DLOPS, Das neue Bauvertragsrecht, § 6 Rn. 161.

570 Pause in: DLOPS, Das neue Bauvertragsrecht, § 6 Rn. 161.

571 BGH Urt. 30. 09. 2004 – VII ZR 458/02 = BGHZ 160, 277 = ZIP 2005, 33, juris Rn 28 ff.

572 Griziwotz, NZBau 2019, 218 (223).

braucher ist nämlich regelmäßig nicht in der Lage, während der Bauausführung das verdeckte Vorleistungsrisiko aus dem mangelbedingten Minderwert wirksam zu kontrollieren. Die Ansprüche aus dem versteckten mangelbedingten Minderwert sind jedoch im Rahmen des Vormerkungsmodells nicht gesichert. Beispielsweise bei der Wahl der Rückzahlung durch den Kreditgeber kann der Verbraucher wegen des Minderwerts die bereits erbrachten Abschlagszahlungen nicht vollständig zurückverlangen, da der Erwerber nach § 3 Abs. 1 S. 3 MaBV das Risiko der überhöhten Abschlagszahlungen tragen muss[573].

bb) Risiko der unberechtigten Verweigerung der Abschlagszahlungen

Darüber hinaus ist eine rechtgemäße Ausübung des Zurückbehaltungsrechts gegenüber fälligen Abschlagszahlungen nach der Bauvertragsrechtsreform 2018 für den fachunkundigen Verbraucher unzumutbar. Nach der alten Rechtslage durfte der Besteller sämtliche Abschlagszahlungen ablehnen, soweit die Mängel über den Grad der Unwesentlichkeit hinausgingen (§ 632a Abs. 1 S. 2 BGB a.F.)[574]. Nach dem geltenden Recht darf er hingegen auch bei wesentlichen Mängeln nur die Zahlung eines angemessenen Teils des Abschlags berechtigt ablehnen (§ 632a Abs. 1 S. 2 BGB)[575]. Insoweit verweigert der Verbraucher als juristischer Laie sehr wahrscheinlich aus Unkenntnis über diese rechtliche Beschränkung seine sämtlichen Abschlagszahlungen unberechtigt[576]. Außerdem ist der Verbraucher in Ermangelung der bautechnischen Fachkenntnis offensichtlich nicht in der Lage, einen „angemessenen" Teil des Abschlags – in der Regel das Doppelte der Mängelbeseitigungskosten (§ 632 Abs. 1 S. 2, 4 i.V.m. § 641 Abs. 3 BGB) – zutreffend zu ermitteln, und somit dem Risiko der überhöhten Zurückbehaltung ausgesetzt. Die unberechtigte Zurückbehaltung des Verbrauchers führt dazu, dass der Bauträger wegen des Zahlungsverzugs berechtigt vom Vertrag zurücktreten (§ 323 BGB) oder den Schadensersatz statt der ganzen Leistung verlangen (§ 281 Abs. 1 S. 2 BGB), so dass die akzessorische Vormerkung mit Untergang des Übereignungsanspruchs erlischt[577].

573 Esbjörnsson in: BeckNotar-HdB, § 2 Rn. 138.
574 BT-Drucks. 16/511, S. 14.
575 Griziwotz, NZBau 2019, 218 (223); Reiter, JA 2018, 161 (162).
576 Griziwotz, NZBau 2019, 218 (221).
577 Griziwotz, NZBau 2019, 218 (221).

3. Vormerkungsmodell unter AGB-Inhaltskontrolle

Das Sicherungssystem im Rahmen des Vormerkungsmodells ist lückenhaft und soll das Vorleistungsrisiko des Erwerbers nicht umfangreich abdecken. Insoweit könnten die unzureichend gesicherten Vorauszahlungspflichten den Erwerber unangemessen benachteiligen. Daher stellen sich die Fragen, ob die Abschlagszahlungsvereinbarung aufgrund § 3 MaBV der Inhaltskontrolle nach §§ 307 ff. BGB unterliegt und ob sie auch der Inhaltskontrolle standhalten kann.

a) Kontrollfähigkeit (Erlaubnisnorm)

Eine vorformulierte Vertragsklausel ist frei von materieller Inhaltskontrolle, wenn sie lediglich die einschlägige gesetzliche Regelung wörtlich oder sinngemäß übernimmt (sog. „deklaratorische Klausel", vgl. Art. 1 Abs. 2 Klausel-RL)[578]. Dabei beruhen die vertraglichen Rechte und Pflichten nicht auf die rechtsgeschäftlichen Erklärungen der Vertragsparteien, sondern unmittelbar auf der einschlägigen gesetzlichen Bestimmung. Insoweit steht die Bindung des Richters an das Gesetz (Art. 20 Abs. 3 GG) einer materiellen Inhaltskontrolle entgegen[579]. Außerdem kann man grundsätzlich davon ausgehen, dass alle Rechte und Pflichten der Vertragsparteien in den gesetzlichen Regelungen ausgewogen geregelt sind[580]. Die darin enthaltenen wesentlichen Grundgedanken sind deshalb als einer der wichtigsten Maßstäbe für die Inhaltskontrolle zu berücksichtigen (§ 307 Abs. 2 Nr. 1 BGB). Aus demselben Grund greifen diese gesetzlichen Vorschriften auch bei der Nichteinbeziehung oder Unwirksamkeit der Klauseln als Ersatzregelung ein (§ 306 Abs. 2 BGB)[581]. Zuletzt wäre die Inhaltskontrolle

---

578 BeckOK BGB / H. Schmidt, § 307 BGB Rn. 73; MüKoBGB / Wurmnest, § 307 BGB Rn. 6.

579 BGH Urt. 09. 05. 2001 – IV ZR 121/00 = BGHZ 147, 354 = NJW 2001, 2014 (Mindestrückkaufswert), Juris Rn. 29.

580 EuGH Urt. 21. 05. 2013 – C-92/11 = ECLI:EU:C:2013:180 (RWE Vertrieb), Rn. 29.

581 EuGH Urt. 30. 04. 2014 – C-26/13 = ECLI:EU:C:2014:282 (Kásler), Rn. 82; EuGH Urt. 03. 03. 2020 – C-125/18 = ECLI:EU:C:2020:138 (Marc Gómez del Moral Guasch), Rn. 62; EuGH Urt. 03. 10. 2019 – C-260/18 = ECLI:EU:C:2019:819 (Dziubak), Rn. 60.

sinnlos, da nach § 306 Abs. 2 BGB an die Stelle der unwirksamen Klausel die inhaltsgleiche gesetzliche Bestimmung wiederum treten würde[582].

Die Abschlagszahlungsvereinbarung aufgrund § 3 MaBV stellt jedoch nicht eine solche „deklaratorische Klausel" dar[583]. Im Gegensatz zum allgemeinen Werkvertrag (§ 632a Abs. 1 BGB) entstehen Abschlagszahlungsansprüche beim Bauträgervertrag nicht kraft Gesetzes, sondern beruhen auf einer Vereinbarung (§ 650v BGB). Ohne eine solche Vereinbarung ist die Zahlungspflicht des Erwerbers erst im Zeitpunkt der Abnahme (§§ 641 Abs. 1, 650g Abs. 4 BGB) fällig[584]. Insoweit eröffnet § 650v BGB dem Bauträger einen Gestaltungsspielraum, im Rahmen des § 1 AbschlagV i.V.m. §§ 3, 7 MaBV die Abschlagszahlungen zu vereinbaren[585]. Dabei handelt es sich um eine gesetzliche Gestaltungsmöglichkeit (Erlaubnisnorm).

Eine im Rahmen des gesetzlichen Gestaltungspielraums[586] vorformulierte Vertragsklausel unterliegt grundsätzlich der AGB-Inhaltskontrolle[587]. Das Gesetz eröffnet hier lediglich eine rechtsgeschäftliche Gestaltungsmöglichkeit. Durch die konstitutive Vereinbarung und Ausfüllung ergänzt eine solche Klausel nicht nur die einschlägige gesetzliche Regelung[588], sondern verändert auch die Rechtslage[589]. Insoweit stellt sie von Rechtsvorschriften abweichende und/oder ergänzende Regelungen i.S.v. § 307 Abs. 3 S. 1 BGB dar. Außerdem hat der Gesetzgeber bei der Einführung einer solchen Gestaltungsmöglichkeit regelmäßig nicht die spezifische Gefahr der Verwendung der AGB berücksichtigt und somit im Gesetz keine

---

582 BGH Urt. 09. 05. 2001 – IV ZR 121/00 = BGHZ 147, 354 = NJW 2001, 2014 (Mindestrückkaufswert), Juris Rn. 29.

583 Vogel, BauR 2006, 744 (754).

584 BGH Urt. 22. 12. 2000 – VII ZR 310/99 = BGHZ 146, 250 = NJW 2001, 818 juris Rn. 27.

585 Staudinger, DNotZ 2002, 166 (171).

586 Beispiele: Leistungsbestimmungsrecht (§ 315 BGB), Vertragsstrafe (§ 339 BGB), Eigentumsvorbehalt (§ 449 BGB).

587 BGH Urt. 12. 03. 1987 – VII ZR 37/86 = BGHZ 100, 158 = NJW 1987, 1931 (Reisevertragsbedingungen), juris Rn. 71; Staudinger BGB / Wendland (2019), § 307 BGB Rn. 301 ff.; MüKo BGB / Wurmnest, § 307 BGB Rn. 10; BeckOK BGB / H. Schmidt, § 307 BGB Rn. 75.

588 BGH Urt. 12. 03. 1987 – VII ZR 37/86 = BGHZ 100, 158 = NJW 1987, 1931 (Reisevertragsbedingungen), juris Rn. 71; Staudinger BGB / Wendland (2019), § 307 BGB Rn. 301; MüKo BGB / Wurmnest, § 307 BGB Rn. 10.

589 BGH Urt. 18. 01. 2017 – VIII ZR 263/15 = BGHZ 213, 302 = NJW 2017, 1301, Rn. 26; Staudinger BGB / Wendland (2019), § 307 BGB Rn. 301; BeckOK BGB / H. Schmidt, § 307 BGB Rn. 75.

besondere Gestaltungsgrenze für die vorformulierte Klausel bestimmt[590]. Nur wenn sich aus dem eindeutigen Willen des Gesetzgebers ergibt, dass die Ausfüllung der Erlaubnisnorm auch durch AGB zulässig ist, sind entsprechende Klauseln ausnahmsweise frei von AGB-Inhaltskontrolle (sog. „qualifizierte Erlaubnisnorm")[591]. Nach der hier vertretenen Ansicht können solche Klauseln vielmehr in der Regel der AGB-Inhaltskontrolle standhalten[592]. Insoweit soll der Richter an den Willen und die Erwägung des Gesetzgebers gebunden sein (Art. 20 Abs. 3 GG)[593].

§ 1 AbschlagV ist gerade als eine solche „qualifizierte Erlaubnisnorm" einzustufen. Im Hinblick auf die Abschlagszahlungen beim Bauträgervertrag hat der Gesetzgeber in den Gesetzesbegründungen des § 27a AGBG a.F. (heute: Art. 244 EGBGB) ausdrücklich erwähnt, dass §§ 3 und 7 MaBV die widerstreitenden Interessen auch unter Berücksichtigung der hohen Zahlungen zu einem gerechten Ausgleich bringen[594]. Die gewerberechtlichen §§ 3 und 7 MaBV werden deshalb durch die Verweisung in § 1 AbschlagV das zivilrechtliche Leitbild für die Abschlagszahlungen beim Bauträgervertrag[595]. Die Abschlagszahlungsvereinbarung aufgrund § 3 MaBV ist folglich in der Regel nicht als eine unangemessene Benachteiligung des Erwerbers qualifiziert und hält damit der Inhaltskontrolle nach § 307 BGB stand[596].

Dennoch wird die aufgrund einer qualifizierten Erlaubnisnorm vorformulierte Vertragsklausel im Anwendungsbereich der Klausel-RL der Inhaltskontrolle nicht entzogen[597]. Insoweit sollen §§ 305 ff. BGB richtlinienkonform ausgelegt werden. Die Erlaubnisnorm ist auf jeden Fall

---

590 Staudinger BGB / Wendland (2019), § 307 BGB Rn. 303; BeckOK BGB / H. Schmidt, § 307 BGB Rn. 75; MüKo BGB / Wurmnest, § 307 BGB Rn. 11; Fuchs in: UBH, AGB-Recht, § 307 BGB Rn. 33.

591 BeckOK BGB / H. Schmidt, § 307 BGB Rn. 75; MüKo BGB / Wurmnest,§ 307 BGB Rn. 11; Fuchs in: UBH, AGB-Recht, § 307 BGB Rn. 33.

592 BGH Urt. 22. 03. 2007 – VII ZR 268/05 = BGHZ 171, 364 = NJW 2007, 1947, Rn. 26.

593 Staudinger BGB / Wendland (2019), § 307 BGB Rn. 302.

594 BT-Drucks. 14/2752, S. 14.

595 Ullmann, NJW 2002, 1073 (1078).

596 BGH Urt. 22. 03. 2007 – VII ZR 268/05 = BGHZ 171, 364 = NJW 2007, 1947, Rn. 26; MüKo BGB / Busche, § 650v BGB Rn. 6; Ullmann, NJW 2002, 1073 (1075); Vogel, BauR 2018, 717 (717); Staudinger, DNotZ 2002, 166 (172 f.). **a.A.: auch unter AGB-Inhaltskontrolle:** Basty, MittBayNot 2017, 445 (445); Esbjörnsson in: BeckNotar-HdB, § 2 Rn. 164.

597 MüKo BGB / Wurmnest, § 307 BGB Rn. 11; Pfeiffer in: Grabitz / Hilfe, Das Recht der Europäischen Union, Art. 1 RL 93/13/EWG Rn. 25; Ullmann, NJW 2002, 1073 (1078); Vogel, BauR 2017, 717 (719).

nicht „bindende Rechtsvorschrift“[598] i.S.v. Art. 1 Abs. 2 Klausel-RL, da sie zwar eine bestimmte rechtsgeschäftliche Gestaltung erlaubt, aber nicht selbst eingreift[599]. Eine Ausdehnung des Art. 1 Abs. 2 Klausel-RL auf die Erlaubnisnorm etwa durch eine teleologische Auslegung[600] kommt auch nach der hier vertretenen Ansicht nicht in Betracht, da der Ausnahmetatbestand wie Art. 1 Abs. 2 Klausel-RL nur eng auszulegen ist[601]. Zudem muss der Mitgliedstaat nach ErwGr. 14 Klausel-RL dafür sorgen, dass in seinem nationalen Zivilrecht keine missbrauchsbegründenden Rechtsvorschriften enthalten sind[602]. Deshalb darf man nicht davon ausgehen, dass eine nach Art. 3 Abs. 1 Klausel-RL missbräuchliche Klausel durch den (richtlinienwidrigen) Erlass einer bindenden Rechtsvorschrift frei von Inhaltskontrolle sein kann[603]. Bleibt eine bindende Rechtsvorschrift hinter dem Mindestschutzstandard der Klausel-RL zurück, spricht die richtlinienkonforme Auslegung[604] für die Inhaltskontrolle nach §§ 307 ff. BGB. Andernfalls hätte die Kontrollfreiheit der darauf beruhenden Klauseln eine vom Gesetzgeber ungewollte Richtlinienwidrigkeit zur Folge. Auch wenn eine Erlaubnisnorm in bindende Rechtsvorschriften i.S.v. Art. 1 Abs. 2 Klausel-RL einzuordnen wäre, dürfte eine darauf beruhende Klausel nicht der Inhaltskontrolle entzogen werden. Darüber hinaus hat der EuGH auch in seiner Rechtsprechung bereits bestätigt, dass eine vorformulierte Rechtswahlklausel, die Art. 6 Abs. 2 Rom I-VO (Erlaubnisnorm) ausdrücklich erlaubt, auch der Inhaltskontrolle nach Art. 3 Abs. 1 Klausel-RL unterliegt[605].

Die auf einer qualifizierten Erlaubnisnorm beruhenden Klauseln in Verbraucherverträgen unterliegt folglich (wiederum) der Inhaltskontrolle

598 Definition siehe: ErwGr. 13 Klausel-RL; EuGH Urt. 21. 05. 2013 – C-92/11 = ECLI:EU:C:2013:180 (RWE Vertrieb), Rn. 25-26.

599 Pfeiffer in: Grabitz / Hilfe, Das Recht der Europäischen Union, Art. 1 RL 93/13/EWG Rn. 25.

600 Staudinger, DNotZ 2002, 166 (172 f.).

601 EuGH Urt. 12. 03. 2020 – C-538/18 = ECLI:EU:C:2020:199 (Verbraucherzentrale Berlin e.V.), Rn. 27 f.

602 Pfeiffer in: Grabitz/Hilf, Das Recht der Europäischen Union, Art. 1 RL 93/13/EWG Rn. 24; MüKo BGB / Wurmnest,§ 307 BGB Rn. 11; Ullmann, NJW 2002, 1073 (1078); Staudinger, DNotZ 2002, 166 (173).

603 MüKo BGB / Wurmnest, § 307 BGB Rn. 11.

604 MüKo BGB / Wurmnest, § 307 BGB Rn. 11; Karczewski / Vogel, BauR 2001, 859 (862). Ein Teil der Literatur begründet mit dem Anwendungsvorrang des Europarechts: Vogel, BauR 2017, 717 (719); Ullmann, NJW 2002, 1073 (1078).

605 EuGH Urt. 28. 07. 2016 – C-191/15 = ECLI:EU:C:2016:612 (Verein für Konsumenteninformation), Rn. 67.

nach §§ 307 ff. BGB. Dies gilt auch für die Abschlagszahlungsvereinbarung aufgrund § 3 MaBV[606] – zumindest im Fall der Unterschreitung des Mindestschutzstandards der Klausel-RL[607]. Dies bedeutet jedoch nicht, dass derartige Gestaltung in AGB ohne weiteres unzulässig ist. Ob eine solche Klausel in AGB zulässig ist, ist gerade im Einzelfall im Rahmen der Inhaltskontrolle nach §§ 307 ff. BGB zu ermitteln[608].

b) Angemessenheit des Vormerkungsmodells

aa) Sicherungslücke des Vormerkungsmodells

Das in § 3 MaBV bestimmte Vormerkungsmodell ist nicht wegen seiner Sicherungslücke als eine unausgewogene Gestaltung i.S.v. Art. 3 Abs. 1 Klausel-RL anzusehen[609]. Im Rahmen des Vormerkungsmodells sind die Vorauszahlungen des Verbrauchers in der Regel durch die Auflassungsvormerkung angemessen zu sichern. Im Hinblick auf die verbleibende Sicherungslücke etwa im Falle des Rücktritts trägt der Käufer auch bei einem einfachen Grundstückskauf in gleichem Maße wie beim Bauträgervertrag diese Risiken. Insoweit ist der Erwerber beim Bauträgervertrag nicht wegen der Sicherungslücke in einem erheblichen und ungerechtfertigten Missverhältnis benachteiligt (Art. 3 Abs. 1 Klausel-RL)[610]. Außerdem ist eine totale Absicherung durch die Bürgschaft oder die Versicherung nach § 7 MaBV aufwendig[611]. Die erhöhten Finanzierungskosten werden schließlich über den Preismechanismus auf den Erwerber abgewälzt[612]. Im Vergleich zur Bürgschaft nach § 7 MaBV ist das Vormerkungsmodell nach § 3 MaBV zwar weniger sicher, aber deutlich kostengünstiger. Das Vormerkungsmodell stellt nämlich für beide Vertragsparteien eine wirtschaftlich

---

606 Vogel, BauR 2006, 744 (754); Ullmann, NJW 2002, 1073 (1078); Karczewski / Vogel, BauR 2001, 859 (862).

607 Staudinger, DNotZ 2002, 166 (173).

608 BeckOK BGB / H. Schmidt, § 307 BGB Rn. 75; Staudinger BGB / Wendland (2019), § 307 BGB Rn. 303.

609 Ullmann, NJW 2002, 1073 (1075); Pause in: DLOPS, Das neue Bauvertragsrecht, § 6 Rn. 159. **a.A.:** Wagner in: Messerschmidt / Voit, Privates Baurecht, Teil I E Rn. 43 f.

610 Pause in: DLOPS, Das neue Bauvertragsrecht, § 6 Rn. 159.

611 Ullmann, NJW 2002, 1073 (1075).

612 Staudinger, DNotZ 2002, 166 (182); Ullmann, NJW 2002, 1073 (1075).

vernünftige Alternative dar. Die Abschlagszahlungsvereinbarung aufgrund § 3 MaBV hält deshalb der Inhaltskontrolle nach §§ 307 ff. BGB stand.

bb) Abschlagszahlungsplan

Auch im Hinblick auf die in § 3 Abs. 2 S. 2 MaBV zulässige Betragsgrenze für jeweilige Raten unterschreitet das Vormerkungsmodell grundsätzlich den Mindestschutzstandard des Art. 3 Abs. 1 Klausel-RL nicht[613], da die Betragsgrenze dem Wert des teilweise bebauten Grundstücks ungefähr entspricht, so dass die Vorauszahlungen des Verbrauchers in großem Umfang durch die Auflassungsvormerkung abgesichert werden können.

Dennoch könnte der Abschlagszahlungsplan aufgrund § 3 Abs. 2 S. 2 MaBV im Einzelfall zur ungerechten Vorleistungsplicht des Verbrauchers führen, wenn die Raten generell vom realen Wert des bebauten Grundstücks gravierend abweichen[614]. Beispielsweise basiert die Grundstücksrate (§ 3 Abs. 2 S. 2 Nr. 1 MaBV) insbesondere auf dem Grundstückswert und sonstigen dem Bauträger bereits entstandenen Kosten etwa für Bauplanung und Baugenehmigung. Ist etwa der Grundstückswert im Einzelfall so niedrig, dass die Grundstücksrate in Höhe von 30 % der Vertragssumme überhöht ist, kann der einschlägige Abschlagszahlungsplan nicht mehr der Inhaltskontrolle standhalten[615], da die Vorauszahlungen des Verbrauchers nicht von der Auflassungsvormerkung angemessen abgedeckt werden können. Da dieser besondere Umstand von der Wertentscheidung des Gesetzgebers in § 27a AGBG (heute: Art. 244 EGBGB) abweicht, steht deshalb die Bindung des Richters an Gesetz (Art. 20 Abs. 3 GG) der Inhaltskontrolle nicht entgegen. Der durch § 3 Abs. 2 S. 2 MaBV verfolgte Zweck (Äquivalenz zwischen Raten und vom Bauträger erbrachten Leistungen) ist hingegen erst durch die Inhaltskontrolle gewahrt.

Ist dieser besondere Umstand dem zu beurkundenden Notar bekannt oder für ihn erkennbar, muss er aufgrund seiner Belehrungspflicht über ungesicherte Vorleistung (§ 17 Abs. 1 S. 1 BeurkG)[616] (**siehe I.**) den Erwer-

613 Staudinger, DNotZ 2002, 166 (181 f.).

614 Grziwotz, NZBau 2019, 218 (223).

615 Basty, MittBayNot 2017, 445 (445).

616 BGH Urt. 27. 10. 1994 – IX ZR 12/94 = NJW 1995, 330, juris Rn. 12 f.; Staudinger BGB / Hertel (2017), BeurkG Rn. 469; Pause, BauR 2009, 898 (905).

ber darauf hinweisen und den problematischen Abschlagszahlungsplan entsprechend anpassen[617].

III. Vorauszahlungsbürgschaft (§ 7 MaBV)

Als Alternative zum Vormerkungsmodell kann der Bauträger nach § 7 MaBV dem Erwerber eine Sicherheit für etwaige Rückgewähransprüche in Form der Bankbürgschaft (§ 2 Abs. 1, 2 MaBV) leisten, um die Abschlagszahlungen wirksam zu vereinbaren. Die Bürgschaft nach § 7 MaBV setzt einen tauglichen Bürgen i.S.v. § 2 Abs. 2 S. 2 MaBV und einen Verzicht auf die Einrede der Vorausklage nach § 771 BGB (vgl. § 2 Abs. 2 S. 3 MaBV) voraus, so dass der Erwerber im Sicherungsfall unmittelbar den Bürgen in Anspruch nehmen kann. Dadurch werden die Vorleistungsrisiken des Erwerbers – aus dem Ungleichgewicht zwischen Leistungen des Bauträgers und Vorauszahlungen des Erwerbers – angemessen ausgeglichen[618]. Diese Vorauszahlungsbürgschaft kann deshalb sicherstellen, dass der Erwerber entweder die vom Bauträger versprochenen Leistungen oder die Rückzahlung der bereits erbrachten Zahlungen erhält[619]. Da die Vorleistungsrisiken des Erwerbers durch diese Vorauszahlungsbürgschaft umfassend abzudecken sind, darf der Bauträger über die Betragsgrenze des § 3 Abs. 2 S. 2 MaBV hinaus die Abschlagszahlungen entgegennehmen (§ 7 Abs. 1 S. 1 MaBV).

1. Sicherungsumfang

Die Bürgschaft nach § 7 MaBV sichert die Vorauszahlungen des Erwerbers. Sie stellt sicher, dass der Erwerber bei einem Scheitern der Erfüllung oder einer nicht vertragsgemäßen Erfüllung (im Sicherungsfall) – in Höhe der Differenz zu den von ihm endlich angenommenen Leistungen entsprechenden Vergütung – seine Vorauszahlungen zurückerhalten kann. Sie

617 Basty, MittBayNot 2017, 445 (445).

618 BGH Urt. 29. 01. 2008 – XI ZR 160/07 = BGHZ 175, 161 = NJW 2008, 1729, Rn. 16.

619 BGH Urt. 18. 06. 2002 – XI ZR 359/01 = BGHZ 151, 147 = NJW 2002, 2563, juris Rn. 22; BGH Urt. 05. 04. 2005 – XI ZR 294/03 = BGHZ 162, 378 = NJW-RR 2005, 1101, juris Rn. 13.

umfasst alle etwaigen Rückzahlungsansprüche des Erwerbers[620]. Die Bürgschaft nach § 7 MaBV greift deshalb etwa bei der Totalabwicklung des Vertrags unabhängig von ihren Gründen[621] ein, und zwar nicht nur aufgrund einer Pflichtverletzung des Bauträgers[622], sondern auch aufgrund eines in der Sphäre des Erwerbers liegenden Grunds[623]. Sie erfasst auch alle auf Zahlung von Geld gerichteten Sachmängelrechte[624], soweit die Mängel vor der Abnahme, und zwar vor dem Zeitpunkt der Fälligkeit der Vergütung nach § 641 Abs. 1 BGB, aufgetreten und damit als die Verwirklichung der Vorleistungsrisiken anzusehen sind[625]. Im Vergleich zum (lückenhaften) Vormerkungsmodell (§ 3 MaBV) gewährt die Bürgschaft nach § 7 MaBV dem Erwerber eine umfassende Sicherheit für seine Vorauszahlungen.

Die Bürgschaft nach § 7 MaBV bezieht sich jedoch ausschließlich auf die Vorleistungsrisiken. Sie erfasst nämlich nicht die Ansprüche des Erwerbers, die nicht auf die Beeinträchtigung des Äquivalenzverhältnisses durch die Vorauszahlungspflichten zurückzuführen sind[626], insbesondere die Ansprüche auf Schadensersatz neben der Leistung aus einer Leistungsverzö-

---

620 BGH Urt. 18. 06. 2002 – XI ZR 359/01 = BGHZ 151, 147 = NJW 2002, 2563, juris Rn. 20.

621 **Formunwirksamkeit:** BGH Urt. 29. 01. 2008 – XI ZR 160/07 = BGHZ 175, 161 = NJW 2008, 1729, Rn. 18.

622 **(1) Rücktritt (§ 323 BGB) oder Schadensersatz statt der ganzen Leistung (§ 281 Abs. 1, 5 BGB) wegen Pflichtverletzung des Bauträgers: (a) Baustillstand (Nichterfüllung):** BGH Urt. 30. 09. 2004 – VII ZR 458/02 = BGHZ 160, 277 = ZIP 2005, 33, juris Rn. 22. **(b) Baumängel :** BGH Urt. 18. 06. 2002 – XI ZR 359/01 = BGHZ 151, 147 = NJW 2002, 2563, juris Rn. 20; BGH Urt. 27. 07. 2006 – VII ZR 276/05 = BGHZ 169, 1 = NJW 2006, 3275, Rn. 44. **(2) Weigerung des Insolvenzverwalters gemäß § 103 Abs. 2 InsO:** BGH Urt. 08. 12. 2009 – XI ZR 181/08 = NJW 2010, 1284, Rn. 22 ff.**(3) Einvernehmliche Vertragsaufhebung aufgrund Pflichtverletzung des Bauträgers:** BGH Urt. 30. 09. 2004 – VII ZR 458/02 = BGHZ 160, 277 = ZIP 2005, 33, juris Rn. 23 f.

623 BGH Urt. 05. 04. 2005 – XI ZR 294/03 = BGHZ 162, 378 = NJW-RR 2005, 1101, juris Rn. 14.

624 BGH Beschl. 02. 05. 2002 – VII ZR 178/01 (Freiburger Kommunalbauten), juris Rn. 12 ff; BGH Urt. 18. 06. 2002 – XI ZR 359/01 = BGHZ 151, 147 = NJW 2002, 2563, juris Rn. 20. **Ansprüche auf Ersatz der Mängelbeseitigungskosten oder deren Vorschluss (§ 637 Abs. 1, 3 BGB):** BGH Urt. 18. 06. 2002 – XI ZR 359/01 = BGHZ 151, 147 = NJW 2002, 2563, juris Rn. 24; BGH Urt. 12. 04. 2007 – VII ZR 50/06 = BGHZ 172, 63 = NJW 2007, 1957, Rn. 53 f.**Minderung (§ 638 BGB):** BGH Urt. 18. 06. 2002 – XI ZR 359/01 = BGHZ 151, 147 = NJW 2002, 2563, juris Rn. 20.

625 BGH Urt. 22. 10. 2002 – XI ZR 393/01 = NJW 2003, 285, juris Rn. 32 f.

626 BGH Urt. 21. 01. 2003 – XI ZR 145/02 = NJW-RR 2003, 592, juris Rn. 16 ff.

gerung (§ 280 Abs. 1, 2 i.V.m. § 286 BGB)[627], auch wenn sie bereits vor dem Zeitpunkt der Abnahme entstanden sind. Solche vor der Abnahme entstandene Ansprüche sollen von einer nach § 650m Abs. 2 BGB gestellten Sicherheit erfasst werden. Auch die Ansprüche aus Mängeln, die erst nach der Abnahme auftreten, fallen nicht in den Sicherungsumfang der Bürgschaft nach § 7 MaBV, da der Erwerber auch bei der mangelfreien Abnahme das gesamte Entgelt begleichen müsste, d.h. dabei geht es nicht um die Vorleistungsrisiken des Erwerbers[628]. Die Haftung des Bürgen beschränkt sich außerdem nur auf die Vorleistungsrisiken des Erwerbers. Daher kann der Erwerber bei Mängeln am Gemeinschaftseigentum nicht wie seine auf die Geldzahlung gerichteten Mängelrechte gegenüber dem Bauträger in vollem Umfang (**siehe § 4.3 I. 1. b**)), sondern nur in Höhe des seinem Miteigentumsanteil entsprechenden Anteils die Bürgschaft in Anspruch nehmen, da die Mängelrechte weiter als das Risiko des Erwerbers aufgrund seiner Vorauszahlungen reichen[629].

2. Angemessenheit der Abschlagszahlungsvereinbarungen

Eine aufgrund § 7 MaBV vorformulierte Abschlagszahlungsvereinbarung ist nicht als eine den Erwerber unangemessen benachteiligende Vertragsklausel i.S.v. § 307 BGB anzusehen[630]. Diese Vorauszahlungsbürgschaft sichert alle Ansprüche des Erwerbers auf die Rückzahlung der von ihm erbrachten Vorauszahlungen (**siehe oben 1.**). Außerdem ist nur eine Bürgschaft anzunehmen, wenn eine öffentlich-rechtliche Körperschaft, ein Kreditinstitut oder ein Versicherungsunternehmer als Bürge bestellt wird (§ 2 Abs. 2 S. 2 MaBV) und der Bürge auf die Einrede der Vorausklage nach § 771 BGB verzichtet hat (§ 2 Abs. 2 S. 3 MaBV). Insoweit kann der Erwerber im Sicherungsfall ohne zuvor eine erfolglose Zwangsvollstreckung ge-

---

627 BGH Urt. 22. 10. 2002 – XI ZR 393/01 = NJW 2003, 285, juris Rn. 31; BGH Urt. 21. 01. 2003 – XI ZR 145/02 = NJW-RR 2003, 592, juris Rn. 15.

628 BGH Urt. 22. 10. 2002 – XI ZR 393/01 = NJW 2003, 285, juris Rn. 32 f.

629 BGH Urt. 12. 04.2007 – VII ZR 50/06 = BGHZ 172, 63 = NJW 2007, 1957, Rn. 61.

630 BGH Beschl. 02. 05. 2002 – VII ZR 178/01 (Freiburger Kommunalbauten), juris Rn. 19 ff.**a.A.:** Eine Abweichung von den Raten gemäß § 3 Abs. 2 MaBV sei auch in den Fällen des § 7 MaBV nur zulässig, wenn der Wert der Teilleistung des Bauträgers die einschlägigen Raten übersteige. Vgl. Esbjörnsson in: BeckNotar-HdB § 2 Rn. 183; Pause in: DLOPS, Das neue Bauvertragsrecht, § 6 Rn. 121.

gen den Bauträger unmittelbar auf einen tauglichen Bürgen zugreifen[631]. Die Bürgschaft nach § 7 MaBV sichert auch bei der Bauträgerinsolvenz – insbesondere bei der Weigerung des Insolvenzverwalters nach § 103 Abs. 2 InsO[632] – den Erwerber (vgl. auch § 773 Abs. 1 Nr. 3 BGB)[633]. Aus diesen Gründen sind die Nachteile aus den vom Erwerber übernommenen Vorleistungspflichten durch die Bürgschaft nach § 7 MaBV angemessen auszugleichen und die Abschlagszahlungsvereinbarung ist nicht als unangemessen qualifiziert.

IV. Rechtsfolge der Verletzung der MaBV

1. Vorweggenommene Inhaltskontrolle (§ 12 MaBV i.V.m. § 134 BGB)

§ 3 und § 7 MaBV bestimmen die Mindestanforderungen für die Abschlagszahlungsvereinbarungen beim Bauträgervertrag und schützen damit den Erwerber vor den Vorleistungsrisiken. Dabei handelt es sich um eine vorweggenommene Inhaltskontrolle[634]. Eine zu Lasten des Erwerbers von diesen Mindestanforderungen abweichende Vereinbarung hat nämlich sowohl aufgrund § 650v BGB als auch aufgrund § 12 MaBV i.V.m. § 134 BGB[635] keine rechtliche Wirkung. Diese Mindestanforderungen gelten nicht nur für vorformulierte, sondern auch für individualvertragliche Abschlagszahlungen[636]. Insoweit haben die Mindestanforderungen von §§ 3, 7 MaBV, die durch Verweisung in § 650v BGB, Art. 244 EGBG und § 1 AbschlagV die privatrechtlichen Voraussetzungen der Abschlagszahlungsvereinbarung werden, einen halbzwingenden Charakter, sind also nicht nur AGB-festig (**siehe § 3.1 II.**).

Eine hinter §§ 3, 7 MaBV zurückbleibende Abschlagszahlungsvereinbarung ist nach § 12 MaBV i.V.m. § 134 BGB insgesamt nichtig, auch wenn

---

631 BGH Beschl. 02. 05. 2002 – VII ZR 178/01 (Freiburger Kommunalbauten), juris Rn. 21.

632 BGH Urt. 08. 12. 2009 – XI ZR 181/08 = NJW 2010, 1284, Rn. 22 ff.

633 BGH Beschl. 02. 05. 2002 – VII ZR 178/01 (Freiburger Kommunalbauten), juris Rn. 22.

634 BT-Drucks. 14/2752, S. 14.

635 BGH Urt. 22. 12. 2000 – VII ZR 310/99 = BGHZ 146, 250 = NJW 2001, 818 juris Rn. 23; BGH Urt. 22. 03. 2007 – VII ZR 268/05 = BGHZ 171, 364 = NJW 2007, 1947, Rn. 19.

636 MüKoBGB / Busche, § 650v BGB Rn. 8.

der Verstoß nur ein Teil der Vereinbarung (z.B. Abschlagszahlungsplan[637]) betrifft[638]. Die Nichtigkeit der Abschlagszahlungsvereinbarung führt jedoch nicht nach § 139 BGB zur Gesamtunwirksamkeit des Vertrags, da die Gesamtunwirksamkeit mit dem Schutzzweck der MaBV – Schutz der Vermögenswerte des Erwerbers – unvereinbar ist[639], insbesondere der nichtige Vertrag führt zur Erlöschung der nach § 3 Abs. 1 S. 1 Nr. 2 MaBV eingetragenen Auflassungsvormerkung. Die aus der unwirksamen Abschlagszahlungsvereinbarung entstandene Regelungslücke soll durch eine dispositive Rechtsvorschrift geschlossen werden. Die einschlägige Vorschrift ist § 650g Abs. 4 BGB, so dass die Zahlungspflichten des Erwerbers erst mit der Abnahme des Werks (§ 641 Abs. 1 BGB) und der Erstellung einer prüffähigen Schlussrechnung fällig werden[640].

Für eine Ersatzregelung kommt hingegen die Regelung über die Betragsgrenzen für jeweilige Bauabschnitte in § 3 Abs. 2 S. 2 MaBV nicht in Betracht. Diese Vorschrift enthält lediglich das gewerberechtliche Verbot über die Entgegennahme der Vermögenswerte des Erwerbers und ist damit ungeeignet, das privatrechtliche Rechtsverhältnis unmittelbar zu regeln[641]. Auch die Verweisung durch die privatrechtliche Norm des § 1 AbschlagV ändert nichts, da § 1 AbschlagV nur die Gestaltungen aufgrund §§ 3, 7 MaBV erlaubt, nicht darüber hinaus auch eine Regelung über Zahlungsplan für davon abweichende Vereinbarungen enthält[642]. Außerdem ist die Schließung der Regelungslücke durch § 3 Abs. 2 S. 2 MaBV tatsächlich unmöglich, da er lediglich einen ausfüllungsbedürftigen Rahmen vorgibt und damit eine Ausfüllung durch die Vertragsparteien im Einzelfall unerlässlich ist[643].

---

637 z.B.: Die erste Rate ist nicht nach § 3 Abs. 2 Nr. 1 MaBV mit „Beginn der Erdarbeiten“, sondern bereits „nach Vertragsabschluss“ fällig. Vgl. BGH Urt. 22. 12. 2000 – VII ZR 310/99 = BGHZ 146, 250 = NJW 2001, 818 juris Rn. 4.

638 BGH Urt. 22. 12. 2000 – VII ZR 310/99 = BGHZ 146, 250 = NJW 2001, 818 juris Rn. 25.

639 BGH Urt. 22. 12. 2000 – VII ZR 310/99 = BGHZ 146, 250 = NJW 2001, 818 juris Rn. 26.

640 BGH Urt. 22. 12. 2000 – VII ZR 310/99 = BGHZ 146, 250 = NJW 2001, 818 juris Rn. 27.

641 BGH Urt. 22. 12. 2000 – VII ZR 310/99 = BGHZ 146, 250 = NJW 2001, 818 juris Rn. 28 ff.; Wagner in: Messerschmidt / Voit, Privates Baurecht, Teil I E Rn. 56.

642 BGH Urt. 22. 03. 2007 – VII ZR 268/05 = BGHZ 171, 364 = NJW 2007, 1947, Rn. 25 f.

643 BGH Urt. 22. 03. 2007 – VII ZR 268/05 = BGHZ 171, 364 = NJW 2007, 1947, Rn. 26.

Ist die Abschlagszahlungsvereinbarung nichtig, kann der Erwerber die bereits erbrachten, aber noch nicht fälligen Zahlungen nach §§ 812 Abs. 1 S. 1 Alt. 1, 817 S. 1 BGB zurückverlangen. Insoweit tritt § 813 Abs. 2 BGB im Interesse des von §§ 3, 7 MaBV verfolgten Schutzzwecks zurück[644]. Nach der Rechtsprechung kann der Erwerber im Falle des bemängelten Abschlagszahlungsplans – aufgrund des von §§ 3, 7 MaBV verfolgten Schutzzwecks – nur den die zulässige Betragsgrenze in § 3 Abs. 2 S. 2 MaBV überschrittenen Betrag zurückverlangen[645]. Diese Rechtsprechung beschränkt jedoch tatsächlich die Rechtswirkung der Nichtigkeit auf die gesetzlich zulässige Grenze (Mindeststandard) und könnte somit zu einer unzulässigen geltungserhaltenden Reduktion führen[646].

2. Schadensersatz

a) Schutzgesetzverletzung (§ 823 Abs. 2 BGB)

§ 3 und § 7 MaBV bezwecken den Schutz des Erwerbers vor Vermögensschädigung durch ungesicherte Vorleistungen, insbesondere im Falle der Bauträgerinsolvenz. Sie sind daher ein Schutzgesetz i.S.v. § 823 Abs. 2 BGB[647]. Insoweit ist der reine Vermögensschaden des Erwerbers – z.B. nicht Befriedigung seiner Forderungen – im Rahmen des § 823 Abs. 2 BGB ersatzfähig[648]. Dennoch ist ein Schadensersatzanspruch gegenüber einem zahlungsunfähigen Bauträger sinnlos. Die Bedeutung dieser Rechtsprechung besteht vielmehr darin, dass sich das Haftungssubjekt des § 823 Abs. 2 BGB auf den Geschäftsführer des Bauträgers erweitert[649], da er nach § 9 Abs. 1 OWiG auch der Normadressat der MaBV ist[650]. Im Hinblick auf das Verschulden ist zudem eine fahrlässige Verletzung der MaBV für § 823 Abs. 2 BGB ausreichend, da nach § 18 Abs. 1 MaBV i.V.m. § 144 Abs. 2 Nr. 6 GewO auch eine fahrlässige Zuwiderhandlung ordnungswidrig ist.

---

644 BGH Urt. 22. 03. 2007 – VII ZR 268/05 = BGHZ 171, 364 = NJW 2007, 1947, Rn. 31.

645 BGH Urt. 22. 03. 2007 – VII ZR 268/05 = BGHZ 171, 364 = NJW 2007, 1947, Rn. 32.

646 BeckOK BGB / Voit, § 650v BGB Rn. 3.

647 BGH Urt. 05. 12. 2008 – V ZR 144/07 = NJW 2009, 673, Rn. 11.

648 MüKo BGB / Wagner, § 823 BGB Rn. 534; Staudinger BGB / Hager (2009), § 823 BGB Rn. G 4; BeckOK BGB / Förster, § 823 BGB Rn. 267.

649 BGH Urt. 05. 12. 2008 – V ZR 144/07 = NJW 2009, 673, Rn. 10.

650 MüKo BGB / Wagner, § 823 BGB Rn. 536.

b) Notarhaftung (§ 19 Abs. 1 BNotO)

Eine den Mindestanforderungen in §§ 3, 7 MaBV nicht entsprechende Abschlagszahlungsvereinbarung könnte auch u.U. zur Amtspflichtverletzung des Notars führen. Der Notar soll aufgrund seiner Amtspflicht zur Redlichkeit der Amtsausführung[651] nach § 4 BeurkG und § 14 Abs. 1 BNotO die Beurkundung einer unwirksamen Klausel ablehnen[652]. Eine zu Lasten des Erwerbers von §§ 3, 7 MaBV abweichende Abschlagszahlungsvereinbarung ist nach § 12 MaBV i.V.m. § 134 BGB unwirksam (**siehe oben 1.**). Ist die Verletzung aus dem Wortlaut der einschlägigen Bestimmung oder aus der bisherigen Rechtsprechung eindeutig, hat der Notar die fragwürdige Gestaltung nicht zu beurkunden[653]. Auch beim bloßen Zweifel an der Wirksamkeit muss der Notar nach § 17 Abs. 2 S. 2 BeurkG zumindest die Beteiligten auf den Wirksamkeitszweifel hinweisen. Außerdem hat der Notar nach § 17 Abs. 1 S. 1 BeurkG eine doppelte Belehrungspflicht über ungesicherte Vorleistung[654]. Die Abschlagszahlungen, die erst die Mindestanforderungen in §§ 3, 7 MaBV erreichen, sind nicht als eine ungesicherte Vorleistung anzusehen[655]. Der Notar muss nämlich im Beurkundungsverfahren prüfen, ob die Mindestanforderungen in §§ 3, 7 MaBV eingehalten werden. Hat der Notar schuldhaft diese Amtspflichten verletzt, steht dem Erwerber ein subsidiärer Schadensersatzanspruch nach § 19 Abs. 1 BNotO gegenüber dem beurkundenden Notar zu. Insoweit kann der Erwerber neben dem Bauträger und seinem Geschäftsführer, die ggf. dazwischen in eine Zahlungsunfähigkeit geraten sind, auf einen weiteren Schuldner zurückgreifen.

V. Erfüllungssicherheit (§ 650m Abs. 2 BGB)

1. Allgemein

Ist ein Bauträgervertrag zugleich ein Verbraucherbauvertrag i.S.v. § 650i BGB (**siehe § 3.1 I**), muss der Bauträger nach § 650m Abs. 2 BGB bei der

---

651 Staudinger BGB / Hertel (2017), BeurkG Rn. 448.

652 Staudinger BGB / Hertel (2017), BeurkG Rn. 449; BeckOK BGB / Litzenburger, § 4 BeurkG Rn. 2.

653 BeckOK BGB / Litzenburger, § 4 BeurkG Rn. 2.

654 BGH Urt. 27. 10. 1994 – IX ZR 12/94 = NJW 1995, 330, juris Rn. 12 f.; Staudinger BGB / Hertel (2017), BeurkG Rn. 469; Pause, BauR 2009, 898 (905).

655 Staudinger BGB / Hertel (2017), BeurkG Rn. 470a.

ersten Abschlagszahlung dem Verbraucher eine Sicherheit für die rechtzeitige Herstellung ohne wesentliche Mängel in Höhe von 5 % des vereinbarten Entgelts leisten. Anders als die Sicherungsinstrumente in MaBV besteht hier ein gesetzlicher Anspruch des Erwerbers, für den eine vertragliche Vereinbarung nicht erforderlich ist[656]. Beim Bauträgervertrag errechnen sich aufgrund des einheitlichen Entgelts die maßgeblichen 5 % jedoch aus der Gesamtvergütung einschließlich des Grundstücksteils (**siehe § 2.2 II 1. b)**)[657].

Nach der Gesetzesbegründung[658] besteht ein tatsächliches Sicherungsbedürfnis des Verbrauchers beim Bauträger- und Generalunternehmervertrag. Eine Erfüllungssicherheit ist insbesondere bei Nichtvollendung oder mangelhafter Errichtung etwa im Falle der Insolvenz des Bauunternehmers von großer Bedeutung[659]. Im Unterschied zum professionellen Auftraggeber hat der Verbraucher i.d.R. keine Kenntnis und Macht, eine Erfüllungssicherheit zur Absicherung seiner Vertragserfüllungs- und Mängelansprüche zu vereinbaren[660]. Aus diesem Grund hat der Gesetzgeber des Forderungssicherungsgesetzes dem Verbraucher einen gesetzlichen Sicherheitsanspruch in damaligen § 632a Abs. 3 BGB (heute: § 650m Abs. 2 BGB) eingeräumt.

2. Sicherungsumfang

a) Rechtzeitige Herstellung ohne wesentliche Mängel

Der Sicherungszweck und der Sicherungsumfang der Sicherheit i.S.v. § 650m Abs. 2 BGB sind auf die rechtzeitige Herstellung des Werks ohne wesentliche Mängel ausgerichtet[661]. In den Sicherungsumfang fallen zunächst die durch die Überschreitung der Bauzeit entstehenden Ansprüche, und zwar Schadensersatzansprüche wegen Leistungsverzugs (§ 286 BGB) und wegen Nichtleistung (§ 281 Abs. 1 BGB) sowie damit verbundene Vertragsstrafen und Schadenspauschalen[662].

---

656 BT-Drucks. 16/511, S. 15; Pause, BauR 2009, 898 (905).
657 Esbjörnsson in: BeckNotar-HdB, § 2 Rn. 172; Pause, BauR 2009, 898 (906).
658 BT-Drucks. 16/511, S. 15.
659 BT-Drucks. 16/511, S. 15.
660 Pause, BauR 2009, 898 (904).
661 BT-Drucks. 16/511, S. 15.
662 Pause, BauR 2009, 898 (907).

Abgesichert sind auch die Rechte des Verbrauchers aus wesentlichen Mängeln, die bereits vor oder bei der Abnahme aufgetreten sind und aufgrund derer der Besteller nach § 640 Abs. 1 BGB die Abnahme des Werks berechtigt ablehnen darf. Nicht erfasst sind die Ansprüche aus unwesentlichen Mängeln[663] oder aus Mängeln, die erst nach Abnahme auftreten oder angezeigt werden[664]. Die Sicherheit i.S.v. § 650m Abs. 2 BGB stellt nämlich keine Gewährleistungssicherheit dar[665]. Eine Gewährleistungssicherheit ist zwar im Interesse des Verbraucherschutzes wohl rechtspolitisch wünschenswert, da ein tatsächliches Sicherungsbedürfnis (für alle Verbraucherbauverträge unabhängig davon, ob der Bauunternehmer Abschlagszahlungen verlangt,) besteht und eine solche Sicherheit aufgrund der strukturellen Machtüberlegenheit des Unternehmers kaum vereinbart werden kann[666]. Der Gesetzgeber hat jedoch bewusst davon Abstand genommen, einen gesetzlichen Anspruch auf eine Gewährleistungsbürgschaft einzufügen, da diese Vereinbarung der individuellen Vertragsgestaltung überlassen bleiben solle[667].

Außerdem ist rechtspolitisch nicht nachvollzielbar, warum Rechte aus unwesentlichen Mängeln aus dem Sicherungsumfang ausgenommen sind[668]. Die Begründung für Einführung der Sicherheit i.S.v. § 650m Abs. 2 BGB[669] spricht dafür, dass auch unwesentliche Mängel von dieser Sicherheit erfasst sein sollten[670]. Der Verbraucher kann zwar bei unwesentlichen Mängeln nach § 640 Abs. 1 BGB seine Abnahmeerklärung nicht ablehnen, aber nach § 641 Abs. 3 BGB seine Zahlung in einer angemessenen Höhe berechtigt zurückbehalten. Der Betrag der noch nicht getilgten letzten Rate ist aber u.U. nicht ausreichend, das Doppelte der für die Mängelbeseitigung erforderlichen Kosten (§ 641 Abs. 3 Hs. 2 BGB) vollständig abzudecken, wofür eine Sicherheit notwendig ist. Dieses Sicherungsbedürfnis ist

---

663 Pause, BauR 2017, 430 (437); Esbjörnsson in: BeckNotarHdB, § 2 Rn. 174; Stretz in: DLOPS, Das neue Bauvertragsrecht, § 5 Rn. 269; MüKo BGB / Busche, § 650m BGB Rn. 9; Thode in: Messerschmidt / Voit, Privates Baurecht, § 650v BGB Rn. 17. **a.A.:** Koeble in: Kompendium des Baurechts, Teil 10 Rn. 621.

664 Esbjörnsson in: BeckNotar-HdB, § 2 Rn. 174; Pause, BauR 2009, 898 (908). **a.A.:** Koeble in: Kompendium des Baurechts, Teil 10 Rn. 621.

665 BT-Drucks. 16/511, S. 15.

666 Pause, BauR 2009, 898 (907).

667 BT-Drucks. 16/511, S. 15. **Kritik:** Pause, BauR 2009, 898 (907).

668 **Kritik:** Pause, BauR 2009, 898 (907); Pause in: DLOPS, § 6 Rn. 118; Koeble in: Kompendium des Baurechts, Teil 10 Rn. 621.

669 BT-Drucks. 16/511, S. 15.

670 Koeble in: Kompendium des Baurechts, Teil 10 Rn. 621.

gerade auf die mit der Abschlagszahlung verbundenen Vorleistungsrisiken des Verbrauchers zurückzuführen.

b) Verhältnis zur Bürgschaft nach § 7 MaBV

Nach § 650m Abs. 3 BGB können die Sicherheit neben Realsicherheiten (§ 232 Abs. 1 BGB) oder Einbehalt (§ 650m Abs. 2 S. 3 BGB) durch eine Garantie oder sonstige Zahlungsversprechen eines Kreditinstituts oder Kreditversicherers geleistet werden. Geeignet ist das Garantiegeschäft i.S.v. § 1 Abs. 1 Nr. 8 i.V.m. § 21 Abs. 1 Nr. 4 KWG[671], insbesondere eine selbstschuldnerische, unwiderrufliche und unbefristete Bankbürgschaft[672]. Jedoch wird die Sicherheit i.S.v. § 650m Abs. 2 BGB nicht einfach durch die Bürgschaft nach § 7 MaBV ersetzt. Denn die Bürgschaft nach § 7 MaBV erfasst zwar alle auf Geldzahlung gerichteten Sachmängelrechte[673], nicht aber einen Verzögerungsschaden (**siehe oben III 1.**)[674]. Die Sicherheit nach § 650m Abs. 2 BGB sichert hingegen die rechtzeitige Herstellung ohne wesentliche Mängel, aber nicht die Rechte aus unwesentlichen Mängeln (**siehe oben a)**)[675]. Die Sicherungszwecke von § 650m Abs. 2 BGB und § 7 MaBV sind nicht deckungsgleich, so dass die Sicherheit nach § 650m Abs. 2 BGB kumulativ neben der Bürgschaft nach § 7 MaBV treten muss[676]. Vielmehr werden das Sicherungssystem der §§ 3, 7 MaBV und die Sicherheit nach § 650m Abs. 2 BGB voneinander ergänzt[677].

---

671 BT-Drucks. 16/511, S. 15 i.V.m. BT-Drucks. 12/1836, S. 9 für § 648a BGB a.F. (heute: § 650f Abs. 2 BGB).

672 Omlor, NJW 2018, 817 (821); Stretz in: DLOPS, Das neue Bauvertragsrecht, § 5 Rn. 266; Staudinger BGB / Peters (2019), § 632a BGB Rn. 43.

673 BGH Beschl. 02. 05. 2002 – VII ZR 178/01 (Freiburger Kommunalbauten), juris Rn. 12 ff.

674 BGH Urt. 22. 10. 2002 – XI ZR 393/01 = NJW 2003, 285, juris Rn. 31; BGH Urt. 21. 01. 2003 – XI ZR 145/02 = NJW-RR 2003, 592, juris Rn. 15.

675 Pause, BauR 2017, 430 (437); Esbjörnsson in: BeckNotarHdB, § 2 Rn. 174; Stretz in: DLOPS, Das neue Bauvertragsrecht, § 5 Rn. 269; MüKo BGB / Busche, § 650m BGB Rn. 9; Thode in: Messerschmidt / Voit, Privates Baurecht, § 650v BGB Rn. 17. **a.A.:** Koeble in: Kompendium des Baurechts, Teil 10 Rn. 621.

676 Esbjörnsson in: BeckNotarHdB, § 2 Rn. 176; Pause in: DLOPS, Das neue Bauvertragsrecht, § 6 Rn. 114; BGH Urt. 22. 10. 2002 – XI ZR 393/01 = NJW 2003, 285, juris Rn. 31; BGH Urt. 21. 01. 2003 – XI ZR 145/02 = NJW-RR 2003, 592, juris Rn. 15.

677 Pause, BauR 2009, 898 (905 f.); Pause in: DLOPS, Das neue Bauvertragsrecht, § 6 Rn. 113.

3. Hinweispflicht

Die Sicherheit i.S.v. § 650m Abs. 2 BGB bezieht sich auf einen gesetzlichen Anspruch des Verbrauchers, der eine vertragliche Vereinbarung nicht voraussetzt[678]. Der Verbraucher als juristischer Laie könnte aber aus Unkenntnis seinen gesetzlichen Sicherheitsanspruch nicht ausüben. Der Unternehmer tritt hier nicht als Rechtsberater des Verbrauchers auf und hat damit keine allgemeine Verpflichtung zur Belehrung über gesetzliche Rechte des Verbrauchers[679]. Dennoch ist eine vorformulierte Klausel über die Abschlagszahlungspflicht des Verbrauchers ohne Hinweis auf seinen Sicherheitsanspruch aufgrund § 650m Abs. 2 BGB entgegen dem Transparenzgebot des AGB-Rechts (§ 307 Abs. 1 S. 2 BGB) ist unwirksam[680]. Diese Klausel zerlegt den nach dem gesetzlichen Konzept engen Zusammenhang zwischen Abschlagszahlung und Sicherheitsleistung. Die isolierte Abschlagszahlungspflicht in AGB kann wegen ihrer Unvollständigkeit den rechtsunkundigen Verbraucher hinreichend irreführen und folglich ihn davon abhalten, seinen gesetzlichen Sicherheitsanspruch geltend zu machen[681].

678 BT-Drucks. 16/511, S. 15; Pause, BauR 2009, 898 (905).
679 BGH Urt. 08. 11. 2012 – VII ZR 191/12 = NJW 2013, 219, Rn. 19.
680 BGH Urt. 08. 11. 2012 – VII ZR 191/12 = NJW 2013, 219, Rn. 18.
681 BGH Urt. 08. 11. 2012 – VII ZR 191/12 = NJW 2013, 219, Rn. 21 ff.

Abschnitt 4

Mängelrechte

Ob die vom Bauträger erbrachten Leistungen der berechtigten Erwartung des Erwerbers entsprechen, ist beim Bauträgervertrag wie bei sonstigen Kauf- und Dienstleistungsverträgen für den Erwerber von großer Bedeutung. Der Erwerber ist nach dem Bauträgervertrag berechtigt, das versprochene Vertragsobjekt (Eigentumswohnung) so zu verschaffen, dass es die in der Baubeschreibung (**siehe § 3.2**) vereinbarte Beschaffenheit aufweist (§ 633 Abs. 2 S. 1 BGB). Die wirkungsvolle Durchsetzung seiner Ansprüche auf die Verschaffung der vertragsgemäßen Eigentumswohnung steht immer im Vordergrund. Der Erwerber kann zunächst durch Vorenthaltung seiner (teilweisen oder gesamten) Zahlungen einen Druck auf den Bauträger ausüben, um den Letzteren zur ordnungsgemäßen Erfüllung zu veranlassen. Bei einer mangelhaften Erfüllung kann der Erwerber zudem vom Bauträger verlangen, die Mängel zu beseitigen oder stattdessen die Nachteile aus Mängeln in Geld auszugleichen. Außerdem ist das Vertragsobjekt des Bauträgervertrags i.d.R. ein Wohnungseigentum i.S.v. § 1 Abs. 2 WEG, und die Mängel beziehen sich oft nicht nur auf einen einzelnen Erwerber, sondern auf mehrere Erwerber in demselben Bauvorhaben, so dass die berechtigten Interessen anderer Erwerber bei der Rechtsausübung im Hinblick auf das gemeinschaftliche Eigentum zu berücksichtigen sind.

§ 4.1 Abnahme und Zahlungsverweigerung

I. Bedeutung der Abnahme für Werkvertragserfüllung

Die Abnahme ist ein wesentlicher Abschnitt für die Abwicklung des Werkvertrags. Nach dem Konzept des BGB stellt die Leistung des Werkunternehmers unabhängig von zeitlicher Dauer der Herstellung eine punktuelle im Zeitpunkt der Abnahme dar[682]. Mit der Abnahme des Bestellers

682 Voit, NZBau 2017, 521 (521).

endet das Erfüllungsstadium des Vertrags[683] und konkretisiert sich die Leistungspflicht des Werkunternehmers auf den hergestellten Leistungsgegenstand[684]. Die Anwendung von vielen werkvertraglichen Vorschriften knüpft deshalb an die Abnahme an. Die Abnahme ist insbesondere für Werkmängel von großer Bedeutung.

Für die Abnahme i.S.v. § 640 BGB ist nach der h.M. (abweichend von Abnahme i.S.v. § 433 Abs. 2 BGB[685]) neben einer körperlichen Entgegennahme auch eine Billigung des Werkes durch den Besteller als in der Hauptsache vertragsgemäß erforderlich – vielmehr ist die Letztere der Kernpunkt[686]. Der Besteller ist deshalb nur verpflichtet, das Werk ohne wesentliche Mängel abzunehmen (§ 640 Abs. 1 BGB). Die Billigung des Werkes durch den Besteller verstärkt zudem die Rechtfertigung der Privilegierung des Werkunternehmers hinsichtlich seiner Mängelhaftung[687]. Die Beweislast über Mangelfreiheit geht nämlich mit der Abnahme auf den Besteller über (§ 363 und § 632a Abs. 1 S. 3 BGB)[688], und eine vorbehaltlose Abnahme eines Werks führt zur Verwirkung bestimmter Mängelrechte aus offenkundigen Mängeln (§ 640 Abs. 3 BGB)[689]. In beiden Fällen ist die Billigungserklärung des Bestellers nicht durch eine Abnahmefiktion (§ 640 Abs. 2 BGB)[690] oder durch eine Umwandlung ins Abrechnungsverhältnis ersetzbar[691].

---

683 BGH Urt. 19. 12. 2002 – VII ZR 103/00 = BGHZ 153, 244 = NJW 2003, 1450, juris Rn. 31; Staudinger BGB / Peter (2019), § 634 BGB Rn. 11.
Das Erfüllungsstadium kann außerdem durch die Umwandlung ins Abrechnungsverhältnis beendet werden. Vgl. BGH Urt. 19. 01. 2017 – VII ZR 235/15 = BGHZ 213, 319 = NJW 2017, 1607, Rn. 45.

684 Oetker / Maultzsch, Vertragliche Schuldverhältnisse, § 8 Rn. 204.

685 Oetker / Maultzsch, Vertragliche Schuldverhältnisse, § 2 Rn. 479.

686 BGH Urt. 25. 04. 1996 – X ZR 59/94 = NJW-RR 1996, 883, juris Rn. 16; BGH Urt. 27. 02. 1996 – X ZR 3/94 = BGHZ 132, 96 = NJW 1996, 1794 (Falzapparat), juris Rn. 10; Oetker / Maultzsch, Vertragliche Schuldverhältnisse, § 8 Rn. 208, 239; Koeble in: Kompendium des Baurechts, Teil 10 Rn. 348; Grziwotz, NZBau 2019, 218 (223). **a.A.**: Staudinger BGB / Peters (2019), § 640 BGB Rn. 10 ff.

687 Oetker / Maultzsch, Vertragliche Schuldverhältnisse, § 8 Rn. 208.

688 Voit, NZBau 2017, 521 (524).

689 Dabei handelt es sich um den Gedanken des Selbstwiderspruchs (*venire contra factum proprium*). Vgl. BGH Urt. 29. 06. 1993 – X ZR 60/92 = NJW-RR 1993, 1461, juris Rn. 28; Oetker / Maultzsch, Vertragliche Schuldverhältnisse, § 8 Rn. 74.

690 BT-Drucks. 14/2752, S. 12 (für Rechtsverwirkung nach § 640 Abs. 3 BGB).

691 BGH Urt. 25. 04. 1996 – X ZR 59/94 = NJW-RR 1996, 883, juris Rn. 24 (für Beweislast über Mangelfreiheit).

Die Abnahme beendet zudem das Erfüllungsstadium des Vertrags. Im Erfüllungsstadium kann der Werkunternehmer grundsätzlich frei wählen, wie er seine Pflicht zur mangelfreien Herstellung nach § 631 BGB erfüllt. Die Unvollständigkeit des Werks ist in dieser Phase nicht als Mangel anzusehen[692]. Mit der Abnahme endet das Erfüllungsstadium, so dass sich die Leistungspflicht des Werkunternehmers auf das hergestellte Werk konkretisiert (vgl. auch § 644 Abs. 1 S. 1 BGB)[693]. Der Zeitpunkt der Abnahme ist deshalb für die Beurteilung der Mangelfreiheit maßgeblich[694]. Die Beendung des Erfüllungsstadiums führt zudem zur Anwendung der speziellen Regelung über Werkmängel in §§ 634 ff. BGB[695] und folglich zum Beginn der besonderen Verjährungsfrist (§ 634a Abs. 2 BGB). Die Fälligkeit der Vergütung (§ 641 Abs. 1 BGB) und der Übergang der Leistungs- und Preisgefahr (§ 644 Abs. 1 S. 1 BGB) knüpfen grundsätzlich an die Abnahme des Werks an. Ohne Abnahme oder Abnahmefiktion endet das Erfüllungsstadium und entstehen die weiteren Rechtswirkungen der Abnahme[696] erst mit Umwandlung ins Abrechnungsverhältnis[697].

Vor diesem Hintergrund ist die Abnahme ein wesentlicher Abschnitt für den Besteller zur Wahrung seines Erfüllungsinteresses am mangelfrei

692 Voit, NZBau 2017, 521 (521).

693 Elzer, ZWE 2017, 113 (114); Oetker / Maultzsch, Vertragliche Schuldverhältnisse, § 8 Rn. 204.

694 BGH Urt. 19. 01. 2017 – VII ZR 235/15 = BGHZ 213, 319 = NJW 2017, 1607, Rn. 33; BGH Urt. 19. 01. 2017 – VII ZR 193/15 = BGHZ 213, 338 = BauR 2017, 879, Rn. 26; BGH Urt. 19. 01. 2017 – VII ZR 301/13 = BGHZ 213, 349 = NJW 2017, 1604, Rn. 32. Oetker / Maultzsch, Vertragliche Schuldverhältnisse, § 8 Rn. 231; Jurgeleit, NJW 2019, 2649 (2652).

695 BGH Urt. 19. 01. 2017 – VII ZR 235/15 = BGHZ 213, 319 = NJW 2017, 1617, Rn. 32; BGH Urt. 19. 01. 2017 – VII ZR 193/15 = BGHZ 213, 338 = BauR 2017, 879, Rn. 25; BGH Urt. 19. 01. 2017 – VII ZR 301/13 = BGHZ 213, 349 = NJW 2017, 1604, Rn. 31; Oetker / Maultzsch, Vertragliche Schuldverhältnisse, § 8 Rn. 231; Elzer, ZWE 2017, 113 (114). **a.A.:** BeckOK BGB / Voit, § 634 BGB Rn. 23 (Zeitpunkt der Anbietung des Werks zur Abnahme); MüKo BGB / Busche, § 634 BGB Rn. 4 (Zeitpunkt der Fertigstellung).

696 Der Leistungs- und Preisgefahr kann nach § 644 Abs. 1 S. 2 BGB auch mit dem Annahmeverzug auf den Besteller übergehen.

697 **Anwendung der §§ 634 ff. BGB:** BGH Urt. 19. 01. 2017 – VII ZR 235/15 = BGHZ 213, 319 = NJW 2017, 1607, Rn. 44 f.; BGH Urt. 19. 01. 2017 – VII ZR 193/15 = BGHZ 213, 338 = BauR 2017, 879, Rn. 38; BGH Urt. 19. 01. 2017 – VII ZR 301/13 = BGHZ 213, 349 = NJW 2017, 1604, Rn. 44. **Beginn der Verjährungsfrist:** BGH Urt. 08. 07. 2010 – VII ZR 171/08 = NJW 2010, 3573, Rn. 23. **Fälligkeit der Vergütung:** BGH Urt. 23. 06. 2005 – VII ZR 197/03 = BGHZ 163, 274 = NJW 2005, 2771, juris Rn. 19. **Gefahrübergang:** Voit, NZBau 2017, 521 (524).

hergestellten Werk. Ist das Werk mit wesentlichen Mängeln behaftet, darf der Besteller die Abnahme berechtigt verweigern (§ 640 Abs. 1 S. 1 BGB). Dadurch sind die weiteren Rechtswirkungen der Abnahme, etwa die Fälligkeit der (Rest-)Vergütung (§ 641 Abs. 1 BGB) und der Beginn der Gewährleistungsfrist (§ 634a Abs. 2 BGB), zu verhindern. Der Besteller darf zwar bei unwesentlichen Mängeln die Abnahme nicht verweigern, aber kann die ihm bereits bekannten Mängel anzeigen und damit seine Mängelrechte vorbehalten (§ 640 Abs. 3 BGB) sowie einen angemessenen Teil der Vergütung zurückbehalten (§ 641 Abs. 3 BGB)[698].

II. Verweigerung der Schlusszahlung beim Bauträgervertrag

1. Zahlungsverweigerung vor Mängelbeseitigung

Beim Bauträgervertrag richtet sich die Abnahme vor allem nach den Vorschriften des Werkvertrags. Dabei handelt es sich nicht nur um den errichteten Gebäudeteil (§ 650u Abs. 1 S. 2 BGB), sondern auch um das einheitlich für die Gesamtleistung des Bauträgers vereinbarte Entgelt, da das Entgelt hauptsächlich dem Werkvertragsrecht unterliegt (**siehe § 2.2 II 2. c)**). Die Fälligkeit der Schlusszahlung setzt deshalb grundsätzlich nach § 650 Abs. 4 BGB eine Abnahme (Nr. 1) und eine prüffähige Schlussrechnung (Nr. 2) voraus.

Aus diesem Grund ist das Zahlungsverweigerungsrecht des Erwerbers etwas anders als beim Kaufvertrag gestaltet. Beim bloßen Kaufvertrag darf der Käufer auch bei geringfügigen Mängeln die mangelhafte Kaufsache zurückweisen[699] und den Kaufpreis nach § 320 Abs. 1 S. 1 BGB in voller Höhe ablehnen[700]. Er kann auch nach der Abnahme der Kaufsache seine

698 Während der Errichtungsphase kann der Besteller nach § 632a Abs. 1 S. 2, 4 i.V.m. § 641 Abs. 3 BGB seine Abschlagszahlungen in einer angemessenen Höhe ablehnen. Jedoch ist die Verweigerung der Abschlagszahlungen – nach der Bauvertragsrechtsreform im Jahr 2018 – für einen fachunkundigen Verbraucher i.d.R. unwahrscheinlich, da der Verbraucher i.d.R. in Ermangelung von erforderlicher Fachkenntnis nicht in der Lage ist, eine „angemessene“ Höhe (§ 641 Abs. 3 S. 2 BGB) ohne Mithilfe eines Sachkundigen selbst zu ermitteln (**siehe § 3.4 II 2. b) bb)**).

699 BGH Urt. 26. 10. 2016 – VIII ZR 211/15 = NJW 2017, 1100, Rn. 32 ff.; Lorenz, NJW 2013, 1341 (1343); Oetker / Maultzsch, Vertragliche Schuldverhältnisse, § 2 Rn. 278.

700 BGH Urt. 26. 10. 2016 – VIII ZR 211/15 = NJW 2017, 1100, Rn. 23 ff.

Zahlungen bis zur Mängelbeseitigung nach § 320 Abs. 1 S. 1 BGB zurückbehalten[701]. Im Falle des Bauträgervertrags darf der Erwerber hingegen – spezifisch zur Verbesserung der Rechtsstellung des Werkunternehmers[702] – nur bei wesentlichen Mängeln die Abnahme verweigern (§ 640 Abs. 1 BGB) und damit die Fälligkeit der Schlusszahlung (§ 641 Abs. 1 BGB) verhindern. Bei unwesentlichen Mängeln darf er die Abnahme nicht verweigern, sondern nach der Mängelanzeige einen angemessenen Teil der Schlusszahlung (i.d.R. das Doppelte der Mangelbeseitigungskosten) zurückbehalten (§ 641 Abs. 3 BGB)[703].

2. Fälligkeit der Schlusszahlung und Abnahmereife

Die Abnahme ist als vertragliche Hauptpflicht des Bestellers selbständig einklagbar[704]. Soweit der Besteller die Abnahme unterlässt oder unberechtigt verweigert, kann der Werkunternehmer seinen Abnahmeanspruch gerichtlich durchsetzen und vollstrecken. Die ausbleibende Abnahmeerklärung wird schließlich nach § 894 ZPO durch ein rechtskräftiges Urteil fingiert. Dennoch wirkt die Fiktion der Abgabe der Abnahmeerklärung nach § 894 ZPO nur *ex nunc*[705]. Das berechtigte Interesse des Werkunternehmers an der Abnahme – insbesondere die Fälligkeit der Vergütung und der Beginn der Gewährleistungsfrist – könnte wegen eines jahrelangen gerichtlichen Verfahrens beeinträchtigt werden. Dieser Schwebezustand kann nach erfolgloser Fristsetzung durch eine Abnahmefiktion (§ 640 Abs. 2 BGB) vorzeitig beendet werden.

Vor der Bauvertragsreform 2018 setzte die Abnahmefiktion nach § 640 Abs. 1 S. 3 BGB a.F. eine Abnahmereife – und zwar die Freiheit von we-

701 Medicus / Lorenz, Schuldrecht BT, § 7 Rn. 93; Oetker / Maultzsch, Vertragliche Schuldverhältnisse, § 2 Rn. 188.

702 BGH Urt. 26. 10. 2016 – VIII ZR 211/15 = NJW 2017, 1100, Rn. 35; BT-Drucks. 14/1246, S. 6.

703 Vor der Einfügung des § 641 Abs. 3 BGB beruhte das Zahlungsverweigerungsrecht auf die Einrede des nicht erfüllten Vertrags nach § 320 BGB (vgl. BGH Urt. 06. 02. 1958 – VII ZR 39/57 = BGHZ 26, 337 = NJW 1958, 706, juris Rn. 20). Das Zahlungsverweigerungsrecht ist durch § 641 Abs. 3 BGB näher ausgestaltet (vgl. BeckOK BGB / Voit, § 641 BGB Rn. 36).

704 BGH Urt. 26. 02. 1981 – VII ZR 287/79 = NJW 1981, 1448, juris Rn. 28; BGH Urt. 27. 02. 1996 – X ZR 3/94 = BGHZ 132, 96 = NJW 1996, 1749 (Falzapparat), juris Rn. 5.

705 Orlowski, ZfBR 2016, 419 (422).

sentlichen Mängeln (§ 640 Abs. 1 BGB) – voraus[706]. In Ermangelung von Abnahmereife fiel die Abnahmefiktion trotz erfolgloser Fristsetzung aus und fand nämlich die Fälligkeit der Vergütung noch nicht statt. Das galt gleich für den Bauträgervertrag. Der Bauabschnitt der vollständigen Fertigstellung für eine zulässige Schlusszahlung in § 3 Abs. 2 S. 2 MaBV setzte eine Abnahmereife voraus[707]. Nach der Bauvertragsrechtsreform 2018 ist die Abnahmereife nicht mehr als Tatbestand der Abnahmefiktion nach § 640 Abs. 2 BGB[708] geregelt, sondern der Werkmangel stellt lediglich eine Einrede gegen die Abnahmefiktion dar. Dennoch hat der Gesetzgeber den Begriff der „Fertigstellung", die eine Voraussetzung der Abnahmefiktion nach § 640 Abs. 2 BGB darstellt, ausdrücklich von Begriff der „vollständigen Fertigstellung" i.S.v. § 3 Abs. 2 S. 2 MaBV unterschieden[709]. Vor diesem Hintergrund ist in der Literatur umstritten, ob die Fälligkeit der Schlusszahlung beim Bauträgervertrag weiterhin eine Abnahmereife voraussetzt.

Ein Teil der Literatur[710] spricht sich dafür aus, dass für die Fälligkeit der Schlusszahlung weiterhin die Abnahmereife erforderlich sei, da sich die Fertigstellung i.S.v. § 640 Abs. 2 BGB und die vollständige Fertigstellung i.S.v. § 3 Abs. 2 Nr. 2 MaBV nach dem Konzept des Gesetzgebers voneinander unterscheiden würden[711].

Die andere Ansicht[712] geht hingegen davon aus, dass nach der Bauvertragsrechtsreform 2018 die Abnahmereife für die vollständige Fertigstellung nicht mehr erforderlich sei. Dafür sei die Abarbeitung der geschuldeten Bauleistung ausreichend[713]. Zum einen finde die Fälligkeitsvoraussetzung in § 650g Abs. 4 Nr. 1 i.V.m. §§ 641 Abs. 1, 640 Abs. 2 BGB durch die Verweisung in § 650u Abs. 2 BGB auch beim Bauträgervertrag Anwendung. Zum anderen beziehe sich § 3 Abs. 2 S. 2 MaBV aus seinem gewerberechtlichen Charakter trotz der Verweisung in § 650v BGB, Art. 244

706 BT-Drucks. 14/2752, S. 12.
707 BGH Urt. 30. 04. 1998 – VII ZR 47/97 = NJW 1998, 2967, juris Rn. 15; BT-Drucks. 18/8486, S. 49.
708 Staudinger BGB / Peters (2019), § 640 BGB Rn. 34b; Reiter, JA 2018, 161 (163); Orlowski, ZfBR 2016, 419 (421).
709 BT-Drucks. 18/8486, S. 49.
710 Pause in: DLOPS, Das neue Bauvertragsrecht, § 6 Rn. 57.
711 BT-Drucks. 18/8486, S. 49.
712 Karcewski, NZBau 2018, 328 (332).
713 Karcewski, NZBau 2018, 328 (332).

EGBGB, § 1 AbschlagV nicht auf eine zivilrechtliche Fälligkeitsvoraussetzung[714] (**siehe § 3.4 IV. 1.**).

Es ist zwar richtig, dass § 3 Abs. 2 S. 2 Nr. 2 MaBV aufgrund seines gewerberechtlichen Charakters keine privatrechtliche Fälligkeitsbestimmung enthält[715]. Die Fälligkeit der Schlusszahlung beruht jedoch nicht unmittelbar auf dieser gewerberechtlichen Bestimmung, sondern auf der vertraglichen Vereinbarung der Parteien, die den Mindestanforderungen der MaBV entspricht[716]. Im Zug der Bauvertragsrechtsreform wurde die Bedeutung der vollständigen Fertigstellung i.S.v. § 3 Abs. 2 S. 2 Nr. 2 MaBV nicht abgeändert, sondern vom Gesetzgeber nochmals bestätigt[717]. Die vollständige Fertigstellung setzt nämlich nach wie vor die Abnahmereife voraus, d.h. sämtliche Arbeiten sind erbracht worden und alle wesentlichen Mängel sind behoben worden[718]. Außerdem ist eine vorformulierte Fälligkeitsvereinbarung, die zugunsten des Erwerbers vom gesetzlichen Leitbild abweicht, aus Sicht des AGB-Rechts ohne weiteres zulässig (vgl. auch § 307 Abs. 2 Nr. 1 BGB). Aus diesen Gründen ist für die Fälligkeit der Schlusszahlung die Abnahmereife weiterhin erforderlich, soweit die Ratenzahlungen aufgrund des Vormerkungsmodells in § 3 MaBV vereinbart sind.

3. Zahlungsverweigerung nach Entfall des Mängelbeseitigungsanspruchs

Ohne die Abnahme oder die Abnahmefiktion verbleibt der Vertrag im Erfüllungsstadium, bis der Vertrag ins Abrechnungsverhältnis umgewandelt wird. Ein Abrechnungsverhältnis wird begründet, wenn der Werkunternehmer einen Vergütungsanspruch hat und dem Besteller allein auf Geldzahlung gerichtete Ansprüche wegen der unvollständigen oder mangelhaften Erfüllung zustehen[719]. Die Erfüllungsbefugnis und die (Nach-)Erfüllungspflicht des Werkunternehmers sind im Abrechnungsverhältnis endgültig ausgeschlossen. Das ist insbesondere der Fall, wenn der Besteller

714 Karcewski, NZBau 2018, 328 (332).
715 BGH Urt. 22. 12. 2000 – VII ZR 310/99 = BGHZ 146, 250 = NJW 2001, 818, juris Rn. 28.
716 BGH Urt. 30. 04. 1998 – VII ZR 47/97 = NJW 1998, 2967, juris Rn. 15.
717 BT-Drucks. 18/8486, S. 49.
718 BT-Drucks. 18/8486, S. 49; BGH Urt. 30. 04. 1998 – VII ZR 47/97 = NJW 1998, 2967, juris Rn. 15.
719 BGH Urt. 23. 06. 2005 – VII ZR 197/03 = BGHZ 163, 274 = NJW 2005, 2771, juris Rn. 19.

einen kleinen Schadensersatz oder Minderung des Werklohns geltend macht[720]. Nicht ausreichend ist hingegen die bloße Inanspruchnahme des Kostenvorschusses nach § 637 Abs. 3 BGB, da der (Nach-)Erfüllungsanspruch des Bestellers unberührt ist. Erst wenn der Besteller die vom Werkunternehmer durchzuführende (Nach-)Erfüllung aufgrund § 636 BGB endgültig und ernsthaft berechtigt ablehnt, ist der Vertrag ins Abrechnungsverhältnis umgewandelt[721].

Im Falle der Umwandlung ins Abrechnungsverhältnis kann die Vergütungsforderung des Werkunternehmers auch ohne Abnahme fällig sein[722]. Da die Mängelbeseitigung durch den Werkunternehmer endgültig ausgeschlossen ist, kommt das Zahlungsverweigerungsrecht nach § 641 Abs. 3 BGB nicht in Betracht[723]. In dieser Situation kann der Besteller seine Zahlung verweigern, wenn er seine Vergütungspflicht nach § 638 BGB mindert oder mit seinem Schadensersatzanspruch aufrechnet[724]. Das gilt gleich, wenn die Mängel unbehebbar sind (§ 275 BGB) oder die Mängelbeseitigung vom Werkunternehmer wegen unverhältnismäßigen Kosten berechtigt abgelehnt wird (§ 635 Abs. 3 BGB).

4. Allgemeine Mängeleinrede

Ob eine allgemeine Mängeleinrede anerkannt ist, ist zwar in der Literatur (insbesondere im Bereich des Kaufrechts) umstritten[725]. Dennoch ist die

---

720 BGH Urt. 19. 01. 2017 – VII ZR 235/15 = BGHZ 213, 319 = NJW 2017, 1607, Rn. 45; BGH Urt. 19. 01. 2017 – VII ZR 193/15 = BGHZ 213, 338 = BauR 2017, 879, Rn. 38; BGH Urt. 19. 01. 2017 – VII ZR 301/13 = BGHZ 213, 349 = NJW 2017, 1604, Rn. 44.

721 BGH Urt. 19. 01. 2017 – VII ZR 193/15 = BGHZ 213, 338 = BauR 2017, 879, Rn. 39 ff.; BGH Urt. 19. 01. 2017 – VII ZR 301/13 = BGHZ 213, 349 = NJW 2017, 1604, Rn. 45 ff.

722 BGH Urt. 23. 06. 2005 – VII ZR 197/03 = BGHZ 163, 274 = NJW 2005, 2771, juris Rn. 19.

723 Voit, NZBau 2017, 521 (524); BGH Urt. 23. 06. 2005 – VII ZR 197/03 = BGHZ 163, 274 = NJW 2005, 2771, juris Rn. 19 (im Hinblick auf § 320 BGB vor Einfügung des § 641 Abs. 3 BGB).

724 Voit, NZBau 2017, 521 (524); BeckOK BGB / Voit, § 641 BGB Rn. 36.

725 **Bejahend (Kaufvertrag):** Hoffmann / Pammler, ZGS 2004, 293 (296); Oetker / Maultzsch, Vertragliche Schuldverhältnisse, § 2 Rn. 260; Looschelders, NJW 2020, 2074 (2077 Rn. 20). **Bejahend (Werkvertrag):** MüKo BGB / Busche, § 634a BGB Rn. 56; Moufang / Koos in: Messerschmidt / Voit, Privates Baurecht, § 634a BGB Rn. 84. **Ablehnung:** Medicus / Lorenz, Schuldrecht BT, § 7

allgemeine Mängeleinrede zumindest beim Bauträgervertrag sinnvoll und sachgerecht. Im Hinblick auf die Mängel am Gemeinschaftseigentum darf der einzelne Erwerber ohne Ermächtigung durch die Wohnungseigentümergemeinschaft i.d.R. weder den kleinen Schadensersatz im Wege der Aufrechnung durchsetzen[726] noch das Minderungsrecht ausüben[727], da diese Befugnis ausschließlich der Gemeinschaft zusteht (**siehe § 4.3 I. 2.**). Durch die allgemeine Mängeleinrede ist der einzelne Erwerber zumindest in der Lage, bis zur Rechtsausübung der Gemeinschaft aufgrund eines Beschlusses i.S.v. § 19 Abs. 1 WEG seine Zahlung vorübergehend abzulehnen.

Die Rechtsprechung begründet die allgemeine Mängeleinrede (im Kaufrecht) mit dem Fortbestand der Einrede des nicht erfüllten Vertrags nach § 320 BGB[728]. Im Falle der anfänglichen unbehebbaren Mängel ist jedoch dogmatisch wohl nicht auf den „Fortbestand" der Einrede aus § 320 BGB zurückzugreifen[729], da die mangelfreie Erfüllung von vornherein nach § 275 BGB ausgeschlossen ist und keine Einrede aus § 320 BGB entsteht. Die Mehrheit der Literatur spricht sich dafür aus, dass die Mängeleinrede nach Verjährung des Gewährleistungsrechts (§ 438 Abs. 4 S. 2, Abs. 5 und § 634a Abs. 4 S. 2, Abs. 5 BGB) auch vor dem Eintritt der Verjährung erhoben werden kann[730]. Eine andere Ansicht beruht auf dem Grundsatz von Treu und Glauben (§ 242 BGB), d.h. der Gläubiger verhält sich rechtsmissbräuchlich, wenn er eine Leistung fordert, die er alsbald wieder zurückgewähren müsste (*dolo-agit*-Einrede)[731].

Die allgemeine Mängeleinrede kann aber nicht unbefristet dauerhaft fortbestehen. Sie dient vielmehr dazu, dem Erwerber (Besteller) einen angemessenen Zeitraum dafür einzuräumen, (ggf. durch einen Mehrheits-

---

Rn. 94; BeckOK BGB / Faust,§ 437 BGB Rn. 176; Staudinger BGB / Matusche-Beckmann (2013), § 437 BGB Rn. 22.

726 BGH Urt. 12. 04. 2007 – VII ZR 50/06 = BGHZ 172, 63 = NJW 2007, 1957, Rn. 75.

727 BGH Urt. 10. 05. 1979 – VII ZR 30/78 = BGHZ 74, 258 = NJW 1979, 2207 juris Rn. 17; BGH Urt. 15. 02. 1990 – VII ZR 269/88 = BGHZ 110, 258 = NJW 1990, 1663, juris Rn. 7.

728 BGH Urt. 14. 02. 2020 – V ZR 11/18 = BGHZ 225, 1 = NJW 2020, 2104, Rn. 78 f.

729 Looschelders, NJW 2020, 2074 (2077 Rn. 20).

730 **Kaufvertrag:** Oetker / Maultzsch, Vertragliche Schuldverhältnisse, § 2 Rn. 260; Looschelders, NJW 2020, 2074 (2077 Rn. 20). **Werkvertrag:** MüKo BGB / Busche, § 634a BGB Rn. 56; Moufang / Koos in: Messerschmidt / Voit, Privates Baurecht, § 634a BGB Rn. 84.

731 Hoffmann / Pammler, ZGS 2004, 293 (296 f.).

beschluss der Wohnungseigentümergemeinschaft) zwischen mehreren Rechtsbehelfen zu wählen. Nach dem Grundsatz von Treu und Glauben (*venire contra factum proprium*) entfällt nämlich die allgemeine Mängeleinrede, wenn der Erwerber sich innerhalb einer ihm dazu vom Bauträger gesetzten angemessenen Frist nicht für eines der ihm zustehenden Mängelrechte entscheidet[732].

§ 4.2 Sachmängelhaftung

I. Überblick

Da der Bauträgervertrag im deutschen Recht einen Kombinationsvertrag darstellt, richten sich die einschlägigen Rechtsvorschriften aufgrund der in § 650u Abs. 1 S. 2, 3 BGB anerkannten Kombinationsmethode grundsätzlich danach, dass es um die Bauerrichtung oder Verschaffung des Grundstücks geht (**siehe § 2.2**). Bei Mängelhaftung des Bauträgers kommt es nämlich darauf an, dass die Mängel auf die Bauerrichtung oder auf das Grundstück zurückzuführen sind. Dennoch erschöpft sich die Bauerrichtung nicht in der Errichtung oder dem Umbau des Gebäudes selbst, sondern erfasst auch alle Baumaßnahmen, die für die Errichtung der versprochenen mangelfreien Eigentumswohnung erforderlich sind, d.h. die Bauerrichtung erstreckt sich auch auf das bebaute Grundstück[733] (z.B. Erdarbeiten, vgl. § 3 Abs. 2 S. 2 Nr. 1 MaBV). Die negative Beschaffenheit des bebauten Grundstücks, soweit sie durch Baumaßnahmen zu verbessern oder zu beheben ist[734], unterliegt nämlich auch der werkvertraglichen Mängelhaftung. Aus diesem Grund spielt die kaufrechtliche Gewährleistung (§§ 434 ff. BGB) nur eine sehr geringe Rolle für die Mängel am bebauten Grundstück.

Nach der Schuldrechtsmodernisierung im Jahr 2002 sind die Sachmängelhaftung im Kauf- und Werkvertragsrecht einander stark angenähert[735].

---

732 BGH Urt. 14. 02. 2020 – V ZR 11/18 = BGHZ 225, 1 = NJW 2020, 2104, Rn. 60. Teilweise begründet dieses mit „*Dolo-agit*-Einrede“, die nur innerhalb einer angemessenen Frist besteht. Vgl. Hoffmann / Pammler, ZGS 2004, 293 (297).

733 Bauvertrag betrifft die Erbringung körperlicher Leistungen an einem Grundstück. Vgl. Staudinger BGB / Peters (2019), § 650a BGB Rn. 1.

734 Beispiel: Entsorgung der verunreinigten Stoffe aus dem bebauten kontaminierten Grundstück. Vgl. OLG Zweibrücken Urt. 21. 05. 2015 – 4 U 101/13 –.

735 BT-Drucks. 14/6040, S. 95.

In beiden Vertragstypen steht dem Gläubiger (Käufer/Besteller) im Falle der Sachmängel zunächst ein Nacherfüllungsanspruch (§ 439 oder § 635 BGB) zu, damit das Erfüllungsinteresse des Gläubigers durch die Nachholung der vertragsgemäßen Leistungen zu befriedigen ist. Wenn die Nacherfüllung ausbleibt oder für den Gläubiger unzumutbar ist, treten die sekundären Mängelrechte stattdessen auf, d.h. der Gläubiger kann den Schadensersatz statt der Leistung (§§ 281, 283 und 311a BGB) und/oder den Rücktritt (§§ 323, 326 Abs. 5 BGB) oder die Minderung (§ 441 oder § 638 BGB) geltend machen, damit entweder der Gläubiger im Wege der totalen Abwicklung endgültig von der Belastung der Mängel befreit ist oder die Nachteile aus Mängeln zumindest in Geld auszugleichen sind.

Trotz der Annäherung hat der Werkvertrag im Hinblick auf die Sachmängelhaftung aufgrund seiner Besonderheiten Unterschiede zum Kaufvertrag. Das Wahlrecht über die konkreten Nacherfüllungsmaßnahmen steht beim Kaufvertrag dem Käufer (§ 439 Abs. 1 BGB) und beim Werkvertrag dem Werkunternehmer (§ 635 Abs. 1 BGB) zu, da der Werkunternehmer aufgrund seiner Sachkunde eine wirkungsvolle und kostengünstige Nacherfüllungsmaßnahme entscheiden kann (**siehe unten II. 1.**)[736]. Dieser Unterschied ist allerding für die Mängel am Grundstück irrelevant, da eine Ersatzlieferung aufgrund der Individualität des bebauten Grundstücks von vornherein ausscheidet und damit nur eine Mängelbeseitigung in Betracht kommt[737].

Ein wesentlicher Unterschied zwischen beiden Verträgen besteht vielmehr darin, dass dem Besteller nach § 637 BGB ein Selbstvornahmerecht eingeräumt ist und folglich ein verschuldensunabhängiger Anspruch auf Ersatz der Mängelbeseitigungskosten und Kostenvorschuss (§ 637 Abs. 1, 3 BGB) zusteht (**siehe unten II. 2. a) aa) und bb)**). Im Kaufrecht sind die Mängelbeseitigungskosten und der Kostenvorschuss nach dem geltenden Recht[738] nur im Rahmen des verschuldensabhängigen kleinen Schadens-

---

736 BT-Drucks. 14/6040, S. 265.

737 Medicus / Lorenz, Schuldrecht BT, § 33 Rn. 11.

738 Vor der Schuldrechtsmodernisierung hat die Rechtsprechung dem Käufer auch ein verschuldensunabhängiger Anspruch auf die Kostenerstattung und den Vorschuss durch die entsprechende Anwendung des § 633 Abs. 3 BGB a.F. eingeräumt, soweit eine Mängelbeseitigung im Kaufvertrag vereinbart war (BGH Urt. 30. 06. 1971 – VIII ZR 39/70 = NJW 1971, 1793, juris Rn. 33; Urt. 29. 10. 1975 – VIII ZR 103/74 = NJW 1976, 234, juris Rn. 14). Nach dem geltenden Recht ist diese Möglichkeit entgegen dem ausdrücklichen Willen des Gesetzgebers (BT-Drucks. 14/6040, S. 95, S. 229) ausgeschlossen (BGH Urt. 23. 02. 2005 – VIII ZR 100/05 = BGHZ 162, 219 = NJW 2005, 1348, juris Rn. 21).

ersatzes (§ 281 BGB) zu erstatten[739]. Die zwangsvollstreckungsrechtliche Ersatzvornahme nach § 887 ZPO tritt jedoch an die Stelle des Selbstvornahmerechts nicht, da das Selbstvornahmerecht auch im Falle eingreift, in dem die vom Schuldner durchgeführte Nacherfüllung dem Gläubiger unzumutbar ist (vgl. § 636 BGB), insbesondere wenn die Mängelbeseitigung unverzüglich durchgeführt werden muss. Vor diesem Hintergrund unterliegt der Vertrag über Veräußerung einer bereits fertiggestellten Wohnung im Hinblick auf die Mängel am Gebäudeteil nach der Schuldrechtsmodernisierung weiterhin dem Werkvertragsrecht (**siehe § 2.1 II 2. b) bb)**)[740].

Die Verschiedenheit zwischen beiden Vertragstypen erschöpft sich auch nicht darin, was in gesetzlichen Regelungen ausdrücklich bestimmt ist. Die Schwelle der Unverhältnismäßigkeit der Nacherfüllungskosten ist beim Werkvertrag (§ 635 Abs. 3 BGB) regelmäßig höher als beim Kaufvertrag (§ 439 Abs. 4 BGB)[741]. Denn der Werkunternehmer übernimmt eine werkvertragliche Erfolgshaftung und muss deshalb ohne Rücksicht auf den Aufwand ein mangelfreies Werk herstellen. Seine Erfolgshaftung ist nicht wegen seiner mangelhaften Leistung ermäßigt. Folglich ist die Nacherfüllung auch bei Mängelbeseitigungskosten, die die Vergütung erheblich übersteigen, nicht aufgrund der unverhältnismäßigen Kosten abzulehnen[742]. Der Kaufvertrag unterliegt hingegen einer niedrigeren Unverhältnismäßigkeitsgrenze (**siehe § 2.1 II 2. b) cc)**)[743].

---

739 Im Kaufrecht kommt zurzeit der verschuldensunabhängige Anspruch auf Kostenerstattung und -vorschuss nur bei Nebenkosten wie Nacherfüllungsaufwendungen (§ 439 Abs. 2 BGB) und Aus- und Wiedereinbaukosten (§ 439 Abs. 3 BGB) in Betracht (vgl. § 475 Abs. 4 BGB).
Dennoch ist **der Vorschuss für die Nacherfüllungsaufwendungen nach § 475 Abs. 4 i.V.m. § 439 Abs. 2 BGB wohl richtlinienwidrig.** Denn Art. 4 WKRL erfordert eine Vollharmonisierung und verbietet auch eine Abweichung zugunsten Verbrauchers. Die „Unentgeltlichkeit“ i.S.v. Art. 14 Abs. 1 lit. a WKRL (wie Art. 3 Abs. 4 Verbrauchsgüterkauf-RL a.F.) enthält jedoch keinen Kostenvorschussanspruch des Verbrauchers. Vgl. EuGH Urt. 23. 05. 2019 – C-52/18 = ECLI:EU:C:2019:447 (Fülla), Rn. 56.

740 BGH Urt. 12. 05. 2016 – VII ZR 171/15 = BGHZ 210, 206 = NJW 2016, 2878, Rn. 25.

741 Kaiser, BauR 2013, 139 (150).

742 BGH Beschl. 08. 10. 2020 – VII ARZ 1/20 = NJW 2021, 53, Rn. 43; BGH Urt. 06. 12. 2001 – VII ZR 241/00 = NJW-RR 2002, 661 (Mörtelreste), juris Rn. 46.

743 Beispielsweise ist beim Grundstückkauf für Unverhältnismäßigkeit der Mängelbeseitigungskosten 100 % des Verkehrswerts oder 200 % des mangelbedingten Minderwerts als unverbindliche Faustregel gesetzt. Vgl. BGH Urt. 04. 04. 2014 – V ZR 275/12 = BGHZ 200, 350 = NJW 2015, 468 (Hausschwamm), Rn. 41.

Darüber hinaus hat das Werkvertragsrecht im Hinblick auf den kleinen Schadensersatz eine vom Kaufrecht abweichenden Entwicklung. Nach der jüngsten Rechtsprechung ist für ab 01. 01. 2002 abgeschlossene Werkverträge der kleine Schadensersatz nicht mehr nach den sog. fiktiven Mängelbeseitigungskosten zu berechnen[744], damit das Problem der Überkompensation in der werkvertraglichen Praxis zu lösen ist[745]. Im Kaufrecht kann der kleine Schadensersatz hingegen weiterhin nach der sog. fiktiven Mängelbeseitigung berechnet werden, da es an einem zweckgebundenen Vorschussanspruch im Kaufrecht fehlt und die Gefahr der Überkompensation im Kaufrecht gering ist (**siehe unten II. 2. a) cc)**)[746].

II. Die auf Mängel selbst gerichteten Rechte

1. Mängelbeseitigung

Beim Bauträgervertrag besteht das Leistungsinteresse des Erwerbers vor allem darin, eine vom Bauträger versprochene, mangelfrei errichtete Eigentumswohnung zu erwerben. Insoweit ist die Beseitigung der behebbaren Mängel geeignet, das durch eine mangelhafte Bauerrichtung gestörte Leistungsinteresse wiederherzustellen. Die Mängelbeseitigung bezieht sich im Werkvertragsrecht auf Herstellungs- (§ 631 Abs. 1 BGB) und Nacherfüllungsanspruch (§ 634 Nr. 1 i.V.m. § 635 Abs. 1 BGB). Die beiden Ansprüche haben gemeinsam die mangelfreie Herstellung des Werks zum Ziel[747]. Dennoch können die beiden nicht nebeneinander bestehen. Denn der Nacherfüllungsanspruch ist ein modifizierter Erfüllungsanspruch (Herstellungsanspruch). Im Vergleich zum ursprünglichen Erfüllungsanspruch enthält er weitere Voraussetzungen, Rechtsfolgen und Beschränkungen; insbesondere eröffnet § 635 Abs. 3 BGB dem Besteller in der Nacherfüllungsphase neben § 275 Abs. 2, 3 BGB ein weitergehendes Verweigerungs-

---

744 BGH Urt. 22. 02. 2018 – VII ZR 46/17 = BGHZ 218, 1 = NJW 2018, 1463, Rn. 31 ff.

745 BGH Beschl. 08. 10. 2020 – VII ARZ 1/20 = NJW 2021, 53, Rn. 39 ff.

746 BGH Urt. 12. 03. 2021 – V ZR 33/19a = BGHZ 229, 115 = NJW 2021, 1532, Rn. 9 ff.

747 BGH Urt. 19. 01. 2017 – VII ZR 235/15 = BGHZ 213, 319 = NJW 2017, 1607, Rn. 39; BGH Urt. 19. 01. 2017 – VII ZR 193/15 = BGHZ 213, 338 = BauR 2017, 879, Rn. 32; BGH Urt. 19. 01. 2017 – VII ZR 301/13 = BGHZ 213, 349 = NJW 2017, 1604, Rn. 38.

recht[748]. Nach der Rechtsprechung ist die Abnahme der maßgebliche Zeitpunkt für die Anwendung des Nacherfüllungsanspruchs (sowie der sonstigen Mängelrechte nach §§ 634 ff. BGB)[749].

Im Hinblick auf die Maßnahmen der Mängelbeseitigung hat der Bauträger (Werkunternehmer) grundsätzlich eine Entscheidungskompetenz. Er kann nicht nur nach § 635 Abs. 1 BGB wählen, ob er das Werk neu herstellt (aber im Falle des Wohnungsbaus selten) oder nachbessert, sondern auch die konkrete Mängelbeseitigungsmaßnahme bestimmen[750]. Denn der Bauträger kann sich im Vergleich zum Erwerber aufgrund seiner größeren Sachkunde für eine effektive und wirtschaftliche Mängelbeseitigungsmaßnahme entscheiden[751]. Die Bestimmung der Mängelbeseitigungsmaßnahme muss jedoch nach dem Grundsatz von Treu und Glauben auch unter Berücksichtigung der berechtigten Interessen des Erwerbers erfolgen[752]. Der Erwerber kann eine untaugliche[753] oder für ihn unzumutbare[754] Mängelbeseitigungsmaßnahme ablehnen. Ist hingegen nur eine einzige Maßnahme für die Mängelbeseitigung geeignet, steht dem Erwerber ein Anspruch auf diese Maßnahme zu[755].

Neben der Mängelbeseitigung selbst muss der Bauträger nach § 635 Abs. 2 BGB auch die zum Zwecke der Nacherfüllung erforderlichen Aufwendungen tragen – einschließlich der Aufwendungen, die beim Erwerber entstanden sind. Insoweit stellt § 635 Abs. 2 BGB die Anspruchsgrundlage

---

748 BGH Urt. 19. 01. 2017 – VII ZR 235/15 = BGHZ 213, 319 = NJW 2017, 1607, Rn. 35; BGH Urt. 19. 01. 2017 – VII ZR 193/15 = BGHZ 213, 338 = BauR 2017, 879, Rn. 28; BGH Urt. 19. 01. 2017 – VII ZR 301/13 = BGHZ 213, 349 = NJW 2017, 1604, Rn. 34.

749 BGH Urt. 19. 01. 2017 – VII ZR 235/15 = BGHZ 213, 319 = NJW 2017, 1617, Rn. 32; BGH Urt. 19. 01. 2017 – VII ZR 193/15 = BGHZ 213, 338 = BauR 2017, 879, Rn. 25; BGH Urt. 19. 01. 2017 – VII ZR 301/13 = BGHZ 213, 349 = NJW 2017, 1604, Rn. 31; Oetker / Maultzsch, Vertragliche Schuldverhältnisse, § 8 Rn. 231; Elzer, ZWE 2017, 113 (114). **a.A.:** BeckOK BGB / Voit, § 634 BGB Rn. 23 (Zeitpunkt der Anbietung des Werks zur Abnahme); MüKo BGB / Busche, § 634 BGB Rn. 4 (Zeitpunkt der Fertigstellung).

750 BeckOK BGB / Voit, § 635 BGB Rn. 8; Ott, ZWE 2017, 106 (109).

751 BT-Drucks. 14/6040, S. 265.

752 MüKo BGB / Busche, § 635 BGB Rn. 11; BeckOK BGB / Voit, § 635 BGB Rn. 8.

753 BGH Urt. 13. 12. 2001 – VII ZR 27/00 = BGHZ 149, 289 = NJW 2002, 1262, juris Rn. 20; Staudinger BGB / Peter (2019), § 634 BGB Rn. 29; MüKo BGB / Busche, § 635 BGB Rn. 11.

754 BT-Drucks. 14/6040, S. 265; Staudinger BGB / Peters (2019), § 634 BGB Rn. 29.

755 BGH Urt. 13. 12. 2001 – VII ZR 27/00 = BGHZ 149, 289 = NJW 2002, 1262, juris Rn. 20; MüKo BGB / Busche, § 635 BGB Rn. 11.

für Erstattung solcher Kosten dar[756]. Ersatzfähig sind auch die Aufwendungen, die der Erwerber tätigen muss, um die Durchsetzung seines Nacherfüllungsanspruchs zu ermöglichen[757]. Deshalb sind die Sachverständigenkosten, die zur Auffindung des zu beseitigenden Mangels notwendig sind, auch als Aufwendungen[758] ersatzfähig, da das Nacherfüllungsverlangen die Feststellung der Schadensursache voraussetzt[759].

Erfüllt der Bauträger seine Pflicht zur Mängelbeseitigung nicht, kann der Erwerber seinen Mängelbeseitigungsanspruch einklagen und i.d.R. nach § 887 ZPO vollstrecken, nach dem er die erforderlichen Kosten zur Vornahme der Handlung (Mängelbeseitigung) und die Vorauszahlung dafür geltend machen kann[760].

Der Bauträger kann neben § 275 Abs. 2, 3 BGB auch nach § 635 Abs. 3 BGB wegen unverhältnismäßiger Kosten die Nacherfüllung verweigern. Jedoch ist diese Unverhältnismäßigkeit der Kosten nur ausnahmsweise anzunehmen, da der Bauträger einer werkvertraglichen Erfolgshaftung unterliegt und damit unabhängig vom Aufwand die mangelfreie Wohnung zu errichten hat (**siehe § 2.1 II 2. b**) **cc**))[761].

---

756 Oetker / Maultzsch, Vertragliche Schuldverhältnisse, § 8 Rn. 109.

757 Moufang / Koos in: Messerschmidt / Voit, Privates Baurecht, § 635 BGB Rn. 56; BeckOK BGB / Voit, § 635 BGB Rn. 10.

758 Darüber hinaus sind die Gutachtenskosten auch als sog. „Mangelfolgeschaden" nach § 634 Nr. 4 BGB i.V.m. § 280 Abs. 1 BGB (vgl. BGH Urt. 27. 02. 2003 – VII ZR 338/01 = BGHZ 154, 119 = NJW 2003, 1526, juris Rn. 28) oder als Verzugsschaden (Verzug mit der Nacherfüllung) nach § 286 BGB (vgl. Lorenz, NJW 2014, 2319 (2320 f.) ersatzfähig.

759 BGH Urt. 17. 02. 1999 – X ZR 40/96 = NJW-RR 1999, 813 (beschichtete Platten), juris Rn. 10; Oetker / Maultzsch, Vertragliche Schuldverhältnisse, § 8 Rn. 109; Moufang / Koos in: Messerschmidt / Voit, Privates Baurecht, § 635 BGB Rn. 56; BeckOK BGB / Voit, § 635 BGB Rn. 10; Müko BGB / Busche, § 635 BGB Rn. 16; Staudinger BGB / Peters (2019), § 635 BGB Rn. 2; Vogel, ZWE 2016, 442 (450). **Kaufvertrag:** BGH Urt. 30. 04. 2014 – VIII ZR 275/13 = BGHZ 201, 83 = NJW 2014, 2351 (Holzparkett), Rn. 18. **a.A.: Nur im Rahmen des Schadensersatzes ersatzfähig:** Kaiser, BauR 2013, 139 (145); Lorenz, NJW 2014, 2319 (2320 f.).

760 BGH Urt. 05. 05. 1977 – VII ZR 36/76 = BGHZ 68, 372 = NJW 1977, 1336, juris Rn. 37.

761 BGH Beschl. 08. 10. 2020 – VII ARZ 1/20 = NJW 2021, 53, Rn. 43; BGH Urt. 06. 12. 2001 – VII ZR 241/00 = NJW-RR 2002, 661 (Mörtelreste), juris Rn. 46.

2. Ausgleich der Nachteile aus Mängeln in Geld

a) Mängelbeseitigungskosten und Vorschuss

aa) Erstattung der aufgewandten Mängelbeseitigungskosten

Bleibt die Mängelbeseitigung trotz der Fristsetzung aus oder ist die Fristsetzung nach § 636 BGB entbehrlich, darf der Erwerber die Mängel selbst beseitigen und vom Bauträger die dafür erforderlichen Aufwendungen verlangen. Anders als beim Kaufvertrag räumt § 637 Abs. 1 BGB dem Erwerber (Besteller) einen verschuldensunabhängigen Aufwendungsersatzanspruch ein[762]. Dieser Aufwendungsersatzanspruch ist nach der Rechtsprechung trotz des Entfalls des Herstellungs- und Nacherfüllungsanspruchs nach § 281 Abs. 4 BGB weiterhin ersatzfähig[763]. Jedoch kann der Bauträger (Werkunternehmer) mit der Einrede der unverhältnismäßigen Kosten (§ 635 Abs. 3 BGB) dem Aufwendungsersatz entgegenwirken (§ 637 Abs. 1 a.E. BGB)[764].

Außerdem begrenzt der Maßstab der Erforderlichkeit in der Höhe die ersatzfähigen Aufwendungen[765]. Nach der Rechtsprechung ist für die Bewertung der Erforderlichkeit „auf den Aufwand und die damit verbundenen Kosten abzustellen, welche der Besteller im Zeitpunkt der Mängelbeseitigung als vernünftiger, wirtschaftlich denkender Bauherr aufgrund sachkundiger Beratung oder Feststellung aufwenden konnte und musste, wobei es sich um eine vertretbare Maßnahme der Schadensbeseitigung handeln muss“[766]. Insoweit sind auch tatsächlich nutzlose oder über Erforderlichkeit hinausgehende Aufwendungen ersatzfähig, soweit diese im Zeitpunkt der Mängelbeseitigung (*ex ante*) objektiv erforderlich erscheinen[767].

---

762 BT-Drucks. 14/6040, S. 262 und S. 266.

763 BGH Urt. 22. 02. 2018 – VII ZR 46/17 = BGHZ 218, 1 = NJW 2018, 1463, Rn. 48 ff.; BGH Beschl. 08. 10. 2020 – VII ARZ 1/20 = NJW 2021, 53, Rn. 56. **a.A.:** Staudinger BGB / Peters (2019), § 634 BGB Rn. 81; MüKo BGB / Busche, § 637 BGB Rn. 2; Moufang / Koos in: Messerschmidt / Voit, Privates Baurecht, § 637 BGB Rn. 8; BeckOK BGB / Voit, § 637 BGB Rn. 1.

764 BT-Drucks. 14/6040, S. 266.

765 Oetker / Maultzsch, Vertragliche Schuldverhältnisse, § 8 Rn. 128.

766 BGH Urt. 29. 09. 1988 – VII ZR 182/87 = NJW-RR 1989, 86, juris Rn. 38; BGH Urt. 31. 01. 1991 – VII ZR 63/90 = NJW-RR 1991, 789, juris Rn. 11.

767 Oetker / Maultzsch, Vertragliche Schuldverhältnisse, § 8 Rn. 128.

Neben § 637 Abs. 1 BGB kann die Erstattung der tatsächlich aufgewandten Mängelbeseitigungskosten auch auf dem Schadensersatz statt der Leistung in Form des kleinen Schadensersatzes (§ 281 Abs. 1 BGB) beruhen[768]. Dabei handelt es sich um einen Geldersatz i.S.v. § 251 Abs. 1 BGB, da die Naturalrestitution nach § 249 Abs. 1 BGB mit der Erfüllung und Nacherfüllung inhaltlich identisch ist, die aber nach § 281 Abs. 4 BGB ausgeschlossen sind[769]. Dennoch darf der Vermögensschaden nach den tatsächlich aufgewandten Aufwendungen berechnet werden, da der Erwerber wegen der Mängel in Höhe der Aufwendungen einen Vermögensschaden erleidet[770]. Der kleine Schadensersatz ist jedoch nicht mehr nach aufgewandten Mängelbeseitigungskosten zu berechnen, wenn diese in entsprechender Anwendung des § 251 Abs. 2 S. 1 BGB unverhältnismäßig sind[771]. Insoweit unterliegt der kleine Schadensersatz derselben Unverhältnismäßigkeitsschwelle des § 635 Abs. 3 BGB[772].

---

768 BGH Urt. 22. 02. 2018 – VII ZR 46/17 = BGHZ 218, 1 = NJW 2018, 1463, Rn. 46.

769 BGH Urt. 06. 11. 1986 – VII ZR 97/85 = BGHZ 99, 81 = NJW 1987, 645, juris Rn. 5; BGH Urt. 22. 02. 2018 – VII ZR 46/17 = BGHZ 218, 1 = NJW 2018, 1463, Rn. 23 f.; Jaensch, jM 2014, 452 (454). **a.A.:** Greiner, NZM 2017, 713 (717).

770 BGH Urt. 22. 02. 2018 – VII ZR 46/17 = BGHZ 218, 1 = NJW 2018, 1463, Rn. 46.

771 BGH Urt. 06. 06. 1991 – VII ZR 372/89 = BGHZ 114, 383 = NJW 1991, 2480, juris Rn. 23; BGH Urt. 11. 10. 2012 – VII ZR 179/11 = NJW 2013, 370 (Warmwasserleitung), Rn. 11.

772 BGH Urt. 11. 10. 2012 – VII ZR 179/11 = NJW 2013, 370 (Warmwasserleitung), Rn. 12; Staudinger BGB / Peters (2019), § 634 BGB Rn. 154. **Für Kaufrecht:** BGH Urt. 04. 04. 2014 – V ZR 275/12 = BGHZ 200, 350 = NJW 2015, 468, Rn. 36; Jaensch, jM 2014, 452 (454f.). Danach soll das Verschulden des Werkunternehmers bei der Beurteilung der Unverhältnismäßigkeit sowohl nach § 635 Abs. 3 BGB (oder nach § 439 Abs. 4 BGB) als auch in entsprechender Anwendung des § 251 Abs. 2 BGB berücksichtigt werden. **Teilweise Abweichende Ansicht:** Im Hinblick auf die Unverhältnismäßigkeitsschwelle in § 635 Abs. 3 (oder in § 439 Abs. 4 BGB) und in § 251 Abs. 2 BGB soll das Verschulden des Schuldners außer Betracht gezogen werden. Vgl. MüKo BGB / Busche, § 634 BGB Rn. 47. **a.A.:** Die Verweigerungsschwelle in § 635 Abs. 3 BGB (oder in § 439 Abs. 4 BGB) ist höher als die in § 251 Abs. 2 BGB, da das Verschulden des Schuldners im ersten Fall nicht zu berücksichtigen ist. Vgl. BeckOK BGB / Voit, § 636 BGB Rn. 56; Gutzeit, NJW 2015, 445 (445 f.).

bb) Zweckgebundener Kostenvorschuss (§ 637 Abs. 3 BGB)

Vor der Durchführung der Mängelbeseitigung kann der Erwerber (Besteller) nach § 637 Abs. 3 BGB einen zweckgebundenen Kostenvorschuss geltend machen. Dieser Vorschussanspruch ist auf die Rechtsprechung vor der Schuldrechtsmodernisierung zurückzuführen. Damals enthielt § 633 Abs. 3 BGB a.F. zwar keine ausdrückliche Bestimmung über den Kostenvorschuss. Die Rechtsprechung hat aber aus dem Kostenerstattungsanspruch der §§ 633 Abs. 3 BGB a.F. aus Billigkeitsgründen nach § 242 BGB in Anlehnung an § 669 BGB einen Vorschussanspruch hergeleitet[773]. Denn es ist jedenfalls unbillig, dass der Besteller zunächst eigene Geldmittel für eine Mängelbeseitigung einsetzen muss, die bei der ordnungsgemäßen Mängelbeseitigung durch den Werkunternehmer eigentlich nicht aufgewandt werden müssten[774]. Insoweit gewähren der Befreiungsanspruch nach § 257 BGB[775] und die Vorauszahlung der Kosten für Ersatzvornahme nach § 887 ZPO[776] dem Besteller nur einen unzureichenden Schutz. Diese Rechtsprechung ist im Zuge der Schuldrechtsmodernisierung in § 637 Abs. 3 BGB kodifiziert[777].

Anders als der Schadensersatz ist der Kostenvorschuss nach § 637 Abs. 3 BGB zweckgebunden und nur zum Zweck der Mängelbeseitigung zu verwenden[778]. Nach der Durchführung der Mängelbeseitigung muss der Erwerber (Besteller) die tatsächlichen aufgewandten Aufwendungen nachweisen und abrechnen[779]. Ist der dem Erwerber zufließenden Vorschuss nicht ausreichend, kann der nicht genügende Teil weiterhin nach § 637

---

773 BGH Urt. 02. 03. 1967 – VII ZR 215/64 = BGHZ 47, 272 = NJW 1967, 1366, juris Rn. 35 ff.; BGH Urt. 05. 05. 1977 – VII ZR 36/76 = BGHZ 68, 372 = NJW 1977, 1336, juris Rn. 38; BGH Urt. 14. 01. 2010 – VII ZR 108/08 = BGHZ 183, 366 = NJW 2010, 1192, Rn. 12.

774 BGH Urt. 02. 03. 1967 – VII ZR 215/64 = BGHZ 47, 272 = NJW 1967, 1366, juris Rn. 35.

775 BGH Urt. 02. 03. 1967 – VII ZR 215/64 = BGHZ 47, 272 = NJW 1967, 1366, juris Rn. 36.

776 Das Selbstvornahmerecht nach § 637 BGB greift auch im Falle ein, dass die Nacherfüllung durch den Werkunternehmer für den Besteller unzumutbar ist (vgl. § 636 BGB), insbesondere wenn die Mängel sofort beseitigt werden muss (**siehe § 2.1 II. 2. b) bb)**).

777 BT-Drucks. 14/6040, S. 266.

778 Oetker / Maultzsch, Vertragliche Schuldverhältnisse, § 8 Rn. 131; Medicus / Lorenz, Schuldrecht BT, § 37 Rn. 18; MüKoBGB / Busche, § 637 Rn. 22.

779 BGH Urt. 07. 07. 1988 – VII ZR 320/87 = BGHZ 105, 103 = NJW 1988, 2728, juris Rn. 13; MüKoBGB / Busche, § 637 Rn. 22.

Abs. 1 BGB von dem Bauträger (Werkunternehmer) erstattet werden. Aber im Falle des Überschusses muss er auch nach § 667 BGB analog[780] oder nach einem aus Treu und Glauben entwickelten vertraglichen Anspruch[781] den übrigen Vorschuss zurückerstatten. Der Besteller darf nämlich die Mängelbeseitigung nicht beliebig aufgeben[782] und muss diese in einer angemessenen Frist durchführen und fertig machen[783]. Im Falle des Verzichts auf Mängelbeseitigung ist nur der mangelbedingte Minderwert im Rahmen des kleinen Schadensersatzes ersatzfähig[784] und der überschießende Vorschuss ist nach Aufrechnung mit dem Schadensersatzanspruch wegen Mängel[785] zurückzuzahlen. Durch den zweckgebundenen Kostenvorschuss ist den Interessen der beiden Vertragsparteien angemessen Rechnung zu tragen. Zum einen ist das Vorfinanzierungsrisiko des Bestellers bei der Selbstmängelbeseitigung möglichst verringert, zum anderen ist die ungerechte Überkompensation der Mängelschäden (**siehe unten cc)**) zu vermeiden.

Darüber hinaus ist der Kostenvorschuss nach der jüngsten Rechtsprechung auch nach dem Entfall des Herstellungs- oder Nacherfüllungsanspruchs, soweit dieser nicht nach § 275 oder § 635 Abs. 3 BGB erlischt (vgl. auch § 637 Abs. 1 a.E. BGB), geltend zu machen[786]. Denn § 281 Abs. 4 BGB schließt nach seinem Wortlaut lediglich die ursprüngliche Leistungspflicht aus, nicht darüber hinaus auch den auf Geldzahlung gerichteten Vorschussanspruch[787]. Nach dem Sinn und Zweck des Gesetzes soll der Besteller auch nicht durch die Wahl des kleinen Schadensersatzes oder der

780 Oetker / Maultzsch, Vertragliche Schuldverhältnisse, § 8 Rn. 131.

781 BGH Urt. 14. 01. 2010 – VII ZR 108/08 = BGHZ 183, 366 = NJW 2010, 1192, Rn. 13.

782 BGH Urt. 14. 01. 2010 – VII ZR 108/08 = BGHZ 183, 366 = NJW 2010, 1192, Rn. 16.

783 BGH Urt. 14. 01. 2010 – VII ZR 108/08 = BGHZ 183, 366 = NJW 2010, 1192, Rn. 20 und 22.

784 BGH Urt. 22. 02. 2018 – VII ZR 46/17 = BGHZ 218, 1 = NJW 2018, 1463, Rn. 27.

785 BGH Urt. 07. 07. 1988 – VII ZR 320/87 = BGHZ 105, 103 = NJW 1988, 2728, juris Rn. 14 f.; BGH Urt. 14. 01. 2010 – VII ZR 108/08 = BGHZ 183, 366 = NJW 2010, 1192, Rn. 17.

786 BGH Urt. 22. 02. 2018 – VII ZR 46/17 = BGHZ 218, 1 = NJW 2018, 1463, Rn. 48 ff.; BGH Beschl. 08. 10. 2020 – VII ARZ 1/20 = NJW 2021, 53, Rn. 56. **a.A.:** Staudinger BGB / Peters (2019), § 634 BGB Rn. 81; MüKo BGB / Busche, § 637 BGB Rn. 2; Moufang / Koos in: Messerschmidt / Voit, Privates Baurecht, § 637 BGB Rn. 8; BeckOK BGB / Voit, § 637 BGB Rn. 1.

787 BGH Urt. 22. 02. 2018 – VII ZR 46/17 = BGHZ 218, 1 = NJW 2018, 1463, Rn. 49.

Minderung schlechter gestellt werden[788]. Der Vorschussanspruch ist nämlich im Falle der Ausübung des kleinen Schadensersatzes[789] oder der Umwandlung ins Abrechnungsverhältnis[790] (**siehe § 4.1 II. 3.**) unberührt[791].

cc) Schadensbemessung nach fiktiven Mängelbeseitigungskosten?

Nach der langjährigen Rechtsprechung war der kleine Schadensersatz beim Werkvertrag nach den sog. fiktiven Mängelbeseitigungskosten abstrakt zu berechnen[792]. Anders als der zweckgebundene Kostenvorschuss unterlag der Schadensersatz dem Grundsatz der Dispositionsfreiheit, aufgrund dessen der erhaltene Schadensersatz nicht zwingend zur Wiederherstellung des mangelfreien Zustandes verwendet wurde[793]. Deshalb konnte der Besteller (Erwerber) mit seinem Schadensersatzanspruch seine Pflicht zur Rückzahlung des nicht verwendeten Vorschusses im Falle der Nichtdurchführung der Selbstmängelbeseitigung vollständig aufrechnen und folglich den zuvor als Vorschuss erhaltenen Geldbetrag endgültig behalten[794].

Der nach fiktiven Mängelbeseitigungskosten abstrakt berechnete Schadensersatz führt aber in der werkvertragsrechtlichen Praxis häufig zu einer Überkompensation und ist deshalb mit dem schadensrechtlichen Berei-

---

788 BGH Urt. 22. 02. 2018 – VII ZR 46/17 = BGHZ 218, 1 = NJW 2018, 1463, Rn. 51.

789 BGH Urt. 22. 02. 2018 – VII ZR 46/17 = BGHZ 218, 1 = NJW 2018, 1463, Rn. 53.

790 Vgl. auch: BGH Urt. 19. 01. 2017 – VII ZR 193/15 = BGHZ 213, 338 = BauR 2017, 879, Rn. 40 ff.; BGH Urt. 19. 01. 2017 – VII ZR 301/13 = BGHZ 213, 349 = NJW 2017, 1604, Rn. 46 ff.

791 Vor der Schuldrechtsmodernisierung knüpften die Selbstvornahme und der Vorschussanspruch an dem Verzug des Werkunternehmers mit Mängelbeseitigung (vgl. § 633 Abs. 3 BGB a.F.), so dass der Vorschuss den Fortbestand des Mängelbeseitigungsanspruchs voraussetzte. Vgl. BGH Beschl. 08. 10. 2020 – VII ARZ 1/20 = NJW 2021, 53, Rn. 55.

792 BGH Urt. 10. 05. 1979 – VII ZR 30/78 = BGHZ 74, 258 = NJW 1979, 2207, juris Rn. 22; BGH Urt. 06. 11. 1986 – VII ZR 97/85 = BGHZ 99, 81 = NJW 1987, 645, juris Rn. 6.

793 BGH Urt. 10. 05. 1979 – VII ZR 30/78 = BGHZ 74, 258 = NJW 1979, 2207, juris Rn. 22.

794 BGH Urt. 07. 07. 1988 – VII ZR 320/87 = BGHZ 105, 103 = NJW 1988, 2728, juris Rn. 14 f.; BGH Urt. 14. 01. 2010 – VII ZR 108/08 = BGHZ 183, 366 = NJW 2010, 1192, Rn. 17.

cherungsverbot unvereinbar[795]. Die (fiktiven) Mängelbeseitigungskosten übersteigen in der Praxis nicht selten die vereinbarte (Teil)Vergütung, da die Mängelbeseitigungsmaßnahmen insbesondere im Bauwesen häufig unvermeidbar in den mangelfreien Teil und/oder in die Substanz des Bestellers eingreifen. Im diesem Zusammenhang ist der kleine Schadensersatz zwar in entsprechender Anwendung des § 251 Abs. 2 S. 1 BGB im Falle der unverhältnismäßigen Kosten i.S.v. § 635 Abs. 3 BGB nicht mehr nach den (fiktiven) Mängelbeseitigungskosten zu berechnen[796]. Die Unverhältnismäßigkeit i.S.v. § 635 Abs. 3 BGB tritt aber nur selten ein, da der Werkunternehmer der werkvertraglichen Erfolgshaftung unterliegt und deshalb ohne Rücksicht auf den Aufwand das mangelfreie Werk herstellen und die Mängel beseitigen muss (**siehe § 2.1 II 2. b) cc**))[797].

Außerdem wird die Selbstmängelbeseitigung in der Praxis häufig nicht durchgeführt, da die (geringen) Funktionsbeeinträchtigungen des mangelhaften Werks mit Rücksicht auf den hohen Mängelbeseitigungsaufwand[798] und auf die erhebliche Beeinträchtigung während der Ausführung der Mängelbeseitigung regelmäßig hinnehmbar sind[799]. Die Schadensbemessung nach fiktiven Mängelbeseitigungskosten könnte folglich ein ungerechtes Ergebnis zur Folge haben, dass der Besteller im wirtschaftlichen Ergebnis nicht nur das neue, aber (gering) mangelhafte Werk erhält, sondern auch einen zusätzlichen „Geldgewinn“ bekommt[800]. Auch in der Leistungskette könnte der nach fiktiven Mängelbeseitigungskosten berechnete Schadensersatz allein dem Bauträger/Generalunternehmer zugutekommen, da er den vom Subunternehmer geleisteten Schadensersatz nicht zur Mängelbeseitigung verwenden oder nicht an den tatsächlich geschädigten Erwerber/Besteller weitergeben muss[801].

---

795 BGH Urt. 22. 02. 2018 – VII ZR 46/17 = BGHZ 218, 1 = NJW 2018, 1463, Rn. 34.

796 BGH Urt. 06. 06. 1991 – VII ZR 372/89 = BGHZ 114, 383 = NJW 1991, 2480, juris Rn. 23; BGH Urt. 11. 10. 2012 – VII ZR 179/11 = NJW 2013, 370 (Warmwasserleitung), Rn. 11.

797 BGH Beschl. 08. 10. 2020 – VII ARZ 1/20 = NJW 2021, 53, Rn. 43; BGH Urt. 06. 12. 2001 – VII ZR 241/00 = NJW-RR 2002, 661 (Mörtelreste), juris Rn. 46.

798 Bei der Selbstmängelbeseitigung muss der Erwerber / Besteller nicht nur Geldaufwand (zwar auf Kosten des Bauträgers) einsetzen, sondern auch für die gesamten Mängelbeseitigungsarbeiten einschließlich der Planung und der Ausführung selbst sorgen.

799 BGH Beschl. 08. 10. 2020 – VII ARZ 1/20 = NJW 2021, 53, Rn. 46.

800 BGH Beschl. 08. 10. 2020 – VII ARZ 1/20 = NJW 2021, 53, Rn. 42 ff.

801 BGH Beschl. 08. 10. 2020 – VII ARZ 1/20 = NJW 2021, 53, Rn. 53.

Aus diesem Grund wird das Leistungsinteresse des Bestellers, der die Mängelbeseitigung nicht durchführt hat, durch die Mängelbeseitigungskosten nicht zutreffend abgebildet, so dass eine Schadensbemessung nach fiktiven Mängelbeseitigungskosten im Werkvertragsrecht nicht gerechtfertigt ist[802]. Dennoch bestand eine Schutzlücke vor der Schuldrechtsmodernisierung, da der Aufwendungsersatz und der Vorschussanspruch im Rahmen des Selbstvornahmerechts nach § 633 Abs. 3 BGB a.F. den Fortbestand des Mängelbeseitigungsanspruchs voraussetzten[803]. Ohne Schadensersatz für fiktive Mängelbeseitigungskosten wäre die Selbstmängelbeseitigung auf Kosten des Werkunternehmers nach Untergang des Mängelbeseitigungsanspruchs nicht mehr möglich gewesen. Diese Schutzlücke ist im Zuge der Schuldrechtsmodernisierung geschlossen, da das Selbstvornahmerecht nach der Neugestaltung des § 637 Abs. 1 BGB ungeachtet dessen Hs. 2 BGB nicht mehr mit einem bestehenden Erfüllungs- und Nacherfüllungsanspruch verknüpft ist[804]. Vor diesem Hintergrund ist die Aufrechterhaltung der Schadensberechnung nach fiktiven Mängelbeseitigungskosten zum Schutz des Bestellers vor dem Vorfinanzierungsrisiko für nach der Schuldrechtsmodernisierung abgeschlossene Werkverträge nicht mehr erforderlich. Deshalb ist die Schadensberechnung nach fiktiven Mängelbeseitigungskosten in der werkvertraglichen Mängelhaftung von der jüngsten Rechtsprechung abgeschafft worden[805].

In diesem Zusammenhang hat das Kaufrecht eine vom Werkvertragsrecht abweichende Entwicklung. Nach der Einführung des Nacherfüllungsanspruchs (§ 439 BGB) im Zuge der Schuldrechtsmodernisierung ist der kleine Schadensersatz nach (fiktiven) Mängelbeseitigungskosten zu berechnen[806]. Diese Rechtsprechung ist auch nach der Rechtsprechungsänderung im Werkvertragsrecht aufrechtzuerhalten[807]. Denn im Kaufrecht sind zum einen die Mängelbeseitigungskosten durch eine niedrige Un-

---

802 BGH Beschl. 08. 10. 2020 – VII ARZ 1/20 = NJW 2021, 53, Rn. 39.

803 BGH Beschl. 08. 10. 2020 – VII ARZ 1/20 = NJW 2021, 53, Rn. 55.

804 BGH Urt. 22. 02. 2018 – VII ZR 46/17 = BGHZ 218, 1 = NJW 2018, 1463, Rn. 48 ff.; BGH Beschl. 08. 10. 2020 – VII ARZ 1/20 = NJW 2021, 53, Rn. 56. **a.A.:** Staudinger BGB / Peters (2019), § 634 BGB Rn. 81; MüKo BGB / Busche, § 637 BGB Rn. 2; Moufang / Koos in: Messerschmidt / Voit, Privates Baurecht, § 637 BGB Rn. 8; BeckOK BGB / Voit, § 637 BGB Rn. 1.

805 BGH Urt. 22. 02. 2018 – VII ZR 46/17 = BGHZ 218, 1 = NJW 2018, 1463, Rn. 31 ff.

806 BGH Urt. 04. 04. 2014 – V ZR 275/12 = BGHZ 200, 350 = NJW 2015, 468 (Hausschwamm), Rn. 31 ff.

807 BGH Urt. 12. 03. 2021 – V ZR 33/19a = BGHZ 229, 115 = NJW 2021, 1532, Rn. 9 ff.

verhältnismäßigkeitsschwelle (**siehe § 2.1 II 2. b) cc)**) begrenzt, so dass eine Überkompensation beim Ausbleiben der Selbstmängelbeseitigung möglichst zu vermeiden ist[808]. Es fehlt zum anderen ungeachtet des Aus- und Neueinbaus nach § 475 Abs. 4 i.V.m. § 439 Abs. 3 BGB an einem Vorschussanspruch für Selbstvornahme[809]. Anders als im Werkvertragsrecht können das gestörte Leistungsinteresse und Äquivalenzverhältnis im Kaufrecht grundsätzlich durch die voraussichtliche Mängelbeseitigungskosten zutreffend abgebildet werden[810]. Insoweit soll die Bemessung des Vermögensschadens mit Rücksicht auf die jeweiligen normativen Wertungen und die Besonderheit des jeweiligen Vertragstyps erfolgen (normativer Schaden)[811]. Im Hinblick auf die Schadensbemessung ist ein Gleichlauf zwischen Kauf- und Werkvertragsrecht daher weder zwingend noch geboten.

b) Mängelbedingter Minderwert

Wie die meisten Sachmängel haben auch die Mängel an der Wohnung regelmäßig deren Wertminderung zur Folge. Im Rahmen der werkvertraglichen Gewährleistung ist ein solcher mangelbedingter Minderwert durch einen (verschuldensabhängigen) kleinen Schadensersatz (§ 281 Abs. 1 BGB) oder durch eine (verschuldensunabhängige) Vergütungsminderung (§ 638 BGB) auszugleichen. Die beiden Abhilfen haben jedoch verschiedene Ziele und Rechtswirkungen. Der kleine Schadensersatz bezweckt, durch den Geldersatz den Vermögenszustand des Erwerbers wiederherzustellen, der eigentlich bei einer mangelfreien Erfüllung bestehen würde (§ 249 Abs. 1 BGB). Wird die Mängelbeseitigung nicht durchgeführt (**siehe oben a) cc)**), ist nämlich der Wertverlust, und zwar die Wertdifferenz zwischen dem mangelhaften und mangelfreien Zustand ersatzfähig. Das Ziel der Minderung besteht hingegen darin, durch proportionale Herabsetzung der Vergütung (§ 638 Abs. 3 S. 1 BGB) dem Besteller einen Ausgleich für

808 BGH Urt. 12. 03. 2021 – V ZR 33/19a = BGHZ 229, 115 = NJW 2021, 1532, Rn. 32.

809 BGH Urt. 12. 03. 2021 – V ZR 33/19a = BGHZ 229, 115 = NJW 2021, 1532, Rn. 11.

810 BGH Beschl. 13. 03. 2020 – V ZR 33/19 = ZIP 2020, 1073, Rn. 34 f.

811 BGH Beschl. 08. 10. 2020 – VII ARZ 1/20 = NJW 2021, 53, Rn. 25.

die Mängel zu gewähren und damit das Äquivalenzverhältnis zwischen Leistung und Gegenleistung wiederherzustellen[812].

Die Höhe des mangelbedingten Minderwerts ist als der zu ersetzende Vermögensschaden und als die Berechnungsgrundlage der Vergütungsminderung gemäß § 287 ZPO und § 638 Abs. 3 S. 2 BGB nach Schätzung zu ermitteln[813]. Bei Schätzung des mangelbedingten Minderwerts müssen dem technischen und merkantilen Minderwert der Sache Rechnung getragen werden[814]. Nach der früheren Rechtsprechung war der (technische) Minderwert bei behebbaren Mängeln nach fiktiven Mängelbeseitigungskosten zu bemessen[815]. Dennoch ist dieser Maßstab ohne weiteres für den Fall ungeeignet, in dem die fiktiven Mängelbeseitigungskosten den mangelbedingten Minderwert deutlich übersteigen[816]. Das ist insbesondere im Bauwesen der Regelfall. Der kleine Schadensersatz ist außerdem nach der jüngsten Rechtsprechung nicht mehr nach fiktiven Mängelbeseitigungskosten zu berechnen (**siehe oben a) cc**)). Hieraus ist ersichtlich, dass die fiktiven Mängelbeseitigungskosten auch nicht mehr als Maßstab für Bemessung des Minderwerts heranzuziehen sind[817].

3. Totale Abwicklung des Vertragsverhältnisses

Bleibt die Mängelbeseitigung trotz der Fristsetzung aus oder ist die Fristsetzung nach § 636 BGB entbehrlich, kann der Erwerber neben Vorbehalt der mangelhaften Wohnung mit Geldausgleich (**siehe oben 2.**) auch das Vertragsverhältnis total abwickeln, um sich endgültig von der Belastung

812 BGH Urt. 09. 05. 2018 – VIII ZR 26/17 = BGHZ 218, 320 = NJW 2018, 2863, Rn. 20; BGH Urt. 27. 05. 2011 – V ZR 122/10 = NJW 2011, 2953, Rn. 9; Medicus / Lorenz, Schuldrecht BT, Rn. 64.

813 MüKo BGB / Busche, § 638 BGB Rn. 11; BGH Urt. 22. 02. 2018 – VII ZR 46/17 = BGHZ 218, 1 = NJW 2018, 1463, Rn. 42.

814 BGH Urt. 09. 01. 2003 – VII ZR 181/00 = BGHZ 153, 279 = NJW 2003, 1188, juris Rn. 22 f.

815 BGH Urt. 24. 02. 1972 – VII ZR 177/70 = BGHZ 58/181 = NJW 1972, 821, juris Rn. 27; BGH Urt. 17. 12. 1996 – X ZR 76/94 = NJW-RR 1997, 688, juris Rn. 36; MüKo BGB / Busche, § 638 BGB Rn. 11. **Kritik:** BeckOK BGB / Voit, § 638 BGB Rn. 7.

816 BGH Urt. 23. 06. 1989 – V ZR 40/88 = BGHZ 108, 156 = NJW 1989, 2534 juris Rn. 21; BGH Urt. 16. 11. 2007 – V ZR 45/07 = NJW 2008, 436, Rn. 11 f.; BGH Urt. 12. 03. 2021 – V ZR 33/19a = BGHZ 229, 115 = NJW 2021, 1532, Rn. 12.

817 BGH Urt. 22. 02. 2018 – VII ZR 46/17 = BGHZ 218, 1 = NJW 2018, 1463, Rn. 42.

der Mängel zu befreien. Der Erwerber kann vom Vertrag zurücktreten (§ 323 BGB) und/oder den Schadensersatz statt der ganzen Leistung (sog. großer Schadensersatz) geltend machen (§ 281 Abs. 1 BGB). Mit Umwandlung ins Abwicklungsverhältnis erlöschen die Leistungsansprüche der beiden Vertragsparteien und entstehen die Rückabwicklungsansprüche (§§ 346 ff. BGB und § 281 Abs. 5 i.V.m. §§ 346 ff. BGB BGB). Der Erwerber ist nämlich nach § 346 Abs. 1 BGB berechtigt, die bereits erbrachten Zahlungen (Wohnungspreis) insgesamt zurückzuverlangen. Er muss hingegen nach § 346 Abs. 1 BGB dem Bauträger die mangelhafte Wohnung herausgeben und das Eigentum der Wohnung zurückübertragen.

4. Verhältnis zwischen Mängelrechten

a) Schicksal des Mängelbeseitigungsanspruchs nach Fristablauf

aa) Mängelbeseitigungsaufforderung nach Fristablauf

Die Mängelrechte, die an Stelle der Mängelbeseitigung treten können, und zwar das Selbstvornahmerecht, das Rücktritt und Minderungsrecht sowie der Schadensersatz statt der Leistung, knüpfen an eine erfolglose Fristsetzung oder an eine Entbehrlichkeit der Fristsetzung (vgl. § 636 BGB) an. Anders als die Rechtslage vor der Schuldrechtsmodernisierung enthält die Fristsetzung keine Ablehnungsandrohung mehr (vgl. § 634 Abs. 1 S. 1 BGB a.F.). Der Mängelbeseitigungsanspruch (Erfüllungs- oder Nacherfüllungsanspruch) ist nämlich nach fruchtlosem Fristablauf unberührt. Folglich stehen dem Erwerber (Besteller / Gläubiger) nach fruchtlosem Fristablauf sowohl der Anspruch auf die Mängelbeseitigung als auch das Selbstvornahmerecht, das Rücktritts- und Minderungsrecht sowie der Schadensersatz statt der Leistung zu. Er kann deshalb nach seiner Wahl eines von ihnen ausüben (elektive Konkurrenz)[818].

Aus diesem Grund kann der Erwerber unproblematisch nach fruchtlosem Fristablauf seinen Mängelbeseitigungsanspruch weiterhin geltend machen. Insoweit schließt die Mängelbeseitigungsaufforderung nach Fristablauf die sonstigen Mängelrechte nicht aus, die der Erwerber bereits im Zeitpunkt des Fristablaufs erhalten hat. Der Erwerber ist nicht an seine Erfüllungswahl gebunden und kann nämlich ohne erneuerte Fristsetzung

---

818 BGH Urt. 20. 01. 2006 – V ZR 124/05 = NJW 2006, 1198, Rn. 17.

die sekundären Mängelrechte durchsetzen[819]. Dennoch soll nach dem Grundsatz von Treu und Glauben (*venire contra factum proprium*) dem Bauträger (Werkunternehmer/Schuldner) ein angemessener Zeitraum für Vorbereitung der Leistung eingeräumt werden[820].

bb) Verspätetes Mängelbeseitigungsangebot

Der Erwerber kann außerdem auch nach fruchtlosem Fristablauf darüber entscheiden, ob er das verspätete Mängelbeseitigungsangebot des Bauträgers annimmt[821]. Umstritten ist, in welcher Weise der Erwerber das verspätete (aber vertragsgemäße) Mängelbeseitigungsangebot berechtigt zurückweist. Diese Meinungsverschiedenheit bezieht sich vielmehr auf die streitige Frage, wie der Bauträger (Schuldner) die Schwebelage seiner Mängelbeseitigungspflicht beendet.

Ein Teil der Literatur[822] spricht sich dafür aus, dass der Erwerber das verspätete Angebot nur in der Weise zurückweisen dürfe, seinen Mängelbeseitigungsanspruch auszuschließen, indem er sein Rücktritts- oder Minderungsrecht ausübe oder den Schadensersatz statt der Leistung geltend mache. Nehme er das verspätete Angebot nicht an, ohne eines der oben genannten sekundären Mängelrechte unverzüglich ausübe, gerate er in Annahmeverzug (§§ 293 ff. BGB), so dass der Schuldnerverzug ende. Folglich werde die Voraussetzung dieser sekundären Mängelrechte entzogen, so dass der Bauträger auch die Schwebelage des Mängelbeseitigungsanspruchs beenden könne[823]. Diese Ansicht zielt vielmehr darauf, die Rechtsunsicherheit so schnell wie möglich zu beseitigen.

Nach der hier vertretenen Ansicht ist der Erwerber aber nicht gezwungen, seine Entscheidung über das Schicksal des Vertrags sofort zu treffen, um das verspätete Mängelbeseitigungsangebot zurückzuweisen. Dem Erwerber soll ein angemessener Zeitraum für diese Entscheidung eingeräumt

---

819 BGH Urt. 20. 01. 2006 – V ZR 124/05 = NJW 2006, 1198, Rn. 18 f.

820 MüKo BGB / Ernst, § 323 BGB Rn. 157, § 281 Rn. 107; Staudinger BGB / Schwarze, § 281 BGB Rn. D7, § 323 BGB Rn. D7.

821 BGH Urt. 27. 02. 2003 – VII ZR 338/01 = BGHZ 154, 119 = NJW 2003, 1526, juris Rn. 22.

822 Medicus / Lorenz, Schuldrecht AT, § 37 Rn. 28; BeckOK BGB / Lorenz, § 281 BGB Rn. 53; MüKo BGB / Ernst, § 323 BGB Rn. 177 und § 281 BGB Rn. 91.

823 Medicus / Lorenz, Schuldrecht AT, § 37 Rn. 28; BeckOK BGB / Lorenz, § 281 BGB Rn. 53; MüKo BGB / Ernst, § 323 BGB Rn. 177 und § 281 BGB Rn. 91.

werden. Er kann grundsätzlich das verspätete Angebot des Bauträgers einfach zurückweisen[824].

Der dogmatische Kernpunkt der ersten Ansicht besteht vielmehr darin, dass der Annahmeverzug den Leistungsverzug beende und damit die Voraussetzung der sekundären Mängelrechte entzogen sei. Die sekundären Mängelrechte knüpfen jedoch nicht an den Verzug mit der Mängelbeseitigung an, sondern an den fruchtlosen Fristablauf. Das verspätete Mängelbeseitigungsangebot kann damit nicht in der Form des Annahmeverzugs die Mängelrechte ausschließen, die der Erwerber bereits mit erfolglosem Fristablauf erhalten hat[825]. Anderenfalls könnte der Bauträger jederzeit willkürlich durch ein verspätetes Mängelbeseitigungsangebot das Selbstvornahmerecht des Erwerbers entziehen, da die Geltendmachung des Kostenvorschusses nach § 637 Abs. 3 BGB – abweichend von dem Rücktritt, der Minderung und dem Schadensersatz statt der Leistung – grundsätzlich den Mängelbeseitigungsanspruch nicht ausschließt[826].

Die Verwirkung der sekundären Mängelrechte steht auch nicht mit der Erwägung des Gesetzgebers in Einklang. Der Gesetzgeber hat bewusst davon Abstand genommen, in Anlehnung an § 350 BGB dem Schuldner die Möglichkeit einzuräumen, durch eine Fristsetzung die Schwebelage in der Weise zu beseitigen, andere Rechtsbehelfe als Erfüllungs- und Nacherfüllungsanspruch auszuschließen. Denn der Schuldner verhielt sich immerhin vertragswidrig und hat auch regelmäßig eine Frist zur Nacherfüllung ergebnislos verstreichen lassen, so dass er weniger schutzbedürftig ist und ihm die Schwebelage und die Rechtsunsicherheit zuzumuten ist[827]. Der eindeutige Wille des Gesetzgebers steht deshalb entgegen, auf dem Umweg des Annahmeverzugs andere Rechtsbehelfe als Mängelbeseitigung auszuschließen und dadurch die Schwebelage zu beseitigen. Insbesondere nach der ersten Ansicht muss der Gläubiger das Schicksal des Vertrags „unverzüglich“ nach dem tatsächlichen oder wörtlichen Angebot des Schuldners entscheiden[828], was sogar kürzer als vom Gesetzgeber nicht

---

824 Staudinger BGB / Schwarze, § 323 BGB Rn. D3 und § 281 BGB Rn. D3; BeckOK BGB / Voit, § 637 BGB Rn. 8; Koeble in: Kompendium des Baurechts, Teil 10 Rn. 506.

825 BeckOK BGB / Voit, § 637 BGB Rn. 8.

826 BGH Urt. 19. 01. 2017 – VII ZR 193/15 = BGHZ 213, 338 = BauR 2017, 879, Rn. 39; BGH Urt. 19. 01. 2017 – VII ZR 301/13 = BGHZ 213, 349 = NJW 2017, 1604, Rn. 45.

827 BT-Drucks. 14/6040, S. 185.

828 MüKo BGB / Ernst, § 323 BGB Rn. 177 f., § 281 BGB Rn. 91 f.; BeckOK BGB / Lorenz, § 281 BGB Rn. 53; Medicus / Lorenz, Schuldrecht AT, § 37 Rn. 28.

aufgenommen „angemessen Frist"[829] ist. Eine zu kurze Entscheidungsfrist mit einer drastischen Rechtswirkung könnte zu einer übereilten Entscheidung des Gläubigers führen. Insoweit ist das Ziel des Gesetzgebers, die Entscheidungsfreiheit des Gläubigers sicherzustellen, verfehlt[830].

Aus oben genannten Gründen kann der Erwerber das verspätete Mängelbeseitigungsangebot einfach zurückweisen[831]. Soweit er rechtzeitig das verspätete Angebot (einfach) zurückweist, gerät er nicht in Annahmeverzug. Dennoch darf der Erwerber sich nach dem Grundsatz von Treu und Glauben für eines der ihm zustehenden Mängelrechte nicht unbefristet entscheiden[832]. Insoweit kann der Bauträger dem Erwerber eine angemessene Frist zur Entscheidung setzen. Nach dem erfolglosen Fristablauf kann der Erwerber aufgrund des Verbots widersprüchlichen Verhaltens (*venire contra factum proprium*) das verspätete Angebot nicht mehr einfach zurückweisen[833]. Insoweit kann der Bauträger im Rahmen des An- und Abnahmeverzugs des Erwerbers seine berechtigten Interessen wahren[834]. Diesem Lösungsansatz steht der ausdrückliche Wille des Gesetzgebers nicht entgegen. Aufgrund der Gesetzesmaterialien soll der Gläubiger innerhalb eines gewissen Zeitraums seine Entscheidung treffen[835]. Vom Gesetzgeber nicht gewollt ist vielmehr nur, dass die sekundären Mängelrechte nach erfolglosem Fristablauf verwirkt sind (vgl. § 350 BGB).

---

829 BT-Drucks. 14/6040, S. 185.

830 Staudinger BGB / Schwarze, § 323 BGB Rn. D3, § 281 BGB Rn. D3.

831 Staudinger BGB / Schwarze, § 323 BGB Rn. D3 und § 281 BGB Rn. D3; BeckOK BGB / Voit, § 637 BGB Rn. 8; Koeble in: Kompendium des Baurechts, Teil 10 Rn. 506.

832 BGH Urt. 14. 02. 2020 – V ZR 11/18 = BGHZ 225, 1 = NJW 2020, 2104, Rn. 60.

833 In Anlehnung an die Rechtsprechung über allgemeine Mängeleinrede, vgl. BGH Urt. 14. 02. 2020 – V ZR 11/18 = BGHZ 225, 1 = NJW 2020, 2104, Rn. 60 (**siehe § 4.1 II. 4.**).

834 Ein Teil der Literatur ist der Auffassung, dass der Annahmeverzug für Schutz der berechtigten Interessen des Schuldners nicht ausreichend ist, und spricht sich damit dafür aus, in Anlehnung an in §§ 350, 264 Abs. 2 BGB enthaltene Rechtsgedanke dem Schuldner Möglichkeit zur Fristsetzung zu gewähren (vgl. Staudinger BGB (2015) / Schwarze, § 323 BGB Rn. D6). Diesem Lösungsansatz steht aber der eindeutige Wille des Gesetzgebers entgegen (vgl. BT-Drucks. 14/6040, S. 185).

835 BT-Drucks. 14/6040, S. 185.

b) Sekundäre Mängelrechte

Nach erfolgloser Fristsetzung oder bei deren Entbehrlichkeit stehen dem Erwerber das Selbstvornahmerecht, das Rücktritt und Minderungsrecht sowie der Anspruch auf Schadensersatz statt der Leistung zu (§ 634 Nr. 2 bis 4 BGB). Diese sekundären Mängelrechte richten sich auf das gestörte Leistungsinteresse und können damit funktional statt der ausbleibenden Erfüllungs- und Nacherfüllung treten. Bei der Minderung und dem kleinen Schadensersatz ist der Vertrag unter Liquidation entstandener Vermögenseinbußen aufrechterhalten, während der Rücktritt und der große Schadensersatz zur Lösung vom Vertrag führen. Festhaltung am und Lösung vom Vertrag können logisch nicht gleichzeitig nebeneinander bestehen. Nach der Rechtsprechung muss der Erwerber eine grundlegende Entscheidung darüber treffen, ob er den Vertrag weitergelten lassen oder ob er sich von diesem lösen will, und ist an diese Entscheidung gebunden[836]. Ein Übergang vom Festhalten am Vertrag in die Lösung vom Vertrag oder umgekehrt ist unzulässig[837].

Im Rahmen desselben Vertragsschicksals kann der Erwerber hingegen nach seinem Wunsch und Bedürfnis die Rechtsbehelfe miteinander kombinieren oder wechseln. Im Falle der Lösung vom Vertrag ist deshalb der große Schadensersatz neben dem Rücktritt geltend zu machen (§ 325 BGB). Beim Festhalten am Vertrag kann auch der kleine Schadensersatz mit der Minderung kombiniert werden (§ 325 BGB analog)[838]. Die Grenze dafür ist nur, dass dieselbe Vermögenseinbuße nicht durch beiden Abhilfen doppelt auszugleichen ist[839]. Der Erwerber, der zunächst den zweckgebundenen Kostenvorschuss (§ 637 Abs. 3 BGB) entgegengenommen hat, kann nach Verzicht auf die Selbstmängelbeseitigung den nach dem man-

836 BGH Urt. 09. 05. 2018 – VIII ZR 26/17 = BGHZ 218, 320 = NJW 2018, 2863, Rn. 36.

837 BGH Urt. 09. 05. 2018 – VIII ZR 26/17 = BGHZ 218, 320 = NJW 2018, 2863, Rn. 23 ff. (Minderung und Rücktritt), Rn. 41 (kleiner und großer Schadensersatz), Rn. 52 f. (kleiner Schadensersatz und Rücktritt), Rn. 34 ff. (Minderung und großer Schadensersatz).

838 BT-Drucks. 14/6040, S. 226; BGH Urt. 19. 01. 2017 – VII ZR 235/15 = BGHZ 213, 319 = NJW 2017, 1607, Rn. 50 ff.; BGH Urt. 09. 05. 2018 – VIII ZR 26/17 = BGHZ 218, 320 = NJW 2018, 2863, Rn. 36; BeckOK BGB / Faust, § 437 BGB Rn. 181.

839 BGH Urt. 09. 05. 2018 – VIII ZR 26/17 = BGHZ 218, 320 = NJW 2018, 2863, Rn. 33.

gelbedingten Minderwert bemessenen kleinen Schadensersatz[840] geltend machen und gegen den Rückzahlungsforderung des Bauträgers aufrechnen[841] (**siehe oben 2. a) bb) und cc)**). Der Erwerber, der den kleinen Schadensersatz verlangt hat, kann weiterhin den Kostenvorschuss fordern, wenn er die Mängelbeseitigung durchführen will[842]. Verfahrensrechtlich ist der Wechsel der Schadensbemessung oder der Anspruchsgrundlage im Rahmen des Festhaltens am Vertrag etwa aufgrund einer Änderung der Disposition hinsichtlich der Mängelbeseitigung nach § 264 Nr. 2 und/oder Nr. 3 ZPO nicht als Klageänderung anzusehen, soweit der Lebenssachverhalt im Übrigen unverändert ist[843].

III. Schadensersatz neben der Leistung

Die Rechtsbehelfe in § 634 BGB richten sich nicht nur auf die mangelhafte Leistung selbst, sondern auch auf sonstige Vermögenseinbußen aus Mängeln. Insoweit kommt durch die Verweisung in § 634 Nr. 4 BGB ein Schadensersatz neben der Leistung gemäß § 280 Abs. 1 BGB (einfacher Schadensersatz) in Betracht. Eine Vermögenseinbuße, die nicht durch eine ordnungsgemäße Nacherfüllung zu beseitigen oder zumindest zu vermeiden wäre, fällt unter Schadensersatz neben der Leistung, da für einen solchen Schaden die Nacherfüllung bedeutungslos und die Fristsetzung als eine weitere Voraussetzung für den Schadensersatz nicht erforderlich ist[844]. Er erfasst insbesondere sog. „Mangelfolgeschäden“ wie mangelbedingten

840 BGH Urt. 22. 02. 2018 – VII ZR 46/17 = BGHZ 218, 1 = NJW 2018, 1463, Rn. 27.

841 BGH Urt. 07. 07. 1988 – VII ZR 320/87 = BGHZ 105, 103 = NJW 1988, 2728, juris Rn. 14 f.

842 BGH Urt. 22. 02. 2018 – VII ZR 46/17 = BGHZ 218, 1 = NJW 2018, 1463, Rn. 48 ff.

843 BGH Urt. 22. 02. 2018 – VII ZR 46/17 = BGHZ 218, 1 = NJW 2018, 1463, Rn. 53 f.

844 BGH Urt. 02. 04. 2014 – VIII ZR 46/13 = BGHZ 200, 337 = NJW 2014, 2183 (Aluminium-Profilleistung), Rn. 25; Lorenz, NJW 2002, 2497 (2500); Medicus / Lorenz, Schuldrecht BT, § 7 Rn. 72; BeckOK BGB / Faust, § 437 BGB Rn. 68; Bülow / Artz, Verbraucherprivatrecht, Rn. 482.

Nutzungsausfall[845] (z.B. Mietverlust) und die Sachverständigenkosten[846]. Beim einfachen Schadensersatz knüpft das erforderliche Vertretenmüssen an die mangelhafte Herstellung an. Das Vertretenmüssen des Bauträgers ist grundsätzlich anzunehmen, da er als Hersteller die mangelhafte Bauausführung verhindern kann und muss.

Soweit solche Schäden sich auch auf den Verzug mit der Nacherfüllung beziehen, kann der Erwerber auch sie als Verzugsschaden nach § 280 Abs. 1, 2 i.V.m. § 286 BGB geltend machen[847]. Anders als der einfache Schadensersatz setzt der Verzugsschadenersatz eine Mahnung voraus, da die Fälligkeit der Nacherfüllungspflicht nach Kalender weder bestimmt wird noch bestimmbar ist (vgl. § 286 Abs. 1, 2 BGB). Das Verschulden knüpft an die Nichtvornahme der Nacherfüllungspflicht an[848]. Er kann nämlich nicht die Mängelfolgeschäden abdecken, die vor der Mängelbeseitigungsaufforderung bereits aufgetreten sind.

IV. Inhaltskontrolle der Haftungsbeschränkungsklausel

Nach dem ausdrücklichen Willen des Gesetzgebers fällt die werkvertragliche Gewährleistung (§§ 633 ff. BGB) nicht in den Katalog der halbzwin-

---

845 BT-Drucks. 14/6040, S. 225; BGH Urt. 19. 06. 2009 – V ZR 93/08 = NJW 2009, 2674, Rn. 12; Medicus / Lorenz, Schuldrecht AT, § 36 Rn. 23; Bülow / Artz, Verbraucherprivatrecht, Rn. 484; Medicus, JuS 2003, 521 (528); Canaris, in: Karlsruher Forum 2002, S. 5 (38 f.); Faust, in: FS Canaris, 2007, S. 219 (239 ff.). **a.A.: nur als Verzugsschaden ersatzfähig:** Oetker / Maultzsch, Vertragliche Schuldverhältnisse, § 2 Rn. 299.

846 BGH Urt. 27. 02. 2003 – VII ZR 338/01 = BGHZ 154, 119 = NJW 2003, 1526, juris Rn. 28; Lorenz, NJW 2014, 2319 (2320 f.); Kaiser, BauR 2013, 139 (145). Die Sachverständigenkosten zur Auffindung des zu beseitigenden Mangels sind auch als Mängelbeseitigungskosten nach § 635 Abs. 2 BGB ersatzfähig (**genau siehe oben II. 1.**). Vgl. BGH Urt. 30. 04. 2014 – VIII ZR 275/13 = BGHZ 201, 83 = NJW 2014, 2351 (Holzparkett), Rn. 18; BeckOK BGB / Voit, § 635 BGB Rn. 10; Müko BGB / Busche, § 635 BGB Rn. 16; Staudinger BGB / Peters (2019), § 635 BGB Rn. 2.

847 BGH Urt. 03. 11. 1989 – V ZR 57/88 = NJW 1990, 901, juris Rn. 15; Lorenz, NJW 2014, 2319 (2320 f.).

848 Lorenz, NJW 2014, 2319 (2320 f.). Der Verzugsschadensersatz nach § 286 Abs. 1 BGB ist insbesondere im Kaufrecht von Bedeutung. Denn der Zwischenhändler hat die Lieferung einer mangelhaften Sache (§ 433 Abs. 1 S. 2 BGB) grundsätzlich nicht zu vertreten und damit scheitert ein einfacher Schadensersatz gemäß § 280 Abs. 1 BGB. Aber er hat für den Verzug mit der Nacherfüllung regelmäßig ein Verschulden.

genden Verbraucherschutzvorschriften in § 650o BGB. Denn in diesem Bereich ist der Schutz des Verbrauchers vor ungerechten Vertragsklauseln im Rahmen der AGB-Inhaltskontrolle nach §§ 307 ff. BGB – insbesondere die Klauselverbote in § 309 Nr. 8 lit. b BGB – ausreichend sicherzustellen[849] (**siehe § 3.1 II.**). Die vorformulierten Vertragsklauseln im Bauträgervertrag unterliegen der Inhaltskontrolle nach §§ 307 ff. BGB, da sie entweder AGB i.S.v. § 305 Abs. 1 BGB (AGB-Vermutung[850], **siehe § 3.1 III. 2**) oder – soweit der Erwerber Verbraucher ist – vom Unternehmer vorformulierte Einmalklauseln im Verbrauchervertrag i.S.v. § 310 Abs. 3 Nr. 2 BGB darstellen.

1. Subsidiaritätsklausel

Für die Beschränkung der Mängelhaftung spielen die Klauselverbote in § 309 Nr. 8 lit. b BGB eine wichtige Rolle. Danach sind einige typische Gestaltungen der Beschränkung der Mängelhaftung in AGB bei Verträgen über Lieferungen neu hergestellter Sachen[851] und über Werkleistungen unzulässig. Darin ist die Gestaltung von „Ausschluss und Verweisung auf Dritte" (vgl. § 309 Nr. 8 lit. b aa) BGB), und zwar die subsidiäre Eigenhaftung des Bauträgers, bis zu deren vollständigem Verbot[852] in Bauträgerverträgen üblich. Die Subsidiaritätsklausel, nach welcher der Erwerber erst nach einer fehlschlagenden gerichtlichen oder außergerichtlichen Rechtsverfolgung gegen letztverantwortliche Subunternehmer (aufgrund der vom Bauträger abgetretenen Ansprüche) den Bauträger in Anspruch nehmen kann, erschwert nicht nur faktisch die Rechtsverfolgung, sondern begründet auch zahlreiche rechtliche Nachteile[853]. Der Erwerber ist gezwungen, die Ursache der Mängel zu ermitteln, um den (richtigen) dafür verantwortlichen Subunternehmer aufzufinden, und gegenüber diesem, ggf. gegenüber mehreren die Mängelrechte des Bauträgers geltend zu machen, wofür der Bauträger als Generalunternehmer eigentlich selbst sorgen muss. Die Vertragsgestaltung und die Vorteile des Generalunternehmer-

---

849 BT-Drucks. 18/8486, S. 101.

850 BGH Urt. 14. 05. 1992 – VII ZR 204/90 = BGHZ 118, 229 = NJW 1992, 2160, juris Rn. 30 ff.

851 Kriterien und Faustregel für Abgrenzung von „neu hergestellter" und „gebrauchter Sache", **siehe § 2.1 II. 3. b**).

852 BGH Urt. 21. 03. 2002 – VII ZR 493/00 = BGHZ 150, 226 = NJW 2002, 2470, juris Rn. 38 ff.

853 BT-Drucks. 7/3919, S. 33 f.

vertrags werden nämlich durch die Subsidiaritätsklausel zulasten des Erwerbers weitgehend aufgehoben[854]. Eine von der vorherigen gerichtlichen Inanspruchnahme Dritter abhängige Eigenhaftung des Bauträgers ist nach § 309 Nr. 8 lit. b aa) BGB unzulässig. Auch die Obliegenheit des Erwerbers zur außergerichtlichen Rechtsdurchsetzung gegenüber Dritten ist wegen der Gefährdung der Erreichung des Zwecks des Generalunternehmervertrags nach § 307 Abs. 1 S. 1, Abs. 2 Nr. 2 BGB unwirksam[855].

2. Abnahmeklausel und Verkürzung der Verjährungsfrist

Nach § 309 Nr. 8 lit. b ff) BGB ist die 5-jährige Verjährungsfrist gemäß § 634a Abs. 1 Nr. 2 BGB nicht durch AGB unmittelbar oder etwa in der Weise der Vorverlegung des gesetzlichen Fristbeginns mittelbar[856] verkürzt. Eine besondere Gestaltung im Bauträgervertrag besteht darin, dass der Nachzügler im Hinblick auf die Abnahme des Gemeinschaftseigentums (**siehe § 4.3 II. 1. c)**) an eine bereits erfolgte Abnahme gebunden ist, die von einem Dritten etwa von der Wohnungseigentümergemeinschaft oder von einem vereidigten Sachverständigen durchgeführt worden ist. Mit der Anknüpfung an eine (vor dem Vertragsschluss) bereits erfolgte Abnahme wird der Verjährungsbeginn der Mängelrechte des Nachzüglers auf einen Zeitpunkt vorverlagert, zu dem er das Gemeinschaftseigentum weder erworben hatte noch es ihm übergeben war. Dies ist eine mittelbare Verkürzung der Verjährungsfrist und damit nach § 309 Nr. 8 lit. b ff) BGB unwirksam[857].

Neben der Verkürzung der Verjährungsfrist ist diese Klausel wegen Entzugs der Abnahmebefugnis des einzelnen Erwerbers mit wesentlichen Rechtsgedanken der gesetzlichen Regelung in § 640 Abs. 1 BGB unvereinbar und damit nach § 307 Abs. 1 S. 1, Abs. 2 Nr. 1 BGB unwirksam[858]. Die Abnahme ist für die Abwicklung des Werkvertrags von großer rechtlicher

854 BGH Urt. 21. 03. 2002 – VII ZR 493/00 = BGHZ 150, 226 = NJW 2002, 2470, juris Rn. 40.

855 BGH Urt. 21. 03. 2002 – VII ZR 493/00 = BGHZ 150, 226 = NJW 2002, 2470, juris Rn. 38 ff.

856 BGH Urt. 09. 10. 1986 – VII ZR 245/85 = NJW-RR 1987, 144, juris Rn. 16.

857 BGH Urt. 12. 05. 2016 – VII ZR 171/15 = BGHZ 210, 206 = NJW 2016, 2878, Rn. 48 ff.; BGH Urt. 25. 02. 2016 – VII ZR 49/15 = NJW 2016, 1572, Rn. 37.

858 BGH Urt. 12. 05. 2016 – VII ZR 171/15 = BGHZ 210, 206 = NJW 2016, 2878 Rn. 44 ff.

Bedeutung. Viele werkvertragliche Rechtswirkungen[859] knüpfen an die Abnahme an[860] (**siehe § 4.1 I.**). Aus der erheblichen Bedeutung der Abnahme im Werkvertragsrecht ist der einzelne Erwerber berechtigt, im Hinblick auf die Abnahme des Gemeinschaftseigentums selbst zu entscheiden oder durch eine von ihm zu beauftragende Vertrauensperson entscheiden zu lassen[861]. Insbesondere hat er auch ein großes Interesse an der Mängelfreiheit des Gemeinschaftseigentums, da seine Zahlungen zum weitaus größeren Teil für das Gemeinschaftseigentum (z.B. Baustatik) aufgewandt werden[862]. Das Interesse des Bauträgers an einer frühzeitigen und einheitlichen Abnahme des Gemeinschaftseigentums kann hingegen den Entzug der Abnahmebefugnis des einzelnen Erwerbers nicht rechtfertigen[863]. Darüber hinaus ist die Neutralität des Abnahmevertreters, der vom Bauträger ausgewählt wird, z.B. eines (vereidigten) Sachverständigen[864] oder des Erstverwalters[865] nicht immer sicherzustellen.

3. Änderungsvorbehalt

Der Leistungsinhalt des Bauträgers ist vor allem nach der Baubeschreibung zu bestimmen (**siehe § 3.2 I. 1.**). Eine (negative) Abweichung von der nach der Baubeschreibung bestimmten Beschaffenheit (§ 633 Abs. 2 S. 1 BGB) führt zur vertragswidrigen Bauleistung und damit zur Mängelhaftung des Bauträgers. Dennoch könnte der Vertragswidrigkeit den Boden entzogen werden, wenn der Bauträger eine Klausel verwendet, die ihm im Hinblick auf die versprochenen Leistungen eine einseitige Änderungsbefugnis eingeräumt. Der Änderungsvorbehalt kann den Erwerber dazu nötigen,

---

859 Z.B. die Anwendung der besonderen Regelungen über werkvertragliche Gewährleistung in §§ 634 ff. BGB, die Beweislastumkehr über Mängelfreiheit (§§ 363, 632 Abs. 1 S. 3), Vorbehalt der offenkundigen Mängel (§ 640 Abs. 3 BGB), Fälligkeit der Vergütung (§ 641 Abs. 1 BGB), Gefahrübergang (§ 644 BGB) usw..

860 BGH Urt. 23. 02. 1989 – VII ZR 89/87 = BGHZ 107, 75 = NJW 1989, 1602, juris Rn. 9.

861 BGH Urt. 12. 05. 2016 – VII ZR 171/15 = BGHZ 210, 206 = NJW 2016, 2878 Rn. 45.

862 BGH Urt. 21. 02. 1985 – VII ZR 72/84 = NJW 1985, 1551, juris Rn. 24.

863 BGH Urt. 12. 05. 2016 – VII ZR 171/15 = BGHZ 210, 206 = NJW 2016, 2878 Rn. 46.

864 Grziwotz, NZBau 2019, 218 (223); BeckOK WEG / Müller,§ 9a WEG Rn. 261.

865 BGH Beschl. 12. 09. 2013 – VII ZR 308/12 = NJW 2013, 3360, Rn. 8 f.; BGH Urt. 30. 06. 2016 – VII ZR 188/13 = NJW 2016, 3097, Rn. 22.

eine von seiner ursprünglichen Vorstellung abweichende Leistung als eine vertragsmäßige anzunehmen[866]. Die Änderungsvorbehaltsklausel ist nach § 308 Abs. 4 BGB nur zulässig, wenn sie unter Berücksichtigung der Interessen des Bauträgers für den Erwerber zumutbar ist. Diese Voraussetzung ist in Anlehnung an Anhang I k des Art. 3 Klausel-RL nur erfüllt, wenn für die Änderung ein triftiger Grund vorliegt[867]. Aufgrund des Transparenzgebots des AGB-Rechts (§ 307 Abs. 1 S. 2 BGB und Art. 5 S. 1 Klausel-RL) sind zudem die triftigen Gründen in der Klausel in klarer und verständlicher Weise zu bestimmen und in ihren Voraussetzungen erkennbar die Interessen des Erwerbers angemessen zu berücksichtigen[868].

§ 4.3 Mängel am Gemeinschaftseigentum

Das Vertragsobjekt des Bauträgervertrags ist i.d.R. ein Wohnungseigentum, das aus dem Sondereigentum an einer Wohnung und aus dem Miteigentumsanteil am Gemeinschaftseigentum besteht (§ 1 Abs. 2 WEG). Die Mängel können auch am Gemeinschaftseigentum auftreten (z.B. Schäden aus Fehlern der Baustatik oder Durchfeuchtungsschäden[869]). Die Mängel am Gemeinschaftseigentum beziehen sich auf mehrere Erwerber, den ihr Miteigentumsanteil am Gemeinschaftseigentum und hinsichtlich desselben Mangels die jeweiligen Mängelrechte aufgrund jeweiliger mit dem Bauträger abgeschlossener Verträge zustehen. Im Hinblick auf die Frage, wie mangelhafte Teile des Gemeinschaftseigentums zu behandelt sind, ist ein einheitliches Vorgehen aller Erwerber/Wohnungseigentümer geboten. Vor diesem Hintergrund betrifft die Ausübung der Mängelrechte des Erwerbers sowohl das Vertragsrecht als auch das Wohnungseigentumsrecht.

866 BT-Drucks. 7/3919, S. 26.
867 BGH Urt. 23. 06. 2005 – VII ZR 200/04 = NJW 2005, 3420, juris Rn. 18.
868 BGH Urt. 23. 06. 2005 – VII ZR 200/04 = NJW 2005, 3420, juris Rn. 18.
869 BGH Urt. 21. 02. 1985 – VII ZR 72/84 = NJW 1985, 1551, juris Rn. 25.

I. Mitgläubigerschaft

1. Unteilbare Leistung

a) Erfüllungs- und Nacherfüllungsanspruch

Im Hinblick auf das Gemeinschaftseigentum ist dem Erwerber aufgrund des Bauträgervertrags zwar eine bestimmte Quote des Miteigentumsanteils zu verschaffen, aber er hat auch einen werkvertraglichen Anspruch auf mangelfreie Errichtung des gesamten Gemeinschaftseigentums (§ 631 Abs. 1 BGB). Diese werkvertragliche Leistung ist nämlich für alle Erwerber (Gläubiger) gegenständlich unteilbar und damit kann jeder Erwerber die ganze Leistung verlangen[870]. Das gilt auch für den Nacherfüllungsanspruch (§ 635 Abs. 1 BGB), der einen modifizierten Erfüllungsanspruch darstellt. Der Erwerber kann seinen titulierten (Nach)Erfüllungsanspruch in Form der Ersatzvornahme (§ 887 ZPO) vollstrecken. Nach dem Zweck der Ersatzvornahme sollen die notwendigen Kosten der Ersatzvornahme nach gesamten Kosten und nicht nur anteilig nach der Miteigentumsquote berechnet werden. Insoweit sind der Ersatz der Kosten der Ersatzvornahme und die Vorauszahlung nach § 887 Abs. 1, 2 ZPO auch rechtlich unteilbar.

b) Auf Geldzahlung gerichtete Mängelrechte

Bei Aufwendungsersatz- und Vorschussanspruch sowie kleinem Schadensersatz und Minderung (**siehe § 4.2 II. 2.**) handelt es sich um Geldleistungspflicht. Die Geldleistung ist zwar gegenständlich teilbar, aber kann rechtlich unteilbar sein. Dass diese Geldleistung an die Stelle des unteilbaren Herstellungs- und Nacherfüllungsanspruchs tritt, spricht zwar für ihre rechtliche Unteilbarkeit[871], aber dogmatisch nicht zwingend[872]. Maßgeblich sind vielmehr der Normzweck der einschlägigen Vorschriften und das Verhältnis zwischen mehreren Erwerbern[873].

---

870 BGH Urt. 10. 05. 1979 – VII ZR 30/78 = BGHZ 74, 258 = NJW 1979, 2207 juris Rn. 22.

871 BGH Urt. 25. 02. 1999 – VII ZR 208/97 = BGHZ 141, 63 = NJW 1999, 1705 juris Rn. 11; BeckOK WEG / Müller, § 9a WEG Rn. 225.

872 Ott, ZWE 2017, 106 (110).

873 Medicus / Lorenz, Schuldrecht AT, § 65 Rn. 12.

Die zur Mängelbeseitigung dienende Geldleistung soll rechtlich unteilbar sein[874]. Es ist unzweifelhaft sachgerecht, dass derjenige, der bereits die Mängel berechtigt eigenmächtig beseitigt hat[875], die tatsächlich aufgewandten Mängelbeseitigungskosten aufgrund Aufwendungsersatzes und/oder kleinen Schadensersatzes (**siehe § 4.2 II. 2. a) aa**)) unabhängig von seinem Miteigentumsanteil an Gemeinschaftseigentum in voller Höhe geltend machen kann[876]. Gleiches gilt auch für den Kostenvorschuss nach § 637 Abs. 3 BGB[877], da der nach der Miteigentumsquote berechnete Kostenvorschuss deutlich für die beabsichtigten Mängelbeseitigungsmaßnahmen nicht ausreichend und damit zweckwidrig ist. Dieser Lösungsansatz steht im Ergebnis mit den Kosten der Ersatzvornahme und der Vorauszahlung nach § 887 Abs. 1, 2 ZPO in Einklang (**siehe oben a**)).

Der Grund für die Unteilbarkeit der Geldleistung besteht vor allem darin, dass Erwerber Miteigentümer des Gemeinschaftseigentums sind, was gerade das zwangsläufige Ergebnis der Erfüllung des Bauträgervertrags ist. Im Hinblick auf die Disposition über das mangelhafte Gemeinschaftseigentum ist das einheitliche Vorgehen aller Wohnungseigentümer geboten. Diese Disposition bezieht sich unmittelbar auf den Inhalt der auf Geldzahlung gerichtet Mängelrechte, und zwar darauf, ob Mängelbeseitigungskosten oder nur ein mangelbedingter Minderwert geltend gemacht werden können (**siehe § 4.2 II. 2. a) cc**)). Insoweit soll den Erwerbern die Möglichkeit eingeräumt werden, durch Mehrheitsbeschluss (§ 19 Abs. 1 WEG) gemeinsam zu entscheiden, wie sie das mangelhafte Gemeinschaftseigentum behandeln und die vom Bauträger gezahlten Geldmittel verwenden[878]. Dies steht dem anteiligen Anspruch des einzelnen Erwerbers entgegen. Denn eine unangenehme Situation entstünde, wenn ein Erwerber nach seiner Miteigentumsquote den mangelbedingten Minderwert geltend machen würde, während der andere für beabsichtigte Selbstmängelbeseitigung den gesamten Kostenvorschuss verlangen würde. Die vorangehende anteilige Geldleistung an einzelnen Erwerber würde entweder (in Erman-

---

874 BGH Urt. 06. 06. 1991 – VII ZR 372/89 = BGHZ 114, 338 = NJW 1991, 2480, juris Rn. 25 f.; BGH Urt. 23. 06. 2005 – VII ZR 200/04 = NJW 2005, 3420, juris Rn. 30. **a.A.:** Greinzer, NZM 2017, 713 (719 f.); Ott, ZWE 2017, 106 (110).

875 BGH Urt. 21. 07. 2005 – VII ZR 304/03 = NJW-RR 2005, 1472, juris Rn. 10, 13.

876 BGH Urt. 25. 02. 1999 – VII ZR 208/97 = BGHZ 141, 63 = NJW 1999, 1705 juris Rn. 10.

877 Koeble in: Kompendium des Baurechts, Teil 10 Rn. 511; BGH Urt. 06. 06. 1991 – VII ZR 372/89 = BGHZ 114, 338 = NJW 1991, 2480, juris Rn. 28.

878 BGH Urt. 10. 05. 1979 – VII ZR 30/78 = BGHZ 74, 258 = NJW 1979, 2207 juris Rn. 22.

gelung von Gesamtwirkung) zur Gefahr einer doppelten Inanspruchnahme oder (mit Gesamtwirkung) zu einer Schmälerung des nachgehenden Kostenvorschusses, der aber nach dem Sinn und Zweck des § 637 Abs. 3 BGB zwingend in voller Höhe zu berechnen ist, führen.

2. Empfangsbefugnis

Im Hinblick auf das mangelhafte Gemeinschaftseigentum sind nicht nur der Anspruch auf Mängelbeseitigung, sondern auch die auf Geldzahlung gerichteten Mängelrechte eine unteilbare Leistung[879]. Dabei handelt es sich nach der hier vertretenen Ansicht nicht um eine Gesamtgläubigerschaft (§ 428 BGB), sondern um eine Mitgläubigerschaft (§ 432 BGB)[880], d.h. die Leistung des Bauträgers soll nicht an einen einzelnen Erwerber, sondern an die Wohnungseigentümergemeinschaft (**folgend:** Gemeinschaft), die sich – abgesehen von Bauträger[881] selbst – aus allen Erwerbern sowie ihren Nachfolgern[882] zusammensetzt, erbracht werden[883].

Die Mitgläubigerschaft ist insbesondere für die auf Geldzahlung gerichteten Mängelrechte von großer Bedeutung. Die Erhaltung des Gemeinschaftseigentums ist die Aufgabe und Befugnis der Gemeinschaft zur ordnungsgemäßen Verwaltung des Gemeinschaftseigentums (§§ 18 Abs. 1, 19 Abs. 2 Nr. 2 WEG). Dazu gehört auch die mangelfreie Erstherstellung des Gemeinschaftseigentums, denn die Beseitigung anfänglicher Mängel des Gemeinschaftseigentums soll keinen Unterschied zur Behebung von

879 BGH Urt. 10. 05. 1979 – VII ZR 30/78 = BGHZ 74, 258 = NJW 1979, 2207 juris Rn. 22; BGH Urt. 21. 02. 1985 – VII ZR 72/84 = NJW 1985, 1551, juris Rn. 27.

880 BeckOK WEG / Müller, § 9a WEG Rn. 161; Koeble in: Kompendium des Baurechts, Teil 10 Rn. 489. Die frühere Rechtsprechung ging einmal von Gesamtgläubigerschaft i.S.v. § 428 BGB aus (Vgl. BGH Urt. 10. 05. 1979 – VII ZR 30/78 = BGHZ 74, 258 = NJW 1979, 2207 juris Rn. 21). Die Rechtsprechung lässt aber später (und bis heute) diese Frage offen (Vgl. BGH Urt. 11. 10. 1979 – VII ZR 247/78 = BauR 1980, 69, juris Rn. 23; BGH Urt. 21. 02. 1985 – VII ZR 72/84 = NJW 1985, 1551, juris Rn. 27).

881 Das Stimmrecht des Bauträgers ist nach § 25 Abs. 4 WEG ausgeschlossen. Vgl. BeckOK WEG / Müller, § 9a WEG Rn. 245; Koeble in: Kompendium des Baurechts, Teil 10 Rn. 560.

882 Dem Nachfolger stehen durch eine ausdrückliche oder konkludente Abtretung die Mängelrechte des ersten Erwerbers gegenüber dem Bauträger zu. Vgl. Greiner, NZM 2017, 713 (718); Koeble in: Kompendium des Baurechts, Teil 10 Rn. 553.

883 Koeble in: Kompendium des Baurechts, Teil 10 Rn. 490.

Mängeln haben, die erst später auftreten[884]. Aufgrund dieser Befugnis und Aufgabe soll die Gemeinschaft etwa unter Mehrheitsbeschluss (§ 19 Abs. 1 WEG) alle sinnvollen Maßnahmen zur Beseitigung oder bei unbehebbaren Mängeln zur Minderung der mangelbedingten Beeinträchtigung[885] treffen. Die Mitgläubigerschaft bedeutet, dass die Geldleistung des Bauträgers wie der Kostenvorschuss[886] und der kleine Schadensersatz[887] ausschließlich der Gemeinschaft zufließt, so dass die für diese Maßnahmen erforderlichen Geldmittel sicherzustellen sind[888].

Da der einzelne Erwerber hinsichtlich der Geldleistung des Bauträgers im Rahmen der Mitgläubigerschaft keine Empfangsbefugnis hat, kann er ohne Ermächtigung durch Gemeinschaft[889] (zur Einräumung der Einziehungsbefugnis) nicht mit diesen Geldforderungen sein restliches Entgelt (Schlusszahlung) aufrechnen[890]. Auch der Bauträger kann hier auch nicht aufrechnen[891].

Dennoch besteht eine Ausnahme der Mitgläubigerschaft. Soweit die Mängel unbehebbar sind und sich lediglich auf ein bestimmtes Sondereigentum auswirken (z.B. Schäden im Sondereigentum aus Fehlern der Baustatik), ist der betroffene Erwerber der einzige Rechtsinhaber des Anspruchs auf kleinen Schadensersatz[892]. Denn der kleine Schadensersatz ist allein nach dem mangelbedingten Minderwert des betroffenen Sonderei-

---

884 BGH Urt. 12. 04. 2007 – VII ZR 236/05 = BGHZ 172, 42 = NJW 2007, 1952, Rn. 16; BGH Urt. 12. 04. 2007 – VII ZR 50/06 = BGHZ 172, 63 = NJW 2007, 1957, Rn. 26.

885 BGH Urt. 10. 05. 1979 – VII ZR 30/78 = BGHZ 74, 258 = NJW 1979, 2207 juris Rn. 22; BGH Urt. 15. 02. 1990 – VII ZR 269/88 = BGHZ 110, 258 = NJW 1990, 1663, juris Rn. 18.

886 BGH Urt. 12. 04. 2007 – VII ZR 236/05 = BGHZ 172, 42 = NJW 2007, 1952, Rn. 18; BGH Urt. 12. 04. 2007 – VII ZR 50/06 = BGHZ 172, 63 = NJW 2007, 1957, Rn. 55.

887 BGH Urt. 06. 06. 1991 – VII ZR 372/89 = BGHZ 114, 383 = NJW 1991, 2480, juris Rn. 18; BGH Urt. 23. 06. 2005 – VII ZR 200/04 = NJW 2005, 3420, juris Rn. 30.

888 BGH Urt. 06. 06. 1991 – VII ZR 372/89 = BGHZ 114, 383 = NJW 1991, 2480, juris Rn. 18; BGH Urt. 23. 06. 2005 – VII ZR 200/04 = NJW 2005, 3420, juris Rn. 31; BGH Urt. 21. 07. 2005 – VII ZR 304/03 = NJW-RR 2005, 1472, juris Rn. 10.

889 BeckOK WEG / Müller, § 9a WEG Rn. 201.

890 BGH Urt. 12. 04. 2007 – VII ZR 50/06 = BGHZ 172, 63 = NJW 2007, 1957, Rn. 75; BeckOK WEG / Müller, § 9a WEG Rn. 229.

891 BeckOK WEG / Müller, § 9a WEG Rn. 229.

892 BGH Urt. 15. 02. 1990 – VII ZR 269/88 = BGHZ 110, 258 = NJW 1990, 1663, juris Rn. 18.

gentums zu berechnen[893]. Ob der betroffene Erwerber mit diesen Geldmitteln an oder in seinem Sondereigentum bestimmte Maßnahmen trifft, um die mangelbedingte Beeinträchtigung zu mindern, ist ausschließlich seine Angelegenheit[894]. Dabei handelt es sich nämlich weder um die Mängelrechte anderer Erwerber noch um die Aufgabe der Gemeinschaft zur ordnungsgemäßen Verwaltung des Gemeinschaftseigentums.

Darüber hinaus kann die Gemeinschaft auch durch einen Mehrheitsbeschluss (§ 19 Abs. 1 WEG) dem einzelnen Erwerber die Ausübungs- und Empfangsbefugnis erteilen[895], sogar z.B. im Falle des Verzichts auf die Mängelbeseitigung die Mitgläubigerschaft und die Gemeinschaftsbezogenheit aufheben und damit allen Erwerbern die Befugnis zur Verfolgung seiner anteiligen Rechte einräumen[896] (**siehe auch unten II. 2. b**)).

Im Rahmen der Mitgläubigerschaft ist die Leistung des Bauträgers zwar unteilbar an die Gemeinschaft zu erbringen, aber die Rechte der einzelnen Erwerber beruhen unmittelbar auf den jeweiligen Bauträgerverträgen. Deshalb sind der Fortbestand und die Verfolgung der dem einzelnen Erwerber zustehenden Rechte nach § 432 Abs. 2 BGB davon unberührt, dass die Ansprüche anderer Erwerber verjährt[897] oder etwa wegen rügeloser Abnahme (§ 640 Abs. 3 BGB) erloschen sind[898]. Insoweit kommen die Mängelrechte eines Nachzüglers allen Erwerbern/Wohnungseigentümern zugute, da seine Ansprüche i.d.R. wegen einer spät erfolgten Abnahme später verjähren (vgl. § 634a Abs. 2 BGB) (**siehe auch unten II. 1. c**)).

3. Vergleich mit Wohnungskauf

Die Rechtslage beim Kauf einer gebrauchten Eigentumswohnung ist anders als beim Bauträgervertrag gestaltet. Im Gegensatz zum Bauträgervertrag enthält der Kaufvertrag keine werkvertragliche Erfolgshaftung sowie

---

893 BGH Urt. 06. 06. 1991 – VII ZR 372/89 = BGHZ 114, 383 = NJW 1991, 2480, juris Rn. 26 f.

894 BGH Urt. 15. 02. 1990 – VII ZR 269/88 = BGHZ 110, 258 = NJW 1990, 1663, juris Rn. 18.

895 BeckOK WEG / Müller, § 9a WEG Rn. 201.

896 BeckOK WEG / Müller, § 9a WEG Rn. 223 f.; BGH Urt. 04. 11. 1982 – VII ZR 53/82 = NJW 1983, 453, juris Rn. 10.

897 BGH Urt. 21. 02. 1985 – VII ZR 72/84 = NJW 1985, 1551, juris Rn. 27; BGH Urt. 21. 02. 1985 – VII ZR 72/84 = NJW 1985, 1551, juris Rn. 27.

898 BeckOK WEG / Müller, § 9a WEG Rn. 193; Koeble in: Kompendium des Baurechts, Teil 10 Rn. 498 f.

keine Pflicht zur mangelfreien Herstellung des gesamten Gemeinschaftseigentums[899]. Im Hinblick auf das Gemeinschaftseigentum ist der Verkäufer – wie beim Verkauf eines Bruchteils eines Grundstückseigentums – nach § 433 Abs. 1 BGB (nur) verpflichtet, dem Käufer das Miteigentumsanteil und den (Eigen)Besitz am Gemeinschaftseigentum zu verschaffen[900], d.h. die Leistungspflicht des Verkäufers geht nicht über seinen Miteigentumsanteil am Gemeinschaftseigentum hinaus. Aus diesem Grund soll der Schadensersatz statt der Leistung in Form des kleinen Schadensersatzes i.d.R. nach der Quote des Miteigentumsanteils zu bemessen sein[901]. Außerdem erleidet der Käufer grundsätzlich in Höhe der nach seiner Miteigentumsquote berechneten Mängelbeseitigungskosten einen Vermögenschaden, da er sich als Wohnungseigentümer gemäß § 16 Abs. 2 WEG an den Kosten der gemeinschaftlichen Mängelbeseitigung beteiligen muss[902]. Vor diesem Hintergrund kann der Käufer den kleinen Schadensersatzanspruch selbständig durchsetzen[903]. Eine Vergemeinschaftung erscheint auch zweifelhaft[904].

Auch im Rahmen der Nacherfüllung muss der Verkäufer grundsätzlich nur dem Miteigentumsanteil entsprechende Nacherfüllungskosten tragen. Der Nacherfüllungsanspruch als modifizierter Erfüllungsanspruch kann nur in natura bestehen, so dass der Verkäufer im Rahmen der Nacherfüllung verpflichtet ist, in vollem Umfang die Mängel am Gemeinschaftseigentum zu beseitigen[905]. Insoweit enthält § 439 Abs. 1 BGB keinen Anhaltspunkt für eine in Form der anteiligen Freistellungsverpflichtung[906] bestehende Nacherfüllungspflicht[907]. Dennoch trifft den Käufer die Obliegenheit, dafür zu sorgen, dass die Gemeinschaft die Durchführung der Maßnahmen genehmigt und sich die anderen Wohnungseigentümer nach

899 BGH Urt. 24. 07. 2015 – V ZR 167/14 = NJW 2015, 2874 Rn. 20; Greiner, NZM 2017, 713 (717).
900 BGH Urt. 14. 02. 2020 – V ZR 11/18 = BGHZ 225, 1 = NJW 2020, 2104, Rn. 49.
901 BGH Urt. 23. 06. 1989 – V ZR 40/88 = BGHZ 108, 156 = NJW 1989, 2534 juris Rn. 20; BGH Urt. 24. 07. 2015 – V ZR 167/14 = NJW 2015, 2874, Rn. 20; Greiner, NZM 2017, 713 (717).
902 Greiner, NZM 2017, 713 (717).
903 BGH Urt. 24. 07. 2015 – V ZR 167/14 = NJW 2015, 2874 Rn. 11 ff.
904 BGH Urt. 24. 07. 2015 – V ZR 167/14 = NJW 2015, 2874, Rn. 25. **a.A.:** Greinzer, NZM 2017, 713 (720).
905 BGH Urt. 14. 02. 2020 – V ZR 11/18 = BGHZ 225, 1 = NJW 2020, 2104, Rn. 50 f.
906 BGH Urt. 12. 03. 2010 – V ZR 147/09 = NJW 2010, 1805, Rn. 12.
907 BGH Urt. 14. 02. 2020 – V ZR 11/18 = BGHZ 225, 1 = NJW 2020, 2104, Rn. 51.

§ 16 Abs. 2 WEG an den Kosten beteiligen[908]. Folglich muss der Verkäufer nur unter Kostenbeteiligung der anderen Wohnungseigentümer gemäß § 16 Abs. 2 WEG die Nacherfüllung durchführen, d.h. er braucht endlich nur die anteiligen Mängelbeseitigungskosten zu übernehmen.

II. Ausübungsbefugnis

1. Materielle Ausübungsbefugnis

a) Ausschließliche Ausübungsbefugnis der Gemeinschaft (§ 9a Abs. 2 WEG)

Der Erwerber als Rechtsinhaber ist aufgrund der Privatautonomie (Art. 2 Abs. 1 GG) grundsätzlich befugt, seine Mängelrechte selbst auszuüben und prozessual durchzusetzen[909]. Deshalb kann er aufgrund des Erfüllungs- oder Nacherfüllungsanspruchs den Bauträger – ggf. auch unter Fristsetzung[910] – auffordern, die Mängel am Gemeinschaftseigentum zu beseitigen[911]. Nach erfolglosem Fristablauf kann er, soweit der Mangel nicht unerheblich ist, vom Vertrag zurücktreten und/oder den großen Schadensersatz verlangen (totale Abwicklung)[912]. Nach dem Vollzug der Rückabwicklung tritt der Erwerber aus der Gemeinschaft aus, so dass das mangelhafte Gemeinschaftseigentum nicht mehr seine Angelegenheit ist.

Würde der Erwerber hingegen den kleinen Schadensersatz und/oder die Minderung geltend machen, entfiele zwar sein Mängelbeseitigungsanspruch (vgl. § 281 Abs. 4 BGB), aber der andere Erwerber bliebe aufgrund des jeweiligen Vertragsverhältnisses unberührt (§ 432 Abs. 2 BGB). Dies würde zu einer Kollision zwischen Nacherfüllung und dem kleinen Schadensersatz / der Minderung führen. Der Anspruch der anderen Erwerber könnte nicht durch die Zahlung an die Gemeinschaft erlöschen, da die vom Bauträger erbrachte Leistung anders als die von ihm gegenüber ihnen

---

908 BGH Urt. 14. 02. 2020 – V ZR 11/18 = BGHZ 225, 1 = NJW 2020, 2104, Rn. 62.

909 BGH Urt. 24. 07. 2015 – V ZR 167/14 = NJW 2015, 2874 Rn. 12; BGH Urt. 12. 04. 2007 – VII ZR 236/05 = BGHZ 172, 42 = NJW 2007, 1952, Rn. 17 f.

910 BGH Urt. 06. 03. 2014 – VII ZR 266/13 = BGHZ 200, 263 = NJW 2014, 1377, Rn. 32; BGH Urt. 19. 08. 2010 – VII ZR 113/09 = NJW 2010, 3089, Rn. 27.

911 BGH Urt. 10. 05. 1979 – VII ZR 30/78 = BGHZ 74, 258 = NJW 1979, 2207 juris Rn. 13; BeckOK WEG / Müller, § 9a WEG Rn. 193.

912 BGH Urt. 06. 03. 2014 – VII ZR 266/13 = BGHZ 200, 263 = NJW 2014, 1377, Rn. 32.

geschuldete wäre[913]. Zum Schutz des Bauträgers vor der Gefahr der doppelten Inanspruchnahme ist im Hinblick auf den kleinen Schadensersatz und die Minderung ein einheitliches Vorgehen zwischen Erwerbern geboten[914]. Nach der ständigen Rechtsprechung gehört die Ausübung dieser beiden Mängelrechte – soweit keine abweichende Vereinbarung i.S.v. § 19 Abs. 1 WEG – zur ausschließlichen Befugnis der Gemeinschaft, so dass sie der einzelne Erwerber ohne Ermächtigung durch Gemeinschaft nicht selbst durchsetzen darf[915].

Dabei handelt es sich um Rechte der Wohnungseigentümer, die eine einheitliche Rechtsverfolgung erfordern (§ 9a Abs. 2 Alt. 2 WEG)[916]. Im Interesse der einheitlichen Rechtsverfolgung räumt das Gesetz der Gemeinschaft die ausschließliche Zuständigkeit ein und entzieht von vornherein die materielle Ausübungsbefugnis des einzelnen Erwerbers. Ein solcher gravierender Eingriff in die Privatautonomie bedarf einer besonderen Rechtfertigung, und zwar deutlich überwiegender schutzwürdiger Belange

---

913 Greiner, NZM 2017, 713 (719); Vogel, BauR 2021, 420 (422); BGH Urt. 30. 04. 1998 – VII ZR 47/97 = NJW 1998, 2967 juris Rn. 14.

914 Insoweit ist das Argument, dass der kleine Schadensersatz und die Minderung nicht miteinander vereinbar sind (vgl. BGH Urt. 10. 05. 1979 – VII ZR 30/78 = BGHZ 74, 258 = NJW 1979, 2207 juris Rn. 20), nach der Inkrafttreten des SMG obsolet, da die beiden Mängelrechte nach dem geltenden Recht (vgl. § 325 BGB) miteinander kombiniert werden können. Vgl. BT-Drucks. 14/6040, S. 226. (**siehe § 4.2 II. 4. b**))
Das Argument, dass der Schadensersatz nach dem schadensersatzrechtlichen Grundsatz der Dispositionsfreiheit nicht zwingend zur Mängelbeseitigung zu verwenden ist (vgl. BGH Urt. 10. 05. 1979 – VII ZR 30/78 = BGHZ 74, 258 = NJW 1979, 2207 juris Rn. 21 f.), verbleibt nach der Abschaffung der Schadensbemessung nach fiktiven Mängelbeseitigungskosten im Werkvertragsrecht (**siehe § 4.2 II. 2. a) cc**)) nur geringere Bedeutung (und zwar nur für Maßnahmen zur Minderung der Beeinträchtigung aus unbehebbaren Mängeln). Auch die Gefahr der parallelen Geltendmachung von Minderung oder Schadensersatz in vollem Umfang durch verschiedene Erwerber (vgl. BGH Urt. 24. 07. 2015 – V ZR 167/14 = NJW 2015, 2874 Rn. 18 f.) führt nicht zwingend zur ausschließlichen Ausübungsbefugnis der Gemeinschaft, da diese Gefahr vielmehr durch die Einräumung einer ausschließlichen Empfangsbefugnis der Gemeinschaft im Rahmen der Mitgläubigerschaft (§ 432 Abs. 1 BGB) besser zu überwinden ist (**siehe oben I. 2.**).

915 BGH Urt. 10. 05. 1979 – VII ZR 30/78 = BGHZ 74, 258 = NJW 1979, 2207 juris Rn. 17; BGH Urt. 15. 02. 1990 – VII ZR 269/88 = BGHZ 110, 258 = NJW 1990, 1663, juris Rn. 7 f.; BGH Urt. 06. 06. 1991 – VII ZR 372/89 = BGHZ 114, 383 = NJW 1991, 2480, juris Rn. 15.

916 BT-Drucks. 16/887, S. 61.

des Schuldners oder der Wohnungseigentümer[917]. Die Erforderlichkeit der einheitlichen Rechtsverfolgung kann nämlich nur zurückhaltend angenommen werden[918]. Sie ist im Falle der Mängel am Gemeinschaftseigentum nur bei dem kleinen Schadensersatz und der Minderung zum Zweck des Schutzes des Schuldners vor der Gefahr der doppelten Inanspruchnahme anzuerkennen[919].

b) Vergemeinschaftung der Mängelrechte

Die Beseitigung anfänglicher Mängel fällt unter die Kompetenz der Gemeinschaft zur ordnungsgemäßen Verwaltung des Gemeinschaftseigentums (§§ 18 Abs. 1, 19 Abs. 2 Nr. 2 WEG)[920]. Alle Maßnahmen zur Bekämpfung der Mängel am Gemeinschaftseigentum sind nämlich nur unter der Zustimmung der Gemeinschaft durchzuführen. Deshalb kann der Bauträger zwar nach § 635 Abs. 1 BGB die Art und Weise der Mängelbeseitigung bestimmen[921]. Die Gemeinschaft kann aber aufgrund ihrer Kompetenz gemäß § 19 Abs. 2 Nr. 2 WEG eine untaugliche oder für Wohnungseigentümer unzumutbare Maßnahme verweigern. Diese Befugnis steht gerade mit der vertraglichen Befugnis des Erwerbers zur Zurückweisung eines untauglichen und für ihn unzumutbaren Mängelbeseitigungsangebots in Einklang (**siehe § 4.2 II. 1.**)[922]. Im Falle der Selbstvornahme (§ 637 BGB) ist die Mängelbeseitigung nur von der Gemeinschaft oder unter Ermächtigung durch die Gemeinschaft durchzuführen, auch wenn der einzelne Erwerber die Zahlung des Kostenvorschusses an die Gemeinschaft (§ 637 Abs. 3 BGB) selbständig verlangen kann. Der Vollzug der Nacherfüllung und der Selbstvornahme beziehen sich unvermeidbar auf den Kernpunkt der Verwaltung des Gemeinschaftseigentums.

Bei der Rechtsverfolgung werden zudem die geltend gemachten Mängelrechte oft – insbesondere während des Prozesses – wegen einer später

---

917 BT-Drucks. 19/18971, S. 46; BGH Urt. 24. 07. 2015 – V ZR 167/14 = NJW 2015, 2874 Rn. 12 f.

918 BGH Urt. 24. 07. 2015 – V ZR 167/14 = NJW 2015, 2874 Rn. 12.

919 BT-Drucks. 16/887, S. 61.

920 BGH Urt. 12. 04. 2007 – VII ZR 236/05 = BGHZ 172, 42 = NJW 2007, 1952, Rn. 16; BGH Urt. 12. 04. 2007 – VII ZR 50/06 = BGHZ 172, 63 = NJW 2007, 1957, Rn. 26.

921 BeckOK BGB / Voit, § 635 BGB Rn. 8; Ott, ZWE 2017, 106 (109).

922 BGH Urt. 13. 12. 2001 – VII ZR 27/00 = BGHZ 149, 289 = NJW 2002, 1262, juris Rn. 20; BGH Urt. 05. 05. 2011 – VII ZR 28/10 = NJW 2011, 1872, Rn. 17.

eingetretenen Veränderung oder Disposition abgeändert. Die Befugnis zur Rechtsdurchsetzung wird aber je nach jeweiligen Rechten in die Gemeinschaft und in den einzelnen Erwerber aufgeteilt. Der Nacherfüllungs- und Vorschussverlangen können z.B. wegen berechtigter Ablehnung gemäß § 275 Abs. 2, 3 oder § 635 Abs. 3 BGB oder wegen Verzicht auf die Mängelbeseitigung durch die Gemeinschaft (**siehe § 4.2 II. 2. a) bb**)) nicht mehr begründet sein. An deren Stelle treten der kleine Schadensersatz und die Minderung, für die jedoch allein die Gemeinschaft zuständig ist. Bei behebbaren Mängeln setzten außerdem diese beiden Mängelrechte grundsätzlich eine erfolglose Aufforderung zur Mängelbeseitigung unter Fristsetzung voraus (§ 281 Abs. 1 und § 323 Abs. 1 BGB), die aber der einzelne Erwerber als Rechtsinhaber selbständig durchführen kann[923].

Aus diesen Gründen ist eine gemeinschaftliche Durchsetzung des Nacherfüllungs- und Vorschussanspruchs zwar nicht zwingend, aber sinnvoll und effizient. Nach der ständigen Rechtsprechung kann die Gemeinschaft im Rahmen der ordnungsgemäßen Verwaltung des Gemeinschaftseigentums gemäß § 19 Abs. 2 Nr. 2 WEG[924] die Ausübung der auf die ordnungsgemäße Herstellung des Gemeinschaftseigentums gerichteten Rechte der Erwerber aus jeweiligen Bauträgerverträgen durch Mehrheitsbeschluss an sich ziehen (sog. Vergemeinschaftung)[925] und dann die Nacherfüllung[926] – ggf. auch unter Fristsetzung – und den Kostenvorschuss[927] verlangen.

Nach der Vergemeinschaftung ist nur die Gemeinschaft für die Rechtsdurchsetzung zuständig, da die ordnungsgemäße Verwaltung in aller Regel eine gemeinschaftliche Willensbildung über Mängelbeseitigungsstrate-

---

923 BGH Urt. 06. 03. 2014 – VII ZR 266/13 = BGHZ 200, 263 = NJW 2014, 1377, Rn. 32; BGH Urt. 19. 08. 2010 – VII ZR 113/09 = NJW 2010, 3089, Rn. 27.

924 Nach ersatzloser Abschaffung des § 10 Abs. 6 S. 3 Alt. 2 WEG a.F. (sog. gekorene gemeinschaftsbezogene Rechte) im Zug des Wohnungseigentumsmodernisierungsgesetzes im Jahr 2020 beruht die Vergemeinschaftung solcher Mängelrechte ausschließlich auf § 19 Abs. 2 Nr. 2 WEG (= § 21 Abs. 5 Nr. 2 WEG a.F.). Vgl. Pause, NZBau 2021, 230 (231).

925 BGH Urt. 12. 04. 2007 – VII ZR 236/05 = BGHZ 172, 42 = NJW 2007, 1952, Rn. 20; BGH Urt. 06. 03. 2014 – VII ZR 266/13 = BGHZ 200, 263 = NJW 2014, 1377, Rn. 32.

926 BGH Urt. 04. 06. 1981 – VII ZR 9/80 = BGHZ 81, 35 = NJW 1981, 1841 juris Rn. 14; MüKo BGB / Busche, § 634 BGB Rn. 92.

927 BGH Urt. 04. 06. 1981 – VII ZR 9/80 = BGHZ 81, 35 = NJW 1981, 1841 juris Rn. 14; BGH Urt. 12. 04. 2007 – VII ZR 236/05 = BGHZ 172, 42 = NJW 2007, 1952, Rn. 20.

gie erfordern wird[928]. Der Erwerber darf nur ausnahmsweise seine Mängelrechte insoweit geltend machen, als seine Rechtsausübung nicht mit den Interessen der Gemeinschaft kollidiert[929]. Er kann noch die Nacherfüllung unter Fristsetzung (außergerichtlich) verlangen, um die Voraussetzungen für totale Abwicklung des Vertrags (**siehe unten c)**) zu schaffen, soweit er keine abweichende Mängelbeseitigungsstrategie hat[930]. Wird z.B. ein konkretes Mängelbeseitigungsangebot des Bauträgers nur bis zur Klärung der Tauglichkeit und Nachhaltigkeit von der Gemeinschaft vorübergehend nicht genehmigt, ist eine parallele Fristsetzung des einzelnen Erwerbers hingegen wegen Kollision mit dem gemeinschaftlichen Vorgehen unzulässig und damit unwirksam[931]. Da die Mängelbeseitigungsaufforderung unter Fristsetzung bei der Interessekollision nicht in Betracht kommt, ist die totale Abwicklung des Vertrags nur bei entbehrlicher Fristsetzung (vgl. § 636 BGB) möglich[932].

c) Alleinige Zuständigkeit des einzelnen Erwerbers

Soweit es sich weder um vorrangig schutzwürdige Interessen des Schuldners oder der Wohnungseigentümer (§ 9a Abs. 2 Alt. 2 WEG) noch um die Befugnis der Gemeinschaft zur Erhaltung des Gemeinschaftseigentums (§§ 18 Abs. 1, 19 Abs. 2 Nr. 2 WEG) handelt, ist der einzelne Erwerber als Rechtsinhaber ausschließlich befugt, seine eigenen Rechte selbständig durchzusetzen. Insoweit hat die Gemeinschaft keine gesetzliche Befugnis, durch einen Mehrheitsbeschluss über die Ausübung der Rechte der einzelnen Erwerber zu entscheiden[933]. Die Ausübungsbefugnis der Gemein-

---

928 BGH Urt. 12. 04. 2007 – VII ZR 236/05 = BGHZ 172, 42 = NJW 2007, 1952, Rn. 20 f.

929 BGH Urt. 19. 08. 2010 – VII ZR 113/09 = NJW 2010, 3089, Rn. 27.

930 BeckOK WEG / Müller, § 9a WEG Rn. 183; Insbesondere wenn noch keine konkrete Mängelbeseitigungsmaßnahme im Beschluss der Gemeinschaft vorliegt. Vgl. BGH Urt. 27. 07. 2006 – VII ZR 276/05 = BGHZ 169, 1 = NJW 2006, 3275, Rn. 22; BGH Urt. 19. 08. 2010 – VII ZR 113/09 = NJW 2010, 3089, Rn. 27 f.

931 BGH Urt. 06. 03. 2014 – VII ZR 266/13 = BGHZ 200, 263 = NJW 2014, 1377, Rn. 37 ff.**a.A.: Fristsetzung zur totalen Abwicklung unbeschränkt zulässig:** Ott, ZWE 2017, 106 (109).

932 BGH Urt. 06. 03. 2014 – VII ZR 266/13 = BGHZ 200, 263 = NJW 2014, 1377, Rn. 40.

933 BGH Urt. 06. 03. 2014 – VII ZR 266/13 = BGHZ 200, 263 = NJW 2014, 1377, Rn. 32.

schaft ist nur durch eine (individuelle) rechtsgeschäftliche Ermächtigung durch den einzelnen Erwerber zu erteilen[934].

Zu solchen Rechten gehören insbesondere die Mängelrechte, die zur totalen Abwicklung des Vertragsverhältnisses führen, und zwar der Rücktritt und der große Schadensersatz[935], weil die Verwaltung des Gemeinschaftseigentums nicht die Sache des Erwerbers ist, der wegen der Rückabwicklung nicht mehr der Wohnungseigentümer ist. Gleiches gilt dafür, dass die Mängel unbehebbar sind und sich nur auf ein bestimmtes Sondereigentum auswirken, da mögliche Maßnahmen zur Minderung der mangelbedingten Beeinträchtigung keinesfalls im Bereich des Gemeinschaftseigentums durchzuführen sind (**siehe oben I. 2.**)[936]. Dazu gehört auch der Anspruch aus der aufgrund § 7 MaBV bestellte Bürgschaft (**siehe § 3.4 III.**)[937].

Darüber hinaus ist die Befugnis des einzelnen Erwerbers zur Abnahme des Gemeinschaftseigentums (§ 640 BGB) nicht durch einen Mehrheitsbeschluss auf die Gemeinschaft zu übertragen[938]. Die Abnahme des Gemeinschaftseigentums hat zwar Bedeutung für die Geltendmachung von Mängelrechten[939]. Darin erschöpft sich die Bedeutung der Abnahme aber nicht. Sie hat darüber hinaus weitere Wirkungen z.B. im Hinblick auf die Fälligkeit der Vergütung (§ 641 Abs. 1 BGB) und den Gefahrübergang (§ 644 BGB) (**siehe § 4.1 I**). Die Abnahme stellt deshalb eine Verpflichtung des Erwerbers dar, die keinen unmittelbaren Bezug zur Aufgabe der Gemeinschaft zur Verwaltung des Gemeinschaftseigentums (§ 18 Abs. 1

---

934 BGH Urt. 12. 04. 2007 – VII ZR 236/05 = BGHZ 172, 42 = NJW 2007, 1952, Rn. 24; BT-Drucks. 19/19871, S. 47.

935 BGH Urt. 10. 05. 1979 – VII ZR 30/78 = BGHZ 74, 258 = NJW 1979, 2207 juris Rn. 16; BGH Urt. 27. 07. 2006 – VII ZR 276/05 = BGHZ 169, 1 = NJW 2006, 3275, Rn. 32; BGH Urt. 06. 03. 2014 – VII ZR 266/13 = BGHZ 200, 263 = NJW 2014, 1377, Rn. 32; MüKo BGB / Busche, § 634 BGB Rn. 92.

936 BGH Urt. 15. 02. 1990 – VII ZR 269/88 = BGHZ 110, 258 = NJW 1990, 1663, juris Rn. 18 f.

937 BGH Urt. 12. 04. 2007 – VII ZR 50/06 = BGHZ 172, 63 = NJW 2007, 1957, Rn. 24 ff.; MüKo BGB / Busche, § 634 BGB Rn. 92.

938 BGH Urt. 12. 05. 2016 – VII ZR 171/15 = BGHZ 210, 206 = NJW 2016, 2878, Rn. 33 ff.; Pause, BauR 2017, 430 (442); BeckOK BGB / Voit, § 631 BGB Rn. 118.

939 Die Abnahme ist der maßgebliche Zeitpunkt für die Beurteilung der Mängelfreiheit, für die Anwendung der Gewährleistungsansprüche in §§ 634 ff. BGB, für den Beginn der Gewährleistungsfrist (§ 634a Abs. 2 BGB), für die Umkehr der Beweislast über Mängelfreiheit (§§ 363, 632a Abs. 1 S. 3 BGB) sowie für den Mängelvorbehalt (§ 640 Abs. 3 BGB) (**siehe § 4.1 I**).

i.V.m. § 19 WEG) aufweist[940]. Außerdem ist die Mängelfreiheit des Gemeinschaftseigentums für den einzelnen Erwerber von großer Bedeutung, da die von ihm bewirkten Zahlungen zum weitaus größeren Teil für das Gemeinschaftseigentum (z.B. Baustatik) aufgewandt werden. Die Befugnis der Gemeinschaft zur Abnahme des Gemeinschaftseigentums würde regelmäßig zur Vorverlegung des Zeitpunkts des Verjährungsbeginns (vgl. § 634a Abs. 2 BGB) führen und folglich insbesondere die Mängelrechte des Nachzüglers erheblich verkürzen[941]. Aus diesen Gründen ist die Befugnis der Gemeinschaft oder des (regelmäßig vom Bauträger ausgewählten[942]) ersten Verwalters zur Abnahme des Gemeinschaftseigentums auch nicht durch eine vorformulierte Klausel im Bauträgervertrag zu erteilen (**siehe § 4.2 IV. 2.**).

2. Prozessführungsbefugnis

a) Gesetzliche Prozessstandschaft

Die Gemeinschaft ist nach § 9a Abs. 1 WEG rechts- und parteifähig (vgl. auch § 50 Abs. 1 ZPO). Sie kann deshalb auch als Prozessstandschafter die Rechte Dritter – auch die Rechte der Erwerber wegen Mängel am Gemeinschaftseigentum – gerichtlich durchsetzen. Soweit die materielle Befugnis der Gemeinschaft zur Ausübung der Mängelrechte der Erwerber auf gesetzlichen Vorgaben des WEG beruht, unabhängig davon, ob ihr diese Befugnis von Anfang an (**siehe oben 1. a**)) oder nach Vergemeinschaftung (**siehe oben 1. b**)) zusteht, handelt es sich um eine gesetzliche Prozessstandschaft[943].

Wenn die Gemeinschaft entweder eine ausschließliche Ausübungsbefugnis hat (§§ 18 Abs. 1, 19 Abs. 2 Nr. 2 und 9a Abs. 2 WEG) oder sich nach einem Mehrheitsbeschluss die Ausübungsbefugnis des einzelnen Erwerbers aneignet (§§ 18 Abs. 1, 19 Abs. 2 Nr. 2 WEG), verliert der Erwerber im Interesse der einheitlichen Rechtsverfolgung seine Prozessführungsbefug-

---

940 BGH Urt. 12. 05. 2016 – VII ZR 171/15 = BGHZ 210, 206 = NJW 2016, 2878, Rn. 34.

941 BGH Urt. 21. 02. 1985 – VII ZR 72/84 = NJW 1985, 1551, juris Rn. 22 ff.

942 BGH Urt. 30.06. 2016 – VII ZR 188/13 = NJW 2016, 3097, Rn. 22; BGH Beschl. 12. 09. 2013 – VII ZR 308/12 = NJW 2013, 3360, Rn. 8 ff.

943 BGH Urt. 12. 04. 2007 – VII ZR 236/05 = BGHZ 172, 42 = NJW 2007, 1952, Rn. 15; BGH Urt. 12. 04. 2007 – VII ZR 50/06 = BGHZ 172, 63 = NJW 2007, 1957, Rn. 22.

nis. Insoweit kann der Erwerber seine Mängelrechte nicht mehr gerichtlich durchsetzen. Dennoch kann er seine prozessuale Rechte insoweit ausüben, als seine Rechtsausübung nicht mit den Interessen der Gemeinschaft kollidiert[944].

Der Erwerber kann nämlich ein selbständiges Beweisverfahren (§§ 485 ff. ZPO) einleiten, um die Verjährung seiner Gewährleistungsansprüche zu hemmen (§ 204 Abs. 1 Nr. 7 BGB), ohne Rücksicht darauf, ob sie gemeinschaftlich verfolgt werden müssen[945]. Unzweifelhaft hat der Erwerber als materieller Rechtsinhaber jedenfalls ein großes Interesse daran, eine geeignete Maßnahme zur Verhinderung der Verjährung seiner Mängelrechte zu treffen. Im selbständigen Beweisverfahren handelt es sich zudem noch nicht um Durchsetzung der Ansprüche, sondern nur um Vorbereitung. Es liegt nämlich im Interesse der Gemeinschaft, ohne dass bei einem selbständigen Vorgehen eines einzelnen Erwerbers Schuldnerinteressen gefährdet sind[946].

Darüber hinaus kann der Erwerber einem von der Gemeinschaft geführte Verfahren oder Rechtsstreit auf deren Seite als streitgenössischer Nebenintervenient nach §§ 66, 69 ZPO beitreten. Dadurch kann er weiterhin im Verfahren – z.B. einer unzureichenden Prozessführung durch die Gemeinschaft entgegenwirken – seine Interessen wahren[947].

b) Gewillkürten Prozessstandschaft

Darüber hinaus kann die Gemeinschaft im Wege der individuellen Ermächtigung durch den einzelnen Erwerber die Ansprüche aus Mängeln am Sondereigentum geltend machen und unter den Voraussetzungen einer gewillkürten Prozessstandschaft gerichtlich durchsetzen[948]. Um einen möglichen Missbrauch zu vermeiden, ist die gewillkürte Prozessstandschaft neben der rechtsgeschäftlichen Ermächtigung durch einen Be-

---

944 BGH Urt. 19. 08. 2010 – VII ZR 113/09 = NJW 2010, 3089, Rn. 27.

945 BGH Urt. 06. 06. 1991 – VII ZR 372/89 = BGHZ 114, 383 = NJW 1991, 2480, juris Rn. 35 ff.; BGH Urt. 11. 10. 1979 – VII ZR 247/78 = BauR 1980, 69, juris Rn. 16.

946 BGH Urt. 06. 06. 1991 – VII ZR 372/89 = BGHZ 114, 383 = NJW 1991, 2480, juris Rn. 38 f.; Koeble in: Kompendium des Baurechts, Teil 10 Rn. 567.

947 Ott, ZWE 2017, 106 (112).

948 BGH Urt. 12. 04. 2007 – VII ZR 236/05 = BGHZ 172, 42 = NJW 2007, 1952, Rn. 24; MüKo BGB / Busche, § 634 BGB Rn. 91; Koeble in: Kompendium des Baurechts, Teil 10 Rn. 526.

rechtigten nur zulässig, wenn der Prozessstandschafter ein schutzwürdiges eigenes Interesse an der Prozessführung hat[949] und die gewillkürte Prozessstandschaft die berechtigten Belange der verklagten Partei nicht unzumutbar beeinträchtigt[950]. Insoweit ist die gewillkürte Prozessstandschaft dadurch zu rechtfertigen, dass Ansprüche aus Mängeln am Sondereigentum in einem engen rechtlichen und wirtschaftlichen Zusammenhang mit der Verwaltung des Gemeinschaftseigentums stehen, da Mängel am Gemeinschaftseigentum und am Sondereigentum häufig eng zusammenhängen, und die Gemeinschaft damit ein eigenes schutzwürdiges Interesse an deren Durchsetzung hat. Außerdem ist eine zusammenhängende Verfolgung der Mängel prozessökonomisch sinnvoll, so dass die gewillkürte Prozessstandschaft auch dem Bauträger zugutekommt und damit ihn nicht benachteiligt[951].

Umgekehrt kann die Gemeinschaft auch durch einen Mehrheitsbeschluss einzelne, mehrere oder alle Erwerber ermächtigen, die Mängelrechte, für die eigentlich nach § 9a Abs. 2 Alt. 2 WEG die Gemeinschaft allein zuständig ist, selbständig gerichtlich durchzusetzen (sog. Rückermächtigung), so dass diese im Prozess in gewillkürter Prozessstandschaft auftreten[952]. Wenn sich beispielsweise die Mängel am Gemeinschaftseigentum auf das Sondereigentum auswirken oder umgekehrt, ist es auch sinnvoll, dass der (besondere) betroffene Erwerber statt der Gemeinschaft die Rechte aus Mängeln am Gemeinschafts- (in gewillkürter Prozessstandschaft[953]) und Sondereigentum (aufgrund seiner eigenen Ausübungsbefugnis) zusammen gerichtlich geltend machen, insbesondere wenn die mangelbedingten Beeinträchtigungen vor allem im Bereich des Sondereigentums auftreten (z.B. Durchfeuchtungsschäden). Darüber hinaus kann sich die Gemeinschaft auch beispielsweise darüber entscheiden, auf die Mängelbeseitigung zu verzichten und den einzelnen Erwerbern zu überlassen, ob und in welchem Umfang sie nach dem jeweiligen Miteigentumsanteil

949 Rosenberg / Schwab / Gottwald, Zivilprozessrecht, § 46 Rn. 34 f.; Pohlmann, Zivilprozessrecht, Rn. 260; Lüke, Zivilprozessrecht, Rn. 101.

950 Pohlmann, Zivilprozessrecht, Rn. 261; Lüke, Zivilprozessrecht, Rn. 101.

951 BGH Urt. 12. 04. 2007 – VII ZR 236/05 = BGHZ 172, 42 = NJW 2007, 1952, Rn. 24.

952 BGH Urt. 12. 04. 2007 – VII ZR 236/05 = BGHZ 172, 42 = NJW 2007, 1952, Rn. 22.

953 BGH Urt. 15. 02. 1990 – VII ZR 269/88 = BGHZ 110, 258 = NJW 1990, 1663, juris Rn. 18.

den kleinen Schadensersatz und/oder die Minderung gerichtlich geltend machen und das damit verbundene Prozessrisiko tragen wollen[954].

954 BGH Urt. 04. 11. 1982 – VII ZR 53/82 = NJW 1983, 453, juris Rn. 10.

Abschnitt 5

Vergleich mit dem taiwanischen Recht

§ 5.1 Einordnung des Wohnungsvorverkaufsvertrags

I. Vertragstypologie

1. Stand der Meinungen

Die taiwanische Gesetzgebung und Rechtstheorie sind stark vom deutschen Recht beeinflusst. Das deutsche BGB in der Fassung vor der Schuldrechtsmodernisierung ist das Vorbild für das taiwanische Zivilgesetzbuch[955] (**Abkürzung:** ZGB), insbesondere für Kauf- und Werkvertrag. Dennoch weicht die Entwicklung der Rechtsprechung und der Rechtstheorie im Hinblick auf den Bauträgervertrag im taiwanischen Recht vom deutschen Recht ab.

Der Bauträgervertrag, also der Vertrag über Erwerb einer noch zu errichtenden Wohnung, ist in Taiwan als „Wohnungsvorverkaufsvertrag (預售屋契約)[956]" bezeichnet. Durch den Wohnungsvorverkaufsvertrag wird der

955 Englische Übersetzung des taiwanischen Zivilgesetzbuchs (die aktuelle Fassung von Justizministerium): http://law.moj.gov.tw/Eng/LawClass/LawAll.aspx?PCode=B0000001.

956 Der Begriff „**Wohnungsvorverkaufsvertrag**" ist enger als „Bauträgervertrag" im deutschen Recht (**siehe § 2.1**). Der Wortlaut „Vorverkauf (預售)" bedeutet, dass der Gegenstand im Zeitpunkt des Vertragsschlusses noch nicht vorhanden ist, so dass der Zeitpunkt des Vertragsschlusses vorverlegt wird. Dieser Wortlaut **erfasst** nämlich **keinen sanierten Altbau**: Dabei handelt es sich im taiwanischen Recht um den „Kaufvertrag für eine gebrauchte Wohnung" und nicht um einen „Vorverkauf". Folglich sind die „zwingenden und verbotenen Klauseln für Wohnungsvorverkaufsverträge" (**siehe § 5.2 II 2.**) nicht auf einen Vertrag über Erwerb eines sanierten Altbaus anzuwenden. Ob **die Veräußerung einer neu fertiggestellten Wohnung** auch unter den Begriff des Vorverkaufs fällt und damit die „zwingenden und verbotenen Klauseln für Wohnungsvorverkaufsverträge" anzuwenden sind, ist **noch unklar**. Dennoch verwendet der Bauträger in der Praxis zum Zweck der Rationalisierung dieselben AGB für solche Verträge. Es ist deshalb wünschenswert, dass die zwingenden und verbotenen

Bauträger verpflichtet, dem Erwerber die in der Leistungsbeschreibung versprochene Wohnung (zusammen mit dem bebauten Grundstück) nach ihrer Errichtung zu verschaffen. Wie der Bauträgervertrag im deutschen Recht enthält der Wohnungsvorverkaufsvertrag beide Elemente, und zwar den Erwerb des Grundstücks- und Gebäudeeigentums und die Bauerrichtung. Dennoch geht die taiwanische Rechtsprechung – abweichend vom deutschen Recht – nicht von einem gemischten Vertrag (Kombinationsvertrag, vgl. § 650u Abs. 1 BGB) aus, sondern von einem Kaufvertrag. Deshalb unterliegen sowohl der Grundstücks- und Gebäudeerwerb als auch die Bauerrichtung dem Kaufrecht[957]. Die Rechtsprechung begründet die Anwendung des Kaufrechts vor allem mit der „Schwerpunkttheorie". In manchen Entscheidungen des oberste Gerichtshofs wird sogar der Wohnungsvorverkaufsvertrag in den „Werklieferungsvertrag" eingeordnet[958]. Anders als § 650 BGB im deutschen Recht besteht keine gesetzliche Vorschrift im ZGB über den Werklieferungsvertrag. Diesbezüglich greift die taiwanische Rechtsprechung wiederum auf die Schwerpunkttheorie zurück[959], d.h. bei der Einordnung eines Werklieferungsvertrags als Kauf- oder Werkvertrag kommt es vor allem darauf an, welches Element nach dem Willen der Vertragsparteien überwiegend sei. Nur wenn kein Element überwiegend sei, sei der betroffene Vertrag als ein gemischter Vertrag anzusehen[960].

Diese Maßgabe gilt nach der Rechtsprechung auch für die rechtliche Einordnung des Wohnungsvorverkaufsvertrags[961]. Die taiwanische Rechtsprechung findet deshalb unter der gesamten Betrachtung den Erwerb des Wohnungseigentums überwiegend, so dass der Schwerpunkt des Vertrags auf der Vermögensverschaffung liegt[962]. Der Bauträger baut in seinem eigenen Interesse und auf seine eigene Verantwortung ein Gebäude auf seinem oder einem Grundstück Dritter, auf dem er zum Bauen berechtigt ist. Der Bauträger erwirbt als der „ursprüngliche Errichter des Gebäudes (原

Klauseln für Wohnungsvorverkaufsverträge zumindest entsprechend anzuwenden sind.

957 Der oberste Gerichtshof Rsp. (Urt.) 59 Tai-Shang 1590; Urt. 61 Tai-Shang 19; Urt. 62 Tai-Shang 380; Urt. 70 Tai-Shang 1867.

958 Der oberste Gerichtshof Rsp. (Urt.) 59 Tai-Shang 1590.

959 Der oberste Gerichtshof Rsp. (Urt.) 59 Tai-Shang 1590; Urt. 99 Tai-Shang 170.

960 Der oberste Gerichtshof Urt. 99 Tai-Shang 170; Urt. 102 Tai-Shang 1468.

961 Der oberste Gerichtshof Rsp. (Urt.) 59 Tai-Shang 1590.

962 Der oberste Gerichtshof Rsp. (Urt.) 59 Tai-Shang 1590.

始建築人)“ kraft Gesetzes das Eigentum am Gebäude[963] und ist nach dem Wohnungsvorverkaufsvertrag verpflichtet, dem Erwerber das Eigentum an der Wohnung einschließlich des bebauten Grundstücks zu verschaffen. Aus der Übereignungspflicht des Bauträgers leitet die Rechtsprechung her, dass der Schwerpunkt des Vertrags auf der Vermögensverschaffung liegt, so dass der Wohnungsvorverkaufsvertrag in den Kaufvertrag einzuordnen ist[964].

Eine davon abweichende Literaturansicht[965] spricht sich in Anlehnung an die Ansicht im deutschen Recht (**siehe § 2.1 I**) dafür aus, dass der Wohnungsvorverkaufsvertrag dem Werkvertragsrecht unterliegt. Denn der Wohnungsvorverkaufsvertrag enthält ausführliche Baubeschreibungen sowie zahlreiche Vertragsklauseln, die in einem typischen Bauvertrag gefunden werden können[966]. Der Bauträger ist zudem verpflichtet, die den Baubeschreibungen entsprechende Wohnung rechtzeitig und mangelfrei zu errichten. Insoweit sind die Qualifikation und die Fachkenntnis des Bauträgers sowie die Qualität der Baumaterialien für den Erwerber beim Vertragsschluss von großer Bedeutung. Dieses wichtige werkvertragliche Element ist bei der rechtlichen Einordnung des Wohnungsvorverkaufsvertrags nicht zu ignorieren[967]. Darüber hinaus sind für den Erwerber die Rechtsfolgen der werkvertraglichen Gewährleistung günstiger als die Anwendung des Kaufrechts. Aus der kundenfreundlichen Auslegung (§ 11 Abs. 2 VerbrSchG) ergibt sich auch die Anwendung des Werkvertragsrechts[968].

Trotz der ausführlichen und aussagekräftigen Begründungen folgen dieser Ansicht leider nur wenige in der Literatur. Im Vergleich zur Einführung einer ausländischen Rechtstheorie und zur gravierenden Änderung der bisherigen Rechtsprechung ist vielmehr die Lösung der praktischen Rechtsprobleme im Rahmen der bisherigen Rechtsprechung sowie Rechtstheorie praktikabel und entspricht dem Gebot der Rechtssicherheit. Das Defizit über den Erwerberschutz wegen Anwendung des Kaufrechts ist vor allem durch die Theorie „positiver Forderungsverletzung“ (**siehe unten II 1.**) sowie durch die Einführung der „zwingenden und verbotenen Klauseln

963 Im taiwanischen Recht sind „die mit dem Grund und Boden fest verbundenen Sachen“ ein selbständiger Gegenstand einer unbeweglichen Sache (§ 66 Abs. 1 ZGB).
964 Der oberste Gerichtshof Urt. 62 Tai-Shang 380; Urt. 70 Tai-Shang 1867.
965 Shwu-wen Yang, Neue Vertragstypen und Verbrauchschutzrecht, S. 1 (33 ff.).
966 Shwu-wen Yang, Neue Vertragstypen und Verbrauchschutzrecht, S. 1 (34).
967 Shwu-wen Yang, Neue Vertragstypen und Verbrauchschutzrecht, S. 1 (35).
968 Shwu-wen Yang, Neue Vertragstypen und Verbrauchschutzrecht, S. 1 (35 f.).

für Wohnungsvorverkaufsverträge" (eine Rechtsverordnung aufgrund § 17 VerbrSchG) (**siehe § 5.2 II.**) beseitigt.

2. Vergleich mit deutschen Recht: unterschiedliche rechtliche Behandlung

Vom deutschen Recht unterscheidet sich das taiwanische Recht hinsichtlich der Rechtsanwendung vor allem in zwei Punkten. Das deutsche und taiwanische Recht haben im Hinblick auf den Gebäudeteil eine unterschiedliche Betrachtung über den Schwerpunkt des Vertrags. Der Bauträgervertrag/Wohnungsvorverkaufsvertrag ist im deutschen Recht ein gemischter Vertrag, aber im taiwanischen Recht ein typischer Vertrag im besonderen Schuldrecht (Kaufvertrag).

Das deutsche und taiwanische Recht haben im Hinblick auf den Gebäudeteil unterschiedliche Betrachtungen über den Schwerpunkt des Vertrags. Die deutsche Rechtsprechung stellt in erster Linie die Bauerrichtung in den Vordergrund. Die deutsche Rechtsprechung macht damit keinen Unterschied, ob die Errichtungspflicht vom Grundstücksverkäufer selbst oder von einem Dritten übernommen wird[969]. Insoweit stellt die deutsche Rechtsprechung den Bauträgervertrag mit dem Bauvertrag gleich. Der Umstand, dass der Bauträger verpflichtet ist, das Eigentum am Grundstück nebst dem Gebäudeteil auf den Erwerber zu übertragen, steht dieser Annahme nicht entgegen[970] (**siehe § 2.1 I.**). Die taiwanische Rechtsprechung sieht hingegen den Erwerb des Eigentums an der Wohnung – also die Vermögensverschaffung – überwiegen[971]. Die Übereignungspflicht des Bauträgers spielt nach der taiwanischen Rechtsprechung eine sehr wichtige Rolle für die Einordnung des Wohnungsvorverkaufsvertrags[972]. Im Hinblick auf den Erwerb des Eigentums an einer Wohnung macht die taiwanische Rechtsprechung keinen Unterschied, ob die Wohnung vom Verkäufer

969 BGH Urt. 16. 04. 1973 – VII ZR 155/72 = BGHZ 60, 362 = NJW 1973, 1235, juris Rn. 12.

970 BGH Urt. 16. 04. 1973 – VII ZR 155/72 = BGHZ 60, 362 = NJW 1973, 1235, juris Rn. 13.

971 Der oberste Gerichtshof Rsp. (Urt.) 59 Tai-Shang 1590; Urt. 62 Tai-Shang 380; Urt. 70 Tai-Shang 1867.

972 Der oberste Gerichtshof Urt. 62 Tai-Shang 380; Urt. 70 Tai-Shang 1867.

(Bauträger) selbst zu errichten oder errichtet ist oder von einem Dritten[973] erworben worden ist.

Das deutsche Recht ordnet den Bauträgervertrag in den Kombinationsvertrag (§ 650u Abs. 1 BGB) ein, während die taiwanische Rechtsprechung jedoch von einem (reinen) Kaufvertrag und nicht von einem gemischten Vertrag ausgeht. Dieser Unterschied ist vor allem auf die unterschiedliche Betrachtung des Gebäudeteiles zurückzuführen. Im deutschen Recht hat die Bauerrichtung eine selbständige Bedeutung und unterliegt dem Werkvertragsrecht. Das werkvertragliche Element (Bauerrichtung) ist mit dem Grundstückskauf kombiniert, so dass der Bauträgervertrag einen Kombinationsvertrag darstellt. Nach der taiwanischen Rechtsprechung ist hingegen die Bauerrichtung im Vergleich zur Eigentumsverschaffung nachrangig, so dass das werkvertragliche Element vom Eigentumserwerb absorbiert wird. Insoweit ist die rechtliche Behandlung über den Gebäudeteil im taiwanischen Recht ähnlich wie der Kauf mit Montage im deutschen Recht (§ 434 Abs. 4 BGB, Art. 8 lit. a WKRL), d.h. die Vorschriften des Kaufrechts sind unbeachtet des werkvertraglichen Elements (Montage) auf den gesamten Vertrag anzuwenden[974]. Weil der Grundstücksteil ohne Zweifel unter den Kaufvertrag fällt, unterliegt der Wohnungsvorverkaufsvertrag insgesamt dem Kaufrecht.

Die rechtliche Behandlung im taiwanischen Recht vermeidet einige Meinungsstreite und schwierige Rechtsprobleme im deutschen Recht. Da der Vertrag über Wohnungserwerb einheitlich in den Kaufvertrag eingeordnet wird, ist es nicht notwendig, die Reichweite des Werkvertragsrechts im Interesse der Gleichbehandlung aller Erwerber auf Verträge über eine bezugsfertige Wohnung auszudehnen (**siehe § 2.1 II 2.**) und zur Abgrenzung des Kauf- und Werkvertrag nach einem unklaren Kriterium die Neuheit einer Wohnung festzustellen (**siehe § 2.1. II 3.**). Die in § 650u Abs. 1 S. 2 und S. 3 BGB bestimmte Kombinationsmethode gibt zudem keinen Hinweis für Fälle, in denen eine einheitliche Rechtsanwendung geboten ist, und zwar das einheitliche Entgelt und das Schicksal des Vertrags (**siehe**

---

973 In der taiwanischen Immobilienpraxis verkauft der Erwerber, der zum Zweck der Spekulation eine neue Wohnung erworben hat, kurz nach, sogar vor ihrer Fertigstellung weiter. Eine leere Wohnung könnte vor dem ersten Einzug mehrfach veräußert werden. Solche spekulierte Geschäfte erhöhen den Preis der Wohnung auf ein unangemessenes Niveau und führt zur zahlreichen erheblichen sozialen Problemen.

974 BT-Drucks. 14/6040, S. 215; MüKo BGB / Westermann,§ 434 BGB Rn. 36; Medicus / Lorenz, Schuldrecht BT, § 6 Rn. 2; Christiansen, ZfBR 2020, 315 (320). **a.A.:** Markworth, Jura 2018, 1 (5).

§ 2.2 II. und III.). Im Hinblick auf Mängel am Gemeinschaftseigentum ist die Befugnis des Erwerbers als Rechtsinhabers zur Durchsetzung seiner werkvertraglichen Mängelrechte nach der deutschen h.M. stark beschränkt (**siehe § 4.3**), wogegen sich die Mindermeinung in der Literatur seit langem ausspricht[975]. Diese Schwierigkeiten und die Streitigkeiten kann man in der taiwanischen Rechtspraxis nicht finden, da der Wohnungsvorverkaufsvertrag insgesamt dem Kaufrecht unterliegt.

Dennoch ist das Element der Bauerrichtung im taiwanischen Recht wohl nicht ausreichend berücksichtigt. Für die Bauleistungen sind die Vorschriften des Werkvertrags spezifisch. Die Anwendung der spezifischen Vorschriften kommt jedoch im Wohnungsvorverkaufsvertrag nicht in Betracht. Ob die Bauerrichtung im Vergleich zum Grundstücks- und Gebäudeerwerb – wie der Kauf mit Montage im deutschen Recht[976] – so geringfügig ist, um zu rechtfertigen, dass das werkvertragliche Element von dem kaufrechtlichen absorbiert wird, ist zweifelhaft. Die Rechtfertigung zur Verdrängung der werkvertraglichen Vorschriften könnte sich wohl aus der Vermeidung der Abgrenzungsschwierigkeit ergeben. Die taiwanische Rechtsprechung geht tatsächlich von einem „Werklieferungsvertrag" aus und sieht das werkvertragliche Element nicht als überwiegend an[977]. Für sie macht es keinen Unterschied, ob die Wohnung vom Verkäufer selbst errichtet wird oder von einem Dritten erworben worden ist. Eine ähnliche rechtliche Behandlung – d.h. der Verweisung auf die kaufrechtlichen Vorschriften zur Vermeidung der Abgrenzungsschwierigkeit[978] – kann man auch im Werklieferungsvertrag (über bewegliche Sache) (§ 650 BGB, Art. 3 Abs. 2 WKRL, Art. 3 Abs. 1 CISG) finden.

II. Rechtswirkung

1. Positive Forderungsverletzung als Ausweg

Die kaufrechtliche Gewährleistung im taiwanischen Recht ist in Anlehnung an das deutsche BGB in der Fassung vor der Schuldrechtsmoderni-

975 Greinzer, NZM 2017, 713, 719f.; Ott, ZWE 2017, 106 (110).

976 BT-Drucks. 17/12637, S. 69; BGH Urt. 22. 07. 1998 – VIII ZR 220/97 = NJW 1998, 3197, juris Rn. 16; BGH Urt. 03. 03. 2004 – VIII ZR 76/03 = NJW-RR 2004, 850, juris Rn. 12.

977 Der oberste Gerichtshof Rsp. (Urt.) 59 Tai-Shang 1590.

978 EuGH Urt. 07. 09. 2017 – C-247/16 = ECLI:EU:C:2017:638 (Schottelius), Rn. 41 ff.

sierung bestimmt. In der taiwanischen kaufrechtlichen Gewährleistung fehlt es auch an einer ausdrücklichen Bestimmung über den Mangelbeseitigungsanspruch, und die Rechte des Käufers auf Rücktritt (Wandlung) und Minderung (§ 359 ZGB, inhaltlich wie § 462 BGB a.F.) unterliegen der kurzen Ausschlussfrist – 6 Monate seit der Mangelanzeige oder 5 Jahre seit der Ablieferung (§ 365 ZGB[979]). Vor diesem Hintergrund ist die kaufrechtliche Gewährleistung im taiwanischen Recht – wie die Rechtslage im deutschen Recht vor der Schuldrechtsmodernisierung – für den Wohnungsvorverkaufsvertrag unsachgemäß und für den Erwerber ungünstig. Unter dieser Erwägung sprach die deutsche Rechtsprechung im Hinblick auf den Gebäudeteil für die Einstufung in den Werkvertrag, um die günstigen Rechtsfolgen, insbesondere den Nachbesserungsanspruch gemäß § 633 Abs. 2 BGB a.F. und die 5-jährige Verjährungsfrist in § 638 Abs. 1 BGB a.F. anzuwenden[980].

Das taiwanische Recht geht jedoch einen anderen Weg. Die taiwanische Rechtsprechung räumt dem Käufer neben der kaufrechtlichen Gewährleistung (§§ 354 ff. ZGB) Rechtsbehelfe aus der positiven Forderungsverletzung (不完全給付) (§ 227 ZGB) ein[981] (**siehe § 5.5 I. 2.**). Im Rahmen der positiven Forderungsverletzung kann der Käufer vor allem in Anlehnung an Rechtsgrundsätze des Leistungsverzugs und der Leistungsunmöglichkeit seine Rechte geltend machen (§ 227 Abs. 1 ZGB). Nach der taiwanischen Rechtsprechung kann der Käufer auch eine Nacherfüllung, und zwar eine verspätete mangelfreie Leistung verlangen, soweit der Mangel behebbar ist[982]. Er kann grundsätzlich auch seinen aus Mängeln entstan-

---

979 Im Hinblick auf die Ersatzlieferung bei Gattungskauf (§ 364 ZGB) und den Schadensersatz aufgrund einer Beschaffenheitsgarantie sowie einer arglistiger Verschweigung (§ 360 ZGB) fehlt es an einer ausdrücklichen Bestimmung über ihre Verjährungsfrist. Die Rechtsprechung spricht sich für die Anwendung der 15-jährigen allgemeinen Verjährungsfrist (§ 125 ZGB) aus. Vgl. Der oberste Gerichtshof Urt. 76 Tai-Shang 1449; 85 Tai-Shang 3109; 86 Tai-Shang 3083. Shang-Kuan Shih, Schuldrecht BT, S. 42 f. **a.A.**: Mao-zong Huang, Kaufrecht, S. 453 ff. spricht sich für die Analogie des § 365 ZGB aus.
Vor der taiwanische Schuldrechtsnovellierung im Jahr 1999 unterlagen die Rechte des Käufers auf Rücktritt (Wandlung) und Minderung unabhängig davon, ob der Kaufgegenstand eine bewegliche Sache oder ein Grundstück war, der 6 monatige Abschlussfrist, die mit der Ablieferung begann (§ 365 ZGB a.F.).

980 BGH Urt. 16. 04. 1973 – VII ZR 155/72 = BGHZ 60, 362 = NJW 1973, 1235, juris Rn. 12.

981 Beschluss 1 von 7. Tagung von gesamten Zivilsenaten des Obersten Gerichtshofs im Minguo-Jahr 77 (am 19. 4. 1988).

982 Beschluss 1 von 7. Tagung von gesamten Zivilsenaten des Obersten Gerichtshofs im Minguo-Jahr 77 (am 19. 4. 1988).

denen Schaden – sowohl Mangelschaden als auch Mangelfolgeschaden – liquidieren (§ 227 ZGB). Dies erfolgt vor allem durch die entsprechende Anwendung der Vorschriften über Liquidation des Nichterfüllungsschadens (§ 227 Abs. 1 i.V.m § 232 oder § 226 Abs. 1 ZGB) und des Verzögerungsschadens (§ 227 Abs. 1 i.V.m. § 231 ZGB). Erleidet der Käufer einen weiteren Schaden, der nicht dem Nichterfüllungs- oder Verzögerungsschaden entspricht, und zwar einen (sonstigen) Mangelfolgeschaden, greift § 227 Abs. 2 ZGB als Auffangvorschrift ein. Durch die Verweisung auf die Vorschriften über den Leistungsverzug (§ 227 Abs. 1 i.V.m. §§ 254, 255 ZGB) und die Leistungsunmöglichkeit (§ 227 Abs. 1 i.V.m. § 256 ZGB) ist dem Käufer ein verschuldensabhängiges Rücktrittsrecht eingeräumt[983]. Für die Nacherfüllungs- und Schadensersatzansprüche gilt die 15-jährige allgemeine Verjährungsfrist (§ 125 ZGB)[984], während das Rücktrittsrecht als Gestaltungsrecht keiner Verjährung unterliegt[985]. Durch die positive Forderungsverletzung kann der Käufer die ungeeigneten Rechtswirkungen der kaufrechtlichen Gewährleistung erfolgreich umgehen.

2. Sachenrecht: Eigentumserwerb kraft Gesetzes?

Neben der Sachmängelhaftung bezieht sich die Frage über die Einordnung des Wohnungsvorverkaufsvertrags auch darauf, wer wegen der Errichtung kraft Gesetzes das Eigentum am neu errichteten Gebäude erwirbt.

Anders als das deutsche Recht (§ 94 BGB) sieht das taiwanische Recht ein Gebäude nicht als einen wesentlichen Bestandteil des Grundstücks an, sondern als einen selbständigen Gegenstand einer unbeweglichen Sache (§ 66 ZGB). Der Grundstückseigentümer wird nämlich nicht wie das deutsche Recht automatisch aufgrund der Verbindung mit einem Grundstück (§ 811 ZGB, inhaltlich wie § 946 BGB) der Eigentümer des Gebäudes. Im Hinblick auf die Frage, wer das Eigentum am Gebäude erwirbt, sobald

---

983 Der oberste Gerichtshof Urt. 93 Tai-Shang 1507; 94 Tai-Shang 2352; 99 Tai-Shang 264.

984 Der oberste Gerichtshof Urt. 91 Tai-Shang 1588; Urt. 92 Tai-Shang 882; Urt. 98 Tai-Shang 1268. **a.A.**: Sheng-Lin Jan, Versammlung II, S. 127 (179 f.) spricht sich für die Analogie des § 356 ZGB (6 Monate seit der Mangelanzeige oder 5 Jahre seit der Ablieferung) aus.

985 Der oberste Gerichtshof Urt. 93 Tai-Shang 1507; Urt. 94 Tai-Shang 2352. Aber unter Umstand unterliegt das Rücktrittsrecht der Rechtsverwirkung, vgl. Der oberste Gerichtshof Urt. 99 Tai-Shang 1473; Sheng-Lin Jan, Versammlung VI, S. 113 (143 f.).

es die Voraussetzungen einer „mit dem Grund und Boden fest verbundenen Sache“ i.S.v. § 66 ZGB erfüllt[986], spricht sich die taiwanische Rechtsprechung dafür aus, dass derjenige, der die Errichtung eines Gebäudes finanziert habe, als „der ursprüngliche Errichter des Gebäudes (原始建築人)“ das Eigentum am Gebäude erwerbe[987].

In konkreten Fällen spielt die Vertragstypologie für die Feststellung des „ursprünglichen Errichters“ eine wichtige Rolle. Auch wenn der Erwerber in irgendeiner Weise (also mit Abschlagszahlungen) das Bauvorhaben des Bauträgers finanziert, ist der Erwerber nach der taiwanischen Rechtsprechung nicht als „ursprünglicher Errichter“ angesehen, da der Bauträger verpflichtet ist, dem Erwerber das Eigentum zu verschaffen, so dass der Vertrag als Kaufvertrag einzustufen ist[988]. Nach der davon abweichenden Literaturansicht unterliegt der Gebäudeteil dem Werkvertragsrecht. Der Erwerber finanziert durch die von ihm bewirkten Abschlagszahlungen die Errichtung der Wohnung, so dass der Erwerber als „ursprünglicher Erwerber“ das Eigentum an der Wohnung erwirbt[989]. Diese Ansicht zielt darauf ab, durch den Eigentumserwerb kraft Gesetzes vor der vollständigen Fertigstellung eine Sicherung für die Vorleistung des Erwerbers einzuräumen.

Die Frage, wer der ursprüngliche Errichter ist, richtet sich nach der hier vertretenen Ansicht vielmehr allein nach den sachenrechtlichen Grundsätzen. In der Literatur spricht sich eine Ansicht dafür aus, dass die Vorschrift über die Verarbeitung (§ 814 ZGB, inhaltlich wie § 950 BGB) auch auf die Errichtung eines Gebäudes anzuwenden ist, da ein Gebäude – anders als § 950 BGB – auch zu „einem Produkt, zu dem beweglichen Sachen (Baumaterialien) verarbeitet werden“, gehört[990]. Der ursprüngliche Errichter ist daher derjenige, der die Bauerrichtung – und zwar die Verarbeitung – durchführt. Vor diesem Hintergrund soll der Erwerber, der von einem Bauträger eine Wohnung erwirbt, ohne weiteres nicht als „ursprünglicher

986 Nach der taiwanischen Rechtsprechung ist ein Bauwerk erst als „eine mit dem Grund und Boden fest verbundene Sache“ i.S.v. § 66 ZGB (hier: ein selbständiges Gebäude) angesehen, sobald es (mindestens) wirtschaftliche Funktionen (eines Gebäudes) hat – also ein Bauwerk mit vier Wänden und einem Dach, auch wenn das Gebäude noch nicht vollständig fertiggestellt ist. Vgl. Beschluss 1 von 6. Tagung von gesamten Zivilsenaten des Obersten Gerichtshofs im Minguo-Jahr 63 (am 3. 12. 1974).

987 Der oberste Gerichtshof Urt. 85 Tai-Shang 247; Urt. 96 Tai-Shang 2851; Urt. 101 Tai-Shang 127.

988 Der oberste Gerichtshof Rsp. (Urt.) 62 Tai-Shang 1546; Urt. 62 Tai-Shang 380; Urt. 70 Tai-Shang 1867.

989 Shwu-wen Yang, Neue Vertragstypen und Verbrauchschutzrecht, S. 1 (36).

990 Tze-chien Wang, Sachenrecht I, S. 257; Tsay-Chuan Hsieh, Sachenrecht I, S. 469.

Errichter“ angesehen werden, da der Bauträger zum Zweck der Veräußerung der Wohnungen an mehrere unbestimmte Erwerber sein eigenes Bauvorhaben organisiert. Entgegen der taiwanischen Rechtsprechung ist die Vertragstypologie für die Feststellung des „ursprünglichen Errichters“ nicht ausschlaggebend, da die vom Verkäufer geschuldete Eigentumsverschaffung (§ 348 Abs. 1 ZGB, inhaltlich wie § 433 Abs. 1 S. 1 BGB) statt der Übereignung auch kraft Gesetzes erfolgen kann[991]. Im Hinblick auf die Sicherung der Vorleistung des Erwerbers soll durch andere Weise – ggf. aufgrund die Rechtsverordnung gemäß § 17 VerbrSchG – gewähren werden (**siehe § 5.4**).

§ 5.2 Verbraucherschutzgesetz

Der Wohnungsvorkaufvertrag unterliegt im taiwanischen Recht vor allem dem Kaufrecht. Im Hinblick auf den Verbraucherschutz finden die Schutzvorschriften des Verbraucherschutzgesetzes[992] (**Abkürzung:** VerbrSchG) sowie die aufgrund der Ermächtigung im Verbraucherschutzgesetz erlassenen Rechtsverordnungen Anwendung. Insbesondere unterliegt der Wohnungsvorverkaufsvertrag den aufgrund § 17 VerbrSchG erlassenen „zwingenden und verbotenen Klauseln für Wohnungsvorverkaufsverträge (預售屋買賣定型化契約應記載及不得記載事項)“.

I. Das System des Verbraucherschutzrechts

1. Gesondertes Verbraucherschutzgesetz

Im Hinblick auf das Verbraucherschutzrecht hat Taiwan anders als Deutschland ein gesondertes Verbraucherschutzgesetz. Die privatrechtlichen Verbraucherschutzinstrumente sind nämlich nicht ins ZGB integriert, sondern zusammen mit aufsichtsrechtlichen sowie einigen prozessrechtlichen Bestimmungen ins Verbraucherschutzgesetz eingeordnet.

---

991 Oetker / Maultzsch, Vertragliche Schuldverhältnisse, § 2 Rn. 43; Staudinger BGB / Beckmann (2013), § 433 Rn. 121.

992 Englische Übersetzung des taiwanischen Verbraucherschutzgesetzes (die aktuelle Fassung von Justizministerium): https://law.moj.gov.tw/ENG/LawClass/LawAll.aspx?pcode=J0170001.

Aus der Sicht der Rechtsvergleichung sind gesonderte Verbraucherschutzgesetze in Europa[993] nicht selten. Für die EU-Mitgliedstaaten besteht der Vorteil eines gesonderten Verbraucherschutzgesetzes (oder eines separaten Rechtsakts über bestimmten Aspekt[994]) darin, die nationale Rechtsordnung leichter den neuesten verbraucherrechtlichen Richtlinien sowie den neuesten EuGH-Entscheidungen anzupassen[995].

Anders als EU-Mitgliedstaaten hat Taiwan keine vergleichbare Verpflichtung zur Anpassung der nationalen Rechtsordnung. Der Hintergrund des gesonderten Verbraucherschutzgesetzes in Taiwan liegt wohl daran, dass die Zuständigkeit für Verbraucherschutzrecht und allgemeines Privatrecht verschiedenen staatlichen Behörden gehört, d.h. der Verbraucherschutz fällt vor allem in den Zuständigkeitsbereich des Verbraucherschutzkomitees (行政院消費者保護會), während für das allgemeine Privatrecht das Justizministerium (法務部) zuständig ist. Aus demselben Grund hat Taiwan ein gesondertes Finanzverbraucherschutzgesetz (金融消費者保護法), das sich vor allem auf das außergerichtliche Streitbeilegungsverfahren zwischen Verbraucher und Finanzinstitut bezieht und für das die finanzielle Aufsichtskommission (行政院金融監督管理委員會) zuständig ist (§ 2 FinVerbrSchG).

2. Überblick des Systems des Verbraucherschutzgesetzes

Das taiwanische Verbraucherschutzgesetz trat am 13. 01. 1994 in Kraft[996]. Es enthält privatrechtliche, aufsichtsrechtliche sowie zivilprozessrechtliche Regelungen, die dem Verbraucherschutz dienen. Der privatrechtliche Teil bezieht sich auf Produkt- und Dienstleistungshaftung (§§ 7 bis 10-1 VerbrSchG), AGB-Recht (§§ 11 bis 17-1 VerbrSchG), Fernabsatz- und Außergeschäftsraumverträge (§§ 18 bis 20 VerbrSchG), Abzahlungskauf (§ 21

993 Beispiele: Frankreich: Code de la consommation; Österreich: Konsumentenschutzgesetz (KSchG); Spanien: Ley General para la Defensa de los Consumidores y Usuarios (LGDCU); Vereinigtes Königreich: Consumer Rights Act 2015.

994 Beispiele: AGBG (1977), Haustürwiderrufsgesetz (1986), Verbraucherkeditgesetz (1990), Teilzeit-Wohnrechtegesetz (1997) und Fernabsatzgesetz (2000) vor der Schuldrechtsmodernisierung.

995 Wagner, ZEuP 2016, 87 (115).

996 Das Verbraucherschutzgesetz wurde am 11. 01. 1994 verkündet. Nach § 13 des „Gesetzes über den Standard der staatlichen Gesetze und Verordnungen (中央法規標準法)“ tritt ein Gesetz am dritten Tag nach seiner Verkündung in Kraft, soweit das Gesetz nicht anders bestimmt ist.

VerbrSchG), Werbungshaftung und sonstige Informationspflichten (§§ 22 bis 26 VerbrSchG) und vom anglo-amerikanischen Recht geprägten Strafschadensersatz (§ 51 VerbrSchG). Der zivilprozessrechtliche Teil enthält die Bestimmungen über das außergerichtliche Streitbeilegungsverfahren (§§ 43 bis 46 VerbrSchG) und die ergänzenden Vorschriften über das gerichtliche Verfahren der Verbrauchersachen (§§ 47 bis 55 VerbrSchG).

Die oben genannten Verbraucherschutzinstrumente haben ihr Vorbild im deutschen, europäischen oder amerikanischen Recht. Beispielsweise sind die Bestimmungen über das AGB-Recht vor allem in Anlehnung an Abschnitt 1 des damaligen deutschen AGBG (heute: §§ 305 ff. BGB) vorgeschrieben. Aber in bestimmten Aspekten hat das Verbraucherschutzgesetz seine eigene Gestaltung. Neben den allgemeinen Einbeziehungsvoraussetzungen in § 13 VerbrSchG (inhaltlich wie § 305 Abs. 2 BGB) räumt § 11-1 VerbrSchG dem Verbraucher eine bis zu 30 Tagen lang „Prüfungsfrist (審閱期間)“ ein, und deren Verstoß hat die Nichteinbeziehung der beanstandeten Klauseln zur Folge (**siehe § 5.3 III. 2.**). Statt des Katalogs der Klauselverbote (vgl. §§ 308, 309 BGB) ermächtigt § 17 VerbrSchG die jeweiligen zuständigen staatlichen Aufsichtsbehörden, Rechtsverordnungen (sog. „zwingende und verbotene Klauseln (應記載及不得記載事項)“) zu erlassen, um die in der Praxis für jeweilige Verbraucherverträge verwendeten AGB zu regulieren (**siehe unten II.**).

II. Zwingende und verbotene Klauseln

1. Allgemein

Das taiwanische Verbraucherschutzgesetz bezieht sich vor allem auf Verbraucherschutzmechanismen im Rahmen des allgemeinen Schuldrechts[997] (**siehe oben I. 2.**), aber enthält nur wenige Vorschriften über Verbraucherverträge im besonderen Schuldrecht[998]. Dennoch sind im Rahmen des AGB-Rechts unter der Ermächtigung in § 17 VerbrSchG zahlreiche „zwingende und verbotene Klauseln (應記載及不得記載事項)“ (eine Art der

997 Anders als BGB sind „unerlaubte Handlungen“ (Delikthaftung) im System des ZGB – wie das schweizerischen ZGB – in den allgemeinen Teil des Schuldrechts eingeordnet (vgl. §§ 184 ff. ZGB).

998 Die einzige verbraucherrechtliche Vorschrift über Vertragstypen des besonderen Schuldrechts bezieht sich auf die Pflichtangabe des Abzahlungskaufs (vgl. § 21 VerbrSchG).

Rechtsverordnung) für jeweilige Verbraucherverträge erlassen. Dabei handelt es sich um eine vorweggenommene AGB-Inhaltskontrolle. Eine davon (zum Nachteil des Verbrauchers) abweichende Klausel in den vom Unternehmer verwendeten AGB ist nach § 17 Abs. 4 S. 1 VerbrSchG unwirksam. Soweit eine Bestimmung der zwingenden Klauseln keinen Niederschlag in den AGB des Unternehmers findet, wird sie nach § 17 Abs. 5 VerbrSchG kraft Gesetzes Bestandteil des Vertrags[999].

Durch die zwingenden und verbotenen Klauseln sind nicht nur die missbräuchlichen Klauseln in AGB von vornherein auszuschließen (vorweggenommene Inhaltkontrolle). Auch unter der konkreten Ermächtigung in § 17 Abs. 2 VerbrSchG[1000] sind sonstige Verbraucherschutzinstrumente – etwa wie das Rücktrittsrecht ohne Grund (verbraucherrechtliches Widerrufsrecht), die Sicherheit zugunsten des Verbrauchers bei Vorauszahlungen oder Mindestanforderungen der Leistungsbeschreibung – in Form der zwingenden Klauseln in die jeweiligen Verbraucherverträge einzuführen. Insoweit übernehmen die zwingenden und verbotenen Klauseln teilweise Funktionen der besonderen schuldrechtlichen Verbraucherverträge im deutschen und europäischen Recht.

Die zwingenden und verbotenen Klauseln beziehen sich nicht auf Vertragstypen im besonderen Schuldrecht (wie im deutschen und europäischen Verbraucherrecht), sondern auf in der Praxis verwendete Standardverträge. Ihre Bezeichnung und ihr Anwendungsbereich knüpfen eng an diejenige der in der Praxis verwendeten Standardverträge an. Beispielsweise fehlt es im taiwanischen Recht an einem Vertragstyp als „Verbrauchsgüterkauf" wie §§ 474 ff. BGB. Stattdessen wurden zahlreiche zwingende und verbotene Klauseln für den Gebrauchtwagenkauf (18. 08. 2011), für den Kfz-Kauf, für den Hausgerätabzahlungskauf (27. 12. 2006) und für viele andere Kaufgegenstände erlassen. In den meisten zwingenden und verbotenen Klauseln sind außerdem die Bestimmungen nicht wie gesetzliche Vorschriften allgemein und abstrakt, sondern in Form der Vertragsklauseln konkretisiert und detailliert formuliert. Insoweit stellen die zwingen-

---

999 § 17 Abs. 4 und 5 VerbrSchG stehen jedoch einer Abweichung zugunsten des Verbrauchers und einer Abweichung durch eine Individualabrede (§ 15 VerbrSchG) nicht entgegen.

1000 Die konkrete Ermächtigung über den konkreten Regelungsinhalt der zwingenden und verbotenen Klauseln in § 17 Abs. 2 und Abs. 3 VerbrSchG wurde im Zuge der Novellierung des Verbraucherschutzgesetzes im Jahr 2015 eingefügt. Vor der Einfügung des § 17 Abs. 2, 3 VerbrSchG enthielt § 17 VerbrSchG nur eine grobe Ermächtigung und besteht damit ein Risiko der Verfassungswidrigkeit.

den und verbotenen Klauseln vielmehr einen von der Aufsichtsbehörde erlassenen und halbzwingend anzuwendenden Mustervertrag dar.

Eine solche Gestaltungsweise ist für rechtsunkundige Unternehmer und Verbraucher (juristischer Laie) – im Vergleich zu abstrakten Rechtsvorschriften – leichter zugänglich. In der Praxis richtet sich das Verbrauchervertragsschuldverhältnis vor allem nach den zwingenden und verbotenen Klauseln (und nach dem von jeweiliger zuständiger Behörde vorgeschlagenen Mustervertrag). Dennoch können sie die abstrakten, allgemein auf bestimmte Verbrauchervertragstypen anzuwendenden gesetzlichen Vorschriften nicht vollständig ersetzen. Nachvollziehbar können die zwingenden und verbotenen Klauseln, die eng an in der Praxis verwendete Standardverträge anknüpfen, alle Varianten des betroffenen (klassischen) Vertragstyps nicht erfassen. Da es im taiwanischen Recht an besonderen schuldrechtlichen Verbrauchervertragstypen fehlt, greifen in dieser Situation nur die Vorschriften im besonderen Schuldrecht des ZGB wieder ein, die grundsätzlich keine besondere Verbraucherschutzinstrumente enthalten.

Neben den zwingenden und verbotenen Klauseln (Rechtsverordnung) stellen die jeweiligen zuständigen staatlichen Behörden Musterverträge bereit und empfehlen dem Unternehmer, diese beim Vertragsabschluss mit dem Verbraucher zu verwenden. Anders als „zwingende und verbotene Klauseln" sind die Musterverträge nur empfohlen und nicht zwingend.

2. Zwingende und verbotene Klausel für Wohnungsvorverkaufsverträge

In der Praxis spielen „die zwingenden und verbotenen Klauseln für Wohnungsvorverkaufsverträge (預售屋買賣定型化契約應記載不得記載事項)" (zwingend) und „der Mustervertrag für Wohnungsvorverkaufsverträge (預售屋買賣契約書範本)" (freiwillig) eine sehr wichtige Rolle. Sie enthalten zahlreiche für den Erwerb einer Wohnung nebst dem bebauten Grundstück von einem Bauträger spezifische Bestimmungen. Der Vertragsgegenstand muss nach den Maßgaben der zwingenden Klauseln ausführlich im Vertrag beschrieben werden (etwa Baumaterialien, Größe des Sondereigentums und Rechnungsweise des Miteigentumsanteils am Gemeinschaftseigentum sowie baustrukturierte und rechtliche Eigenschaft der Tiefgarage)(**siehe auch § 5.3 I. 2. a**)). Der Bauträger muss nach § 7-1 der zwingenden Klauseln dem Käufer eine der Erfüllungsabsicherungen einräumen (**siehe § 5.4**).

§ 5.3 Verbraucherschutz beim Vertragsschluss

I. Vorvertragliche Informationspflichten

1. Vorvertragliche Informationspflichten im Verbraucherschutzgesetz

Im deutschen und europäischen Recht stellen die vorvertraglichen Informationspflichten den wesentlichen Bestandteil des Verbraucherschutzrechts dar, da die vorvertraglichen Informationen der vernünftigen Entscheidung des Verbrauchers zugrunde liegen. Wie das deutsche und europäische Verbraucherrecht enthält das taiwanische Verbraucherschutzgesetz auch verbraucherrechtliche Informationspflichten, die aber nicht so umfassend und ausführlich wie im deutschen und europäischen Recht sind.

Zum Beispiel ist der Unternehmer bei Fernabsatz- und Haustürgeschäften nach § 18 VerbrSchG verpflichtet, die Informationen über die Kontaktdaten (Abs. 1 Nr. 1), Inhalt der Waren oder Dienstleistung, Entgelt, Zahlungsweise sowie Lieferungsbedingungen (Abs. 1 Nr. 2), Rücktrittsbelehrung (Widerrufsbelehrung[1001]) (Abs. 1 Nr. 3, 4), Beschwerdeverfahren (Abs. 1 Nr. 5) und sonstige Informationen aufgrund der von der zuständigen staatlichen Behörde erlassenen Rechtsverordnung (Abs. 1 Nr. 6) schriftlich (Abs. 1) oder digital (Abs. 2) – nämlich in Textform (i.S. des deutschen § 126b BGB) – dem Verbraucher zur Verfügung zu stellen. Beim Abzahlungskauf (§ 21 VerbrSchG) sowie im Falle der Übernahme einer Garantie über bestimmte Waren oder Dienstleistungen (§ 25 VerbrSchG) unterliegt der Vertrag der Formbedürftigkeit[1002] und den geringsten Inhaltsanforderungen. Darüber hinaus fehlt es an ausdrücklichen und konkreten Anordnungen über die verbraucherrechtlichen Informationspflichten im „Verbraucherschutzgesetz".

1001 In Taiwan steht dem Verbraucher ein Rücktrittsrecht zu (§ 19 VerbrSchG).

1002 Der Abzahlungskaufvertrag unterliegt der Schriftform (§ 21 Abs. 1 VerbrSchG), während der Unternehme bei der Übernahme einer Garantie dem Verbraucher nur eine schriftliche Garantieerklärung (d.h. Textform außerhalb digitaler Form) aushändigen muss (§ 25 Abs. 1 VerbrSchG).

2. Informationen in zwingenden Klauseln

a) Zwingenden Klauseln i.V.m. Prüfungsfrist

Bei anderen Verbraucherverträgen können dem Verbraucher die für seine Abschlussentscheidung erforderlichen Informationen im Wege der zwingenden Klauseln (§ 17 VerbrSchG) i.V.m. der Prüfungsfrist (§ 11-1 VerbrSchG) zur Verfügung stehen.

Durch die Anordnungen der zwingenden Klauseln können die für die Abschlussentscheidung des Verbrauchers wesentlichen Informationen, die sich vor allem auf die Eigenschaften der angebotenen Leistungen und die sonstigen wesentlichen Bedingungen (z.B. Zahlungsbedingungen, Lieferungstermin) beziehen, die regelmäßig auch den Inhalt des Vertrags darstellen, in den vom Unternehmer vorformulierten Vertragstext eingeführt werden. Der Unternehmer muss nach § 11-1 Abs. 1 VerbrSchG vor dem Vertragsschluss dem Verbraucher einen angemessenen Zeitraum[1003] einräumen, sämtliche AGB – nämlich den beabsichtigen Vertragstext – durchzulesen und zu prüfen. Ist die tatsächliche dem Verbraucher eingeräumte Prüfungsfrist unangemessen oder kürzer als der von der zuständigen staatlichen Behörde nach § 11-1 Abs. 4 VerbrSchG verkündete Zeitraum, wird die beanstandete Klausel nicht Bestandteil des Vertrags, soweit der Verbraucher nicht durch eine Individualabrede auf die Prüfungsfrist verzichtet hat (§ 11-1 Abs. 2 VerbrSchG) oder diese (beispielsweise für ihn günstige) Klausel geltend macht (§ 11-1 Abs. 3 VerbrSchG). In dieser Weise können die Informationen in Form des beabsichtigen Vertragstexts rechtzeitig vor dem Vertragsschluss dem Verbraucher zur Verfügung stehen.

Die zwingenden und verbotenen Klauseln für Wohnungsvorverkaufsverträge enthalten ausführliche Bestimmungen über die Angaben der wesentlichen Eigenschaften des Vertragsgegenstands: etwa die Wohnungsfläche und der Miteigentumsanteil am Grundstücks- und Gemeinschaftseigentum und deren Berechnungsweise (§ 4 und § 5 der zwingenden Klauseln), Baumaterialien (§ 11 der zwingenden Klauseln) sowie Größe, Funkti-

1003 Die Prüfungsfrist kann zwar einen bis zu 30 Tagen angemessenen Zeitraum sein (§ 11-1 Abs. 1 VerbrSchG), aber § 11-1 Abs. 4 VerbrSchG ermächtigt im Interesse der Rechtssicherheit die jeweilige zuständige staatliche Behörde, die auf jeweiligen Verbrauchervertrag anzuwendenden Prüfungsfrist zu bestimmen. Die von der jeweiligen zuständigen staatlichen Behörde erlassene Prüfungsfrist beträgt von 3 Stunden bis zu 7 Tagen.

onsweise[1004] und rechtliche Eigenschaft[1005] des Stellplatzes (§ 3 Abs. 3 der zwingenden Klauseln). Missverständliche und undefinierte Begriffe von der Wohnungsfläche sind unzulässig (§ 3 der verbotenen Klauseln). Der beabsichtigte Vertragstext einschließlich der oben genannten Informationen muss nach § 1 der zwingenden Klauseln[1006] i.V.m. § 11-1 Abs. 1, 4 VerbrSchG mindestens 5 Tage vor dem Vertragsschluss dem Verbraucher zur Verfügung stehen.

Im Hinblick auf die Frage, in welcher Form dem Verbraucher der beabsichtigte Vertragstext zur Verfügung steht, enthält § 11-1 VerbrSchG keine ausdrückliche Anordnung. Der beabsichtigte Vertragstext des Wohnungsvorverkaufsvertrags – einschließlich der Informationen über die wesentlichen Eigenschaften des Vertragsgegenstands – ist aufgrund der inhaltlichen Komplexität tatsächlich nur auf einen dauerhaften Datenträger (vor allem auf Papier) dem Verbraucher auszuhändigen.

Die nach den jeweiligen einschlägigen zwingenden Klauseln angegebenen und sonstigen Leistungsbeschreibungen, die nach § 11-1 Abs. 1 VerbrSchG ausreichende Zeit vor dem Vertragsschluss dem Verbraucher zur Verfügung stehen, können durch das Einverständnis des Verbrauchers zum Vertragsinhalt werden (§ 13 Abs. 1 VerbrSchG, inhaltlich wie § 305 Abs. 2 BGB).

1004 Beispiel: Der Ausfahrt der Tiefgarage ist ein Lift oder eine Fahrgasse. Der Stellplatz stellt eine elektronische Doppelstockgarage oder einen normalen Stellplatz dar.

1005 **Beispiel: Art des Eigentums am Stellplatz und getrennte Veräußerungsmöglichkeit**
Das Eigentum am Stellplatz stellt einen Miteigentumsanteil am Gemeinschaftseigentum oder am Teileigentum des Parkstands – also nicht untrennbaren Teil des Wohnungseigentums – dar. Dabei handelt es sich darum, ob der Stellplatz vom Wohnungseigentum getrennt veräußert werden kann.
Beispiel: Die öffentlich-rechtliche Belastung am Stellplatz.
Dabei handelt es sich um öffentlich-rechtliche Belastungen, etwa ob die Wohnungseigentümer nach Auflagen aufgrund der Bauaufsicht- und Stadtplanungsvorschriften verpflichtet sind, ihre Stellplätze wie einen Parkstand gegen Parkgebühren unbestimmten Personen zur Verfügung zu stellen, um die Geschossflächenzahl des Bauvorhabens des Bauträgers zu erhöhten.

1006 Beim Wohnungsvorverkaufsvertrag beläuft sich die Prüfungsfrist auf 5 Tage.

b) Rechtsfolge

Nach § 17 Abs. 5 VerbrSchG wird die Bestimmung der zwingenden Klauseln nach dem Vertragsschluss der Vertragsinhalt, auch wenn sie in den AGB des Unternehmers keinen Niederschlag findet. Fehlt es an einer Mindestangabe im Vertrag, hilft § 17 Abs. 5 VerbrSchG jedoch dem Verbraucher nichts. Dabei handelt es sich um die Beschreibung der angebotenen Leistungen, die bei jedem Vertrag sehr unterschiedlich sind, so dass die zwingenden Klauseln nur einen Rahmen zur Verfügung stellen können und somit eine weitere Ergänzung und Konkretisierung im Einzelfall erforderlich sind. Vor der Ergänzung und Konkretisierung ist die jeweilige Pflichtangabe aufgrund der zwingenden Klauseln noch unvollständig und für einen sinnvollen bindenden Vertragsinhalt nicht geeignet. Zudem beziehen sich die zwingenden Klauseln vor allem auf die vorweggenommene Inhaltskontrolle der AGB. Ob darüber hinausgehend auch eine echte Rechtspflicht aus den Pflichtangaben der zwingenden Klauseln und dann ein Schadensersatzanspruch aus c.i.c. hergeleitet werden können, ist nicht so eindeutig wie die verbraucherrechtlichen vorvertraglichen Informationspflichten im deutschen und europäischen Recht.

Die Nachteile aus fehlenden und unvollständigen Angaben sind vielmehr durch die Vertragsauslegung, durch die Transparenzkontrolle des AGB-Rechts und durch die Einbeziehung der Werbeaussage des Unternehmers in den Vertrag (§ 22 VerbrSchG) (**siehe unten II.**) zu beseitigen und auszugleichen. Insoweit könnten die Rechtstheorien und die Rechtsprechung im deutschen Recht (**siehe § 3.2**) als Vorbild bei der Auslegung der betroffenen taiwanischen Vorschriften berücksichtigt werden. Im Rahmen des AGB-Rechts ist die betroffene Angabe nämlich beim Auslegungszweifel zugunsten des Verbrauchers auszulegen (§ 11 Abs. 2 VerbrSchG, inhaltlich wie § 305c Abs. 2 BGB). Es fehlt zwar an einer mit dem deutschen § 307 Abs. 1 S. 2 BGB vergleichbaren Bestimmung im taiwanischen Verbraucherschutzgesetz. Aber nach der Ansicht der Literatur unterliegt die vorformulierte Klausel auch der Transparenzkontrolle des AGB-Rechts[1007]. Außerdem verbietet § 3 der verbotenen Klauseln für Wohnungsvorverkaufsverträge undefinierte Begriffe von der Wohnungsfläche. Insoweit ist die intransparente Leistungsbeschreibung, soweit die Nachteile nicht durch die Unklarheitsregel (§ 11 Abs. 2 VerbrSchG) zu beheben sind, nach § 12 VerbrSchG (inhaltlich wie § 307 Abs. 1, 2 BGB)

1007 Sheng-Lin Jan, The Taiwan Law Review, No. 135, S. 29 (37); Sheng-Chia Eu Yang, Schadenspauschale und Vertragsstrafe in AGB-Recht, S. 223 f.

unwirksam. Über das AGB-Recht hinausgehend kann die Werbeaussage des Bauträgers bei der Auslegung des Vertrags in Betracht gezogen werden oder nach § 22 VerbrSchG kraft Gesetzes der Vertragsinhalt werden.

II. Berücksichtigung der Werbeaussage (§ 22 VerbrSchG)

1. Einbeziehung in Vertrag kraft Gesetzes

Nach § 22 VerbrSchG ist die Werbeaussage des Unternehmers, soweit er zugleich der Vertragspartner des Verbrauchers ist und die Werbeaussage für den bindenden Vertragsinhalt sinnvoll ist, nach dem Abschluss eines konkreten Vertrags kraft Gesetzes in den Vertrag einzubeziehen[1008].

a) Berücksichtigung der Werbung durch konkludente Vereinbarung

Werbungen oder Prospekte des Unternehmers sind regelmäßig die Grundlage der Entscheidung des Verbrauchers darüber, ob und welche Waren und Dienstleistungen er besorgt. Solche außervertraglichen Äußerungen sind zwar vor dem Abschluss eines konkreten Vertrags mangels Rechtsbindungswillens nur als eine „*invitatio ad offerendum*" qualifiziert. Dennoch sind die außervertraglichen Äußerungen des Vertragspartners nach dem Abschluss eines konkreten Vertrags zu berücksichtigen. Im deutschen Recht sind sie etwa durch die konkludente Vereinbarung als Beschaffenheitsvereinbarung anzunehmen[1009] oder bei der Vertragsauslegung als vertragsbegleitende Umstände[1010] zu berücksichtigen. Vor diesem Hintergrund findet der deutsche Gesetzgeber eine mit § 434 Abs. 3 S. 1 Nr. 2 lit. b BGB (Berücksichtigung der öffentlichen Äußerungen) vergleichbare Bestimmung im Werkvertrag nicht erforderlich, da die öffentliche Äußerungen regelmäßig dem Vertragspartners des Bestellers zugerechnet wird[1011].

Nach der hier vertretenen Ansicht gilt nichts andere im taiwanischen Recht. Denn die Auslegung des Vertrags unterliegt im taiwanischen Recht

1008 Chung-Wu Chen, The Taiwan Law Review, No. 309, S. 30 (43 f.); Fang-hsien Yang in: Li Haung (Hrsg.), Schuldrecht BT Bd. I, S. 17.
1009 BT-Drucks. 14/6040, S. 214 (Kaufvertrag) und S. 261 (Werkvertrag).
1010 Basty, MittBayNot 2017, 445 (448 f.).
1011 BT-Drucks. 14/6040, S. 261.

denselben Auslegungsgrundsätzen[1012]. Eine empfangsbedürftige Willenserklärung wie eine Vertragserklärung ist unter Berücksichtigung aller dem Erklärungsempfänger bekannten oder erkennbaren Umstände, des Sinns und Zwecks des beabsichtigen Rechtsgeschäfts sowie der Interessenlage der beiden Parteien nach Treu und Glauben mit Rücksicht auf die Verkehrssitte auszulegen[1013]. Beim Wohnungsvorverkaufsvertrag ist nämlich nach einem Teil der Rechtsprechung[1014] eine konkludente Vereinbarung anzunehmen. Danach stellt die Werbeaussage des Bauträgers zwar lediglich eine *„invitatio ad offerendum“* dar. Hat der Erwerber aufgrund der Werbeaussage des Bauträgers einen konkreten Vertrag verhandelt und dann abgeschlossen, kann die Werbeaussage durch die Einigung der Willenserklärung der beiden Vertragsparteien der Vertragsinhalt werden[1015].

b) Einbeziehung kraft Gesetzes (§ 22 VerbrSchG)

§ 22 VerbrSchG geht aber über eine konkludente Vereinbarung hinaus. Danach bleiben die Pflichten des Unternehmers gegenüber dem Verbraucher nicht dahinter zurück, was er in seiner Werbeaussage behauptet hat. Diese Vorschrift ist auf den Grundsatz von Treu und Glauben (§ 148 Abs. 2 ZGB, inhaltlich wie § 242 BGB) zurückzuführen. Der Unternehmer hat durch seine Werbeaussage eine bestimmte Erwartung des Verbrauchers über die von ihm angebotenen Leistungen bewirkt und damit mehr Umsatz erzielt. Ein Verstoß gegen Treu und Glauben kommt in Betracht, wenn er nach dem Vertragsschluss ablehnt, den Vertrag so zu erfüllen wie es dem entspricht, was er in seiner Werbeaussage behauptet hat (*Venire contra factum proprium*). § 22 VerbrSchG dient nämlich zum Schutz der berechtigten Erwartung des Verbrauchers, die der Unternehmer durch seine Werbeaussage bewirkt[1016]. Nach dem Sinn und Zweck des § 22 VerbrSchG wird nämlich die Werbeaussage, soweit sie für den bindenden Vertragsin-

---

1012 § 98 ZGB ist inhaltlich mit dem deutschen § 133 BGB in Einklang. Es fehlt zwar im taiwanischen Recht eine mit dem deutschen § 157 BGB vergleichbare Vorschrift. Aber nach der Rechtsprechung und der Literatur ist der Vertrag auch so auszulegen, wie Treu und Glauben mit Rücksicht auf die Verkehrssitte es erfordern. Vgl. Tze-chien Wang, ZGB AT, S. 439; Der oberste Gerichtshof Urt. 88 Tai-Shang 1671.

1013 Tze-chien Wang, ZGB AT, S. 439.

1014 Der oberste Gerichtshof Urt. 92 Tai-Shang 906.

1015 Der oberste Gerichtshof Urt. 92 Tai-Shang 906.

1016 Chung-Wu Chen: The Taiwan Law Review, No. 309, S. 30 (39).

halt sinnvoll ist[1017], nach dem Abschluss eines konkreten Vertrags kraft Gesetzes der Vertragsinhalt[1018]. Beim Wohnungsvorverkaufsvertrag ist ein Teil der Rechtsprechung der Auffassung, dass die vertraglichen Pflichten des Bauträgers auch dasjenige, was er in seiner Werbung über die Eigenschaften des Vertragsgegenstands[1019] behauptet hat, erfasst, unabhängig davon, ob diese Eigenschaften in dem Vertrag ausdrücklich vereinbart sind[1020].

Aber die Rechtsprechung ist divergent. Nach der anderen Ansicht in der Rechtsprechung[1021] schreibe § 22 VerbrSchG nach seinem Wortlaut nicht vor, dass die Werbeaussage des Unternehmers als Angebot anzusehen sei oder kraft Gesetzes der Vertragsinhalt werde. Bei der Werbeaussage handele es sich nämlich lediglich um eine „*invitatio ad offerendum*“. Soweit der Unternehmer bei der Vertragsverhandlung nicht wieder auf seine Werbeaussage hingewiesen und damit den Verbraucher über die Eigenschaften der angebotenen Leistungen aufgeklärt habe, seien die in seiner Werbeaussage behaupteten Eigenschaften des Vertragsgegenstands nicht durch die (ausdrückliche) Vereinbarung als Vertragsinhalt anzunehmen[1022].

Diese Rechtsprechung ist sehr fragwürdig. Zum einen übersieht sie, dass die Werbeaussage für die Feststellung des Vertragsinhalts eine wichtige Rolle spielt. Bei der Annahme einer konkludenten Vereinbarung und bei der Vertragsauslegung sind alle den beiden Vertragsparteien bekannten

---

1017 Daher ist eine bloße Anpreisung des Unternehmers, die sich nicht auf konkrete Eigenschaften der von ihm angebotenen Leistung bezieht, nicht nach § 22 VerbrSchG in den Vertragsinhalt einzubeziehen. Vgl. Der oberste Gerichtshof Urt. 107 Tai-Shang 1434; Chung-Wu Chen, The Taiwan Law Review, No. 309, S. 30 (47 f.). Diese Anforderung ist daher mit derjenigen des § 434 Abs. 3 S. 1 Nr. 2 lit. b BGB vergleichbar. Vgl. Oetker / Maultzsch, Vertragliche Schuldverhältnisse, § 2 Rn. 73; Medicus / Lorenz, Schuldrecht BT, § 6 Rn. 20.

1018 Chung-Wu Chen, The Taiwan Law Review, No. 309, S. 30 (43 f.); Fang-hsien Yang in: Li Haung (Hrsg.), Schuldrecht BT Bd. I, S. 17.

1019 Beim Bauträgervertrag ist die Einbeziehung der Werbeaussage des Bauträgers nach § 22 VerbrSchG auch davon unabhängig, ob die Werbeaussage sich auf das Gemeinschaftseigentum (z.B. Außeranlage) (vgl. Der oberste Gerichtshof Urt. 101 Tai-Shang 246) oder auf das Sondereigentum (vgl. Der oberste Gerichtshof Urt. 91 Tai-Shang 1387 und 93 Tai-Shang 2103) bezieht.

1020 Der oberste Gerichtshof Urt. 89 Tai-Shang 2134; 91 Tai-Shang 1387; 93 Tai-Shang 2103; 101 Tai-Shang 246.

1021 Der oberste Gerichtshof Urt. 92 Tai-Shang 2464; Urt. 92 Tai-Shang 2240; Urt. 108 Tai-Shang 1201.

1022 Der oberste Gerichtshof Urt. 92 Tai-Shang 2464; Urt. 108 Tai-Shang 1201.

und erkennbaren Umständen mit zu berücksichtigen[1023]. Die Werbeaussage des Bauträgers ist gerade der Fall, da sie immer für den Bauträger bekannt oder zumindest erkennbar[1024] ist und der Verbraucher regelmäßig aufgrund der Vorstellung aus der Werbesausage des Bauträgers den Vertrag verhandelt hat. Insoweit ist die Werbeaussage eine der wesentlichen gemeinsamen Grundlagen der Vertragsverhandlung und damit regelmäßig als konkludente Vereinbarung anzunehmen[1025], ohne dass der Bauträger bei der Verhandlung wieder ausdrücklich darauf hinweisen oder den Verbraucher darüber aufklären muss.

Zum anderen ist § 22 VerbrSchG durch diese Rechtsprechung völlig sinnlos. Das von dieser Vorschrift verfolgte Ziel ist vollständig verfehlt, da der Unternehmer tatsächlich nicht für den Wahrheitsgehalt seiner Werbeaussage haften muss. Diese Rechtsprechung kommt folglich allein dem untreuen Unternehmer zugute. Auch der ausdrücklichen Wortlaut des § 22 Abs. 1 VerbrSchG[1026], wonach die Pflichten des Unternehmers gegenüber dem Verbraucher nicht hinter der Behauptung in seiner Werbeaussage zurückbleiben müssen, steht dieser Rechtsprechung entgegen, da diese Rechtswirkung nur durch die Einbeziehung der Werbeaussage erreichbar ist.

Neben der Werbeaussage über die Eigenschaften des Vertragsgegenstands kann § 22 VerbrSchG an sonstige (Pflicht)Informationen in der Werbung anknüpfen und damit sie (zwingend) in den Vertrag einbeziehen. Beispielsweise nach § 22-1 VerbrSchG muss der Unternehmer in seiner Werbung für Kreditgeschäfte die Gesamtkosten in einen jährlichen Prozentsatz umrechnen. Die Pflichtangaben über den effektiven Zinssatz und Gesamtkosten in Werbungen des Kreditinstituts können grundsätzlich nach § 22 VerbrSchG kraft Gesetzes der Vertragsinhalt werden.

Vor diesem Hintergrund sind die Rechtswirkungen und Funktionen des § 22 VerbrSchG mit § 434 Abs. 3 S. 1 Nr. 2 lit. b BGB und Art. 7 Abs. 1 lit. d WKRL (Berücksichtigung der öffentlichen Äußerungen) sowie die Einbeziehung der verbraucherrechtlichen vorvertraglichen Informationen in den Vertrag[1027] vergleichbar (**siehe § 3.2 IV**).

1023 Tze-chien Wang, ZGB AT, S. 439; BGH Urt. 05. 11. 2006 – III ZR 166/05 = NJW 2006, 3777, Rn. 18.

1024 Beispiel: Werbung einer vom Bauträger beauftragten Werbeagentur.

1025 BT-Drucks. 14/6040, S. 214 (Kaufvertrag) und S. 261 (Werkvertrag).

1026 „[...] die Haftung des Unternehmers gegenüber dem Verbraucher muss nicht leichter als dasjenige, was er in seiner Werbungsaussage behauptet hat."

1027 Beispiele: Fernabsatz- und Außergeschäftsraumverträge (§ 312d Abs. 1 S. 2 BGB / Art. 6 Abs. 5 Verbraucherrechte-RL), Teilzeit-Wohnrechteverträge (§ 484

c) Werbung eines Gehilfen oder eines Glieds in der Lieferkette

Nach der Rechtsprechung haftet der Unternehmer gemäß § 22 VerbrSchG auch für die Werbeaussage, die von seinem Gehilfen (etwa Werbeagentur) abgefasst wurde, auch wenn er den Inhalt der Werbungen nicht kannte[1028].

Die Werbung eines Unternehmers, der aber nicht zugleich der Vertragspartners des Verbrauchers ist (z.B. Hersteller, Importeur und ein sonstiger Glied in der Lieferkette), wird jedoch nach § 22 VerbrSchG kraft Gesetzes nicht der Vertragsinhalt, da ein Vertragsverhältnis zwischen dem Unternehmer und dem Verbraucher nicht vorliegt. Stattdessen kann der Verbraucher vom Unternehmer den Schadensersatz gemäß § 23 VerbrSchG[1029] verlangen[1030]. Insoweit ist § 22 VerbrSchG etwas anders als § 434 Abs. 3 S. 1 Nr. 2 lit. b BGB und Art. 7 Abs. 1 lit. d WKRL, wonach öffentliche Äußerungen eines Glieds in der Lieferkette auch bei der Feststellung der objektiven Anforderungen an Vertragsmäßigkeit in Betracht zu ziehen sind[1031].

2. Abweichende Vereinbarung

§ 22 VerbrSchG ist zwingend[1032] oder zumindest nicht durch AGB abdingbar[1033]. Die Klausel in AGB, wonach die Werbeaussage des Unternehmers unverbindlich ist und/oder für die Leistungspflichten des Unternehmers allein der Vertragstext maßgeblich ist, ist wegen Verstoßes gegen § 22

Abs. 2 BGB / Art. 5 Abs. 2 Teilnutzungsverträge-RL), Verbraucherbauverträge (§ 650k Abs. 1 BGB) und Pauschalreiseverträge (§ 651d Abs. 3 BGB / Art. 6 Abs. 1 Pauschalreise-RL).

1028 Der oberste Gerichtshof Urt. 101 Tai-Shang 246.

1029 Nach § 23 VerbrSchG haftet die Werbeagentur (mit dem Unternehmer) als Gesamtschuldner für die Unrichtigkeit der Werbungsaussage.

1030 Bei der Werbungshaftung gemäß § 22 VerbrSchG handelt es sich daher um eine echte Rechtspflichten.

1031 Fang-hsien Yang in: Li Haung (Hrsg.), Schuldrecht BT Bd. I, S. 18 Fn. 56.

1032 Fang-hsien Yang in: Li Haung (Hrsg.), Schuldrecht BT Bd. I, S. 19; Shwu-wen Yang, Neue Vertragstypen und Verbrauchschutzrecht, S. 83 (215).

1033 Chung-Wu Chen: The Taiwan Law Review, No. 309, S. 30 (52 f.).

VerbrSchG[1034] und/oder wegen unangemessener Benachteiligung des Verbrauchers nach § 12 Abs. 2 Nr. 2 i.V.m. Abs. 1 VerbrSchG[1035] unwirksam.

Es ist von dem vollständigen Ausschluss der Rechtswirkung des § 22 VerbrSchG zu unterscheiden, dass die Vertragsparteien über bestimmte Punkte eine konkrete, von der Werbeaussage abweichende Vereinbarung treffen. Insoweit wird die von den Vertragsparteien getroffene konkrete Vereinbarung an Stelle der Werbeaussage der Vertragsinhalt. Nach der hier vertretenen Ansicht ist die Wirksamkeit einer solchen Vereinbarung – allerdings angesichts des Normzwecks des § 22 VerbrSchG nur unter Beachtung des Transparenzgebots – anzunehmen[1036]. Durch die abweichende Vereinbarung ist den beiden Vertragsparteien mehr Flexibilität einzuräumen und damit der konkrete Vertragsinhalt besser auf ihr tatsächliches Bedürfnis im Einzelfall zugeschnitten, so dass die abweichende Vereinbarung über bestimmte Punkte aufgrund der Privatautonomie nicht ohne weiteres unzulässig ist. Soweit der Verbraucher seine berechtigte Erwartung nicht dadurch enttäuscht, steht § 22 VerbrSchG der abweichenden Vereinbarung nicht entgegen. Um die berechtigte Erwartung des Verbrauchers zu wahren, ist dem Verbraucher ausreichende Transparenz über die abweichende Vereinbarung sicherzustellen.

Jedoch setzt die Rechtsprechung die Schwelle der abweichenden Vereinbarung sehr niedrig. Danach kann der Unternehmer einfach durch einen vorformulierten, inhaltlich abweichenden Vertragstext (AGB) eine solche Vereinbarung wirksam treffen[1037]. Eine solche niedrige Schwelle führt dazu, dass der Normzweck des § 22 VerbrSchG, die berechtigte Erwartung des Verbrauchers zu schützen, verfehlt wird. Der Verbraucher hat bereits aufgrund der früheren Werbung des Unternehmers eine bestimmte Vorstellung von der angebotenen Leistung. Ohne einen besonderen Hinweis auf die Abweichung von der früheren Werbeaussage kann der Verbraucher oft die Abänderung in dem vom Unternehmer einseitigen vorformulierten

---

1034 Der oberste Gerichtshof Urt. 90 Tai-Shang 1585; Fang-hsien Yang in: Li Haung (Hrsg.), Schuldrecht BT Bd. I, S. 19; Shwu-wen Yang, Neue Vertragstypen und Verbrauchschutzrecht, S. 83 (215).

1035 Sheng-Lin Jan, Versammlung III, S. 87 (98 ff.); Shwu-wen Yang, Neue Vertragstypen und Verbrauchschutzrecht, S. 83 (215).

1036 **A.A.:** Fang-hsien Yang in: Li Haung (Hrsg.), Schuldrecht BT Bd. I, S. 19: Nach dem ausdrücklichen Wortlaut des § 22 VerbrSchG gibt es keine Möglichkeit für eine zulasten des Verbrauchers abweichende Vereinbarung.

1037 Der oberste Gerichtshof Urt. 92 Tai-Shang 2694; 107 Tai-Shang 1434.

Vertragstext nicht bemerken[1038]. Die Rechtsprechung hat zur Folge, dass der Verbraucher wegen der überraschenden abweichenden Vereinbarung in AGB in seiner Erwartung enttäuscht wird.

Im deutschen und europäischen Recht ist hingegen ein ausdrücklicher Hinweis auf die Abweichung erforderlich. Die öffentlichen Äußerungen des Unternehmers sind nur durch die einseitige Berichtigung (§ 434 Abs. 3 S. 3 Alt. 2 BGB, Art. 7 Abs. 2 lit. b WKRL) oder durch eine negative Beschaffenheitsvereinbarung (§ 476 Abs. 1 S. 2 BGB, Art. 7 Abs. 5 WKRL) abzuändern, die einen Hinweis auf die Abweichung von den ursprünglichen öffentlichen Äußerungen[1039] enthalten (**siehe § 3.2 IV 1. a**)). Wenn Vertragsparteien etwas anderes als die vom Unternehmer erteilten vorvertraglichen Informationen vereinbaren, sind für die Wirksamkeit der Vereinbarung eine von der Vertragserklärung gesonderte Zustimmung des Verbrauchers[1040] und ein konkreter Hinweis auf den Abweichung[1041] erforderlich (**siehe § 3.2. IV 2. b**) **aa**)). Auch das AGB-Recht fordert die Transparenz der vorformulierten Klauseln an (§ 307 Abs. 1 S. 2 BGB). Nach dem Transparenzgebot ist der Verbraucher auf die Abweichung von seinem Erwartungshorizont hinzuweisen[1042], anderenfalls ist die betroffene Klausel nach § 305c Abs. 1 oder § 307 Abs. 1 S. 2 BGB nicht verbindlich.

Nach der hier vertretenen Ansicht ist die abweichende Vereinbarung nur unter Hinweis auf die Abweichung und mit einer gesonderten Zustimmung des Verbrauchers zulässig. Dogmatisch lässt sich dies auf den Schutzzweck des § 22 VerbrSchG oder auf das Transparenzgebot des AGB-Rechts zurückführen.

Soweit die Werbeaussage des Unternehmers keine Erwartung des Verbrauchers über die angebotene Leistung herbeiführt, wird die Werbeaussa-

---

1038 Vgl. BeckOK BGB / Faust, § 434 BGB Rn. 89 zur Berichtigung der öffentlichen Äußerungen.

1039 Da bei der Feststellung der objektiven Anforderungen an Vertragsmäßigkeit die öffentlichen Äußerungen des Verkäufers oder des sonstigen Glieds in der Lieferkette zu berücksichtigen sind (§ 434 Abs. 3 S. 1 Nr. 2 lit. b BGB), ist der Verbraucher auch auf die Abweichung von den früheren öffentlichen Äußerungen hinzuweisen.

1040 MüKo BGB / Wendehorst, § 312d BGB Rn. 8; Staudinger BGB / Thüsing (2019), § 312d BGB Rn. 148; Stretz in: DLOPS, Das neue Bauvertragsrecht, § 5 Rn. 105.

1041 MüKo BGB / Wendehorst, § 312d BGB Rn. 8; Stretz in: DLOPS, Das neue Bauvertragsrecht, § 5 Rn. 108.

1042 Staudinger BGB / Wendland (2019), § 307 BGB Rn. 184.

ge nicht nach § 22 VerbrSchG der Vertragsinhalt[1043]. Beispielsweise kann die Werbeaussage des Unternehmers die Abschlussentscheidung des Verbrauchers nicht beeinflussen, etwa wenn er von der Unrichtigkeit der Werbeaussage Kenntnis genommen hat[1044]. Insoweit kann der Unternehmer durch einen ausdrücklichen Hinweis auf die Abweichung die Einbeziehung der Werbeaussage des Unternehmers verhindern. Soweit der Hinweis nicht so eindeutig ist, könnte der Verbraucher die Abweichung nicht bemerken und noch aufgrund der ursprünglichen Werbung seine Abschlussentscheidung treffen. Dabei handelt es sich um den Ausschluss des Tatbestands des § 22 VerbrSchG, so dass der Unternehmer die Tatsache darüber, dass der Verbraucher bereits durch den Hinweis die Abweichung von der Werbeaussage wahrgenommen hat, darlegen und beweisen muss[1045].

Das Transparenzgebot des AGB-Rechts fordert den Unternehmer (Klauselverwender) auf, den Verbraucher auf die Abweichung von seinem Erwartungshorizont hinzuweisen[1046]. Wenn die Beschaffenheitsvereinbarung im vorformulierten Vertragstext von der berechtigen Erwartung des Verbrauchers, die die Werbeaussage des Unternehmers bewirkt, abweicht, muss der Unternehmer aufgrund des Transparenzgebots darauf hinweisen, ansonsten ist diese Vereinbarung als überraschende Klausel zu qualifizieren. Problematisch ist, dass § 14 VerbrSchG aufgrund seines mangelhaften und problematischen Wortlauts nur auf die außerhalb des Vertragstexts liegende überraschende Klausel anwendbar ist[1047]. Nach der hier vertretenen Ansicht könnte wohl der Grundsatz von Treu und Glauben als die Rechtsgrundlage für die Nichteinbeziehung der innerhalb des Vertragstexts liegenden überraschenden Klausel eingreifen[1048]. Wollte man sich dieser Ansicht nicht anschließen, kann eine solche „überraschende Klausel" auch nach § 12 Abs. 1 VerbrSchG unwirksam sein, da diese Klausel wegen ihrer Intransparenz die Entscheidungsfreiheit des Verbrauchers erheblich beeinträchtigt und daher den Verbraucher unangemessen benachteiligt[1049].

1043 Chung-Wu Chen: The Taiwan Law Review, No. 309, S. 30 (50); Der oberste Gerichtshof 107 Tai-Shang 1434.

1044 Chung-Wu Chen: The Taiwan Law Review, No. 309, S. 30 (50).

1045 Cheng-Hsien Hsu: Taiwan Law Journal, No. 255, S. 170 (172).

1046 Staudinger BGB / Wendland (2019), § 307 BGB Rn. 184.

1047 Siehe: Sheng-Chia Eu Yang, Taiwan Bar Journal, No. 14-8, S. 66.

1048 Sheng-Chia Eu Yang, Taiwan Bar Journal, No. 14-8, S. 66 (71 f.).

1049 Nach der Ansicht der Literatur unterliegt die vorformulierte Klausel auch im taiwanischen Verbraucherschutzgesetz der Transparenzkontrolle des AGB-

III. Freies Rücktrittsrecht und Prüfungsfrist

1. Freies Rücktritts- und Anfechtungsrecht (Widerrufsrecht)

Im deutschen und europäischen Recht räumen viele Verbraucherverträge dem Verbraucher ein Widerrufsrecht ein, damit er in Ruhe und vom Unternehmer unbeeinflusst nochmals nachdenken kann, ob er das Geschäft wirklich will. Ein vergleichbares Recht steht dem Verbraucher auch im taiwanischen Verbraucherrecht zu. Das Verbraucherschutzgesetz räumt dem Verbraucher bei Fernabsatz- und Haustürgeschäften[1050] (通信及訪問交易) ein freies Rücktrittsrecht ein, so dass er während einer 7-Tage-Rücktrittsfrist ohne Begründungen und sonstige Kosten vom Vertrag zurücktreten kann (§ 19 Abs. 1 VerbrSchG). Außerdem ist das freie Rücktrittsrecht auch in Form der zwingenden Klausel in jeweilige Verbraucherverträge einzuführen (vgl. § 17 Abs. 2 Nr. 4 VerbrSchG). Durch das freie Rücktrittsrecht ist dem Verbraucher eine 7-tägige[1051] oder 14-tägige[1052] nachträgliche Überlegungsfrist zu gewährleisten. Im Hinblick auf zusammenhängende Verträge kann der Verbraucher innerhalb von 7 Tagen ohne Begründungen vom Verbraucherdarlehensvertrag zurücktreten, soweit der Darlehens-

---

Rechts. Vgl.: Sheng-Lin Jan, The Taiwan Law Review, No. 135, S. 29 (37); Sheng-Chia Eu Yang, Schadenspauschale und Vertragsstrafe in AGB-Recht, S. 223 f.

1050 Der Begriff „Haustürgeschäft (訪問交易)" i.S.v. § 2 Nr. 11 VerbrSchG ist enger als „Außergeschäftsraumverträge" i.S.v. § 312b Abs. 1 S. 1 Nr. 1 BGB und Art. 2 Nr. 8 lit. a VRRL. Während § 312b Abs. 1 S. 1 Nr. 1 BGB und Art. 2 Nr. 8 lit. a VRRL alle Verbraucherverträge erfassen, die „nicht in dem Geschäftsraum des Unternehmers" abgeschlossen werden, definiert § 2 Nr. 11 VerbrSchG „Haustürgeschäft" als Vertrag, der von einem Unternehmer ohne Einladung mit einem Verbraucher „an seinem Wohnsitz, seinem Arbeitsplatz, einem öffentlichen Raum oder einem sonstigen Platz" abgeschlossen wird.

1051 Beispielsweise: § 4 der zwingenden Klauseln für Onlinespielverträge (網路連線遊戲服務定型化契約) und § 6 der zwingende Klauseln für Fitnessstudioverträge (健身中心定型化契約).

1052 Beispielsweise: § 18 Abs. 1 der zwingenden Klauseln für Bestattungsvorsorgeverträge (Eigenbedarf) (生前殯葬服務定型化契約（自用型）), § 16 Abs. 1 der zwingenden Klauseln für Bestattungsvorsorgeverträge (für Familienangehörige) (生前殯葬服務定型化契約（家用型）) und § 24 Abs. 1 Nr. 1 der zwingenden Klauseln für Urnenkammerkaufverträge (骨灰（骸）存放單位使用權買賣定型化契約).

vertag unter der Mitwirkung des Anbieters der bestimmten Dienstleistungen[1053] zum Zweck der Zahlung des Entgelts abgeschlossen worden ist.

Im Bereich des Versicherungsrechts ist dem Versicherungsnehmer (Verbraucher) ein freies Anfechtungsrecht beim Lebensversicherungsvertrag eingeräumt. Der Versicherungsnehmer kann während einer 10-Tage-Anfechtungsfrist ohne Begründung und sonstige Kosten den Vertrag anfechten. Das 10-Tage-Anfechtungsrecht beruht aber nicht auf den zwingenden Klauseln, obwohl die finanzielle Aufsichtskommission (行政院金融監督管理委員會) nach § 17 VerbrSchG berechtigt ist, durch eine Rechtsverordnung mit zivilrechtlicher Wirkung ein solches Recht einzuräumen, sondern auf den sog. „Musterklauseln für (den jeweiligen) Lebensversicherungsvertrag (人壽保險保單示範條款)". Dabei handelt es sich um die behördliche Genehmigungsvoraussetzung für den jeweiligen Lebensversicherungsvertrag (aufgrund einer Rechtsverordnung nach der Ermächtigung in § 144 Abs. 1 des taiwanischen Versicherungsgesetzes). Nur bei Einhaltung der Mindestanforderungen der „Musterklauseln" ist der betroffene Lebensversicherungsvertag von der finanziellen Aufsichtskommission zum Inverkehrbringen zu genehmigen. Im Gegensatz zu zwingenden und verbotenen Klauseln (vgl. § 17 Abs. 4, 5 VerbrSchG) enthalten nämlich die Musterklauseln keine zivilrechtliche Wirkung. Nur durch die ausdrückliche Vereinbarung im Lebensversicherungsvertrag steht dem Verbraucher ein 10-Tage-Anfechtungsrecht zu.

2. Prüfungsfrist (§ 11-1 VerbrSchG)

Nach § 11-1 Abs. 1 VerbrSchG muss der Unternehmer vor dem Vertragsschluss dem Verbraucher eine ausreichende Zeit einräumen, sämtliche AGB durchzulesen und zu prüfen. Im Interesse der Rechtssicherheit hat die jeweilige zuständige staatliche Behörde aufgrund der Ermächtigung in § 11-1 Abs. 4 VerbrSchG die für ausgewählte Verbraucherverträge geltende Prüfungsfrist festgelegt, die von 3 Stunden bis 7 Tagen beträgt. Bei Nichteinhaltung der Prüfungsfrist werden die beanstandeten Klauseln nicht Bestandteil des Vertrags, es sei denn, der Verbraucher macht im Einzelfall die (ggf. für ihn günstige) Klausel geltend (§ 11-1 Abs. 3 VerbrSchG). Soweit der Verbraucher nicht vorzeitig durch eine Individualabrede auf die

1053 Beispielsweise: § 10 Abs. 2 Nr. 4 der zwingenden Klauseln für Kosmetikstudioverträge (瘦身美容定型化契約) und § 9 Altnative 3 Abs. 2 Nr. 4 der zwingenden Klauseln für Online-Unterrichtsverträge (網際網路教學服務定型化契約).

Prüfungsfrist verzichtet hat (§ 11-1 Abs. 2 VerbrSchG), ist der Zeitpunkt des Vertragsabschlusses auf den Fristablauf verschoben. Vor diesem Hintergrund kann der Verbraucher tatsächlich während der Prüfungsfrist in Ruhe und vom Unternehmer unbeeinflusst noch einmal über das Geschäft nachdenken[1054]. Wegen unterschiedlicher Rechtsgrundlagen und Zielsetzungen sind in einigen Verbraucherverträgen sowohl das freie Rücktrittsrecht (oder das freie Anfechtungsrecht) als auch die Prüfungsfrist eingeräumt[1055].

a) Funktion der Prüfungsfrist: Nicht Einräumung der Bedenkzeit

Dennoch besteht die Funktion der Prüfungsfrist i.S.v. § 11-1 VerbrSchG vielmehr darin, dem Verbraucher in der zeitlichen Dimension die Möglichkeit zu verschaffen, in zumutbarer Weise von dem Inhalt der AGB Kenntnis zu nehmen[1056]. Die Einräumung der Bedenkzeit stellt lediglich die Reflexwirkung der Verschiebung des Abschlusszeitpunkts dar[1057]. Die Prüfungsfrist ist eine der Voraussetzungen für die Einbeziehung der AGB in den Vertrag. Sie konkretisiert nämlich in einzelnen Dimensionen[1058] die Anforderungen des § 13 Abs. 1 VerbrSchG (inhaltlich wie § 305 Abs. 2 BGB)[1059]. Hat der Unternehmer dem Verbraucher nicht oder nicht ausreichende Prüfungszeit eingeräumt, ist der Vertrag trotz der Nichteinbeziehung der beanstandeten Klauseln wirksam, soweit der Vertrag ohne die beanstandeten Klauseln fortbestehen und nicht zur unzumutbaren Härte

1054 Li Haung, Schuldrecht AT, S. 96. Ein Teil der taiwanischen Literatur sieht sogar die Prüfungsfrist i.S.v. § 11-1 VerbrSchG ein mit dem Widerrufsrecht (in der Verbraucherrechte-RL) vergleichbares Rechtsinstitut. Vgl. Ju-Yin Chen, Hwa Kang Law Review, Vol. 60, S. 1 (13 ff.).

1055 Beispielsweise: Bestattungsvorsorgevertrag (Eigenbedarf und für Familienangehörige) (Prüfungsfrist: 5 Tage / Rücktrittsfrist: 14 Tage), Urnenkammerkaufvertrag (Prüfungsfrist: 5 Tage / Rücktrittsfrist: 14 Tage), Fitnessstudiovertrag (Prüfungsfrist 3 Tage / Rücktrittsfrist 7 Tage), Lebensversicherungsvertrag (Prüfungsfrist: 3 Tage / Anfechtungsfrist: 10 Tage).

1056 Der oberste Gerichtshof Urt. 103 Tai-Shang 2038; Li Haung, Schuldrecht AT, S. 96; Sheng-Chia Eu Yang, Taiwan Law Journal, No. 371, S. 271 (272 ff.).

1057 Sheng-Chia Eu Yang, Taiwan Law Journal, No. 371, S. 271 (277).

1058 Neben der Prüfungsfrist (§ 11-1 VerbrSchG) dienen die Pflicht zur Aushändigung des Vertragstexts (§ 13 Abs. 2 VerbrSchG) und die Nichteinbeziehung der unleserlichen Klauseln (§ 12 EV-VerbrSchG) zur Konkretisierung der Anforderungen des § 13 Abs. 1 VerbrSchG.

1059 Sheng-Chia Eu Yang, Taiwan Law Journal, No. 371, S. 271 (274).

für eine Vertragspartei führen kann (§ 16 VerbrSchG, inhaltlich wie § 306 BGB)[1060]. Nach dem Sinn und Zweck des § 16 VerbrSchG kann sich ein Anspruch auf die Aufhebung des ungewollten Vertrags oder auf die Erstattung des überhöhten Entgelts (wie § 17 Abs. 2a S. 2 Nr. 2 BeurkG und § 495 Abs. 3 BGB) nicht aus dem Regelungssystem des AGB-Rechts ergeben. Die Nachteile aus dem übereilten abgeschlossenen Vertragsschluss sind nämlich nicht einfach durch die Streichung der beanstandeten Klauseln angemessen auszugleichen. Die Prüfungsfrist i.S.v. § 11-1 VerbrSchG bezieht sich deshalb lediglich auf die Problematik des Vertragsinhalts, nicht darüber hinausgehend auch auf die Problematik, ob der Vertrag eigentlich abgeschlossen werden soll[1061]. Die Prüfungsfrist hat nämlich keine Funktion zur Einräumung der Bedenkzeit[1062].

Im Vergleich dazu haben § 17 Abs. 2a S. 2 Nr. 2 BeurkG und § 495 Abs. 3 BGB im deutschen Recht eine andere Zielsetzung. Anders als § 11-1 VerbrSchG enthalten sie die Funktion, dem Verbraucher eine Bedenkzeit einzuräumen[1063]. Bei der Nichteinhaltung der Frist sind deshalb die Nachteile des Verbrauchers aus einem übereilt abgeschlossenen Vertrag durch den Schadensersatz aus Notarhaftung[1064] oder aus c.i.c.[1065] angemessen auszugleichen, d.h. der Verbraucher hat einen Anspruch auf Vertragsaufhebung, die Freistellung von seiner Vertragsverpflichtung oder die Erstattung seiner Vertragsleistung (**siehe § 3.3 II. 3. und III 3.**).

b) Überlange Prüfungsfrist

aa) Überlange Prüfungsfrist für Kenntnisnahme von AGB

Im deutschen Recht ist nach § 305 Abs. 2 Nr. 2 BGB für die Einbeziehung der AGB erforderlich, dem Kunden die Möglichkeit verschafft, in zumutbarer Weise von ihrem Inhalt Kenntnis zu nehmen. Im Hinblick auf die

---

1060 Der oberste Gerichtshof Urt. 98 Tai-Shang 168.

1061 Sheng-Chia Eu Yang, Taiwan Law Journal, No. 371, S. 271 (277).

1062 Der oberste Gerichtshof Urt. 103 Tai-Shang 2038; Pin-Chieh Jseng, Chengchi Law Review, No. 123, S. 51 (97); Sheng-Chia Eu Yang, Taiwan Law Journal, No. 371, S. 271 (279). **a.A.:** Li Haung, Schuldrecht AT, S. 96.

1063 **§ 17 Abs. 2a S. 2 Nr. 2 BeurkG:** Staudinger BGB / Hertel (2017), BeurkG Rn. 526.
§ 495 Abs. 3 BGB: BT-Drucks. 18/5922, S. 87.

1064 BT-Drucks. 14/9266, S. 50.

1065 MüKo BGB / Schürnbrand / Weber, § 495 BGB Rn. 24.

Zumutbarkeit ist auch die zeitliche Dimension zu berücksichtigen[1066]. Insoweit muss dem Kunden je nach Länge und Komplexität der AGB eine ausreichende Zeit gewährt werden, die Vertragsbedingungen zu lesen[1067]. Beim Vertragsschluss im Massenverkehr ist daher ein kürzerer Vertragstext geboten, damit der Kunde kurzzeitig von Vertragsbedingungen Kenntnis nehmen kann[1068]. Bei einem komplexen und seitenlangen Klauselwerk muss dem Kunden der Vertragstext zur Verfügung stehen, um später in Ruhe AGB zu lesen[1069]. Dennoch enthält § 305 Abs. 2 Nr. 2 BGB weder einen starren Zeitraum für die Kenntnisnahme vom Inhalt der AGB noch eine zeitliche Sperrwirkung für den Vertragsschluss. Der Kunde kann allerdings unproblematisch nach dem Empfang des Vertragstexts den Vertrag sofort abschließen.

Die Prüfungsfrist i.S.v. § 11-1 VerbrSchG dient auch dazu, dem Verbraucher in der zeitlichen Dimension die Möglichkeit zu verschaffen, in zumutbarer Weise vom Inhalt der AGB Kenntnis zu nehmen[1070]. Die Prüfungsfrist kann eine bis zu 30 Tage angemessene Zeit sein (§ 11-1 Abs. 1 VerbrSchG). Im Interesse der Rechtssicherheit kann die zuständige staatliche Behörde aufgrund der Ermächtigung in § 11-1 Abs. 4 VerbrSchG den Zeitraum der Prüfungsfrist für jeweilige Verbraucherverträge bestimmen. Der nach § 11-1 Abs. 4 VerbrSchG erlassene Zeitraum für Prüfungsfrist beträgt von 3 Stunden bis zu 7 Tagen. Dieser Zeitraum ist für viele Verbraucherverträge – insbesondere für Massenverkehr – zu lang. Beispielsweise beträgt die Prüfungsfrist für Linienfährenvertrag 3 Stunden, die auch unter Berücksichtigung der nach dem Volumen und der inhaltlichen Komplexität der AGB[1071] für Kenntnisnahme erforderlichen Zeit regelmäßig für eine Kurzfahrt zu lang sind[1072] – die Dauer der Fährfahrt könnte im Einzelfall sogar kürzer als die 3-Stunden-Prüfungsfrist sein. Die zu lange und starre Prüfungsfrist mit gewisser Sperrwirkung entspricht nämlich

1066 Pfeiffer in: WLP, AGB-Recht, § 305 BGB Rn. 90; BeckOK BGB / Becker, § 305 BGB Rn. 60; Stadler, BGB AT, § 21 Rn. 21.

1067 Stadler, BGB AT, § 21 Rn. 21.

1068 Pfeiffer in: WLP, AGB-Recht, § 305 BGB Rn. 90.

1069 Stadler, BGB AT, § 21 Rn. 21; BGH Urt. 26. 02. 2009 – Xa ZR 141/07 = NJW 2009, 1486, Rn. 13; BGH Urt. 09. 11. 1989 – IX ZR 269/87 = NJW 1990, 765, juris Rn. 60.

1070 Sheng-Chia Eu Yang, Taiwan Law Journal, No. 371, S. 271 (272 ff.).

1071 Beispielsweise enthält das (unverbindliche) Vertragsmuster für Linienfähre zwischen Taiwan und einer angehörigen Insel sowie zwischen diesen Inseln (臺灣本島與離島及離島島際間固定航線載客船舶運送定型化契約範本) insgesamt 17 Bestimmungen.

1072 Sheng-Chia Eu Yang, Taiwan Law Journal, No. 371, S. 271 (273 f.).

dem tatsächlichen Bedarf des Rechtsverkehrs nicht. Insbesondere die Rationalisierungsfunktion der AGB ist durch die zeitliche Sperrwirkung der Prüfungsfrist erheblich eingeschränkt.

bb) Lockerung: Verzicht auf Prüfungsfrist durch Individualabrede

Zur Lockerung der Prüfungsfrist kann der Verbraucher durch eine Individualabrede auf die Prüfungsfrist verzichten (§ 11-1 Abs. 2 VerbrSchG)[1073]. Die Tatsache, dass der Verbraucher bereits wirksam auf die Prüfungsfrist verzichtet hat, muss der Unternehmer darlegen und beweisen[1074]. Im Hinblick auf die Frage, ob ein stillschweigender Verzicht auf die Prüfungsfrist anzunehmen ist, wenn der Verbraucher unter eindeutigem Hinweis auf die Prüfungsfrist[1075] vor dem Fristablauf ohne Rüge den Vertrag abgeschlossen hat, besteht immer im Einzelfall eine Rechtsunsicherheit[1076]. In der Praxis ist häufig im vorformulierten Vertragstext dem Verbraucher eine Wahlmöglichkeit eingeräumt, nach seinem Willen auf die Prüfungsfrist zu verzichten. Eine vorformulierte Wahlmöglichkeit (also eine „angebliche Individualabrede[1077]") stellt in keinem Fall eine Individualabrede i.S.v. § 2 Nr. 8 VerbrSchG dar[1078] und ist nämlich nach § 11-1 Abs. 2 VerbrSchG unwirksam.

Als Vergleich hat das deutsche Recht im Hinblick auf die Fristverkürzung in verschiedenen Vorschriften unterschiedliche Lösungen. § 17 Abs. 2a S. 2 Nr. 2 BeurkG enthält eine stärkere Sperrwirkung (**genau siehe § 3.3 II. 2.**). Die Einhaltung der Frist steht – anders als der taiwanische

---

1073 Chi-Chou Yeh: Taiwan Insurance Review, No. 28-1, S. 61 (72); Sheng-Chia Eu Yang, Taiwan Law Journal, No. 371, S. 271 (283 f.); Jer-Shenq Shieh, Taiwan Jurist, No. 56, S. 8 (9).

1074 Der oberste Gerichtshof Urt. 106 Tai-Shang 2097.

1075 Sheng-Chia Eu Yang, Taiwan Law Journal, No. 371, S. 271 (285 f.); Jer-Shenq Shieh, Taiwan Jurist, No. 56, S. 8 (9).

1076 Beispielsweise ist ein Teil der Literatur vertreten, dass für den Verzicht auf die Prüfungsfrist eine ausdrückliche und gesonderte Erklärung erforderlich. Vgl. Ju-Yin Chen, Hwa Kang Law Review, Vol. 60, S. 1 (20 f.).

1077 Ein Teil der taiwanischen Literatur hält eine solche vorformulierte Wahlmöglichkeit (missverständlich) für eine Individualabrede i.S.v. § 2 Nr. 8 VerbrSchG. Vgl. Ju-Yin Chen, Hwa Kang Law Review, Vol. 60, S. 1 (21).

1078 Sheng-Chia Eu Yang, Taiwan Law Journal, No. 371, S. 271 (284); MüKo BGB / Basedow, § 305 BGB Rn. 43; Pfeiffer in: WLP, AGB-Recht, § 305 BGB Rn. 42; Ulmer / Habersack in: UBH, AGB-Recht, § 305 BGB Rn. 53; BGH Urt. 17. 02. 2010 – VIII ZR 67/09 = BGHZ 184, 259 = NJW 2010, 1131 Rn. 18.

§ 11-1 Abs. 2 VerbrSchG – nicht zur Disposition des Verbrauchers[1079]. Die Überlegungsfrist kann nur beim Vorliegen eines sachlichen Grunds – insbesondere anderweitige Zweckerreichung – vom Notar verkürzt werden[1080]. Die stärkere Sperrwirkung ist darauf zurückzuführen, dass § 17 Abs. 2a S. 2 Nr. 2 BeurkG neben der Einräumung der Überlegungsfrist[1081] auf die Optimierung des Aufklärungspotenzials des Beurkundungsverfahrens zielt[1082]. Die Gründe für die Fristverkürzung sind zudem auch in der Niederschrift zu dokumentieren (§ 17 Abs. 2a S. 2 Nr. 2 Hs. 3 BeurkG). Sie sind durch die Verlesung im Beurkundungsverfahren dem Verbraucher vor Augen zu führen und nachträglich überprüfbar[1083]. Dadurch sind der Verbraucherschutz und die Rechtssicherheit bei der Fristverkürzung möglichst sicherzustellen.

Die Bedenkzeit nach § 495 Abs. 3 BGB enthält hingegen keine Sperrwirkung (**genau siehe § 3.3 III. 2.**). Bis zum Ablauf der Annahmefrist i.S.v. § 148 BGB kann der Verbraucher jederzeit durch die Annahme des Kreditangebots die Bedenkzeit vorzeitig beenden[1084], was eine ausdrückliche oder konkludente Willenserklärung des Verbrauchers im Hinblick auf die Verfügung über die Frist – wie § 11-1 Abs. 2 VerbrSchG im taiwanischen Recht – nicht voraussetzt. Der Hintergrund liegt darin, dass sich § 495 Abs. 3 BGB – abgesehen von ausdrücklicher Verweisung auf § 495 Abs. 2 BGB – praktisch nur auf das Umschuldungsdarlehen (§ 495 Abs. 2 Nr. 1 BGB) bezieht (**genau siehe § 3.3 III 1.**), bei welchem ein schnelles Handeln erforderlich ist, um die Zinslast nicht unnötig zu vergrößern[1085].

1079 Staudinger BGB / Hertel (2017), BeurkG Rn. 530; BGH Urt. 07. 02. 2013 – III ZR 121/12 = BGHZ 196, 166 = NJW 2013, 1451, Rn. 20; BGH Urt. 25. 06. 2015 – III ZR 292/14 = BGHZ 206, 112 = NJW 2015, 2646, Rn. 16.

1080 BGH Urt. 07. 02. 2013 – III ZR 121/12 = BGHZ 196, 166 = NJW 2013, 1451, Rn. 20; BGH Urt. 25. 06. 2015 – III ZR 292/14 = BGHZ 206, 112 = NJW 2015, 2646, Rn. 16; BT-Drucks. 14/9266, S. 51.

1081 Staudinger BGB / Hertel (2017), BeurkG Rn. 526.

1082 BGH Urt. 25. 06. 2015 – III ZR 292/14 = BGHZ 206, 112 = NJW 2015, 2646, Rn. 19; BT-Drucks. 14/9266, S. 50.

1083 BT-Drucks. 17/12035, S. 8.

1084 BT-Drucks. 18/5922, S. 88.

1085 BeckOK BGB / Möller, § 495 BGB Rn. 33. Vgl. auch: BT-Drucks. 16/11643, S. 84.

c) Verhältnis zwischen freiem Rücktrittsrecht und Prüfungsfrist

Im deutschen und europäischen Verbraucherschutzrecht ist eine vorweggenommene Bedenkzeit gering. Findet der Gesetzgeber es notwendig, dem Verbraucher eine zusätzliche Zeit dafür einzuräumen, in Ruhe und vom Unternehmer unbeeinflusst seine Abschlussentscheidung nachzudenken, wird grundsätzlich durch die Gesetzgebung ein Widerrufsrecht eingeführt. Eine Bedenkzeit vor Vertragsschluss ist nur ausnahmsweise etwa bei Immobilientransaktionen (vgl. § 17 Abs. 2a S. 2 Nr. 2 BGB) oder bei grundstücksbezogenen Geschäften (etwa Immobilienkredit, vgl. Art. 14 Abs. 6 WIKR, § 495 Abs. 3 BGB) gefunden. Auch wenn eine Kombination von Widerrufsrecht und Bedenkzeit nach Art. 14 Abs. 6 UAbs. 1 WIKR möglich ist, hat der deutsche Gesetzgeber die Bedenkzeit nur als die Alternative des Widerrufsrechts des § 495 Abs. 2 BGB umgesetzt.

Im taiwanischen Recht ist hingegen die Prüfungsfrist i.S.v. § 11-1 VerbrSchG als eine der Einbeziehungsvoraussetzungen von AGB allgemein auf alle Verbraucherverträge anwendbar. Die Zahl der Verbraucherverträge, für welche aufgrund § 11-1 Abs. 4 VerbrSchG ein genauer Zeitraum der Prüfungsfrist bestimmt ist, ist eindeutig mehr als Verbraucherverträge, für welche nach § 17 Abs. 2 Nr. 4 VerbrSchG dem Verbraucher ein freies Rücktrittsrecht eingeräumt ist. Vor diesem Hintergrund ist im Vergleich zum freien Rücktrittsrecht die auf dem Umweg der Prüfungsfrist tatsächlich eingeräumte Bedenkzeit sogar der Regelfall. Da die Prüfungsfrist sich nur auf die Einbeziehungsvoraussetzung bezieht, hat die zuständige staatliche Behörde für einige Verbraucherverträge[1086] sowohl einen Zeitraum der Prüfungsfrist als auch ein freies Rücktrittsrecht bestimmt[1087].

3. Übereilungsschutz beim Wohnungsvorverkaufsvertrag

Der Wohnungsvorverkaufsvertrag ist für den Verbraucher ein riskantes und komplexes Geschäft. Der Verbraucher hat regelmäßig keine Erfahrung und Fachkenntnis über die Bau- und Immobilienwesen, insbesonde-

1086 Beispielsweise: Bestattungsvorsorgevertrag (Eigenbedarf und für Familienangehörige) (Prüfungsfrist: 5 Tage / Rücktrittsfrist: 14 Tage), Urnenkammerkaufvertrag (Prüfungsfrist: 5 Tage / Rücktrittsfrist: 14 Tage), Fitnessstudiovertrag (Prüfungsfrist 3 Tage / Rücktrittsfrist 7 Tage), Lebensversicherungsvertrag (Prüfungsfrist: 3 Tage / Anfechtungsfrist: 10 Tage).

1087 Der oberste Gerichtshof Urt. 103 Tai-Shang 2038; Pin-Chieh Jseng, Chengchi Law Review, No. 123, S. 51 (97 f.).

re wenn ein solches Geschäft für die meisten Verbraucher nur einmal im Leben vorgenommen wird. Aufgrund eines hohen Erwerbspreises ist zudem der Erwerb einer Eigentumswohnung immer mit erheblichen finanziellen Belastungen verbunden. Beim Wohnungsvorverkaufsvertrag ist der Verbraucher auch in Form der Ratenzahlungen (Abschlagszahlungen) dem Vorleistungsrisiko ausgesetzt. Die Enttäuschung der Erwartung an die Leistung hat daher häufig eine gravierende negative Auswirkung auf die wirtschaftliche Grundlage des Verbrauchers zur Folge. Beim Abschluss eines Wohnungsvorverkaufsvertrags soll sich der Verbraucher möglichst vorsichtig und besonnen verhalten. Vor diesem Hintergrund ist ein Schutz des Verbrauchers vor Übereilung und Überrumpelung unerlässlich.

Der Schutz vor einem übereilten Vertragsschluss ist grundsätzlich durch die notarielle Beurkundung sicherzustellen. Durch die Prüfungs-, Belehrungs- und Verlesungspflicht des beurkundenden Notars (§ 71 und § 84 Abs. 1 des taiwanischen Notargesetzes, inhaltlich wie § 17 Abs. 1, 2 und § 13 Abs. 1 BeurkG) wird einer Überforderung oder Überrumpelung des Verbrauchers wirksam entgegengetreten[1088]. Der Wohnungsvorverkaufsvertrag hat eine Verbindlichkeit zur Übertragung des Eigentums an einem Grundstück und an einem Gebäude zum Gegenstand. Nach § 166-1 Abs. 1 ZGB[1089] bedürfte eigentlich der Wohnungsvorverkaufsvertrag einer notariellen Beurkundung. Dennoch ist das Inkrafttreten des § 166-1 ZGB durch § 36 Abs. 2 S. 2 EGSchRZGB unbefristet verschoben[1090]. Bis heute ist der Wohnungsvorverkaufsvertrag in Taiwan – anders als der Bauträgervertrag

---

1088 Vgl. BT-Drucks. 17/12637, S. 57.

1089 § 166-1 ZGB ist in Anlehnung an § 311b Abs. 1 BGB abgefasst. Aber sein Anwendungsbereich ist weiter als § 311b Abs. 1 BGB und erfasst jeden schuldrechtlichen Vertrag, dessen Gegenstand die Verfügung über dingliche Rechte an unbewegliche Sache ist, d.h. der Gegenstand des nach § 166-1 ZGB zu beurkundenden Vertrags erfasst nicht nur das Eigentum an einem Grundstück und das mit Eigentum vergleichbare Recht, sondern auch Grundpfandrecht.

1090 § 36 Abs. 2 S. 2 EGSchRZGB ermächtigt Exekutiv-Yuan (Regierung) im Einvernehmen mit dem Justiz-Yuan, das Datum des Inkrafttretens zu bestimmen. § 166-1 ZGB wäre eigentlich am 05. 05. 2000 in Kraft getreten. Die Zahl des registrierten Notars in Taiwan reichte aber damals nicht aus, so viele Grundstücksverträge zu beurkunden (vgl. Gesetzesbegründung des § 36 Abs. 2 S. 2 EGSchRZGB). Außerdem haben die registrierten Grundstückverwaltungsvertreter (Grundstückverwaltungsvertreter ist ein Freiberuf in Taiwan. Der Tätigkeitsbereich erfasst die Vertretung seines Mandats vor dem Grundbuchamt und die Besorgung aller grundstücksrechtlichen Geschäfte.) sehr heftig gegen die Einführung des § 166-1 ZGB protestiert. Vor diesem Hintergrund hat der Gesetzgeber kurz vor 05. 05. 2020 § 36 Abs. 2 S. 2 EGSchRZGB eingeführt und das Datum des Inkrafttretens des § 166-1 ZGB unbefristet verschoben.

im deutschen Recht – nicht notariell zu beurkunden. Der Übereilungs- und Überrumpelungsschutz durch die Beurkundungspflicht scheiden aus.

Eine zusätzliche Nachfrist in Form des verbraucherrechtlichen freien Rücktrittsrechts ist auch aufgrund der Ermächtigung in § 17 Abs. 2 Nr. 4 VerbrSchG in jeweilige zwingende und verbotene Klauseln einzufügen (**siehe oben 1.**). Dennoch enthalten die zwingenden und verbotenen Klauseln für Wohnungsvorverkaufsverträge keine Bestimmung über das freie Rücktrittsrecht.

Eine Bedenkzeit vor Vertragsschluss ist aber dem Verbraucher in Form der Prüfungsfrist i.S.v. § 11-1 VerbrSchG tatsächlich eingeräumt. Aufgrund der Ermächtigung in § 11-1 Abs. 4 VerbrSchG ist eine Prüfungsfrist von zumindest 5 Tagen vor Vertragsschluss für den Wohnungsvorverkaufsvertrag bestimmt. Während der Prüfungsfrist kann der Verbraucher sich mit dem Vertragsinhalt vertraut machen und dann nachdenken, welche Änderungswüsche er bei der späteren Vertragsverhandlung erbringen möchte oder ob er den Vertrag eigentlich abschließen will. Insoweit erfüllt die Prüfungsfrist i.S.v. § 11-1 VerbrSchG tatsächlich die ähnlichen Funktionen wie die Überlegungsfrist nach § 17 Abs. 2a S. 2 Nr. 2 BeurkG im deutschen Recht (**siehe § 3.3 II 1.**). Die Prüfungsfrist hat jedoch keine Funktion zur Einräumung der Bedenkzeit. Die Prüfungszeit dient lediglich dazu, dem Verbraucher in der zeitlichen Dimension die Möglichkeit zu verschaffen, in zumutbarer Weise von dem Inhalt der AGB Kenntnis zu nehmen[1091] (**siehe oben 2. a)**). Die Nichteinhaltung der Prüfungsfrist hat nämlich nach § 11-1 Abs. 3 und § 16 VerbrSchG – anders als die Nichteinhaltung der Regelfrist des § 17 Abs. 2a S. 2 Nr. 2 BeurkG – die Nichteinbeziehung von betroffenen AGB zur Folge. Eine Aufhebung des übereilt abgeschlossenen Vertrags kommt nämlich grundsätzlich nicht in Betracht. Insoweit sind die Nachteile aus dem übereilten Abschluss eines ungewollten Vertrags nicht angemessen auszugleichen.

PS: In Taiwan gibt es insgesamt 196 Notare (Stand: 19. 07. 2021). Darin arbeiten 145 Notare in Notarkanzleien, 51 Notare in jeweiligen Landgerichthöfen (Quelle: erstere aus Webseite von Justiz-Yuan (https://www.judicial.gov.tw/tw/lp-152-1.html), letztere aus einer privaten Anfrage an eine Bekannte in Justiz-Yuan). Gleichzeitig gab es **in Taiwan** ca. 23,5 Million (**ca. 120.000 Einwohner je Notar**). Als Vergleich gab es im Jahr 2021 insgesamt 6860 Notare **in Deutschland** (**ca. 12.000 Einwohner je Notar**) (Quelle: Bundesnotarkammer: https://www.notar.de/der-notar/statistik).

1091 Der oberste Gerichtshof Urt. 103 Tai-Shang 2038; Li Haung, Schuldrecht AT, S. 96; Sheng-Chia Eu Yang, Taiwan Law Journal, No. 371, S. 271 (272 ff.).

§ 5.4 Absicherung der Vorauszahlungen

I. Überblick der Erfüllungsabsicherungsmechanismen

Das wesentliche Merkmal des Wohnungsvorverkaufs besteht darin, dass das Vertragsobjekt bereits vor seiner Fertigstellung veräußert wird. Dadurch kann der Bauträger in Form der Ratenzahlung im Voraus einen Teil des Kaufpreises entgegennehmen, um sein Bauvorhaben zu finanzieren und die Fremdfinanzierung abzulösen. In diesem Vertriebsmodell muss der Erwerber vor der Eigentums- und Besitzverschaffung einen großen Teil seiner Zahlung erbringen und ist dem Vorauszahlungsrisiko ausgesetzt. Die bereits entgegengenommenen Vorauszahlungen und sonstige Baugeldmittel könnten aber ggf. nicht für das Bauvorhaben aufgewandt, sondern vom Bauträger etwa wegen Geldknappheit anderweitig verwendet, sogar rechtswidrig von seinem Geschäftsführer – etwa zur Abdeckung des Fehlbetrags bei seinen anderen Investitionen – veruntreut werden. In solchen Situationen könnte die Bauerrichtung sehr wahrscheinlich in Ermangelung von Geldmittel stillstehen und könnte die Geschäftsausübung des Bauträgers sogar wegen finanzieller Schwierigkeit nicht mehr weitergeführt werden.

Vor diesem Hintergrund besteht ein Sicherungsbedürfnis. Im Jahr 2010 wurden die sog. „Erfüllungsabsicherungsmechanismen (履約保證機制)" – unter Ermächtigung im damaligen § 17 Abs. 1 VerbrSchG[1092] – in § 7-1 der zwingenden Klauseln für Wohnungsvorverkaufsverträge eingefügt. § 7-1 der zwingenden Klauseln enthält insgesamt 5 verschiedene Erfüllungsabsicherungsmechanismen: Immobilienprojektentwicklungstreuhand (不動產開發信託)[1093], Kaufpreisrückzahlungsbürgschaft (價金返還保證), Kaufpreisanderkonto (價金信託), gesamtschuldnerische Bürg-

1092 Beim Erlass des § 7-1 der zwingenden Klauseln (16. 08. 2010) enthielt die Verordnungsermächtigung in § 17 VerbrSchG keine konkrete und ausführliche Ermächtigung (wie der heutige § 17 Abs. 2 und Abs. 3 VerbrSchG). Erst nach der Novellierung des Verbraucherschutzgesetzes im Jahr 2015 wird die konkrete Ermächtigung im Hinblick auf die Sicherheiten (oder Absicherungen – in Chinesisch mit demselben Wort „擔保" geschrieben wird) bei Vorauszahlungen des Verbrauchers in § 17 Abs. 2 Nr. 3 VerbrSchG eingefügt.

1093 „Immobilienprojektentwicklungstreuhand (不動產開發信託)" ist im Zuge der Novellierung der zwingenden und verbotenen Klauseln für Wohnungsvorverkaufsverträge im Jahr 2019 offiziell eingefügt. Vor der Novellierung wurde Immobilienprojektentwicklungstreuhand als eine „der sonstigen vom Innenministerium gestatten Absicherungsmechanismen" in der Praxis umgesetzt.

schaft eines gleichstufigen Bauunternehmens (同業連帶擔保) sowie Bürgschaftssolidarität (公會辦理連帶保證協定). Der Bauträger ist nach § 7-1 der zwingenden Klauseln i.V.m. § 17 VerbrSchG verpflichtet, einen der oben genannten Erfüllungsabsicherungsmechanismen in ihre AGB einzuführen.

Anders als in der deutschen MaBV wird die Auflassungsvormerkung nach § 79-1 GrdstG nicht in die Erfüllungsabsicherungsmechanismen des § 7-1 der zwingenden Klauseln aufgenommen. Der Hintergrund liegt vor allem an der sehr begrenzten Sicherungswirkung der Vormerkung im taiwanischen Recht. § 79-1 Abs. 2 GrdstG ordnet zwar – wie der deutsche § 883 Abs. 2 S. 1 BGB – an, dass die Vormerkung die Rechtswirkung einer späteren Verfügung insoweit verdrängt, als sie den von der Vormerkung gesicherten Anspruch vereiteln oder beeinträchtigen würde. Dennoch hat eine spätere Verfügung aufgrund eines rechtskräftigen Urteils oder im Wege der Zwangsvollstreckung nach § 79-1 Abs. 3 GrdstG – abweichend vom deutschen § 883 Abs. 2 S. 2 BGB – einen absoluten Vorrang vor der Vormerkung[1094]. Insoweit gewährt die Auflassungsvormerkung keinen Schutz insbesondere im Falle der finanziellen Schwierigkeit und der Insolvenz des Bauträgers.

1094 In Gesetzesbegründung des § 79-1 Abs. 3 GrdstG (Novellierung am 24. 09. 1975) hat der Gesetzgeber leider nur mit einem kurzen Satz einfach erwähnt, durch diese Bestimmung sei lediglich klar zu machen, dass die Vormerkung keine Rechtswirkung gegen Enteignung, Urteil des Gerichts sowie Zwangsvollstreckung habe. Aus der Gesetzesbegründung ergibt sich nämlich nichts, warum die Vormerkung keinen Vorrang vor einer späteren Verfügung im Wege der Zwangsvollstreckung hat.
Der Ausschluss der Sicherungswirkung bei der Zwangsvollstreckung ist wohl auf die Rechtsprechung des obersten Gerichthofs (Der oberste Gerichtshof Rsp. (Urt.) 49 Tai-Shang 24 (im Jahr 1960)) zurückzuführen. Nach der Rechtsprechung sichere die Vormerkung lediglich den Anspruch auf Übertragung, Aufhebung oder Änderung eines Rechts an einer unbeweglichen Sache. Dieser von der Vormerkung gesicherte Anspruch sei jedoch nicht mit dem Erwerb einer unbeweglicher Sache durch Einigung und Eintragung (§ 758 ZGB, entsprechend § 873 Abs. 1 BGB) gleichgestellt. Insoweit stehe dem Begünstigten der Vormerkung kein Recht i.S.v. § 15 Zwangsvollstreckungsgesetz (entsprechend § 771 Abs. 1 ZPO) zur Erhebung einer Drittwiderspruchsklage zu. Die Ansicht der Rechtsprechung ist sinnwidrig und hebt tatsächlich die Sicherungswirkung der Vormerkung auf. Aus diesen Gründen ist § 79-1 Abs. 3 GrdstG rechtspolitisch sehr fragwürdig.

II. Funktionsweise und Sicherungslücke

Die Erfüllungsabsicherungen in § 7-1 der zwingenden Klauseln sind nicht gleichwertig und haben sogar unterschiedliche Zielsetzungen. Die **Kaufpreisrückzahlungsbürgschaft** (Alt. 2) stellt – wie die Vorauszahlungsbürgschaft nach § 7 MaBV – sicher, dass der Verbraucher insbesondere bei Nichtvollendung des Bauvorhabens die bereits erbrachten Zahlungen zurückerhalten kann. Dadurch sind die Vorauszahlungen des Verbrauchers umfassend abgesichert. Die Immobilienprojektentwicklungstreuhand (Alt. 1) und das Kaufpreisanderkonto (Alt. 3) (**Treuhandlösung**) dienen vor allem dazu, dass die vom Verbraucher erbrachten Zahlungen unter der (formellen) Kontrolle eines gewerblichen Treuhänders für das Bauvorhaben aufgewandt werden müssen und bei Nichtvollendung der noch nicht verwendete Betrag zurückzuzahlen ist. Im Rahmen der Bürgschaft eines Bauunternehmens (Alt. 4) und die Bauverbandssolidarität (Alt. 5) (**Weitererrichtungsbürgschaft**) ist der Bürge verpflichtet, beim Baustillstand das versprochene Gebäude weiter zu errichten.

1. Kaufpreisrückzahlungsbürgschaft

Die Kaufpreisrückzahlungsbürgschaft (價金返還保證) (Alt. 2) ist eine selbstschuldnerische Bankbürgschaft. Durch diese Bankbürgschaft ist der Anspruch des Verbrauchers auf die Rückzahlung der von ihm bereits erbrachten Zahlungen insbesondere im Falle der Nichtvollendung des Bauvorhabens sicherzustellen. Insoweit erfüllt die Kaufpreisrückzahlungsbürgschaft die gleiche Funktion wie die deutsche Vorauszahlungsbürgschaft nach § 7 MaBV. Diese Bürgschaft erfasst unzweifelhaft den Rückzahlungsanspruch des Verbrauchers im Fall der Totalabwicklung des Vertrags (z.B. Vertragsrücktritt). Es ist aber noch nicht in der taiwanischen Rechtsprechung und Literatur festgestellt, ob sonstige auf Geldzahlung gerichtete Mängelrechte, die aber nicht zur Totalabwicklung führen, wie die deutsche Vorauszahlungsbürgschaft nach § 7 MaBV[1095] (**siehe § 3.4 III 1.**) auch unter den Sicherungsumfang fallen. Nach der hier vertretenen Ansicht soll der Begriff „Rückzahlung des Kaufpreises" in § 7-1 Alt. 2 der zwingenden Klauseln nach § 11 Abs. 2 VerbrSchG (inhaltlich wie § 305c Abs. 2 BGB)

1095 BGH Beschl. 02. 05. 2002 – VII ZR 178/01 (Freiburger Kommunalbauten), juris Rn. 12 ff; BGH Urt. 18. 06. 2002 – XI ZR 359/01 = BGHZ 151, 147 = NJW 2002, 2563, juris Rn. 20.

zugunsten des Verbrauchers weit auszulegen sein und damit alle auf Geldzahlung gerichteten Mängelrechte erfassen, da die Vorschriften über die AGB nach §§ 11 ff. VerbrSchG auch auf zwingende Klauseln anzuwenden sind (§ 15 EV-VerbrSchG)[1096].

2. Treuhandlösung

a) Funktionsweise

In der Baupraxis besteht der Grund des Baustillstands vor allem darin, dass die Baugeldmittel und das sonstige für die Bauerrichtung erforderliche Vermögen nicht für das Bauvorhaben aufgewandt, sondern vom Bauträger anderweitig verwendet werden. Um das Bauvorhaben ordnungsgemäß durchzusetzen, soll die Verfügungsbefugnis des Bauträgers einer gewissen Kontrolle unterliegen. Im Rahmen eines Treuhandverhältnisses wird das für die Bauerrichtung notwendige Vermögen – insbesondere die vom Verbraucher erbrachten Zahlungen – auf einen gewerblichen Treuhänder (also im Inland zum Geschäftsbetrieb befugtes Treuhänderunternehmen oder Kreditinstitut) übertragen und ist nur unter der Kontrolle des Treuhänders[1097] zu verwenden. Auf diese Weise sind die für die Bauerrichtung erforderlichen Baugeldmittel sicherzustellen, so dass das Risiko des Baustillstands aus der Geldknappheit möglichst verringert ist.

§ 7-1 der zwingenden Klauseln räumt zwei Alternativen – also „Immobilienprojektentwicklungstreuhand (不動產開發信託)“ (Alt. 1) und „Kaufpreisanderkonto (價金信託)“ (Alt. 3) – ein, die im Rahmen eines solchen Treuhandverhältnisses funktionieren. Der Unterschied zwischen beiden besteht vor allem im Umfang des Treuhandvermögens. Während sich die Immobilienprojektentwicklungstreuhand nach § 7-1 Alt. 1 der zwingenden Klauseln auf bebautes Grundstücks und Baugeldmittel[1098] bezieht, geht

1096 Sheng-Chia Eu Yang, Law Journal, No. 67-3, S. 95 (133).

1097 Im Falle der „Immobilienprojektentwicklungstreuhand" (§ 7-1 Alt. 1 der zwingenden Klauseln) erfolgt die Kontrolle in der Praxis oft mit Hilfe einer Baumanagementgesellschaft. Wenn eine Baumanagementgesellschaft am Bauvorhaben teilnimmt, tritt die Baumanagementgesellschaft statt des Bauträgers als Bauherr des Bauvorhabens ein und verwaltet das gesamte Bauvorhaben.

1098 Nach § 3 Abs. 2 Nr. 3 des Vertragsmusters der Immobilienprojektentwicklungstreuhand (von landesweitem Verband von Treuhandunternehmen ROC) (中華民國信託商業同業公會 不動產開發信託契約書範本(有建經)) erweitert sich das Treuhandvermögen auf das zu errichtende Gebäude.

es beim Kaufpreisanderkonto nach § 7-1 Alt. 3 der zwingenden Klauseln nur um die vom Verbraucher erbrachten Zahlungen. In beiden Fällen ist das Treuhandvermögen (Baugeldmittel) nur unter der Kontrolle des Treuhänders zur Finanzierung des Bauvorhabens[1099] zu verwenden. Insoweit ist der Begünstigte des Treuhandverhältnisses grundsätzlich der Bauträger (Treuhandgeber) selbst (Selbstbegünstigungstreuhand). Nur bei der Nichtvollendung des Bauvorhabens erhält der Erwerber – auch im Falle der Immobilienprojektentwicklungstreuhand – das Begünstigungsrecht auf die von ihm vorher erbrachten, aber noch nicht zur Finanzierung des Bauvorhabens verwendete Zahlungen, d.h. im Rahmen des Treuhandverhältnisses hat der Erwerber kein Begünstigungsrecht auf das Grundstück und das teilweise errichtete Gebäude oder deren Surrogat[1100].

b) Sicherungslücke und Probleme

Im Rahmen der Treuhandlösung sind jedoch die Vorauszahlungen des Verbrauchers tatsächlich ungesichert. Nach § 7-1 Alt. 1 und Alt. 3 der zwingenden Klauseln besteht der Zweck der Treuhandlösung vielmehr nur darin, dass das für die Bauerrichtung erforderliche Vermögen, insbesondere die Baugeldmittel, ausschließlich zur Finanzierung des Bauvorhabens verwendet werden kann. In beiden Fällen erschöpft sich das Begünstigungsrecht des Verbrauchers bei der Nichtvollendung des Bauvorhabens in den von ihm vorher erbrachten Zahlungen und erfasst nämlich das Grundstück und das teilweise errichtete Gebäude nicht. Der Verbraucher kann deshalb aus der Treuhand nur einen sehr kleinen Teil der von ihm erbrachten Zahlungen – und zwar den noch nicht zur Finanzierung des

---

1099 Im Falle der Immobilienprojektentwicklungstreuhand ist das Treuhandvermögen auch zur Rückzahlung des Darlehens über Erwerb des zu bebauten Grundstücks zu verwenden, vgl. § 5 Abs. 2 des Vertragsmusters der Immobilienprojektentwicklungstreuhand.

1100 Die Immobilienprojektentwicklungstreuhand (Alt. 1) könnte *de lege ferenda* durch die Abänderung ihre Sicherungsfunktionen verstärkt werden und sich ähnliche Funktionen wie das deutsche Vormerkungsmodell (§ 3 MaBV) aufweisen. Im Falle der Nichtvollendung des Bauvorhabens sollte sich das Begünstigungsrecht des Verbrauchers in Höhe der von ihm bereits erbrachten Zahlungen auf gesamtes Treuhandvermögen ausdehnen und einen Vorrang vor dem Begünstigungsrecht des Treuhandgebers (Bauträgers) haben. Insoweit könnte der Verbraucher bei der Nichtvollendung des Bauvorhabens zumindest bis zum Restwert des Treuhandvermögens – abzüglich erforderlicher Kosten und Schulden der Treuhand – seine Zahlungen (anteilig) zurückerhalten.

Bauvorhabens verwendeten Teil – zurückerhalten. Ein großer Teil der Vorauszahlungen ist nämlich nicht durch die Treuhandmechanismen abgesichert. Insoweit ist der Verbraucher dem Risiko der Zahlungsunfähigkeit des Bauträgers ausgesetzt[1101].

Dieser Umstand ist äußerst ungerecht, da der Verbraucher auch durch seine Vorauszahlungen zum Wertzuwachs des zu errichtenden Gebäudes beiträgt. Soweit das Bauvorhaben nicht im Wege der Weitererrichtung durch einen anderen Bauunternehmen weiterzuführen ist, kommt der Wertzuwachs des teilweise errichteten Gebäudes den gesamten Gläubigern des Bauträgers zugute. Die Weitererrichtung ist jedoch nicht zwingend. Das Kaufpreisanderkonto (Alt. 3) bezieht sich nur auf die vom Verbraucher erbrachten Zahlungen und enthält damit keinen Weitererrichtungsmechanismus. Auch bei der Immobilienprojektentwicklungstreuhand (Alt. 1) ist der Weitererrichtungsmechanismus nur eine Alternative in § 12 des Vertragsmusters des landesweiten Verbands von Treuhandunternehmen[1102], nämlich nicht zwingend.

1101 Das Anderkonto-Modell (信託專戶) ist im taiwanischen Recht oft beim Cyberwallet-, Gutscheine-, Ratenlieferungsvertrag oder anderen ähnlichen Vertrag als eine der gesetzlichen Absicherungsmechanismen zu verwenden. In solchen Fällen empfängt der Verbraucher sukzessiv die Leistungen des Unternehmers. Der aus dem Anderkonto an den Unternehmer ausgezahlte Betrag entspricht deshalb den vom Verbraucher tatsächlichen empfangenen Leistungen, so dass die Vorauszahlungen des Verbrauchers grundsätzlich durch das Anderkonto umfassend abzusichern sind. Der sukzessive Empfang der Leistungen durch den Verbraucher ist der entscheidende Unterschied zum Wohnungsvorverkaufsvertrag, bei dem der Erwerber erst nach der Fertigstellung der Wohnung das Vertragsobjekt „einmal“ abnehmen kann. Folglich kann das „Kaufpreisanderkonto“ das Risiko der Vorauszahlungen nicht umfassend abdecken. Vgl. Sheng-Chia Eu Yang, Law Journal, No. 67-3, S. 95 (135 f.).

1102 Bei der Immobilienprojektentwicklungstreuhand räumt § 12 des Vertragsmusters der Immobilienprojektentwicklungstreuhand beim Baustillstand im Hinblick auf die Weitererrichtung 3 Möglichkeit ein: (1) ohne Weitererrichtungsmechanismus; (2) mit Weitererrichtungspflicht; (3) mit Verpflichtung zur Erwägung und zur Diskussion mit Betroffenen (z.B. Subunternehmer oder Kreditbank) darüber, ob das Bauvorhaben im Wege der Weitererrichtung fortzusetzen kann.

3. Weitererrichtungsbürgschaft

a) Funktionsweise

Während die Treuhandlösung bezweckt, durch die Kontrolle der Baugeldmittel das Risiko des Baustillstands aus Geldknappheit möglichst zu verringern, dient die Weitererrichtungsbürgschaft dazu, beim Baustillstand die Errichtung des Gebäudes durch einen anderen Bauunternehmer fortzusetzen. Im Hinblick auf die Weitererrichtungsbürgschaft bestimmt § 7-1 der zwingenden Klauseln zwei Alternativen – „gesamtschuldnerische Bürgschaft eines gleichstufigen Bauunternehmens (同業連帶擔保)“ (Alt. 4) sowie „Bürgschaftssolidarität (公會辦理連帶保證協定)“ (Alt. 5). Anders als bei der typischerweise auf Geldzahlung gerichtete Bürgschaft ist der Bürge einer Weitererrichtungsbürgschaft verpflichtet, im Sicherungsfall statt des Hauptschuldners (Bauträgers) das versprochene Gebäude weiter zu errichten.

Im Falle der gesamtschuldnerischen Bürgschaft eines gleichstufigen Bauunternehmens (Alt. 4) sollen zwei Bauträger gegenüber ihren jeweiligen Vertragspartnern nach den Bestimmungen des Bürgschaftsvertrags (§§ 739 ff. ZGB) für die Errichtung des versprochenen Gebäudes einander einstehen. Im Rahmen der Bürgschaftssolidarität (Alt. 5) halten jedoch mehrere (i.d.R. kleinere) Bauträger unter der Vermittlung und Organisierung des jeweiligen Kreis-/Stadtbauverbands zusammen, um für die Fertigstellung des jeweiligen Bauvorhabens einander einzustehen. In beiden Fällen besteht ein Bürgschaftsverhältnis zwischen dem Verbraucher und dem Bürgen. Nach § 7-1 der zwingenden Klauseln muss der Bauträger beim Abschluss des Bauträgervertrags dem Verbraucher die Kopie des Abredens zwischen den Bauträgern aushändigen. Durch diese Weise kommt der Bürgschaftsvertrag zwischen dem Bürgen und dem Verbraucher durch die Vertretung des Bauträgers zustande.

Nach den Anforderungen des § 7-1 der zwingenden Klauseln darf der Bürge gegenüber dem Verbraucher im Hinblick auf die Weitererrichtung keine Mehrkosten oder sonstige Entschädigung geltend machen. Unklar ist, ob der Bürge nach dem Innenverhältnis mit dem Hauptschuldner (Bauträger) aufgrund des Innenverhältnisses die Forderungen des Letzteren gegenüber dem Verbraucher – insbesondere noch nicht bezahlter Kaufpreis – erhält, wenn er nach dem Bürgschaftsvertrag die Bauerrichtung übernommen hat[1103]. Wäre dem Bürgen keine Kaufpreisforderung des Bauträgers abgetreten, könnte die Weitererrichtung sehr wahrscheinlich auch in Ermangelung von erforderlichen Baugeldmitteln scheitern.

b) Sicherungslücke und Probleme

Im Rahmen der Weitererrichtungsbürgschaft stehen Bauträger für die Errichtung des jeweiligen Bauvorhabens einander ein und damit entstehen keine Avalprovision und Treuhandvergütung. Aus diesem Grund stellen die beiden Arten der Weitererrichtungsbürgschaft den kostengünstigsten der Absicherungsmechanismen in § 7-1 der zwingenden Klauseln dar und sind in der taiwanischen Bauträgerpraxis verbreitet[1104]. Dennoch sind die Vorauszahlungen des Verbrauchers teilweise nur ungenügend durch die Weitererrichtungsbürgschaft abgesichert. Die Weitererrichtungsbürgschaft gewährt in der Tat dem Verbraucher keine praktische Sicherheit. Im Vergleich zur Treuhandlösung könnten außerdem die Baugeldmittel ohne praktische Kontrolle vom Bauträger anderweitig zu verwenden sein und damit ist das Risiko des Baustillstands erhöht. Die Weitererrichtungsbürgschaft ist tatsächlich unsicher und damit eine instrumentalisierte Vortäuschung[1105].

Zunächst deckt die Weitererrichtungsbürgschaft offensichtlich nur die Errichtung des versprochenen Gebäudes ab, nicht aber auch das bebaute Grundstück. Im Falle des Baustillstands gerät der Bauträger regelmäßig auch in die Zahlungsunfähigkeit. Das bebaute Grundstück, soweit es dem Bauträger gehört[1106] oder zum Einstehen seines Kredits verpfändet ist,

---

1103 Aus dem Vertragsmuster des Verbands des Bauträgers (von der jeweiligen Stadt oder von dem jeweiligen Kreis) ergibt sich auch nichts.

1104 Seit Inkrafttreten der § 7-1 der zwingenden Klauseln (01. 05. 2011) bis 08. 2015 betragen insgesamt 2164 Bauvorhaben in Taiwan, die durch die „gesamtschuldnerische Bürgschaft eines gleichstufigen Bauunternehmens" (Alt. 4) gesichert sind. Vgl. Das Protokoll der Anhörungssitzung über Abänderung der Erfüllungsabsicherungsmechanismen des Wohnungsvorverkaufsvertrags „gesamtschuldnerische Bürgschaft eines gleichstufigen Bauunternehmens" und „Bürgschaftssolidarität" am 15. 11. 2016 (**Abkürzung:** Sitzungsprotokoll am 15. 11. 2016) (105 年 11 月 15 日研商修正預售屋買賣履約保證機制之「同業連帶擔保」、「公會連帶擔保」及其補充規定相關事宜會議紀錄), S. 2 f..

1105 Sheng-Chia Eu Yang, Law Journal, No. 67-3, S. 95 (139 ff.).

1106 In Taiwan arbeitet der Bauträger oft aufgrund einer sehr hohen Grundstückserwerbspreises – insbesondere im Ballungsgebiet – im Hinblick auf das Bauvorhaben und die Veräußerung der Eigentumswohnung mit einem oder

könnte von Gläubigern des Bauträgers – insbesondere die Bank – zusammen mit dem teilweise errichteten Gebäude beschlagnahmt und dann im Rahmen der Zwangsvollstreckung oder eines sonstigen gesetzlichen Verfahrens veräußert werden. Insoweit ist die Verpflichtung des Bürgen zur Weitererrichtung gegenstandslos und damit wegen Unmöglichkeit untergegangen (§ 225 Abs. 1 ZGB, inhaltlich wie § 275 Abs. 1 BGB). Nach dem Sinn und Zweck der Weiterrichtungsbürgschaft[1107] steht der Bürge – also ein anderer Bauunternehmer – nicht für Geldleistungspflichten des Bauträgers[1108] ein[1109].

Außerdem ist der Bürge der Weitererrichtungsbürgschaft oft nicht ein tauglicher. Der Bürge selbst soll regelmäßig gleichzeitig sein eigenes Bauvorhaben durchführen und ist oft für ihn aus finanziellen Gründen schwierig, seine Weitererrichtungspflicht ohne weitere finanzielle Unterstützung zu erfüllen. Aus diesem Grund ist eine Bürgschaft von anderen Unternehmern in demselben Wirtschaftszweig für einen hochwertigen Gegenstand wie eine Eigentumswohnung von vornherein ungeeignet[1110]. Außerdem sind die einander einzustehenden Bauträger oft in demselben Konzern, sogar wirtschaftlich als dieselbe Firma oder als eine Strohmanngesellschaft des anderen anzusehen. In solchen Fällen scheitert die Weite-

mehreren Grundstückseigentümer/n zusammen (sog. Zusammenarbeitsbauvertrag(合建契約)). In solchen Fällen ist der Bauträger nicht der Eigentümer des bebauten Grundstücks. Bei der Fertigstellung der Eigentumswohnung erwirbt der Erwerber unmittelbar aus dem Grundstückseigentümer (häufig als Mitverkäufer des Vertragsobjekts) das bebaute Grundstück.

1107 Insbesondere beschränkt sich der Bürge der Weitererrichtungsbürgschaft auf qualifiziertes Bauunternehmen.

1108 Dazu gehört die Kaufpreisrückzahlungsbürgschaft (Alt. 2).

1109 Sheng-Chia Eu Yang, Law Journal, No. 67-3, S. 95 (139 f.).

1110 Sheng-Chia Eu Yang, Law Journal, No. 67-3, S. 95 (140).
Eine Bürgschaft von anderen Unternehmern in demselben Wirtschaftszweig (同業履約擔保), nach welcher der Bürge im Sicherungsfall statt des Hauptschuldners die versprochenen Leistung erbringen muss, können in vielen zwingenden und verbotenen Klauseln gefunden werden. Aber der Wert des Vertragsobjekts ist nicht so hochwertig wie Eigentumswohnung. Zum Beispiele: § 2 Abs. 4 der zwingenden Klauseln für Waren- oder Dienstleistungsgutscheine (商品（服務）禮券定型化契約應記載事項), § 7 Abs. 2 Nr. 3 der zwingenden Klauseln für Wäscherei (洗衣定型化契約應記載事項), § 19 Abs. 2 Alt. 4 der zwingenden Klauseln für Kosmetikstudioverträge (瘦身美容定型化契約應記載事項), § 15 Alt. 3 der zwingenden Klauseln für Online-Unterrichtsverträge (網際網路教學服務定型化契約); § 2 Alt. 2 der zwingenden Klauseln für Online-Game-Gutscheine (線上遊戲點數（卡）定型化契約應記載事項). Es kann hier offen bleiben, ob eine Bürgschaft von anderen Unternehmern in demselben Wirtschaftszweig auch in anderen Verträgen geeignet ist.

rerrichtung regelmäßig wegen finanzieller Schwierigkeit des einzustehenden Bauträgers (Bürgen)[1111].

III. Probleme des Sicherungssystems

Die Erfüllungsabsicherungen in § 7-1 der zwingenden Klauseln haben unterschiedliche Zielsetzungen und sind nicht gleichwertig. Nur die Kaufpreisrückzahlungsbürgschaft (Alt. 2) gewährt dem Verbraucher einen umfassenden Schutz (**siehe oben II 1.**). Die Vorauszahlungen des Verbrauchers sind hingegen durch sonstige Absicherungsmechanismen in § 7-1 der zwingenden Klauseln nur bedingt abzusichern. Im Rahmen der Treuhandlösung ist es zwar möglich, die anderweitige Verwendung der Baugeldmittel durch die Kontrolle des Treuhänders zu vermeiden, aber beim Scheitern des Bauvorhabens ist nur ein kleiner Teil der Zahlungen zurückzuerhalten (**siehe oben II 2. b**)). Im Rahmen der Weitererrichtungsbürgschaft ist der Erfüllungsanspruch des Verbrauchers nur teilweise durch einen untauglichen Bürgen – einen anderen Bauträger – gesichert (**siehe oben II 3. b**)).

In der Praxis ist die sicherste Kaufpreisrückzahlungsbürgschaft aufgrund einer hohen Avalprovision selten. Die unsichere Weitererrichtungsbürgschaft wird hingegen als eine kostengünstige Lösung in der Praxis von Bauträgern am liebsten verwendet[1112]. Das Problem im taiwanischen Recht besteht nämlich vor allem darin, dass es an einem kostengünstigen, aber sicheren Sicherungsinstrument fehlt. Anders als nach § 883 Abs. 2 BGB hat die Vormerkung im taiwanischen Recht nach § 79-1 Abs. 3 GrdstG keinen Vorrang vor der Verfügung aufgrund eines rechtskräftigen Urteils oder im Wege der Zwangsvollstreckung, was jedoch der Sicherungswirkung der Vormerkung (§ 79-1 Abs. 2 GrdstG) widerspricht und rechtspolitisch äußerst problematisch ist. Vor diesem Hintergrund ist ein

---

1111 Sheng-Chia Eu Yang, Law Journal, No. 67-3, S. 95 (140 f.).
Beispiel: Im Jahr 2015 hat ein Bauträger in Taichung wegen finanzieller Schwierigkeit sein Bauvorhaben nicht fortgesetzt. In diesem Fall ist die Geschäftsführerin des Bürgen (einzustehenden Bauträgers) die Frau des Geschäftsführers des Bauträgers und der Bürge war tatsächlich ein Strohmann des Bauträgers. Die Weitererrichtung scheitert endgültig. Vgl. Sitzungsprotokoll am 15. 11. 2016, S. 1.

1112 Vor diesem Hintergrund opponieren Bauverbände gegen die Erhöhung der Mindestanforderungen für die Qualifikation des einzustehenden Bauträgers. Vgl. Sitzungsprotokoll am 15. 11. 2016 S. 4 ff.

kostengünstiges und sicheres Vormerkungsmodell im deutschen Recht (**siehe § 3.4 II**) nicht ins taiwanische Recht einzuführen[1113].

Im Hinblick auf die Sicherungs- und Schutzlücke der Erfüllungsabsicherungsmechanismen in § 7-1 der zwingenden Klauseln hilft das Beurkundungsverfahren auch nicht viel. Zum einen wirkt der Notar in der Regel nicht beim Abschluss des Wohnungsvorverkaufsvertrags mit, da der Wohnungsvorverkaufsvertrag – wegen unbefristeter Verschiebung des Inkrafttretens des § 166-1 ZGB durch § 36 Abs. 2 S. 2 EGSchRZGB (**siehe § 5.3 III 3.**)) – bis heute keinem Beurkundungszwang unterliegt. Zum anderen ist eine doppelte Belehrungspflicht des Notars über eine ungesicherte Vorleistung aus § 71 des taiwanischen Notargesetzes (inhaltlich wie § 17 Abs. 1, 2 BeurkG) (**siehe § 3.1 III 1.**) in der taiwanischen Rechtsprechung und Literatur noch nicht ausdrücklich erwähnt und anerkannt[1114]. Insoweit könnten die Vorleistungsrisiken und die Schutzlücke oft im Zeitpunkt des Vertragsabschlusses nicht angezeigt und weitere Sicherungsmittel nicht empfohlen werden.

IV. Rechtfolge der Verletzung der Absicherungspflichten

Nach § 17 Abs. 5 VerbrSchG wird die Bestimmung der zwingenden Klauseln kraft Gesetzes der Vertragsinhalt, soweit sie keine Niederlassung in den AGB des Unternehmers findet. Nach dem eindeutigen Wortlaut des § 7-1 der zwingenden Klauseln muss der Bauträger einen der darin aufgelisteten 5 Erfüllungsabsicherungsmechanismen wählen und verwenden. Enthalten die AGB des Bauträgers keinen Erfüllungsabsicherungsmechanismus, ist § 7-1 der zwingenden Klauseln unverändert in den Vertrag einzubeziehen und es besteht eine Wahlschuld i.S.v. § 208 ZGB (inhaltlich wie § 262 BGB). Das Wahlrecht des Bauträgers geht nach einer erfolglosen Fristsetzung zur Ausübung auf den Verbraucher über (§ 210 Abs. 2 ZGB). Danach kann der Verbraucher beliebig einen der Erfüllungsabsicherungsmechanismen in § 7-1 der zwingenden Klauseln wählen und vom Bauträger verlangen, die von ihm gewählte Absicherung zu bestellen[1115]. Anders als der deutsche § 650v BGB setzen die Ratenzahlungsansprüche des Bauträgers die Bestellung einer Absicherung gemäß § 7-1 der zwingen-

1113 Sheng-Chia Eu Yang, Law Journal, No. 67-3, S. 95 (141 f.).

1114 Nach der hier vertretenen Ansicht soll diese doppelte Belehrungspflicht über die ungesicherte Vorleistung auch im taiwanischen Recht anerkannt sein.

1115 Sheng-Chia Eu Yang, Law Journal, No. 67-3, S. 95 (146 Fn. 257).

den Klauseln nicht voraus. Jedoch kann der Verbraucher nach der hier vertretenen Ansicht bis zur Bestellung der Absicherung aufgrund § 264 ZGB analog (inhaltlich wie § 320 BGB[1116]) seine Zahlungen berechtigt verweigern. Der Verbraucher kann auch zudem wiederum nach einer erfolglosen Fristsetzung zur Bestellung der Absicherung nach § 254 ZGB vom gesamten Wohnungsvorverkaufsvertrag zurücktreten.

Dennoch taucht die fehlende oder unzureichende Absicherung – insbesondere wegen fehlender notariellen Belehrung (**siehe oben III**) – oft erst nach dem Baustillstand oder nach der Zahlungsunfähigkeit des Bauträgers auf. In dieser Situation sind vertragliche oder gesetzliche Ansprüche gegenüber dem zahlungsunfähigen Bauträgers weitgehend sinnlos. Auch wenn die zwingenden und verbotenen Klauseln aufgrund § 17 VerbrSchG ohne Zweifel Schutzgesetze i.S.v. § 184 Abs. 2 ZGB (inhaltlich wie § 823 Abs. 2 BGB) darstellen, dehnt sich die Schadensersatzpflicht jedoch, abgesehen davon, ob der Geschäftsführer selbst auch in die Zahlungsunfähigkeit geraten ist, wohl nicht wie im deutschen Recht (**siehe § 3.4 IV 2. a)**) auf den Geschäftsführer des Bauträgers aus. Zum einen bezieht sich § 17 VerbrSchG als eine zivilrechtliche vorweggenommene Inhaltskontrolle der AGB ausschließlich auf den Klauselverwender (Bauträger). Zum anderen ist im Hinblick auf die Beachtung des § 17 VerbrSchG nicht seine Verletzung selbst, sondern nur die Beeinträchtigung der Überwachung der Aufsichtsbehörde (§ 57 VerbrSchG) und die Nichteinhaltung der Mahnung der Aufsichtsbehörde bei der Nichtbeachtung des § 17 VerbrSchG (§ 56-1 VerbrSchG) ordnungswidrig, auch wenn die Ausdehnung der Normadressaten auf den Geschäftsfüherer nach § 15 des taiwanischen OWiG (anders als § 9 OWiG) bei seinem vorsätzlichen oder grobfahrlässigen Handeln in Betracht kommt[1117].

Vor diesem Hintergrund ist die Einhaltung der § 7-1 der zwingenden Klauseln nur durch die Überwachung der Aufsichtsbehörde (vgl. § 17 Abs. 6 VerbrSchG) und die Ahndung mit Bußgeld (vgl. § 56-1 und § 57 VerbrSchG) sicherzustellen. Im Falle der Zahlungsunfähigkeit und des

---

1116 Im taiwanischen Recht besteht kein allgemeines (obligatorisches) Zurückbehaltungsrecht wie § 273 BGB (Im Hinblick auf das dinglich-rechtliche Zurückbehaltungsrecht wie Art. 895 ff. des schweizerischen ZGB kann man in §§ 928 ff. ZGB im taiwanischen Recht gefunden werden). Nach der Ansicht der teilweisen Literatur kann der Schuldner in bestimmten Fällen (z.B. Vorschuss der Aufwendungen und Geschäftsbesorgung) nach § 264 ZGB (inhaltlich wie § 320 BGB) analog seine Leistungen ablehnen. Vgl. Mao-zong Huang, Schuldrecht BT I, 2006, S. 337 f.

1117 Sheng-Chia Eu Yang, Law Journal, No. 67-3, S. 95 (147).

Baustillstands genießt der Verbraucher bei der fehlenden oder unzureichenden Absicherung leider keinen praktischen Schutz.

§ 5.5 Sachmängelhaftung

I. Dualsystem der Sachmängelhaftung

1. Kaufrechtliche Gewährleistung

Das System und die Rechtsvorschriften der kaufrechtlichen Gewährleistung im ZGB sind sehr ähnlich wie das deutsche BGB in der Fassung vor der Schuldrechtsmodernisierung. Ist der Verkäufer gemäß § 354 ZGB (inhaltlich wie § 459 BGB a.F.) für den Sachmangel verantwortlich, kann der Käufer gemäß § 359 S. 1 ZGB (inhaltlich wie § 462 BGB a.F.) entweder vom Vertrag zurücktreten oder den Kaufpreis mindern. Gewährt der Verkäufer dem Käufer eine Beschaffenheitsgarantie (Hs. 1) oder verschweigt er den Mangel arglistig (Hs. 2), kann der Käufer gemäß § 360 ZGB (inhaltlich wie § 463 BGB a.F.) auch den Schadensersatz wegen Nichterfüllung verlangen.

Handelt es sich um einen Gattungskauf, kann der Käufer gemäß § 364 ZGB (inhaltlich wie § 480 Abs. 1 S. 1 BGB a.F.) statt des Rücktritts, der Minderung oder des Schadensersatzes wegen Nichterfüllung die Lieferung einer mangelfreien Sache verlangen. Die Ersatzlieferung hat aber gegenüber sonstigen Rechten im Rahmen der kaufrechtlichen Gewährleistung keinen Vorrang, so dass die Mängelrechte nach §§ 359, 360 ZGB keine erfolglose Fristsetzung zur Ersatzlieferung nach § 364 ZGB voraussetzen. Darüber hinaus fehlt es im Rahmen der kaufrechtlichen Gewährleistung an einer gesetzlichen Regel über die Nacherfüllung, insbesondere an einer Nachbesserungspflicht beim Stückkauf. Insoweit gibt die gesetzliche Bestimmung der kaufrechtlichen Gewährleistung keine befriedigende Lösung, da eine vom Verkäufer durchgeführte Mängelbeseitigung in vielen Fällen sinnvoll und für ihn zumutbar ist.

Im Hinblick auf die Gewährleistungsfrist weicht das taiwanische Recht teilweise vom deutschen Kaufrecht vor der Schuldrechtsmodernisierung (vgl. § 477 BGB a.F.) ab. Nach dem Wortlaut ordnet § 365 ZGB nur eine Ausschlussfrist für Rücktritt- und Minderungsrecht (§ 359 ZGB) ausdrücklich an. Danach sind diese Gestaltungsrechte ohne Rücksicht darauf, dass der Gegenstand eine bewegliche oder unbewegliche Sache ist, einheitlich in 6 Monaten von der Mängelanzeige nach § 356 ZGB (inhaltlich wie § 377 HGB)[1118] oder in 5 Jahren von Ablieferung untergegangen. Vor der taiwanischen Schuldrechtsnovellierung im Jahr 1999 betrug diese Ausschlussfrist 6 Monate ab Ablieferung. Es fehlt hingegen an einer ausdrücklichen Bestimmung für die Verjährung des Ersatzlieferungsanspruchs (§ 364 ZGB) und den Schadensersatz wegen Nichterfüllung (§ 360 ZGB). Nach der Rechtsprechung unterliegen diese Ansprüche in Ermangelung einer kaufrechtspezifischen Sonderregel der 15-jährigen allgemeinen Verjährungsfrist (§ 125 ZGB)[1119].

Darüber hinaus begründet § 356 ZGB für den Käufer eine Untersuchungs- und Rügeobliegenheit. Anders als das deutsche Recht (vgl. § 377 HGB) beschränkt sich diese Obliegenheit nicht auf Kaufverträge zwischen Kaufleuten[1120] über Waren (bewegliche Sachen), sondern erfasst alle Kaufverträge. Nur wenn der Verkäufer den Mangel arglistig verschwiegen hat, fällt die Untersuchungs- und Rügeobliegenheit aus (§ 356 Abs. 2 ZGB, inhaltlich wie § 377 Abs. 5 HGB). Da eine so weitgehende Untersuchungs- und Rügeobliegenheit oft für einen unerfahrenen Käufer wie einen Verbraucher unzumutbar ist, spricht sich die Literatur dafür aus, dass die Anforderungen für diese Obliegenheit im Einzelfall unter Berücksichtigung der Eigenschaft des Kaufgegenstands und des Käufers (z.B. Kaufmann oder Verbraucher) zu konkretisieren sind[1121].

Ist der Mangel der Kaufsache so erheblich, dass der Käufer nach § 359 S. 1 ZGB (inhaltlich wie § 462 BGB a.F.) vom Vertrag zurücktreten kann, kann der Käufer aufgrund der „Einrede der Wandlung“ die mangelhafte Kaufsache zurückweisen und die Zahlung des Kaufpreises ablehnen[1122].

1118 Hat der Verkäufer den Mangel arglistig verschwiegen, unterliegt das Rücktritt- und Minderungsrecht nach § 365 Abs. 2 ZGB nur der 5-jährigen Ausschlussfrist.

1119 Der oberste Gerichtshof Urt. 76 Tai-Shang 1449; 85 Tai-Shang 3109; 86 Tai-Shang 3083. Shang-Kuan Shih, Schuldrecht BT, S. 42 f. **a.A.:** Analogie des § 365 ZGB, vgl. Mao-zong Huang, Kaufrecht, S. 453 ff.

1120 Im taiwanischen Recht gibt es kein HGB und damit keine Legaldefinition über „Kaufmann“.

1121 Fang-hsien Yang in: Li Haung (Hrsg.), Schuldrecht BT Bd. I, S. 118; Shang-Kuan Shih, Schuldrecht BT, S. 31; Tzu-Chiang Chen, Prokura und Vertretungsmacht, in: Vereinheitlichung oder Aufspaltung zwischen Zivil- und Handelsgesetz, S. 251 (289).

1122 Sheng-Lin Jan, Versammlung II, S. 243 (269 f.); Tze-chien Wang, Versammlung VI, S. 115 (124 ff.); Der oberste Gerichtshof 82 Tai-Shang 291; 95 Tai-Shang 39; Urt. 99 Tai-Shang 2443.

Fehlt es an einer mit § 478 Abs. 1 S. 1 BGB a.F.[1123] vergleichbaren Vorschrift im ZGB, begründet die Literatur diese allgemeine Mängeleinrede (**siehe § 4.1 II. 4.**) vor allem mit dem Grundsatz von Treu und Glauben, d.h. der Verkäufer verhält sich rechtsmissbräuchlich, wenn er eine Leistung fordert, die er alsbald wieder zurückgewähren müsste (*dolo-agit*-Einrede)[1124].

2. Positive Forderungsverletzung

Neben der kaufrechtlichen Gewährleistung räumt der oberste Gerichtshof dem Käufer die Möglichkeit ein, dass im Rahmen der positiven Forderungsverletzung (不完全給付)[1125] seine Interessen an einer mangelfreien Leistung zu befriedigen sind[1126]. Dadurch sind die Unvollständigkeit und der Schwachpunkt der kaufrechtlichen Gewährleistung, und zwar fehlender Nacherfüllungsanspruch, strenge Voraussetzung für Schadensersatz wegen Nichterfüllung sowie kürzere Gewährleistungsfrist (insbesondere vor der Schuldrechtsnovellierung im Jahr 1999) nicht behoben, sie werden vielmehr einfach „umgangen".

Soweit der Mangel behebbar ist, kann der Käufer – wie im Falle des Leistungsverzugs eine verzögerte (mangelfreie) Leistung – eine Nacherfüllung geltend machen[1127], da der Verkäufer zur Lieferung einer mangelfreien Sache verpflichtet ist[1128] (**siehe unten II. 2.**).

Der Käufer kann auch seinen aus Mängeln entstandenen Schaden – sowohl Mangelschaden als auch Mangelfolgeschaden – liquidieren (§ 227 ZGB). Dies erfolgt vor allem durch die entsprechende Anwendung der Vorschriften über die Liquidation des Nichterfüllungsschadens (§ 227 Abs. 1 i.V.m § 232 oder § 226 Abs. 1 ZGB) und des Verzögerungsschadens (§ 227 Abs. 1 i.V.m. § 231 ZGB). Erleidet der Käufer einen weiteren Scha-

---

1123 BGH Urt. 18. 01. 1991 – V ZR 11/90 = BGHZ 113, 232 = NJW 1991, 1048, juris Rn. 15.

1124 Sheng-Lin Jan, Versammlung II, S. 243 (270).

1125 Die positive Forderungsverletzung wurde im Zuge der Schuldrechtsnovellierung im Jahr 1999 als neue §§ 227, 227-1 ZGB kodifiziert.

1126 Beschluss 1 von 7. Tagung von allen Zivilsenaten des obersten Gerichtshofs im Minguo-Jahr 77 (am 19. 4. 1988).

1127 Beschluss 1 von 7. Tagung von gesamten Zivilsenaten des Obersten Gerichtshofs im Minguo-Jahr 77 (am 19. 4. 1988).

1128 Der oberste Gerichtshof Urt. 71 Tai-Shang 1553; 78 Tai-Shang 1345 und mehrere weitere Entscheidungen.

den, der nicht dem Nichterfüllungs- oder Verzögerungsschaden entspricht, also einen (sonstigen) Mangelfolgeschaden, greift § 227 Abs. 2 ZGB als Auffangvorschrift ein. Dadurch ist der strenge Verschuldenstatbestand für Ersatz des Mangelschadens in § 360 ZGB (inhaltlich wie § 463 BGB a.F.) vollständig umgangen.

Durch die Verweisung auf die Vorschriften über den Leistungsverzug (§ 227 Abs. 1 i.V.m. §§ 254, 255 ZGB) und die Leistungsunmöglichkeit (§ 227 Abs. 1 i.V.m. § 256 ZGB) ist dem Käufer ein verschuldensabhängiges Rücktrittsrecht eingeräumt[1129]. Für die Nacherfüllungs- und Schadensersatzansprüche gilt die 15-jährige allgemeine Verjährungsfrist (§ 125 ZGB)[1130], während das Rücktrittsrecht als Gestaltungsrecht keiner Verjährung unterliegt[1131]. Die kurze Ausschlussfirst für Rücktritt- und Minderungsrecht (§ 365 ZGB) ist auch einfach umgangen. Darüber hinaus unterliegen die Rechtsbehelfe im Rahmen der positiven Forderungsverletzung nach der Rechtsprechung keiner Untersuchungs- und Rügeobliegenheit gemäß § 356 ZGB[1132].

Bevor der Verkäufer seine Pflicht zur Nacherfüllung und zum Schadensersatz erfüllt, darf der Käufer gemäß § 264 ZGB (inhaltlich wie § 320 BGB) berechtigt ablehnen, den Kaufpreis vollständig oder – soweit der Mangel gering ist – teilweise zu zahlen[1133].

1129 Der oberste Gerichtshof Urt. 93 Tai-Shang 1507; 94 Tai-Shang 2352; 99 Tai-Shang 264.

1130 Der oberste Gerichtshof Urt. 91 Tai-Shang 1588; Urt. 92 Tai-Shang 882; Urt. 98 Tai-Shang 1268. **a.A.**: Sheng-Lin Jan, Versammlung II, S. 127 (179 f.) spricht sich für die Analogie des § 356 ZGB (6 Monate seit der Mangelanzeige oder 5 Jahre seit der Ablieferung) aus.

1131 Der oberste Gerichtshof Urt. 93 Tai-Shang 1507; Urt. 94 Tai-Shang 2352. Aber unter Umstand unterliegt das Rücktrittsrecht der Rechtsverwirkung, vgl. Der oberste Gerichtshof Urt. 99 Tai-Shang 1473; Sheng-Lin Jan, Versammlung VI, S. 113 (143 f.).

1132 Der oberste Gerichtshof Urt. 87 Tai-Shang 2668; Urt. 92 Tai-Shang 882; 105 Tai-Shang 2245. **a.A.:** Sheng-Lin Jan, Versammlung II, S. 127 (175 ff.); Fang-hsien Yang in: Li Haung (Hrsg.), Schuldrecht BT Bd. I, S. 121 f.; Shang-Kuan Shih, Schuldrecht AT, S. 402.

1133 Beschluss 1 von 7. Tagung von allen Zivilsenaten des obersten Gerichtshofs im Minguo-Jahr 77 (am 19. 4. 1988).

II. Nacherfüllung

1. Ersatzlieferung im Rahmen der kaufrechtlichen Gewährleistung

Im Rahmen der kaufrechtlichen Gewährleistung ist nur beim Gattungskauf die Nacherfüllung in Form der Ersatzlieferung ausdrücklich eingeräumt (vgl. § 364 ZGB, inhaltlich wie § 480 Abs. 1 S. 1 BGB a.F.). Beim Gattungskauf ist der Verkäufer nach § 200 Abs. 1 ZGB (inhaltlich wie § 243 Abs. 1 BGB) verpflichtet, eine Sache von mittlerer Art und Güte zu leisten[1134]. Die Lieferung einer mangelhaften Sache kann deshalb die Leistungspflicht des Verkäufers nach § 348 ZGB (inhaltlich wie § 433 Abs. 1 S. 1 BGB) nicht zum Erlöschen bringen. Die Ersatzlieferung gemäß § 364 ZGB steht nämlich mit der Leistungspflicht des Verkäufers gemäß § 348 i.V.m. § 200 ZGB im Einklang und ist als Nachholung dieser Leistungspflicht anzusehen[1135].

Nach der hier vertretenen Ansicht[1136] kann der Käufer auch beim Stückkauf in Anlehnung an § 364 ZGB die Ersatzlieferung verlangen, soweit sie nach konkreten Umständen für den Verkäufer zumutbar ist. Dies kommt insbesondere in Betracht, wenn die Kaufsache eine vertretbare Sache darstellt und der Verkäufer einen zureichenden Warenvorrat hat oder unproblematisch aus der Lieferkette die Ersatzsache beschaffen kann. Denn die Regel über die Gattungsschuld in § 200 ZGB bezieht sich ausschließlich auf die Bestimmung der Leistung und nicht auf die Frage, ob eine Ersatzlieferung für Verkäufer möglich und zumutbar ist. Es ist ohne weiteres unsachgemäß, dass die Ersatzlieferung ausgeschlossen, nur wenn der Käufer z.B. auf einem Supermarkt die Kaufsache selbst ausgewählt hat und deshalb die Leistung nicht nach Gattung bestimmt ist (vgl. § 200 ZGB)[1137]. Dogmatisch kann die Ersatzlieferung beim Stückkauf auf der entsprechenden Anwendung des § 364 ZGB oder auf der ergänzenden Vertragsauslegung[1138] beruhen.

1134 Fang-hsien Yang in: Li Haung (Hrsg.), Schuldrecht BT Bd. I, S. 55 f.; Sheng-Lin Jan, Versammlung II, S. 87 (111); Der oberste Gerichtshof Urt. 97 Tai-Shang 1278.

1135 Fang-hsien Yang in: Li Haung (Hrsg.), Schuldrecht BT Bd. I, S. 55 f.

1136 Sheng-Chia Eu Yang, Taiwan Bar Journal, Nr. 23-11, S. 39 (43).

1137 Oetker / Maultsch, Vertragliche Schuldverhältnisse, § 2 Rn. 226.

1138 Medicus / Lorenz, Schuldrecht BT, § 7 Rn. 13 f.; Sheng-Chia Eu Yang, Taiwan Bar Journal, Nr. 23-11, S. 39 (43).

2. Nacherfüllung im Rahmen der positiven Forderungsverletzung

Beim Stückkauf fehlt es im taiwanischen Recht ebenso wie im deutschen Recht vor der Schuldrechtsmodernisierung im Rahmen der kaufrechtlichen Gewährleistung an einer ausdrücklichen Bestimmung über die Nacherfüllungspflicht. Ein Teil der Literatur lehnte nämlich in Anlehnung an die deutsche Rechtstheorie vor der Schuldrechtsmodernisierung (sog. Gewährleistungstheorie) eine Pflicht zur Lieferung einer mangelfreien Sache[1139] und damit auch eine Nacherfüllungspflicht – insbesondere eine Mängelbeseitigungspflicht[1140] – beim Stückkauf ab.

Die Rechtsprechung räumt hingegen „im Rahmen der positiven Forderungsverletzung“ auch beim Stückkauf dem Käufer einen (allgemeinen) Nacherfüllungsanspruch ein. Danach kann der Käufer beim behebbaren Mangel „in Anlehnung an den Rechtsgrundsatz des Leistungsverzugs“ die Nacherfüllung und den Schadensersatz geltend machen[1141]. Diese Formulierung der Rechtsprechung erweckt den (fehlerhaften) Eindruck, als ob die Nacherfüllung an Verschulden des Verkäufers anknüpfen[1142] und sogar das Ergebnis der schadensrechtlichen Naturalrestitution i.S.v. § 213 Abs. 1 ZGB (inhaltlich wie § 249 Abs. 1 BGB) darstellen würde.

Nach der hier vertretenen Ansicht beruht die Nacherfüllungspflicht hingegen unmittelbar auf der Pflicht des Verkäufers zur Lieferung einer mangelfreien Sache und ist damit verschuldensunabhängig[1143]. Denn die Rechtsprechung geht seit langem davon aus, dass der Verkäufer auch beim

---

1139 Sheng-Lin Jan, Versammlung II, S. 87 (103 f.); Shwu-wen Yang, Neue Vertragstypen und Verbrauchschutzrecht, S. 1 (22 f.). **Teilweise hat bereits nach der „deutschen“ Schuldrechtsmodernisierung ihre Ansicht abgeändert:** Sheng-Lin Jan, Versammlung II, S. 127 (173 ff.).

1140 Tze-chien Wang, Versammlung VI, S. 115 (123 f.); Sheng-Lin Jan, Versammlung II, S. 87 (103 f.); Shwu-wen Yang, Neue Vertragstypen und Verbrauchschutzrecht, S. 1 (22 f.); Fang-hsien Yang in: Li Haung (Hrsg.), Schuldrecht BT Bd. I, S. 61. **Teilweise hat nach der „deutschen“ Schuldrechtsmodernisierung ihre Ansicht abgeändert:** Sheng-Lin Jan, Versammlung II, S. 127 (173 ff.).

1141 Beschluss 1 von 7. Tagung von allen Zivilsenaten des obersten Gerichtshofs im Minguo-Jahr 77 (am 19. 4. 1988).

1142 Fang-hsien Yang in: Li Haung (Hrsg.), Schuldrecht BT Bd. I, S. 62; Sheng-Lin Jan, Versammlung II, S. 127 (175).

1143 Tzu-Chiang Chen, Positive Forderungsverletzung und Sachmangel, S. 171 (187); Shang-Kuan Shih, Schuldrecht AT, S. 403; Sheng-Chia Eu Yang / Yi-Chang Yang, Taiwan Bar Journal, Nr. 18-2, S. 62 (66).

Stückkauf zur Lieferung einer mangelfreien Sache verpflichtet ist[1144]. Liefert der Verkäufer eine mangelhafte Sache, erbringt er die Leistung nicht wie geschuldet, so dass seine Pflicht zur mangelfreien Lieferung nicht gemäß § 309 ZGB (inhaltlich wie § 362 BGB) erlöscht, auch wenn der Käufer die mangelhafte Sache angenommen hat[1145]. Diese Pflicht ist erst durch die Wiederherstellung des mangelfreien Zustands der Kaufsache, ggf. durch die Beseitigung der Mängel oder – soweit möglich – auch durch die Ersatzlieferung[1146] zu erfüllen. Dabei handelt es sich nicht um eine Naturalrestitution i.S.v. § 213 ZGB, die in den Fall des Schadensersatzes wegen Nichterfüllung nicht eingreifen kann (**siehe § 4.2 II. 2. a) aa)**)[1147]. Folglich stützt sich die Nacherfüllung nicht auf die schadenrechtliche Naturalrestitution, sondern unmittelbar auf die ursprüngliche Erfüllungspflicht, die von dem Verschulden des Verkäufers unabhängig ist[1148].

Da die Nacherfüllung unmittelbar an die ursprüngliche Erfüllungspflicht anknüpft, kann sich der Verkäufer entscheiden, wie er den mangelfreien Zustand der Kaufsache wiederherstellt. Insoweit ist die Nacherfüllung nichts anders als das erste Angebot – der Verkäufer kann ohne weiteres vor seinem ersten Angebot eine mangelfreie Sache auswählen oder die Mängel der Sache beseitigen·. Dennoch kann der Käufer auch nach seiner Wahl die Ersatzlieferung geltend machen, soweit ihm aufgrund § 364 ZGB (analog) der Ersatzlieferungsanspruch zusteht (**siehe oben 1.**). Er kann auch nach § 359 ZGB ohne Fristsetzung vom Vertrag zurücktreten und den Kaufpreis mindern. Denn es bleibt dem Käufer aufgrund der Rechtsprechung[1149] unbenommen, die Rechte aus der kaufrechtlichen Gewährleistung und/oder aus der positiven Forderungsverletzung auszuüben.

Außerdem kann der Käufer beim Ausbleiben der Nacherfüllung diesen Anspruch einklagen und nach § 127 Zwangsvollstreckungsgesetz (**Abkürzung:** ZVG, inhaltlich wie § 887 ZPO) vollstrecken, nach dem er auf Kosten des Verkäufers die Nacherfüllung durchführen und die Vorauszahlung

---

1144 Der oberste Gerichtshof Urt. 71 Tai-Shang 1553; 78 Tai-Shang 1345.

1145 Shang-Kuan Shih, Schuldrecht AT, S. 403; Sheng-Chia Eu Yang / Yi-Chang Yang, Taiwan Bar Journal, Nr. 18-2, S. 62 (66).

1146 Sheng-Chia Eu Yang, Taiwan Bar Journal, Nr. 23-11, S. 39 (42 f.).

1147 Der oberste Gerichtshof Urt. 87 Tai-Shang 2357.

1148 Tzu-Chiang Chen, Positive Forderungsverletzung und Sachmangel, S. 171 (187); Sheng-Chia Eu Yang / Yi-Chang Yang, Taiwan Bar Journal, Nr. 18-2, S. 62 (66).

1149 Beschluss 1 von 7. Tagung von allen Zivilsenaten des obersten Gerichtshofs im Minguo-Jahr 77 (am 19. 4. 1988).

der Kosten geltend machen kann[1150]. Darüber hinaus fehlt es im Kaufrecht an einem Selbstvornahmerecht wie nach § 493 Abs. 2 ZGB (inhaltlich wie § 633 Abs. 3 BGB a.F.) im Werkvertragsrecht.

Die Einführung der allgemeinen Nacherfüllungspflicht ist insbesondere für den Wohnungsvorverkaufsvertrag von großer Bedeutung. Anders als der Bauträgervertrag im deutschen Recht (vgl. § 650u Abs. 1 BGB) unterliegt der Wohnungsvorverkaufsvertrag auch im Hinblick auf den Gebäudeteil im taiwanischen Recht nach der ständigen Rechtsprechung dem Kaufrecht (**siehe § 5.1**). Der Erwerber kann auch im Rahmen des Kaufrechts aufgrund der „positiven Forderungsverletzung" – richtigerweise aufgrund der Pflicht des Verkäufers zur Lieferung der mangelfreien Sache – die Mängelbeseitigung verlangen. Die Einführung der Mängelbeseitigungspflicht ist auch für den Bauträger zumutbar, da er als Herstellerverkäufer ohne weiteres für die Beseitigung der Mängel der Wohnung sorgen kann. Die Schutzlücke, dass es an einem Mängelbeseitigungsanspruch in der kaufrechtlichen Gewährleistung fehlt, ist dadurch geschlossen.

III. Schadensersatz

1. Bereits beim Vertragsschluss vorhandener Mangel

Im Rahmen der positiven Forderungsverletzung kann der Käufer auch einen Schadensersatz – sowohl für Mangelschaden als auch für Mangelfolgeschaden – verlangen (§ 227 ZGB). Die dafür erforderliche Pflichtverletzung knüpft vor allem an die zwar im Gesetz ungeschriebene, aber allgemein anerkannte[1151] Pflicht zur Lieferung der mangelfreien Sache an (**siehe oben II. 2.**). Beim Gattungskauf beruht sie zusätzlich auf § 200 Abs. 1 ZGB (inhaltlich wie § 243 Abs. 1 BGB), nach dem der Verkäufer eine Sache von mittlerer Art und Güte leisten muss (**siehe oben II. 1.**). Aus diesem Grund ist der Verkäufer eigentlich im Rahmen der positiven Forderungsverletzung für jede Lieferung einer mangelfreien Sache ohne Rücksicht darauf, wann der Mangel eigentlich entstanden ist, verantwortlich.

1150 Sheng-Chia Eu Yang, Taiwan Bar Journal, Nr. 23-11, S. 39 (43 f.).

1151 Tzu-Chiang Chen, Positive Forderungsverletzung und Sachmangel, S. 171 (187); Shang-Kuan Shih, Schuldrecht AT, S. 403; Sheng-Chia Eu Yang / Yi-Chang Yang, Taiwan Bar Journal, Nr. 18-2, S. 62 (66); Der oberste Gerichtshof Urt. 71 Tai-Shang 1553; 78 Tai-Shang 1345.

Dennoch lehnt die Rechtsprechung beim Stückkauf[1152] die Mängelhaftung aufgrund der positiven Forderungsverletzung ab, wenn der Mangel bereits im Zeitpunkt des Vertragsschlusses vorhanden ist[1153]. Die Rechtsprechung begründet den Ausschluss der positiven Forderungsverletzung mit zahlreichen Begründungen: Beim Stückkauf sei der Verkäufer nur verpflichtet, die Kaufsache nach deren derzeitigem Zustand beim Vertragsschluss zu liefern[1154]; die kaufrechtliche Gewährleistung als *lex specialis* verdränge die positive Forderungsverletzung[1155]; der Kaufvertrag sei wegen einer anfänglichen Unmöglichkeit gemäß § 246 ZGB (inhaltlich wie § 306 BGB a.F.) insoweit unwirksam, als die Sache mit einem anfänglichen unbehebbaren Mangel behaftet sei[1156]. Nur ein Teil der Rechtsprechung billigt aufgrund der Verletzung der vorvertraglichen Angabepflicht den Schadensersatz aus der positiven Forderungsverletzung[1157].

Die Rechtsprechung stößt auf heftige Kritik[1158]. Es ist nicht nachvollziehbar, warum die von der Rechtsprechung allgemein anerkannte Pflicht zur Lieferung einer mangelfreien Sache im Falle des anfänglichen Mangels beim Stückkauf wiederum aufgehoben wird. Es fehlt zudem auch an einer sachlichen Rechtfertigung zur unterschiedlichen Behandlung zwischen anfänglichem und nachträglichem Mangel beim Stückkauf[1159].

Bei einem „typischen" Wohnungsvorverkaufsvertrag handelt es sich i.d.R. um einen Mangel, der erst nach dem Vertragsschluss entsteht, da der Vertragsgegenstand beim Vertragsschluss noch nicht vollständig fertiggestellt ist[1160]. Wenn der Erwerber hingegen kurz nach der Fertigstellung

1152 Beim Gattungskauf ist hingegen eine Mängelhaftung aufgrund der positiven Förderungsverletzung für die bereits beim Vertragsschluss vorhandenen Mängel einstimmig anerkannt. Shang-Kuan Shih, Schuldrecht AT, S. 399; Der oberste Gerichtshof Urt. 98 Tai-Shang 1691.

1153 Dieselbe Ansicht: Shang-Kuan Shih, Schuldrecht AT, S. 399.

1154 Der oberste Gerichtshof Urt. 84 Tai-Shang 757, 101 Tai-Shang 1898.

1155 Der oberste Gerichtshof Urt. 93 Tai-Shang 695.

1156 Der oberste Gerichtshof Urt. 99 Tai-Shang 2033.

1157 Der oberste Gerichtshof Urt. 94 Tai-Shang 1122, 103 Tai-Shang 2631. **a.A.:** Der oberste Gerichtshof Urt. 98 Tai-Shang 1811: Der vom Verkäufer zu vertretene Umstand bedeute, dass der Verkäufer den Sachmangel herbeiführe, und sei unabhängig davon, ob der Verkäufer den Sachmangel kennen und den dem Käufer angeben müsse.

1158 Tze-chien Wang, Versammlung VI, S. 115 (132 ff.); Sheng-Lin Jan, Versammlung II, S. 127 (171); ders., Versammlung VI, S. 69 (79 ff.); Tzu-Chiang Chen, Positive Forderungsverletzung und Sachmangel, S. 171 (176 ff.).

1159 Tze-chien Wang, Versammlung VI, S. 115 (132f.).

1160 Der oberste Gerichtshof Urt. 84 Tai-Shang 757; Urt. 86 Tai-Shang 1642; 86 Tai-Shang 3083.

den Vertrag abschließt, kann er nach der Rechtsprechung nicht mehr die Rechte aus positiver Forderungsverletzung geltend machen. Insoweit fehlt es an einer sachlichen Rechtfertigung für eine Benachteiligung der Nachzügler. Denn der Bauträger verwendet unter Rationalisierung dieselben AGB für alle Vertragsschlüsse und macht somit keinen Unterschied zwischen jeweiligen Vertragsschlüssen in demselben Bauvorhaben. Außerdem ist der Zeitpunkt des Vertragsschlusses für beiden Vertragsparteien oft zufällig (**siehe § 2.1 II. 2. b**)).

Diese fragwürdige Rechtsprechung ist auf eine japanische Rechtstheorie (vor der japanischen Schuldrechtsnovellierung im Jahr 2017) zurückzuführen[1161]. Danach sei die kaufrechtliche Gewährleistung eine gesetzliche (verschuldensunabhängige) Sonderhaftung für einen Mangel, der bereits vor dem Vertragsschluss vorhanden sei. Ein Mangel, der erst nach dem Vertragsschluss entstehe, beziehe sich hingegen nur auf die verschuldensabhängige Leistungsstörungshaftung[1162]. Denn nach § 534 des japanischen ZGB a.F.[1163] ist für die kaufrechtliche Gewährleistung der Zeitpunkt des Vertragsschlusses (der Zeitpunkt des Gefahrübergangs im japanischen Recht) maßgeblich, so dass nur der bereits beim Vertragsschluss vorhandenen Mangel in die kaufrechtliche Gewährleistung fällt. Bezieht sich die Leistung auf Lieferung einer bestimmten Sache, ist der Schuldner nach § 415 des japanischen ZGB verpflichtet, die Sache bis zur Lieferung zu bewahren. Diese Bewahrungspflicht – anders als die Sorgfaltspflicht im deutschen Recht (**siehe § 2.1 II. 2. b) aa) (2)**) – erfasst aber die bereits vor dem Vertragsschluss entstandene Beschädigung der Kaufsache nicht[1164].

Diesbezüglich hat das taiwanische Recht aber einen nicht nur unwesentlichen Unterschied zum japanischen Recht[1165]. Der maßgebliche Zeit-

1161 Im Hinblick auf die Entwicklung der japanischen Rechtstheorie **siehe:** Tzu-Chiang Chen, Positive Forderungsverletzung und Sachmangel, S. 171 (176 ff.).

1162 Tzu-Chiang Chen, Positive Forderungsverletzung und Sachmangel, S. 171 (177 f.); Shang-Kuan Shih, Schuldrecht AT, S. 399; Sen-Yen Sun, Schuldrecht AT, S. 582.

1163 § 534 des japanischen ZGB a.F. bezog sich auf die Gefahr des zufälligen Untergangs für jene gegenseitigen Verträge, die auf Verschaffung des dinglichen Rechts einer bestimmten Sache zielten (keine vergleichbare Bestimmung im BGB). § 534 des japanischen ZGB a.F. ist im Zug der japanischen Schuldrechtsnovellierung im Jahr 2017 gestrichen und funktionell vom § 536 des japanischen ZGB n.F. (mit § 326 Abs. 1 S. 1, Abs. 2 BGB vergleichbar) ersetzt.

1164 Tzu-Chiang Chen, Positive Forderungsverletzung und Sachmangel, S. 171 (178).

1165 Tzu-Chiang Chen, Positive Forderungsverletzung und Sachmangel, S. 171 (179).

punkt für die kaufrechtliche Gewährleistung ist nicht der Vertragsschluss, sondern die Übergabe der Kaufsache (§ 354 i.V.m. § 373 ZGB, inhaltlich wie § 459 BGB a.F. und § 446 BGB)[1166]. Außerdem knüpft die positive Forderungsverletzung – abweichend vom japanischen Recht – an die Pflicht zur Lieferung einer mangelfreien Sache an[1167]. Für deren ordnungsgemäße Erfüllung ist der Zeitpunkt der Leistung, nicht des Vertragsschlusses entscheidend[1168]. Die zugrunde liegende Rechtsordnung im japanischen und taiwanischen Recht ist deshalb ganz unterschiedlich. Es ist nämlich dogmatisch zweifelhaft, in Anlehnung an die japanische Rechtstheorie die anfänglichen Mängel von der Haftung der positiven Forderungsverletzung auszunehmen[1169].

2. Schadensersatz wegen Nichterfüllung

a) Schadensersatz wegen Nichterfüllung ohne Fristsetzung

Im Rahmen der positiven Forderungsverletzung kann der Käufer gemäß § 227 Abs. 1 ZGB nach den Bestimmungen über Leistungsverzug und Unmöglichkeit seine Rechte geltend machen. Bei unbehebbaren Mängeln kann der Käufer deshalb nach § 227 Abs. 1 i.V.m. § 226 Abs. 1 ZGB (Leistungsunmöglichkeit) den Schadensersatz wegen Nichterfüllung verlangen. Insoweit kann der Käufer den mangelbedingten Minderwert[1170] oder im Falle der erfolgreichen Mängelbeseitigung den merkantilen Minderwert[1171] liquidieren. Soweit der Käufer an einer Nacherfüllung, und zwar an einer verspäteten mangelfreien Leistung kein Interesse hat, kann er auch nach § 227 Abs. 1 i.V.m. § 232 ZGB ohne fruchtlose Fristsetzung den Schadensersatz wegen Nichterfüllung in Anspruch nehmen. Nach § 260 ZGB (inhaltlich wie § 325 BGB) ist der Schadensersatzanspruch aus Leistungsstörung durch den Rücktritt nicht ausgeschlossen. Es bleibt nämlich dem Käufer unbenommen, dass er die mangelhafte Leistung behält

1166 Tzu-Chiang Chen, Positive Forderungsverletzung und Sachmangel, S. 171 (179).

1167 Der oberste Gerichtshof Urt. 71 Tai-Shang 1553; 78 Tai-Shang 1345.

1168 Tzu-Chiang Chen, Positive Forderungsverletzung und Sachmangel, S. 171 (179 f.).

1169 Tzu-Chiang Chen, Positive Forderungsverletzung und Sachmangel, S. 171 (179 f.).

1170 Der oberste Gerichtshof Urt. 110 Tai-Shang 109.

1171 Der oberste Gerichtshof Urt. 95 Tai-Shang 625.

und den entstandenen Vermögenseinbuße verlangen oder nach § 255 ZGB (relatives Fixgeschäft) oder § 256 ZGB (Unmöglichkeit) vom Vertrag lösen und nach Abzug des Kaufpreises (aufgrund des Vorteilausgleichs gemäß § 216-1 ZGB[1172]) den Schaden wegen Nichterfüllung geltend machen.

Darüber hinaus kann der Käufer auch im Rahmen der kaufrechtlichen Gewährleistung nach § 360 ZGB (inhaltlich wie § 463 BGB a.F.) unter strengen Voraussetzungen (bei Beschaffenheitsgarantie oder bei arglistig verschwiegenem Mangel) den Schadensersatz wegen Nichterfüllung geltend machen. Dabei kann der Käufer aber nach dem eindeutigen Wortlaut des § 360 ZGB den Schadensersatz wegen Nichterfüllung nur statt des Rücktritts oder der Minderung (§ 359 ZGB) verlangen, so dass eine Kombination von Rücktritt und Schadensersatz wegen Nichterfüllung nach § 260 ZGB nicht in Betracht kommt[1173]. Insoweit spricht sich ein Teil der Literatur dafür aus, in Anlehnung an den „großen Schadensersatz" im deutschen Recht die Folge der Kombination zu erreichen[1174].

b) Schadensersatz wegen Nichterfüllung nach erfolgloser Fristsetzung

aa) Anspruchsgrundlage

Erbringt der Schuldner trotz einer Fristsetzung die Leistung oder Nacherfüllung nicht, nachdem er mit diesen z.B. durch Mahnung in Verzug geraten ist (§ 229 Abs. 2 ZGB, inhaltlich wie § 286 Abs. 1 BGB), kann der Gläubiger nach § 254 ZGB vom Vertrag zurücktreten. Dennoch fehlt es im taiwanischen ZGB an einer mit § 281 Abs. 1 BGB vergleichbaren gesetzlichen Bestimmung, die dem Gläubiger nach erfolglosem Fristablauf einen Schadensersatz wegen Nichterfüllung einräumt.

Nach einer älteren Literaturansicht könne der Gläubiger nach erfolglosem Fristablauf nach § 254 ZGB vom Vertrag zurücktreten und zugleich – ohne Bezeichnung der Anspruchsgrundlage – den Schadensersatz wegen Nichterfüllung verlangen[1175]. Die Rechtsprechung lehnt hingegen einen

1172 Shang-Kuan Shih, Schuldrecht AT, S. 539; Sen-Yen Sun, Schuldrecht AT, S. 781.

1173 Der oberste Gerichtshof Urt. 73 Tai-Shang 3082; 103 Tai-Shang 1457. **a.A.:** Fang-hsien Yang, in: Li Haung (Hrsg.), Schuldrecht BT Bd. I, S. 133.

1174 Mao-zong Huang, Kaufrecht, S. 456 ff.; Sheng-Lin Jan, Versammlung II, S. 87 (114 f.); Tzu-Chiang Chen, Positive Forderungsverletzung und Sachmangel, S. 171 (196 f.).

1175 Shang-Kuan Shih, Schuldrecht AT, S. 519 f.

Schadensersatz wegen Nichterfüllung ab, da § 260 ZGB (inhaltlich wie § 325 BGB) sich darauf beschränke, dass der Schadensersatz aus Leistungsstörung durch Rücktritt nicht ausgeschlossen werde, und dem Gläubiger keinen neuen Schadensersatz wegen Rücktritt einräume[1176]. Dennoch sind die Schäden des Gläubigers aus Nichterfüllung auf dem Umweg der Vertragsstrafe, die für Rücktritt vom Vertrag wegen Nichterfüllung vereinbart ist, auszugleichen[1177], auch wenn die Voraussetzungen des § 226 Abs. 1 oder § 232 ZGB im Einzelfall nicht erfüllt werden können[1178].

Der Lösungsansatz, dass der Schadensersatz wegen Nichterfüllung auf dem Umweg der Vertragsstrafe einzuräumen ist, ist aber auf jeden Fall nicht befriedigend. Nach der h.M. im taiwanischen Recht stellt die Vertragsstrafe nach § 250 Abs. 1, Abs. 2 S. 1 ZGB i.d.R. eine Vereinbarung der Schadenspauschalierung (vgl. § 309 Nr. 5 BGB) dar[1179]. Die Vertragsstrafe dient deshalb zum Ausgleich der Schäden des Gläubigers, die im Rahmen des Leistungsstörungsrechts ersatzfähig sind, so dass nur diese Schäden bei der Herabsetzung der Vertragsstrafe nach § 252 ZGB[1180] in Betracht zu ziehen sind[1181]. Dürfte der Gläubiger nach erfolglosem Fristablauf den Schadensersatz wegen Nichterfüllung nicht geltend machen, käme eine Liquidation dieses Schadens durch eine Vertragsstrafe auch nicht in Betracht[1182].

Der Lösungsansatz der Rechtsprechung ist zwar dogmatisch fragwürdig, aber weist zutreffend auf das praktische Bedürfnis hin, dass Schäden des Gläubigers aus Nichterfüllung auch im Falle des fruchtlosen Fristablaufs auszugleichen sind. Dieses Bedürfnis liegt auch vor, wenn keine Vertragsstrafe vereinbart ist. Richtigerweise ist nicht auf die Vertragsstrafe, sondern auf eine richtige Anspruchsgrundlage zurückzugreifen[1183].

1176 Der oberste Gerichtshof Rsp. (Urt.) 55 Tai-Shang 1188.

1177 Beispielsweise Der oberste Gerichtshof Urt. 89 Tai-Shang 807, Urt. 89 Tai-Shang 902; Urt. 92 Tai-Shang 2177; Urt. 93 Tai-Shang 1616; 94 Tai-Shang 1961.

1178 Sheng-Chia Eu Yang, Taiwan Bar Journal, Nr. 23-11, S. 39 (44 f.).

1179 Sen-Yen Sun, Schuldrecht AT, S. 735; Sheng-Chia Eu Yang, Schadenspauschale und Vertragsstrafe in AGB-Recht, S. 14 ff.

1180 Abweichend von § 343 BGB muss das Gericht nach § 252 ZGB vom Amts wegen die überhöhte Vertragsstrafe herabsetzen.

1181 Der oberste Gerichtshof Rsp. (Urt.) 19 Shang 1554; Urt. 47 Tai-Shang 1421; 72 Tai-Shang 1868; 93 Tai-Shang 1564.

1182 Sheng-Chia Eu Yang, Taiwan Bar Journal, Nr. 23-11, S. 39 (45).

1183 Sheng-Chia Eu Yang, Taiwan Bar Journal, Nr. 23-11, S. 39 (45).

In diesem Zusammenhang spricht sich ein Teil der Literatur[1184] dafür aus, dass der Gläubiger in solchen Fällen nach § 232 ZGB den Schadensersatz wegen Nichterfüllung geltend machen kann. Der Schadensersatz wegen Nichterfüllung nach § 232 ZGB setzt voraus, dass der Gläubiger an einer verspäteten Leistung (oder Nacherfüllung) kein Interesse hat. Der Ausfall des Interesses erschöpft sich aber nicht im Fixgeschäft i.S.v. § 255 ZGB, sondern erfasst auch die Fälle, in denen der Gläubiger dem Schuldner erfolglos eine angemessene Frist zur Leistung oder zur Nacherfüllung bestimmt hat, da er nach erfolglosem Fristablauf ohne weiteres nach § 254 ZGB vom Vertrag zurücktreten und die verspätete Leistung ablehnen kann[1185]. Will man in solchen Fällen einen Ausfall des Interesses nicht annehmen, besteht hier zumindest eine planwidrige Regelungslücke und kommt somit eine entsprechende Anwendung des § 232 ZGB in Betracht. Denn eine Schutzbedürftigkeit des Gläubigers ist ohne weiteres anerkannt, und es fehlt an einer mit § 281 BGB (oder mit § 326 BGB a.F.) vergleichbaren Vorschrift im ZGB. Aus den Gesetzesmaterialien des ZGB kann sich zudem kein Anlass des Gesetzgebers ergeben, einen Schadensersatzanspruch in solchen Fällen auszuschließen[1186].

Deshalb kann der Käufer nach einer erfolglosen Fristsetzung nach § 232 ZGB (analog) den Schadensersatz wegen Nichterfüllung verlangen, unabhängig davon, ob er bereits nach § 254 ZGB vom Vertrag zurückgetreten ist. Er kann deshalb die mangelhafte Sache vorbehalten und die Vermögenseinbuße aus Mängeln liquidieren, die entweder nach Mängelbeseitigungskosten[1187] oder nach dem mangelbedingten Minderwert[1188] zu bemessen ist[1189].

bb) Verspätetes Nacherfüllungsangebot

Anders als § 326 BGB a.F. enthält die Fristsetzung nach § 254 ZGB – wie §§ 281 Abs. 1, 323 Abs. 1 BGB – keine Ablehnungsandrohung, so dass der Erfüllungs- und Nacherfüllungsanspruch nach erfolglosem Fristablauf

---

1184 Fang-hsien Yang, Chengchi Law Review, Nr. 58 S. 167 (194 ff.); Mao-zong Huang, Schuldrecht AT Bd. II, S. 312 f.; Sheng-Chia Eu Yang, Taiwan Bar Journal, Nr. 23-11, S. 39 (49 f.).

1185 Fang-hsien Yang, Chengchi Law Review, Nr. 58 S. 167 (198).

1186 Sheng-Chia Eu Yang, Taiwan Bar Journal, Nr. 23-11, S. 39 (49 f.).

1187 Der oberste Gerichtshof Urt. 104 Tai-Shang 523 (als *„obiter dictum"* erwähnt).

1188 Der oberste Gerichtshof Urt. 110 Tai-Shang 109 (für unbehebbare Mängel).

1189 Sheng-Chia Eu Yang, Taiwan Bar Journal, Nr. 23-11, S. 39 (52).

fortbestehen können. Der Erfüllungs- und Nacherfüllungsanspruch sind erst durch Rücktritt[1190] oder Geltendmachung des Schadensersatzes wegen Nichterfüllung ausgeschlossen. Der Käufer kann deshalb nach Fristablauf weiterhin die Nacherfüllung geltend machen. Insoweit steht das taiwanische Recht mit dem deutschen in Einklang (**siehe § 4.2 II. 4. a) aa)**).

Da der Erfüllungs- und Nacherfüllungsanspruch erst durch Rücktritt (oder Geltendmachung des Schadensersatzes wegen Nichterfüllung) erlöschen, wird eine Literaturansicht vertreten, dass der Schuldner nach Fristablauf verpflichtet und berechtigt sei, eine vertragsgemäße Leistung nachzuholen. Soweit der Schuldner die vertragsgemäße Leistung nebst dem Schadensersatz neben der Leistung erbringe, müsse der Gläubiger die verspätete Leistung annehmen. Nehme er die verspätete Leistung nicht an, gerate er in Annahmeverzug (§§ 234 ff. ZGB) und werde der Schuldnerverzug beendet[1191].

Dieser Ansicht soll man sich hier nicht anschließen, da der Schuldner jedenfalls durch seine verspätete Leistung das dem Gläubiger bereits zustehende Rücktrittsrecht entziehen kann. Die Privilegierung des Schuldners im solchen Fall ist nicht gerechtfertigt, da der Schuldner nicht nur seine Leistungspflicht schuldhaft verletzt, sondern auch eine Frist zur Nachholung – und zwar „die letzte Chance“ – ergebnislos verstreichen lassen hat. Der Gläubiger kann grundsätzlich das verspätete Angebot des Bauträgers einfach zurückweisen[1192] (**siehe auch § 4.2 II. 4. a) bb)**). Das Zurückweisungsrecht des Gläubigers ist auch für Schuldner zumutbar. Denn anders als das geltende deutsche Recht (vgl. § 350 BGB) kann der Schuldner zudem nach § 257 ZGB (inhaltlich wie § 355 BGB a.F.) für Ausübung des Rücktrittsrechts eine angemessene Frist bestimmen, um den Schwebezustand in der Weise zu beenden, dass das Rücktrittsrecht nach fruchtlosem Fristablauf erlischt.

3. Selbstmängelbeseitigung: im Vergleich zum Werkvertragsrecht

Im Vergleich zum Kaufrecht räumt das Werkvertragsrecht dem Besteller ein Selbstvornahmerecht ein. Nach § 493 Abs. 2 ZGB (inhaltlich wie § 633

1190 Shang-Kuan Shih, Schuldrecht AT, S. 520.
1191 Shang-Kuan Shih, Schuldrecht AT, S. 520.
1192 Staudinger BGB / Schwarze, § 323 BGB Rn. D3 und § 281 BGB Rn. D3; BeckOK BGB / Voit, § 637 BGB Rn. 8; Koeble in: Kompendium des Baurechts, Teil 10 Rn. 506.

Abs. 3 BGB a.F.) kann der Besteller nach erfolgloser Fristsetzung die Mängelbeseitigung selbst durchführen. Wie in § 633 Abs. 3 BGB a.F. fehlt es in § 493 Abs. 2 ZGB auch an einer ausdrücklichen Bestimmung für den Kostenvorschuss. Aus diesem Grund lehnt die Rechtsprechung einen Kostenvorschuss ab[1193]. Diese Rechtsprechung trägt jedoch den berechtigten Interessen des Bestellers nicht Rechnung. Ohne Kostenvorschuss muss der Besteller eigene Geldmittel einsetzen und das Vorfinanzierungsrisiko tragen, die bei der ordnungsgemäßen Nacherfüllung durch den Werkunternehmer eigentlich nicht aufgewandt werden müssten[1194]. Insoweit hilft die Vorauszahlung der notwendigen Kosten der Ersatzvornahme nach § 127 Abs. 2 ZVG (inhaltlich wie § 887 Abs. 2 ZPO) wenig, da diese Vorschrift erst im Zwangsvollstreckungsverfahren eingreifen kann und regelmäßig für den Besteller zu spät und somit sinnlos ist. Aus diesen Gründen ist in Anlehnung an die deutsche Rechtsprechung vor der Schuldrechtsmodernisierung dem Besteller ein Anspruch auf Kostenvorschuss einzuräumen (**siehe § 4.2 II. 2. a) bb**))[1195].

Dennoch ist die Abänderung der Rechtsprechung nicht immer zu erwarten. Als Alternative ist der Schaden wegen Nichterfüllung nach der hier vertretenen Ansicht wohl auch nach fiktiven Mängelbeseitigungskosten zu bemessen, um das Vorfinanzierungsrisiko des Gläubigers zu verringern. Dies gilt nicht nur für Werkvertragsrecht (nach § 495 ZGB, inhaltlich wie § 635 BGB a.F.), sondern auch für Kaufrecht (sowohl nach § 360 ZGB als auch im Rahmen der positiven Forderungsverletzung). Der Käufer kann nämlich den Schadensersatz wegen Nichterfüllung nach den voraussichtlichen Mängelbeseitigungskosten zu berechnen, auch wenn die Mängelbeseitigung noch nicht durchgeführt wird.

IV. Mängel am Gemeinschaftseigentum

Der Vertragsgegenstand des Wohnungsvorverkaufsvertrags ist i.d.R. eine Wohnung, und zwar ein Teileigentum (區分所有權[1196]) i.S.v. § 3 Nr. 2 Apartmentgesetz (**Abkürzung:** ApartG), das aus dem Sondereigentum (專

1193 Der oberste Gerichtshof Urt. 93 Tai-Shang 1140.

1194 BGH Urt. 02. 03. 1967 – VII ZR 215/64 = BGHZ 47, 272 = NJW 1967, 1366, juris Rn. 35.

1195 Fang-hsien Yang, in: Li Haung (Hrsg.), Schuldrecht BT Bd. I, S. 609 ff.

1196 Abweichend vom deutschen § 1 Abs. 2 und 3 WEG macht das taiwanische Apartmentgesetz keinen Unterschied zwischen Wohnungszweck (Wohnungseigentum i.S.v. § 1 Abs. 2 WEG) und Nichtwohnungszweck (Teileigentum

有部分, § 3 Nr. 3 ApartG) und aus dem Miteigentumsanteil am Gemeinschaftseigentum (共用部分, § 3 Nr. 4 ApartG) besteht. Soweit ein Mangel am Gemeinschaftseigentum auftritt, muss der Bauträger für diesen Mangel – wie ein Mangel am Sondereigentum – im Rahmen der kaufrechtlichen Gewährleistung nach §§ 354 ff. BGB[1197] oder im Rahmen der positiven Forderungsverletzung nach § 227 ZGB haften. Insoweit steht dem Erwerber der Nacherfüllungsanspruch, das Minderungs- und Rücktrittsrecht sowie Schadensersatz zu.

1. Kleiner Schadensersatz und Minderung

Im deutschen Recht ist die Befugnis der einzelnen Erwerber zur Ausübung der Mängelrechte aufgrund des Bauträgervertrags im Hinblick auf Mängel am Gemeinschaftseigentum im Interesse der einheitlichen Rechtsausübung stark eingeschränkt (**siehe § 4.3 II**). Für den kleinen Schadensersatz und die Minderung ist ausschließlich die Wohnungseigentümergemeinschaft (**folgend:** Gemeinschaft) zuständig[1198] (**siehe § 4.3 II 1. a**)). Die Gemeinschaft kann sich auch aufgrund ihrer Befugnis zur Verwaltung des Gemeinschaftseigentums nach §§ 18 Abs. 1, 19 Abs. 2 Nr. 2 WEG die auf die ordnungsgemäße Herstellung des Gemeinschaftseigentums gerichteten Rechte der Erwerber aneignen[1199] (**siehe § 4.3 II 1. b**)). Zur Sicherstellung der für Mängelbeseitigung erforderlichen Geldmittel wird auch den einzelnen Erwerbern ihre Befugnis zur Empfang des Geldersatzes sowie des Kostenvorschusses von vornherein entzogen[1200] (**siehe § 4.3 I 2.**). Auch der kleine Schadensersatz und die Minderung richten sich vor allem nach dem gesamten Minderwert des Gemeinschaftseigentums und sind nämlich

---

i.S.v. § 1 Abs. 3 WEG) und verwendet in § 3 Nr. 2 ApartG den einheitlichen Begriff „Teileigentum (區分所有權)".

1197 Der oberste Gerichtshof Urt. 90 Tai-Shang 1460.

1198 BGH Urt. 10. 05. 1979 – VII ZR 30/78 = BGHZ 74, 258 = NJW 1979, 2207 juris Rn. 17; BGH Urt. 15. 02. 1990 – VII ZR 269/88 = BGHZ 110, 258 = NJW 1990, 1663, juris Rn. 7 f.; BGH Urt. 06. 06. 1991 – VII ZR 372/89 = BGHZ 114, 383 = NJW 1991, 2480, juris Rn. 15.

1199 BGH Urt. 12. 04. 2007 – VII ZR 236/05 = BGHZ 172, 42 = NJW 2007, 1952, Rn. 20; BGH Urt. 06. 03. 2014 – VII ZR 266/13 = BGHZ 200, 263 = NJW 2014, 1377, Rn. 32.

1200 BGH Urt. 06. 06. 1991 – VII ZR 372/89 = BGHZ 114, 383 = NJW 1991, 2480, juris Rn. 18; BGH Urt. 23. 06. 2005 – VII ZR 200/04 = NJW 2005, 3420, juris Rn. 31; BGH Urt. 21. 07. 2005 – VII ZR 304/03 = NJW-RR 2005, 1472, juris Rn. 10.

für alle Erwerber unteilbar[1201] (**siehe § 4.3 I 1. b**)). Nur unter einer Ermächtigung durch die Gemeinschaft (sog. Rückermächtigung) kann der Erwerber seine eigene Rechte wegen Mängel am Gemeinschaftseigentum selbständig durchsetzen.

Abweichend vom deutschen Recht hat niemand in Taiwan Zweifel daran, dass der Erwerber als Rechtsinhaber seine Mängelrechte auch über den (kleinen) Schadensersatz und die Minderung ohne eine zusätzliche Ermächtigung durch den Verwaltungsbeirat (§ 3 Nr. 9 ApartG) selbständig gerichtlich und außergerichtlich durchsetzen kann[1202]. In der Literatur und der Rechtsprechung wird keine Ansicht vertreten, dass sich der Verwaltungsbeirat durch einen Mehrheitsbeschluss der Wohnungseigentümer nach § 11 Abs. 1 ApartG (inhaltlich mit § 19 Abs. 1 i.V.m. Abs. 2 Nr. 2 WEG vergleichbar) die Ausübungsbefugnis des einzelnen Erwerbers zu Eigen machen kann, auch wenn die Instandsetzung und Instandhaltung des Gemeinschaftseigentums – wie im deutschen Recht – nach § 10 Abs. 2 S. 1 ApartG (inhaltlich mit § 18 Abs. 1 i.V.m. § 19 Abs. 2 Nr. 2 WEG vergleichbar) in die Aufgabe und die Befugnis des Verwaltungsbeirats fallen. Die Ausübung der vertraglichen Ansprüche des einzelnen Erwerbers gehört auf jeden Fall nicht zur gesetzlichen Befugnis und Aufgabe des Verwaltungsbeirats. Außerdem richten sich die Höhe des kleinen Schadensersatzes und des geminderten Preises nach dem seinem Miteigentumsanteil entsprechenden anteiligen Minderwert des Gemeinschaftseigentums zusammen mit dem gesamten Minderwert des betroffenen Sondereigentums[1203], d.h. dabei handelt es sich nicht wie das deutsche Recht um eine für alle Erwerber unteilbare Leistung i.S.v. § 293 Abs. 1 ZGB (inhaltlich wie § 432 Abs. 1 S. 1 BGB)[1204]. Im Hinblick auf die Mängel des Gemeinschaftseigentums weicht deshalb die Entwicklung im taiwanischen Recht gravierend vom deutschen Bauträgervertrag ab und steht vielmehr mit dem Kaufver-

---

1201 BGH Urt. 06. 06. 1991 – VII ZR 372/89 = BGHZ 114, 383 = NJW 1991, 2480, juris Rn. 26 f.

1202 Vgl. Der oberste Gerichtshof Urt. 110 Tai-Shang 109: In diesen Fall hat der einzelne Erwerber und nicht der Verwaltungsbeirat den kleinen Schadensersatz nach § 227 Abs. 1 i.V.m. § 226 Abs. 1 ZGB gerichtlich durchgesetzt.

1203 Der oberste Gerichtshof Urt. 110 Tai-Shang 109 (für mit öffentlich-rechtlichen Belastungen behafteten gemeinnützlichen Anlagen und Einrichtungen).

1204 Die Kosten der Reparation des Defekts ist sicherzustellen, da jeder Wohnungseigentümer nach § 10 Abs. 2 S. 2 ApartG (inhaltlich mit § 16 Abs. 2 S. 1 WEG vergleichbar) nach dem Verhältnis des Miteigentumsanteils die Kosten der Erhaltung des Gemeinschaftseigentums tragen muss. Vgl. Ott, ZWE 2017, 106 (110).

trag über eine gebrauchte Wohnung im deutschen Recht (**siehe § 4.3 I. 3.**) im Einklang.

Dieser Unterschied ist dogmatisch darauf zurückzuführen, dass der Wohnungsvorverkaufsvertrag im taiwanischen Recht dem Kaufvertrag unterliegt (**siehe § 5.1 I. 1.**). Im Hinblick auf das Gemeinschaftseigentum ist der Bauträger nach § 348 Abs. 1 ZGB (inhaltlich wie § 433 Abs. 1 S. 1 BGB) verpflichtet, dem Erwerber das Miteigentumsanteil und den (Eigen)Besitz am Gemeinschaftseigentum zu verschaffen[1205]. Das werkvertragliche Element, und zwar die mangelfreie Errichtung des gesamten Gemeinschaftseigentums, wird vom (überwiegenden) kaufrechtlichen Element absorbiert (**siehe § 5.1 I. 2.**). Aus diesem Grund ist der Geldersatz in Form des kleinen Schadensersatzes oder der Minderung für alle Erwerber nicht unteilbar. Im Vergleich zum deutschen Bauträgervertrag ist deshalb die Gefahr der doppelten Inanspruchnahme des Bauträgers (**siehe § 4.3 II. 1. a)**) so geringer, dass der Entzug der Ausübungsbefugnis des Erwerbers im Interesse des Schuldnerschutzes weder notwendig noch gerechtfertigt ist. Die Vergemeinschaftung der auf Geldleistung gerichteten Mängelrechte, und zwar der Entzug der Ausübungsbefugnis des einzelnen Erwerbers durch Mehrheitsbeschluss der Wohnungseigentümer, erscheint auch zweifelhaft[1206].

2. Nacherfüllung und Ersatzvornahme

Ob der Nacherfüllungsanspruch teilbar ist, bleibt in der taiwanischen Rechtsprechung noch offen, da die gerichtliche Durchsetzung des Nacherfüllungsanspruchs in der Praxis ganz selten ist. Dennoch ist die Nacherfüllung ihrer Natur nach nur in natura zu erfüllen, so dass der Bauträger in vollem Umfang die Mängel am Gemeinschaftseigentum beseitigen muss[1207], auch wenn er nach dem Wohnungsvorverkaufsvertrag nur verpflichtet ist, dem Erwerber den Miteigentumsanteil des Gemeinschaftseigentums zu verschaffen.

Beim Kaufvertrag über eine gebrauchte Wohnung muss der Verkäufer zwar grundsätzlich unter Kostenbeteiligung der anderen Wohnungseigen-

---

1205 BGH Urt. 14. 02. 2020 – V ZR 11/18 = BGHZ 225, 1 = NJW 2020, 2104, Rn. 49.

1206 BGH Urt. 24. 07. 2015 – V ZR 167/14 = NJW 2015, 2874, Rn. 25. **a.A.:** Greinzer, NZM 2017, 713 (720).

1207 BGH Urt. 14. 02. 2020 – V ZR 11/18 = BGHZ 225, 1 = NJW 2020, 2104, Rn. 50 f.

tümer nach § 10 Abs. 2 S. 2 ApartG (inhaltlich mit § 16 Abs. 1 S. 1 WEG vergleichbar) die Mängel am Gemeinschaftseigentum beseitigen, da sich seine ursprüngliche Leistungspflicht nicht über seinen Miteigentumsanteil hinausgeht[1208]. Diese Kostenbeteiligungseinrede gilt aber nach der hier vertretenen Ansicht nicht für den Bauträgerverkauf. Denn der Bauträger ist gegenüber allen Erwerbern nach jeweiligen Verträgen verpflichtet, die Mängel am Gemeinschaftseigentum zu beseitigen. Soweit die Ansprüche der sonstigen Erwerber nicht verjähren[1209] oder erlöschen, steht der Grundsatz von Treu und Glauben (*dolo-agit*-Einrede) der Kostenbeteiligung entgegen, da er alle Kosten der Nacherfüllung – wie die Kosten des ersten mangelfreien Angebots – endlich übertragen muss. Aus demselben Grund sind die Kosten der Ersatzvornahme und deren Vorschuss nach § 122 Abs. 1 und Abs. 2 ZVG (inhaltlich wie § 887 Abs. 1 und Abs. 2 ZPO) grundsätzlich nach den gesamten Mängelbeseitigungskosten zu berechnen.

1208 BGH Urt. 14. 02. 2020 – V ZR 11/18 = BGHZ 225, 1 = NJW 2020, 2104, Rn. 62.

1209 Der Nacherfüllungsanspruch unterliegt der 15-jährigen allgemeinen Verjährungsfrist. Vgl. Der oberste Gerichtshof Urt. 91 Tai-Shang 1588; Urt. 92 Tai-Shang 882; Urt. 98 Tai-Shang 1268. **Siehe auch oben I. 2.**

Abschnitt 6

Schlussfolgerung

I. Vertragstypologie und Sachmängelrechte

Im Hinblick auf die Sachmängelhaftung im Kauf- und Werkvertragsrecht ist das deutsche BGB in der Fassung vor der Schuldrechtsmodernisierung das Vorbild für das taiwanische ZGB. Dennoch haben das deutsche und taiwanische Recht im Hinblick auf den Vertrag über Erwerb einer noch zu errichtenden Wohnung (Bauträger-/Wohnungsvorverkaufsvertrag) eine unterschiedliche Entwicklung genommen. Im Ergebnis stehen dem Erwerber trotz verschiedener Entwicklung der Dogmatik grundsätzlich – abgesehen von Problematik über Mängel am Gemeinschaftseigentum – ähnliche Rechte zu. In bestimmten Bereichen vermeidet der Lösungsansatz des taiwanischen Rechts gerade einige schwierige Rechtsfragen im deutschen Recht.

1. Deutscher Bauträgervertrag

Das deutsche Recht geht davon aus, dass der Bauträgervertrag einen gemischten Vertrag (Kombinationsvertrag) darstellt, der sich aus einem Werkvertrag (Bauerrichtung) und einem Kaufvertrag (Grundstückverschaffung) zusammensetzt (vgl. § 650u Abs. 1 S. 1 BGB). Auch wenn der Bauträger dem Erwerber das zu errichtende Gebäude (als wesentlicher Bestandteil des bebauten Grundstücks) zu übereignen hat (§ 650u Abs. 1 S. 3 BGB), macht es für die deutsche Rechtsprechung keinen Unterschied, ob die Bauerrichtung im Rahmen desselben Vertrags vom Grundstücksverkäufer übernommen oder mit einem gesonderten Vertrag einem anderen Bauunternehmer auferlegt wird. Folglich unterliegen die Mängel am Gebäudeteil – als Herstellungsmängel – dem Werkvertragsrecht (**siehe § 2.1 I.**). Dies gilt nicht nur für den Fall, in dem das Gebäude im Zeitpunkt des Vertragsschluss noch zu errichten ist, sondern auch für den Fall, in dem die Wohnung bereits bezugsfertig ist (**siehe § 2.1 II.**). Auch im Falle des Erwerbs eines sanierten Altbaus unterliegen die Mängel am Gebäudeteil dem

Werkvertragsrecht (**siehe § 2.1 III.**). Nur der Erwerb eines Altbaus ohne Sanierung unterliegt in vollem Umfang dem Kaufrecht. Ob ein Gebäude seine Neuheit verliert, ist im deutschen Recht für die Einordnung in den Kauf- oder Werkvertrag von großer Bedeutung (**siehe § 2.1 II. 3. b**)).

Die Anwendung der werkvertraglichen Sachmängelhaftung kommt dem Erwerber zugute und entspricht den Interessen der beiden Vertragsparteien, insbesondere vor der Schuldrechtsmodernisierung. Denn im Rahmen der kaufrechtlichen Gewährleistung fehlte damals ein Mängelbeseitigungsanspruch und galt eine kürzere 1-jährige Verjährungsfrist (**siehe § 2.1 I.**). Auch nach der Schuldrechtsmodernisierung ist die werkvertragliche Sachmängelhaftung grundsätzlich für den Erwerber günstiger. Dem Erwerber steht ein verschuldensunabhängiger Anspruch auf die Kostenerstattung oder den Vorschuss (§ 637 BGB) zu, während die Schwelle der Kostenunverhältnismäßigkeit beim Werkvertrag (§ 635 Abs. 3 BGB) regelmäßig höher als beim Kaufvertrag (§ 439 Abs. 4 BGB) ist (**siehe § 2.1 II. 2. b**) **bb**) **und cc**)). Dennoch darf der Erwerber im Rahmen des Werkvertragsrechts bei unwesentlichen Mängeln nicht seine Zahlung vollständig verweigern (vgl. § 640 Abs. 1 S. 2 und § 641 Abs. 3 BGB) (**siehe § 4.1 II. 1.**) und einen nach fiktiven Mängelbeseitigungskosten berechneten Schadensersatz nicht mehr geltend machen (**siehe § 4.2 II. a**) **cc**)).

Die Anwendung des Werkvertragsrechts führt zudem zur Beschränkung der Befugnis des Erwerbers als Rechtsinhabers zur Ausübung seiner Rechte wegen Mängel des Gemeinschaftseigentums. Der Anspruch auf mangelfreie Errichtung des gesamten Gemeinschaftseigentums hat die Unteilbarkeit der auf die Mängelbeseitigung gerichteten vertraglichen Rechte aller Erwerber zur Folge (§ 432 BGB). Die Wohnungseigentümergemeinschaft kann im Interesse des Schuldnerschutzes und der gemeinschaftlichen Rechtsverfolgung kraft Gesetzes (kleiner Schadensersatz und Minderung) oder durch einen Mehrheitsbeschluss (Mängelbeseitigungsanspruch und Kostenvorschuss) die vertraglichen Rechte der einzelnen Erwerber ausüben. Der vom Bauträger bewirkte Geldersatz darf nur an die Gemeinschaft und nicht an den Erwerber als Rechtsinhaber erbracht werden. Nur ohne Konflikt zur gemeinschaftlichen Rechtsverfolgung verbleibt dem Erwerber seine Ausübungsbefugnis (**siehe § 4.3**).

Im Hinblick auf die einschlägigen Rechtsvorschriften kommt es grundsätzlich auf die in § 650u Abs. 1 S. 2, 3 BGB verankerte Kombinationsmethode an. Soweit eine einheitliche Rechtsanwendung geboten ist, z.B. im Hinblick auf das einheitliche Entgelt und das Schicksal des Vertrags, ist die zur Aufspaltung der Rechtsanwendung führende Kombinationsmethode ungeeignet. Insoweit ist der Grundsatz der Kombinationsmethode nach dem Sinn und Zweck des Vertrags, nach der Interessenlage der Vertragsparteien sowie nach dem Zweck und der Funktionsweise der betroffenen Rechtsnormen zu modifizieren (**siehe § 2.2**).

2. Taiwanischer Wohnungsvorverkaufsvertrag

Anders als das deutsche Recht macht die taiwanische Rechtsprechung keinen Unterschied zwischen Bauträgerveräußerung und sonstigen Wohnungskaufverträgen, d.h. der Wohnungsvorverkaufsvertrag unterliegt – wie Kauf einer gebrauchten Eigentumswohnung – in vollem Umfang dem Kaufrecht. Auch der auf die fehlerhafte Bauerrichtung zurückführende Mangel ist rechtlich als Mangel der Kaufsache zu behandeln (**siehe § 5.1 I.**). Dogmatisch ist das werkvertragliche Element (Bauerrichtung) vom kaufrechtlichen Element (Eigentumsverschaffung) absorbiert, so dass die für die Bauerrichtung spezifischen werkvertraglichen Vorschriften nicht auf Wohnungsvorverkaufsvertrag anwendbar sind.

Derartige rechtliche Behandlung vermeidet gerade im Ergebnis einige Meinungsstreite und schwierige Rechtsprobleme im deutschen Recht. Da der Vertrag über Wohnungserwerb einheitlich in den Kaufvertrag eingeordnet wird, ist es nicht notwendig, die Reichweite des Werkvertragsrechts im Interesse der Gleichbehandlung aller Erwerber auf Verträge über eine bezugsfertige Wohnung auszudehnen (**siehe § 2.1 II 2.**) und zur Abgrenzung des Kauf- und Werkvertrag nach einem ungenauen Kriterium die Neuheit einer Wohnung festzustellen (**siehe § 2.1. II 3.**). Der Erwerber kann auch seine eigene Rechte wegen Mängel des Gemeinschaftseigentums nach seinem Anteil ohne Beschränkung selbständig durchsetzen (**siehe § 5.5 IV.**), was die Mindermeinung in der deutschen Literatur seit langem befürwortet. Die mit der Kombinationsmethode unlösbare Rechtsanwendungsfrage (**siehe § 2.2**) ist durch einheitliche Anwendung des Kaufrechts einfach zu lösen. Die Verdrängung der werkvertraglichen Vorschriften ist deshalb wohl durch die Vermeidung der Abgrenzungsschwierigkeit – wie beim Werklieferungsvertrag über eine bewegliche Sache (vgl. § 650 BGB, Art. 3 Abs. 2 WKRL, Art. 3 Abs. 1 CISG) – und durch die Vereinfachung der Rechtsanwendung gerechtfertigt.

Die Schutzlücke in der kaufrechtlichen Gewährleistung wird nach der Rechtsprechung durch die konkurrierende „positive Forderungsverletzung“ ergänzt, also „umgangen“ (**siehe § 5.1 II. 1 und § 5.5 I. 2.**). Im Rahmen der positiven Forderungsverletzung kann der Käufer „in Anlehnung an den Leistungsverzug oder die Leistungsunmöglichkeit“ seine Rechte geltend machen. Deshalb kann der Käufer bei behebbaren Mängeln wie im Falle des Leistungsverzugs aufgrund der Pflicht zur Lieferung einer mangelfreien Sache eine Nacherfüllung, und zwar eine verzögerte mangelfrei Leistung verlangen (**siehe § 5.5 II. 2.**). Der Mangel- und Mangelfolgeschaden sind nach § 227 ZGB zu liquidieren, so dass der strenge Verschuldenstatbestand in § 360 ZGB (inhaltlich wie § 463 BGB a.F.) vollständig umgangen ist (**siehe § 5.5 I. 2.**).

II. Verbraucherschutz

Der Bauträger-/Wohnungsvorverkaufsvertrag ist für Verbraucher regelmäßig ein kompliziertes und riskantes Geschäft. Dem Verbraucher ist die Möglichkeit sicherzustellen, unter ausreichenden Informationen in Ruhe und vom Unternehmer unbeeinflusst seine vernünftige Entscheidung zu treffen. Außerdem sind die Vorauszahlungen des Verbrauchers durch eine Sicherung oder eine Sicherheit abzusichern. Im Hinblick auf den Bauträger-/Wohnungsvorverkaufsvertrag haben zwar das deutsche und taiwanische Verbraucherschutzrecht verschiedene Regelsetzungsstrategie, aber beschäftigen sich mit diesen Problematiken. Aus der Gesamtbetrachtung bleibt das Schutzniveau des taiwanischen Verbraucherschutzrechts hinter dem deutschen Verbraucherschutzrecht zurück.

1. Deutsches Recht

Im Bereich des Verbraucherrechts ist der deutsche Gesetzgeber in großem Umfang an die europäische Gesetzgebung gebunden. Die Verbraucherrechte-RL (RL 2011/83/EU) fordert eine Vollharmonisierung (Art. 4 VRRL), so dass der nationale Gesetzgeber im Harmonisierungsbereich keine abweichenden Bestimmungen – auch zugunsten des Verbrauchers – einführen oder aufrechterhalten darf. Im Bereich des Wohnungsbaus hat der deutsche Gesetzgeber unter dem Ausnahmetatbestand in Art. 3 Abs. 3 lit. f. VRRL im Rahmen des Verbraucherbauvertrags (§ 650i ff. BGB) in Anlehnung an die VRRL parallele Verbraucherschutzvorschriften eingeführt. Im Interesse der Vollharmonisierung richtet sich der Schutzbereich des Verbraucherbauvertrags nach dem Ausnahmetatbestand des Art. 3 Abs. 3 lit. f VRRL. Aber nach der hier vertretenen Ansicht dürfte der deutsche Gesetzgeber nach seiner eigenen Erwägung den Schutzbereich des Verbraucherbauvertrages auf die von der VRRL erfassten Bauverträge ausdehnen. Zum einen verlangt die VRRL im Hinblick auf die Informationspflichten lediglich eine Mindestharmonisierung (Art. 5 Abs. 4 und Art. 6 Abs. 8 UAbs. 1 VRRL). Zum anderen bezieht sich das Widerrufsrecht in § 650l BGB nach seiner Gestaltung nicht auf den Harmonisierungsbereich der VRRL (vgl. Art. 3 Abs. 1 i.V.m. Art. 9 und ErwGr. 9 VRRL), zumindest könnte das Widerrufsrecht – wie beim Ratenlieferungsvertrag nach § 510 Abs. 2 BGB – insoweit eingeräumt werden, als der Bauvertrag weder im Fernabsatz noch außerhalb von Geschäftsräumen abgeschlossen würde. Die Regelungskompetenz des deutschen Gesetzgebers ist weiter, als er sie sich eigentlich vorgestellt hat (**siehe § 3.1 I. 2. c**)).

Abweichend von Art. 5 Abs. 1 und Art. 6 Abs. 1 VRRL erfordert Art. 249 § 2 EGBGB nur die Baubeschreibung in klarer Weise zu formulieren, so dass eine für Verbraucher verständliche Baubeschreibung nicht geboten ist. Außerhalb des Harmonisierungsbereichs darf der Gesetzgeber im Hinblick auf die vorvertraglichen Informationspflichten unter seiner eigenen Erwägung ein niedriges Verbraucherschutzniveau einführen. Die Baubeschreibung betrifft aber nicht nur die vorvertraglichen Informationspflichten, sondern auch den Vertragsinhalt. Die vorformulierte Baubeschreibung, die beim Bauträgervertrag der Regelfall ist, unterliegt nämlich auch dem Transparenzgebot des AGB-Rechts, so dass sie in klarer und verständlicher Weise zu formulieren ist (vgl. § 307 Abs. 1 S. 2 BGB und Art. 5 S. 1 Klausel-RL) (**siehe § 3.2 II. 1.**). Die Intransparenz der Baubeschreibung ist i.d.R. durch die Auslegung des Vertrags zu beheben (vgl. § 650k Abs. 2 und § 305c Abs. 2 BGB). Sind die negativen Auswirkungen der intransparenten Baubeschreibung nicht durch Auslegung zu beseitigen, kann die betroffene Klausel nach § 307 Abs. 1 S. 2 BGB wegen ihrer Intransparenz unwirksam sein. Ein Schadensersatz aus c.i.c. (§§ 311 Abs. 2, 280 Abs. 1 BGB) kommt jedoch aufgrund der Konkurrenzverhältnis zur Sachmängelhaftung nur ausnahmsweise in Betracht (**siehe § 3.2 II. 3.**).

Der Bauträgervertrag unterliegt nach § 311b Abs. 1 S. 2 BGB einer notariellen Beurkundung. Bei der Ermittlung der vom Bauträger geschuldeten Leistungen sind auch außerhalb des (beurkundeten) Vertragstextes liegende auslegungsrelevante Umstände, insbesondere Werbeaussagen des Bauträgers zu berücksichtigen. Im Interesse der Formbeachtung zieht die Andeutungstheorie ihre Grenze. Dennoch können solche außervertragliche Äußerungen i.d.R. die (sehr großzügige) Anforderung der Andeutungstheorie erfüllen, da sie aufgrund der vertragsimmanenten Unvollständigkeit der Baubeschreibung im beurkundeten Vertragstext ihre auslegungs- und ergänzungsbedürftigen Anhaltspunkte finden können. Auch eindeutig vom beurkundeten Vertragstext abweichende Werbeaussagen können nach dem Grundsatz *falsa demonstratio non nocet* in Betracht gezogen werden (**siehe § 3.2 III.**).

Im Rahmen der Beurkundung ist die rechtliche Unterlegenheit des Verbrauchers durch die Amtspflichten des Notars auszugleichen. Nach § 17 Abs. 2a S. 2 Nr. 2 BeurkG steht dem Verbraucher im Regelfall 2 Wochen vor dem Beurkundungstermin der beabsichtigte Vertragstext zur Verfügung (**siehe § 3.3. II.**). Dadurch ist dem Verbraucher eine Bedenkzeit vor Beurkundungstermin/Vertragsschluss einzuräumen, so dass eine Nachfrist in Form des Widerrufsrechts nicht erforderlich ist (vgl. § 650u Abs. 2 BGB) (**siehe § 3.3 I 2.**). Außerdem kann der Verbraucher sich rechtzeitig vor dem Vertragsschluss mit dem Vertragsinhalt vertraut machen und damit Fragen über den abzuschließenden Vertrag oder den Vertragsgegenstand an den Notar oder an Experten in anderen Fachbereichen stellen. Der Verbraucher ist nämlich in der Lage, in Ruhe und ohne Beeinflussung des Unternehmers unter ausreichenden Informationen und Fachberatungen seine Abschlussentscheidung zu treffen (**siehe § 3.3. II.**). Unter der Belehrungs- und Beratungspflicht des Notars nach § 17 Abs. 1 S. 1 BeurkG ist der Verbraucher auf die rechtliche Tragweite sowie auf die Risiken des beabsichtigen Geschäfts hinzuweisen und über eine sichere Vertragsgestaltung zu belehren (**siehe § 3.1 III. 1**).

Die Abschlagszahlungen beim Bauträgervertrag sind reine Vorleistungspflichten des Erwerbers, da der Wertzuwachs des Grundstücks allein dem Bauträger als Eigentümer zugutekommt. Die Abschlagszahlungsansprüche sind deshalb nur im Rahmen des Vormerkungsmodells (§ 3 MaBV) oder unter der Bestellung einer Vorauszahlungsbürgschaft (§ 7 MaBV) zu vereinbaren (vgl. § 650v BGB, Art. 244 EGBGB i.V.m. § 1 AbschlagV), durch die die Vorauszahlungen des Erwerbers in großem Umfang abgesichert werden können. § 650m Abs. 2 BGB räumt zudem dem Verbraucher einen gesetzlichen Anspruch auf eine Sicherheit für die rechtzeitige Herstellung ohne wesentliche Mängel in Höhe von 5 % des vereinbarten Entgelts ein. Die gesetzlichen Sicherungsinstrumente sind durch die notarielle Belehrungs- und Beratungspflicht und durch das Transparenzgebot des AGB-Rechts im konkreten Vertragsverhältnis sicherzustellen (**siehe § 3.4**).

2. Taiwanisches Recht

Anders als Deutschland hat Taiwan ein gesondertes Verbraucherschutzgesetz. Das taiwanische Verbraucherschutzgesetz bezieht sich vor allem auf Verbraucherschutzmechanismen im Rahmen des allgemeinen Schuldrechts, aber enthält nur wenige Vorschriften über Verbraucherverträgen im besonderen Schuldrecht. Insoweit übernehmen die „zwingenden und verbotenen Klauseln" i.S.v. § 17 VerbrSchG (eine Art der Rechtsverordnung) teilweise Funktionen der besonderen schuldrechtlichen Verbraucherverträge. Sie sind die Mindestanforderungen der vom Unternehmer verwendeten AGB. Eine davon zulasten des Verbrauchers abweichende Klausel ist unwirksam und durch die einschlägige zwingende Klausel ersetzt (§ 17 Abs. 4, 5 VerbrSchG). Wesentliche Verbraucherschutzmechanismen wie Widerrufsrecht und Vorauszahlungssicherheit sind in Form der zwingenden Klauseln in jeweilige Verbraucherverträge einzuführen (vgl. § 17 Abs. 2 VerbrSchG) (**siehe § 5.2 II. 1.**). Die zwingenden und verbotenen Klauseln für Wohnungsvorverkaufsverträge enthalten zahlreiche für den Erwerb einer Wohnung von einem Bauträger spezifische Bestimmungen – etwa wie Mindestanforderungen für Leistungsschreibung und die Vorauszahlungssicherung – und sind damit für den Verbraucherschutz von großer Bedeutung.

Anders als im deutschen Recht unterliegt der Wohnungsvorverkaufsvertrag nicht der Beurkundungspflicht, da das Inkrafttreten des § 166-1 ZGB (inhaltlich wie § 311b Abs. 1 BGB) unbefristet verschoben ist. Die Beteiligung des Notars am Vertragsschluss ist nämlich nicht zwingend. Die rechtliche Unterlegenheit des Verbrauchers ist nicht durch die Belehrung und Beratung des Notars auszugleichen. Die Übereilungs- und Überrumpelungsschutz sind nur anderweitig sicherzustellen.

Neben § 13 VerbrSchG (inhaltlich wie § 305 Abs. 2 BGB) ist die Einhaltung der Prüfungsfrist i.S.v. § 11-1 VerbrSchG als eine zusätzliche Voraussetzung für die Einbeziehung der AGB. Die Einhaltung der Prüfungsfrist führt zur Verschiebung des Abschlusszeitpunkts, so dass dem Verbraucher eine tatsächliche Bedenkzeit eingeräumt wird (**siehe § 5.3 III. 2. a**)). Er kann sich während der Prüfungsfrist mit dem Vertragsinhalt vertraut machen und dann nachdenken, welche Änderungswüsche er bei der späteren Vertragsverhandlung erbringen möchte oder ob er den Vertrag eigentlich abschließen will (**siehe § 5.3 III. 3.**). Außerdem können dem Verbraucher die für seine Abschlussentscheidung erforderlichen Informationen im Wege der zwingenden Klauseln (§ 17 VerbrSchG) i.V.m. der Prüfungsfrist (§ 11-1 VerbrSchG) zur Verfügung stehen. Diese Informationen, die regelmäßig auch den wesentlichen Inhalt des Vertrags darstellen, für den die zwingenden Klauseln die Mindestanforderungen bestimmen können, können dem Verbraucher unter Einhaltung der Prüfungsfrist frühzeitig zur Verfügung stehen (**siehe § 5.3 I. 2.**). Dennoch ist die Einräumung der Bedenkzeit nicht die Funktion, sondern nur die Reflexwirkung der

Prüfungsfrist. Die Nichteinhaltung hat nur die Nichteinbeziehung der beanstanden Klauseln zur Folge (§ 11-1 Abs. 3 und § 16 VerbrSchG), so dass die Nachteile aus dem Abschluss eines ungewollten Vertrags nicht angemessen auszugleichen sind (**siehe § 5.3 III. 2. a**)).

Bei der Ermittlung der vom Bauträger geschuldeten Leistungen sind eigentlich – wie im deutschen Recht – nach in § 98 ZGB enthaltenen allgemeinen Auslegungsgrundsätzen auch außerhalb des Vertragstextes liegende Umstände, insbesondere Werbeaussagen des Bauträgers zu berücksichtigen (**siehe § 5.3 II. 1. a**)). Ein großer Teil der taiwanischen Rechtsprechung geht aber zurückhaltend davon aus, dass die Werbeaussagen lediglich eine „*invitatio ad offerendum*" und somit für Vertragsparteien unverbindlich sind. Zum Schutz der berechtigten Erwartung des Verbrauchers sind die Werbeaussagen, soweit sie für den bindenden Vertragsinhalt geeignet sind, aufgrund § 22 VerbrSchG nach dem Abschluss eines konkreten Vertrags kraft Gesetzes der Vertragsinhalt (**siehe § 5.3 II. 1. b**)). Aus dem Transparenzgebot und dem Sinn und Zweck des § 22 VerbrSchG ist die von Werbeaussagen abweichende Vereinbarung nur unter Hinweis auf die Abweichung und mit einer gesonderten Zustimmung des Verbrauchers wirksam zu treffen (**siehe § 5.3 II. 2.**).

Im Vergleich zur deutschen MaBV ist das Sicherungssystem in § 7-1 der zwingenden Klauseln sehr lückenhaft. Nur die Kaufpreisrückzahlungsbürgschaft (Alt. 2) gewährt dem Verbraucher einen umfassenden Schutz (**siehe § 5.4 II. 1.**). Die Vorauszahlungen des Verbrauchers sind durch sonstige Absicherungsmechanismen nur bedingt abzusichern. Im Rahmen der Treuhandlösung (Alt. 1 und 3) ist zwar die anderweitige Verwendung der Baugeldmittel durch die Kontrolle des Treuhänders möglichst zu vermeiden, aber beim Scheitern des Bauvorhabens nur ein kleiner Teil der Zahlungen zurückzuerhalten (**siehe § 5.4 II. 2. b**)). Im Rahmen der Weitererrichtungsbürgschaft (Alt. 4 und 5) ist der Erfüllungsanspruch des Verbrauchers nur teilweise durch einen untauglichen Bürgen, und zwar einen anderen Bauträger gesichert (**siehe § 5.4 II. 3. b**)). Im taiwanischen Recht fehlt es an einem kostengünstigen, aber vergleichbar effektiven Sicherungsinstrument wie dem Vormerkungsmodell in § 3 MaBV, da anders als im deutschen Recht die Auflassungsvormerkung nach § 79-1 Abs. 3 GrdstG keinen Vorrang vor einer Verfügung aufgrund Zwangsvollstreckung hat (**siehe § 5.4 III.**).

Literaturverzeichnis

Deutsch

Aufsätze

1. Basty, Gregor: Baurechtsreform 2017 und Bauträgervertrag, MittBayNot 2017, 445.
2. Elzer, Oliver: Abnahme des gemeinschaftlichen Eigentums durch den Verwalter, ZWE 2017, 113.
3. Greiner, David: Kaufvertrag als rechtssichere Alternative zum Bauträgervertrag?, NZM 2017, 713.
4. Grziwotz, Herbert: Der Bauträgervertrag – Finanzierungsinstrument für Banken mit immer weniger Verbraucherschutz?, NZBau 2019, 218.
5. Hoffmann, Christian / Pammler, Sebastian: Mängeleinrede beim Kauf – die Lage nach der Schuldrechtsreform, ZGS 2004, 293.
6. Jaensch, Michael: Schadensersatz bei unverhältnismäßiger Nacherfüllung, jM 2014, 452.
7. Jurgeleit, Andreas: Beschaffenheitsvereinbarungen beim Erwerb vom Bauträger, NJW 2019, 2649.
8. Kaiser, Dagmar: Gesetzgeber gefordert: Aus- und Einbaupflicht des Verkäufers, JZ 2013, 346.
9. Kaiser, Dagmar: Fernwirkung des europarechtlich geprägten Kaufrechts auf das Baurecht, BauR 2013, 139.
10. Karczewski, Thomas: Der neue alte Bauträgervertrag, NZBau 2018, 328.
11. Kramme, Malte: Die Einbeziehung von Pflichtinformationen in Fernabsatz- und Außergeschäftsraumverträge, NJW 2015, 279.
12. Lenkeit, Olaf: Das neue Widerrufsrecht für Verbraucher bei Verträgen am Bau – Teil 1, BauR 2017, 454.
13. Looschelders, Dirk: Leistungsverweigerungsrecht des Käufers bei Mängeln der Kaufsache, NJW 2020, 2074.
14. Lorenz, Stephan: Sachverständigenkosten und Nacherfüllung, NJW 2014, 2319.
15. Motzke, Gerd: Hintergründe und Rechtsfolgen zweier unterschiedlicher Bauvertrag-Legaldefinitionen, NZBau 2017, 515.

16. Omlor, Sebastian:Der neue Verbraucherbauvertrag – Mitgliedstaatliche Konzeption in unionsrechtlichem Rahmen, NJW 2018, 817.
17. Orlowski, Matthias: Das gesetzliche Bauvertragsrecht – Übersicht und Stellungnahme zum Gesetzesentwurf der Bundesregierung, ZfBR 2016, 419.
18. Ott, Andreas: Ausübung von Mängelrechten aus Bauträgerverträgen durch die Gemeinschaft, ZWE 2017, 106.
19. Pause, Hans-Egon: Abschlagszahlungen und Sicherheiten nach § 632a BGB, BauR 2009, 898.
20. Pause, Hans-Egon: Unwirksamkeit von Fristenangleichungsklauseln für Nachzügler in Bauträgerverträgen, NZBau 2017, 22.
21. Pause, Hans-Egon: Verbraucherbaurecht und Bauträgerrecht – zugleich ein Ausblick auf weitere Entwicklungen im Gesetzgebungsverfahren, BauR 2017, 430.
22. Pfennig, Jörn: Die Baubeschreibung in der notariellen Praxis – unter besonderer Berücksichtigung des neuen Bauvertragsrechts –, RNotZ 2018, 585.
23. Reiter, Harald: Das neue Bauvertragsrecht – Teil II: Verbraucherbauvertrag, Architekten- und Ingenieurvertrag, Bauträgervertrag, JA 2018, 241.
24. Staudinger, Ansgar: Der Bauträgervertrag auf dem Prüfstand des Gemeinschaftsrecht, DNotZ 2002, 166.
25. Sturmberg, Georg: Die Veräußerung selbst genutzter oder leerstehender Häuser und Eigentumswohnungen – werkvertragliche Gewährleistung ohne Ende?, NJW 1989, 1832.
26. Ullmann, Eike: Der Bauträgervertrag – quo vadit?, NJW 2002, 1073.
27. Vogel, Olrik: Fallstricke bei der Verfolgung von Mängelansprüchen, ZWE 2016, 442.
28. Vogel, Olrik: Der neue Vertragstyp „Bauträgervertrag“ als haftungsrechtliche Grundlage, NZM 2017, 681.
29. Vogel, Olrik: Der ungewollte Tod – das bautenstandsabhängige Zahlungsmodell und der Bauträgervertrag nach der Bauvertragsreform, BauR 2018, 717.
30. Voit, Wolfgang: Mängelrechte vor der Abnahme nach den Grundsatzentscheidungen des BGH, NZBau 2017, 521.
31. Weiss, Stefan: Der Bauträgervertrag nach der Baurechtsreform, NJW-Spezial 2018, 44.
32. Welle, Matthias: Die Verantwortlichkeit des Händlers für Herstellerfehler, NJW 2012, 2312.

Bücher und Kommentare

1. Bülow / Artz, Verbraucherprivatrecht, 5. Aufl., 2016.
2. Dammert / Lenkeit / Oberhauser / Pause / Stretz, Das neue Bauvertragsrecht, 2017.
3. Grabitz / Hilf / Nettesheim (Hrsg.), Das Recht der Europäischen Union, 71. EL 08.2020.
4. Heckschen / Herrler / Münch (Hrsg.), Beck'sches Notar-Handbuch, 7. Aufl., 2019.
5. Heiderhoff, Europäisches Privatrecht, 4. Aufl., 2016.
6. Kniffka / Koeble / Jurgeleit / Sacher (Hrsg.), Kompendium des Baurechts, 5. Aufl., 2020.
7. Köhler, BGB Allgemeiner Teil, 44. Aufl., 2020.
8. Medicus / Lorenz, Schuldrecht AT, 22. Aufl., 2021.
9. Medicus / Lorenz, Schuldrecht BT, 18. Aufl., 2018.
10. Messerschmidt / Voit (Hrsg.), Privates Baurecht, 3. Aufl., 2018.
11. Oetker / Maultzsch, Vertragliche Schuldverhältnisse, 5. Aufl., 2018.
12. Stadler, Allgemeiner Teil des BGB, 20. Aufl., 2020.
13. Ulmer / Brandner / Hensen (Hrsg.), AGB-Recht, 12. Aufl., 2016.
14. Westermann (Hrsg.), Erman BGB, 16. Aufl., 2020.
15. Wolf / Lindacher / Pfeiffer (Hrsg.), AGB-Recht, 6. Aufl., 2013.
16. Beck'sche Online-Kommentare:
    (1) Hau / Poseck (Hrsg.), Beck'sche Online-Kommentare BGB, 61 Edition, Stand: 01. 02. 2022.
    (2) Fridgen / Geiwitz / Göpfert (Hrsg.), Beck'sche Online-Kommentare InsO, 26. Edition, Stand: 15. 01. 2022.
    (3) Hogenschurz (Hrsg.), Beck'sche Online-Kommentare WEG, 43. Edition, Stand: 01. 01. 2021.
17. Münchner Kommentar:
    (1) Säcker / Rixecker / Oetker / Limperg (Hrsg.), Münchner Kommentar BGB, 8. Aufl., 2018-2020.
    (2) Stürner / Eidenmüller / Schoppmeyer (Hrsg.), Münchner Kommentar InsO, 4. Aufl., 2019.
18. Staudinger Kommentar BGB:
    (1) §§ 90-124; §§ 130-133 (Sachen und Tiere; Geschäftsfähigkeit; Willenserklärung), Neube. 2017.
    (2) §§ 125 – 129; BeurkG (Beurkundung), Neube. 2017.
    (3) §§ 305-310, UKlaG (AGB-Recht 1 und Unterlassungsklagengesetz), 18. Aufl., 2019.
    (4) §§ 311, 311a-c (Vertragsschluss), Neube. 2017.

(5) §§ 312, 312a-k (Grundsätze bei Verbraucherverträgen und besondere Vertriebsformen), 2019.
(6) §§ 433-489 (Kaufrecht), Neube. 2014.
(7) §§ 631-651 (Werkvertragsrecht), 2019.

Chinesische Literatur

Lehrbücher

1. 歐陽勝嘉，定型化違約金條款之法律問題，2010 年 4 月（Eu Yang, Sheng-Chia: Schadenspauschale und Vertragsstrafe in AGB-Recht, 04. 2010）。
2. 謝在全，民法物權論（一），2010 年 9 月，修訂五版（Hsieh, Tsay-Chuan: Sachenrecht I, 5. Aufl. (09. 2010)）。
3. 黃立主編，民法債編各論（上），2002 年 7 月，第 1 頁以下（Li Haung (Hrsg.), Schuldrecht BT Bd.I, 07. 2002）。
4. 黃立，民法債編總論，2006 年 11 月，修訂二版三刷（Li Haung, Schuldrecht AT, 2. Aufl., 11. 2006）。
5. 黃茂榮，買賣法（Huang, Mao-zong: Kaufrecht）。
6. 黃茂榮，債法各論（第一冊增訂版），2006 年 9 月（Huang, Mao-zong: Schuldrecht BT I, 09. 2006）。
7. 史尚寬，債法各論，1981 年 7 月版（Shih, Shang-Kuan: Schuldrecht BT, Aufl. von 07.1981）。
8. 王澤鑑，民法總則，2002 年 7 月（Wang, Tze-chien: ZGB AT, 07.2002）。
9. 王澤鑑，民法物權，2011 年 8 月，增訂二版（Wang, Tze-chien: Sachenrecht I, 2. Aufl. (08. 2011)）。

Aufsätze

1. 陳忠五，建物外觀顏色與預售屋廣告的契約效力，月旦法學雜誌第 309 期，2021 年 2 月，第 30 頁以下。
（Chen, Chung-Wu: Die Farbe der Gebäudeaußenwand und die Rechtswirkung der Werbung des Bauträgers, The Taiwan Law Review, No. 309, 02. 2021, S. 30 ff.）
2. 陳汝吟，新修正消保法對拋棄定型化契約審閱期間之規範與實務影響，華岡法粹，第 60 期，2016 年 6 月，第 1 頁以下。

（Chen, Ju-Yin: The Regulatory and Practical Influence of the Newly Amended Consumer Protection Act Regarding Waiving the Duration for Reviewing Standard Contracts Clauses, Haw Kang Law Review, Vol. 60, 2016. 06., S. 1 ff.）

3. 陳自強，買賣物之瑕疵債務不履行一般規定之適用，不完全給付與物之瑕疵，第 171 頁以下。

   （Chen, Tzu-Chiang: Anwendung der allgemeinen Bestimmungen der Leistungsstörung auf den Mangel der Kaufsache, in: Positive Forderung und Sachmangel, S. 171 ff.）

4. 歐陽勝嘉，定型化契約之異常條款，全國律師雜誌，第 14 卷第 8 期，2010 年 8 月，第 66 頁以下。

   （Eu Yang, Sheng-Chia: Die überraschende Klausel, Taiwan Bar Journal, No.14-8, 08. 2010, S. 66 ff.）

5. 歐陽勝嘉，定型化契約之審閱期間，台灣法學雜誌，第 371 期，2019 年 7 月 14 日，第 271 頁以下。

   （Eu Yang, Sheng-Chia: Prüfungsfrist in AGB-Recht, Taiwan Law Journal, No. 371, 14. 07. 2019, S. 271 ff.）

6. 歐陽勝嘉，買受人於瑕疵未獲補正時得否依不完全給付規定請求不履行之損害賠償，全國律師，第 23 卷第 11 期，2019 年 11 月，第 39 頁以下。

   （Eu Yang, Sheng-Chia: Die Anspruchsgrundlage des Schadensersatzes wegen Nichterfüllung bei erfolgloser Fristsetzung zur Nacherfüllung, Taiwan Bar Journal, No. 23-11, S. 39 ff.）

7. 歐陽勝嘉 / 楊益昌，承攬工作瑕疵損害賠償之請求權競合與短期時效之迴避，全國律師，第 18 卷第 2 期，2014 年 2 月，第 62 頁以下。

   （Eu Yang, Sheng-Chia / Yang, Yi-Chang: Anspruchsgrundlagenkonkurrenz beim Schadensersatz wegen mangelhaften Werks und die Umgehung der kurzen Verjährungsfrist, Taiwan Bar Journal, Nr. 18-2, Feb. 2014, S. 62 ff.）

8. 歐陽勝嘉，預售屋契約之履約擔保機制—我國及德國法制之比較研究，法學叢刊，第 67 卷第 3 期，2022 年 7 月，第 95 頁以下。

   （Eu Yang, Sheng-Chia: Absicherung der Vorauszahlungen im Bauträgervertrag - Ein Rechtsvergleich zwischen taiwanischen und deutschen Recht, Law Journal, No. 67-3, 07. 2022, S. 95 ff.）

9. 許政賢，消保法廣告之法定責任，台灣法學雜誌第 255 期，第 170 頁以下。

   （Hsu, Cheng-Hsien: Gesetzliche Haftung für Werbeaussage nach Verbraucherschutzgesetz, Taiwan Law Journal, No. 255, 09. 2014, S. 170 ff.）

10. 詹森林，物之瑕疵擔保、不完全給付與買賣價金之同時履行抗辯，民事法理與判決研究（二），第 87 頁。
（Jan, Sheng-Lin: Gewährleistung, positive Forderungsverletzung und Einrede zur nicht erfüllten Kaufpreis, in: Zivilrechtliche Theorie und Forschung der Entscheidungen II, S. 87 ff.）
Abkürzung: Sheng-Lin Jan, Versammlung II, S. 87 ff.
11. 詹森林，不完全給付，民事法理與判決研究（二），第 127 頁以下。
（Jan, Sheng-Lin: Positive Forderungsverletzung, in: Zivilrechtliche Theorie und Forschung der Entscheidungen II, S. 127 ff.）
Abkürzung: Sheng-Lin Jan, Versammlung II, S. 127 ff.
12. 詹森林，危險負擔移轉前，出賣人物之瑕疵擔保責任及買受人拒絕受領標的物之權利，民事法理與判決研究（二），第 243 頁以下。
（Jan, Sheng-Lin: Gewährleistungshaftung des Verkäufers und Zurückweisung der mangelhaften Kaufsache durch Käufer vor Gefahrübergang, in: Zivilrechtliche Theorie und Forschung der Entscheidungen II, S. 243 ff.）
Abkürzung: Sheng-Lin Jan, Versammlung II, S. 243 ff..
13. 詹森林，消費者保護法與預售屋買賣定型化契約，民事法理與判決研究（三），第 87 頁以下。
（Jan, Sheng-Lin: Verbraucherschutzgesetz und AGB im Wohnungsvorverkaufsvertrags, in: Zivilrechtliche Theorie und Forschung der Entscheidungen III, S. 87 ff.）
Abkürzung: Sheng-Lin Jan, Versammlung III, S. 87 ff.
14. 詹森林，標的物有瑕疵時買受人不完全給付解除權之權利失效，民事法理與判決研究（六），第 113 頁以下。
（Jan, Sheng-Lin: Verwirkung des Rücktrittrechts des Käufers aus der positiven Forderungsverletzung, in: Zivilrechtliche Theorie und Forschung der Entscheidungen VI,S. 113 ff.）
Abkürzung: Sheng-Lin Jan, Versammlung VI, S. 113 ff.
15. 詹森林，信用卡定型化契約與卡債風暴，月旦法學，第 135 期，2006 年 8 月，第 29 頁以下。
（Jan, Sheng-Lin: AGB des Kreditkartenvertrags und Überschuldungsprobleme, The Taiwan Law Review, No. 135, 08. 2006, S. 29 ff.）
16. 曾品傑，論消費者契約之無條件解除權，政大法學評論，第 123 期，2011 年 10 月，第 51 頁以下。
（Jseng, Pin-Chieh: The Absolute Right ofr Withdrawal in the Consumer Contract, Chengchi Law Review, No. 123, 10. 2011, S. 51 ff.）
17. 謝哲勝，消費者的定型化契約審閱權，月旦法學教室，第 56 期，第 8 頁以下。

（Shieh, Jer-Shenq: Prüfungsfrist für AGB in Verbraucherverträgen，Taiwan Jurist, No. 56, 06. 2007, S. 8 f.）

18. 王澤鑑，物之瑕疵擔保責任、不完全給付與同時履行抗辯，民法學說與判例研究（六），第 115 頁以下 。

    （Wang, Tze-chien: Gewährleistungshaftung, positive Forderungsverletzung und Einrede des nicht erfüllten synallagmatischen Vertrags, in: Bürgerlich-rechtliche Theorie und Forschung der Rechtsprechung VI, S. 115 ff.）

    Abkürzung: Tze-chien Wang, Versammlung VI, S. 115 ff.

19. 楊芳賢，給付遲延時解除契約與損害賠償請求權關係之立法例以及我國民法第二百六十條等相關規定之探討，政大法學評論，第 58 期，1997 年 12 月，第 167 頁以下。

    （Yang, Fang-hsien: in: Rechtsvergleichung im Hinblick auf das Verhältnis zwischen Rücktritt und Schadensersatz wegen Leistungsverzögerung und § 260 ZGB und relevante Vorschrift im taiwanischen ZGB, Chengchi Law Review, Nr. 58, 12. 1997, S. 167 ff.）

20. 楊淑文，預售屋交易契約之法律性質及相關問題之研究，新型契約與消費者保護法，第 1 頁以下。

    （Yang, Shwu-wen: Vertragstypologische Einordnung und sonstige Rechtsprobleme des Wohnungsvorverkaufsvertrags, in: Neue Vertragstypen und Verbrauchschutzrecht, S. 1 ff.）

21. 楊淑文，消費者保護法關於定型化契約規定在實務上之適用與評析，新型契約與消費者保護法，第 83 頁以下。

    （Yang, Shwu-wen: Die Besprechung der Entscheidungen bezüglich der Anwendung der Bestimmungen über AGB im Verbraucherschutzgesetzes, in: Neue Vertragstypen und Verbrauchschutzrecht, S. 83 ff.）

22. 葉啟洲，人壽保險適用消費者保護法契約審閱期間之問題研析，保險專刊，第 28 卷第 1 期，第 61 頁以下。

    （Yeh, Chi-Chou: Life Insurance and Reviewing-Period in Consumer Protection Act, Taiwan Insurance Review, No. 28-1, 2012, S. 61 ff.）

Anhang:

Bestimmungen des taiwanischen Rechts

I. Zivilgesetzbuch

1. Immobilien

§ 66 ZGB

Absatz 1

Immobilien sind ein Grund und eine mit dem Grund fest verbundene Sache.

Absatz 2

Die Erzeugnisse des Grundstücks, soweit sie noch nicht vom Boden getrennt ist, gehören zu den wesentlichen Bestandteilen eines Grundstücks.

§ 166-1 Abs. 1 ZGB

Ein Vertrag, als dessen Gegenstand die Übertragung, die Bestellung oder die Änderung eines Rechts an Immobilien ist, bedarf der notariellen Beurkundung.

§ 36 Abs. 2 S. 2 EGSchRZGB (= **das Erfüllungsgesetz des Schuldrechts des Zivilgesetzbuchs**)

Das Datum, an welchem § 166-1 ZGB in Kraft treten wird, ist vom Exekutiv-Yuan (Regierung) im Einvernehmen mit dem Justiz-Yuan bestimmt.

2. Leistungsstörung

§ 226 ZGB (Unmöglichkeit) (vgl. § 280 BGB a.F.)

Absatz 1

Soweit die Leistung in Folge eines von dem Schuldner zu vertretenen Umstandes unmöglich wird, kann der Gläubiger den Schadensersatz verlangen.

Absatz 2

Ist im Falle des Absatz 1 nur einen Teil der Leistung unmöglich, kann der Gläubiger den übrigen Teil der Leistung ablehnen und den Schadensersatz wegen Nichterfüllung der ganzen Verbindlichkeit verlangen, wenn die teilweise Erfüllung für ihn kein Interesse hat.

§ 227 ZGB (Positive Forderungsverletzung)(in Kraft treten am 05. 05. 1999)

Absatz 1

Soweit in Folge eines von dem Schuldner zu vertretenen Umstandes die Leistung nicht vollständig (= ordnungsgemäß) bewirkt wird, kann der Gläubiger nach den Bestimmungen über den Verzug oder über die Unmöglichkeit seine Rechte in Anspruch nehmen.

Absatz 2

Entsteht in Folge einer nicht vollständig (= ordnungsgemäß) Leistung ein Schaden, der nicht im Rahmen des Absatz 1 ersetzt wird, kann der Gläubiger auch den Schadensersatz verlangen.

Beschluss 1 von 7. Tagung von allen Zivilsenaten des obersten Gerichtshofs im Minguo-Jahr 77 (am 19. 4. 1988)

Ist die vom Verkäufer gelieferte Kaufsache mit einem Sachmangel behaftet, der erst nach dem Vertragsschluss entstanden ist und den der Verkäufer zu vertreten hat, haftet der Verkäufer dafür nicht nur im Rahmen des Gewährleistungsrechts, sondern auch im Rahmen der positiven Forderungsverletzung.

1. Wenn der Käufer im Rahmen des Gewährleistungsrechts dem Verkäufer gegenüber einen Schadensersatz wegen Nichterfüllung gemäß § 360 ZGB oder die Lieferung einer anderen mangelfreien Sache gemäß § 364 ZGB in Anspruch nimmt, kann er, bis der Verkäufer die jeweilige

Leistung bewirkt, die Einrede des nicht erfüllten Vertrags (§ 264 ZGB, entsprechend § 320 BGB) erheben.

2. Wenn der Käufer im Rahmen der positiven Forderungsverletzung seine Rechte geltend macht, kann er einen Schadensersatz gemäß § 226 Abs. 2 ZGB (entsprechend § 280 Abs. 2 BGB a.F.) analog verlangen, oder durch die analoge Anwendung des Rechts über die Leistungsverzögerung eine Nacherfüllung oder einen Schadensersatz geltend machen und die Einrede des nicht erfüllten Vertrags gemäß § 264 ZGB (entsprechend § 320 BGB) erheben.

Hinzu kommt, dass der Verkäufer auch im Fall der Gattungsschulden nicht nur im Rahmen des Gewährleistungsrechts, sondern auch im Rahmen der positiven Forderungsverletzung für den Mangel haftet, soweit der Mangel bei der Konkretisierung bestanden ist.

§ 231 Abs. 1 ZGB (Verzugsschaden)

Soweit der Schuldner in Verzug kommt, kann der Gläubiger den Ersatz des durch den Verzug entstandenen Schadens verlangen.

§ 246 Abs. 1 ZGB (entsprechend § 306 BGB a.F.)

Ist eine unmögliche Leistung als der Gegenstand des Vertrags vereinbart, ist der Vertrag unwirksam. Der Vertrag ist jedoch wirksam, wenn der Zustand der Unmöglichkeit beseitigt werden kann und die Vertragsparteien beim Vertragsschluss erwarten, die Leistung nach der Beseitigung des Zustandes der Unmöglichkeit zu bewirken.

3. Kaufrechtliche Gewährleistung

Regelungsinhalt	**ZGB (Taiwan)**	**BGB (vor SMG) / HGB**
Begriff des Sachmangels	§ 354 Abs. 1 ZGB	§ 459 Abs. 1 BGB a.F.
	§ 354 Abs. 2 ZGB	§ 459 Abs. 2 BGB a.F.
Kenntnis des Käufers	§ 355 Abs. 1 ZGB	§ 460 S. 1 BGB a.F.
	§ 355 Abs. 2 ZGB	§ 460 S. 2 BGB a.F.
Untersuchungs- und Rügeobliegenheit	§ 356 ZGB	§ 377 Abs. 1 bis 3 HGB
	§ 357 ZGB	§ 377 Abs. 5 HGB
Aufbewahrungspflicht und Recht zum Notverkauf	§ 358 Abs. 1 ZGB	§ 379 Abs. 1 HGB
	§ 358 Abs. 2 ZGB	**Keine Bestimmung**
	§ 358 Abs. 3 ZGB	§ 379 Abs. 2 HGB
	§ 358 Abs. 4 ZGB	§ 373 Abs. 5 S. 1 HGB

Wandelung / Minderung	§ 359 S. 1 ZGB	§ 462 BGB a.F.
	§ 359 S. 2 ZGB[1210]	**Keine Bestimmung**
Schadensersatz wegen Nichterfüllung	§ 360 HS. 1 ZGB	§ 463 S. 1 BGB a.F.
	§ 360 HS. 2 ZGB	§ 463 S. 2 BGB a.F.
Erlöschen des Wandelungsrechts nach Fristsetzung	§ 361 Abs. 1 ZGB	§ 466 S. 1 BGB a.F.
	§ 361 Abs. 2 ZGB	§ 466 S. 2 BGB a.F.
Erstreckung der Wandelung auf Nebensache	§ 362 Abs. 1 ZGB	§ 470 S. 1 BGB a.F.
	§ 362 Abs. 2 ZGB	§ 470 S. 2 BGB a.F.
Wandelung bei Verkauf mehrerer Sachen	§ 363 Abs. 1 ZGB	§ 469 S. 1 BGB a.F.
	§ 363 Abs. 2 ZGB	§ 471 BGB a.F.
	§ 363 Abs. 3 ZGB	§ 469 S. 2 BGB a.F.
Ersatzlieferung bei Gattungskauf	§ 364 Abs. 1 ZGB	§ 480 Abs. 1 S. 1 BGB a.F.
	§ 364 Abs. 2 ZGB[1211]	**Keine Bestimmung**
Abschlussfrist der Wandlung / Minderung	§ 365 ZGB[1212]	§ 477 Abs. 1 S. 1 BGB a.F.
Haftungsausschluss	§ 366 ZGB	§ 476 BGB a.F.
Ersatz der Vertragskosten	**Keine Bestimmung**	§ 467 S. 2 BGB a.F.

§ 359 ZGB (entsprechend § 462 BGB a.F.)

Aufgrund des Sachmangels, für den der Verkäufer nach den oben genannten fünf Paragrafen (= §§ 354 – 359 ZGB) verantwortlich ist, kann der Käufer Rücktritts des Vertrags oder Minderung verlangen. Ist der Rücktritt unter Umständen (gegen den Verkäufer) erheblich ungerecht, kann der Käufer nur die Minderung verlangen.

1210 Ist der Rücktritt für den Verkäufer ungerecht, darf der Käufer nur die Minderung geltend machen.

1211 Nur Aufklärung, dass der Verkäufer dem Käufer auch für die als Ersatz gelieferte Sache haftet.

1212 In § 365 ZGB werden nur die „Verjährungsfrist" (Ausschlussfrist) von Wandlung und Minderung ausdrücklich bestimmt.
Die Ausschlussfrist betrug vor Schuldrechtsreform (bis 4. 5. 1999) „6 Monate ab Übergabe der Kaufsache" (Abs. 1), es sei denn, der Verkäufer den Mangel arglistig verschweigt hat (Abs. 2). Nach der Schuldrechtsreform (ab 5. 5.1999) beträgt „6 Monate ab Anzeige gemäß § 356 BGB" oder „5 Jahre ab Übergabe der Kaufsache"(Abs. 1). Die 6-Monatefrist gilt nicht, wenn der Verkäufer den Mangel arglistig verschweigt hat (Abs. 2).
Die allgemeinen Verjährungsfrist beträgt nach § 125 ZGB 15 Jahre ab dem Zeitpunkt, zum welchen der Gläubiger seine Forderung geltend machen kann. Nach § 147 ZGB darf die Verjährungsfrist nicht durch Rechtsgeschäft verlängert oder verkürzt werden.

II. Verbraucherschutzgesetz

1. AGB-Kontrolle (Verbraucherschutzgesetz)

Regelungsinhalt		**VerbrSchG (Taiwan)**	**BGB**
Gleichheit und gegenseitiger Nutzen		§ 11 Abs. 1 VerbrSchG	**Keine Bestimmung**
Auslegungszweifel zugunsten Verbraucher		§ 11 Abs. 2 VerbrSchG	§ 305c Abs. 2 BGB
Prüfungsfrist (Einbeziehungsvoraussetzung)		§ 11-1 VerbrSchG	**Keine Bestimmung**
Inhaltskontrolle	Inhaltskontrolle	§ 12 Abs. 1 VerbrSchG	§ 307 Abs. 1 S. 1 BGB
	Widerlegbare Vermutung	§ 12 Abs. 2 Nr. 1 VerbrSchG	**Keine Bestimmung**
		§ 12 Abs. 2 Nr. 2 VerbrSchG	§ 307 Abs. 2 Nr. 1 BGB
		§ 12 Abs. 2 Nr. 3 VerbrSchG	§ 307 Abs. 2 Nr. 2 BGB
	Transparenzgebot	**Keine Bestimmung**	§ 307 Abs. 1 S. 2 BGB
		Keine Bestimmung	§ 307 Abs. 3 BGB
	Katalog der Klauselverbote	**Keine Bestimmung**	§ 308 BGB
		Keine Bestimmung	§ 309 BGB
Einbeziehung AGB in den Vertrag	Allgemeine Voraussetzungen	§ 13 Abs. 1 VerbrSchG	§ 305 Abs. 2 BGB
	Pflicht zur Aushändigung der Abschrift oder des Originals des Vertrags	§ 13 Abs. 2 VerbrSchG	**Keine Bestimmung**
		§ 13 Abs. 3 VerbrSchG	**Keine Bestimmung**
	Rahmenvertrag	**Keine Bestimmung**	§ 305 Abs. 3 BGB
	Besondere Fälle	**Keine Bestimmung**	§ 305a BGB
Überraschende Klausel		§ 14 VerbrSchG[1213]	§ 305c Abs. 1 BGB
Vorrang der Individualabrede		§ 15 VerbrSchG	§ 305b BGB
Rechtsfolgen bei Nichteinbeziehung und Unwirksamkeit		§ 16 S. 1 VerbrSchG	§ 306 Abs. 1 BGB
		Keine Bestimmung	§ 306 Abs. 2 BGB
		§ 16 S. 2 VerbrSchG	§ 306 Abs. 3 BGB
Ermächtigung zur Erlassung von „zwingenden und verbotenen Klausel" (Rechtsverordnungen)		§ 17 VerbrSchG	**Keine Bestimmung**
Beweislast		§ 17-1 VerbrSchG	**Keine Bestimmung**
Umgehungsverbot		**Keine Bestimmung**	§ 306a BGB

1213 Aber § 14 VerbrSchG erfasst leider (und fehlerhaft) nur überraschende Klauseln „außerhalb der Vertragsurkunde".

§ 11-1 Verbrauchergesetz (Prüfungsfrist)

Absatz 1

Bevor der Unternehmer mit dem Verbraucher einen Vertrag mit Allgemeinen Geschäftsbedingungen abschließt, ist dem Verbraucher einen innerhalb von 30 Tagen angemessen Zeitraum einzuräumen, um alle Bestimmungen in Allgemeinen Geschäftsbedingungen zu prüfen.

Absatz 2 (hinzufügen am 17. 06. 2015)

Die Allgemeinen Bestimmungen, wodurch der Unternehmer den Verbraucher auf die ihm nach Absatz 1 zustehenden Rechte verzichten lassen, sind unwirksam.

Absatz 3

Wird die Aufforderung nach Absatz 1 nicht erfüllt, sind die Bestimmungen in Allgemeinen Geschäftsbedingungen unwirksam, es sei denn, der Verbraucher macht sie geltend.

Absatz 4

Die staatliche zuständige Behörde kann für eine ausgewählte Branche unter Berücksichtigung der Wesentlichkeit der Allgemeinen Geschäftsbedingungen, des Umfangs der von ihnen betroffenen Angelegenheiten und ihrer Komplexität den Zeitraum zur Prüfung aller Bestimmungen in Allgemeinen Geschäftsbedingungen bestimmen.

§ 17 Verbraucherschutzgesetz (zwingende und verbotene Klausel)

Absatz 1

Die staatliche zuständige Behörde kann für eine ausgewählte Branche zwingende und verbotene Klauseln erlassen, um Rechte der Verbraucher zu schützen und die Gerechtigkeit der AGB zu fördern.

Absatz 2 (hinzufügen am 17. 06. 2015)

Zwingende Klauseln nach Absatz 1 können je nach dem Sinn und Zweck des Vertrags folgende Inhalte enthalten:
1. Wesentliche Rechte und Pflichten des Vertrages.
2. Rechtsfolgen der Verletzung der Vertragspflichten.
3. Sicherheit bei Geschäften mit Vorauszahlungsklauseln.

4. Rücktrittsrecht und Kündigungsrecht sowie ihre Rechtsfolgen.
5. Sonstige in Bezug auf Vertragserfüllungen.

Absatz 3 (hinzufügen am 17. 06. 2015)

Verbotene Klauseln nach Absatz 1 können je nach dem Sinn und Zweck des Vertrags folgende Inhalte enthalten:
1. Rechte des Unternehmers auf Änderungsvorbehalt oder Auslegungsbefugnis über den Vertragsinhalt oder die Frist.
2. Einschränkung oder Ausschluss der Verpflichtungen oder Haftungen des Unternehmers.
3. Einschränkung oder Entzug der Rechte des Verbrauchers oder Verschärfung seiner Verpflichtung oder Haftungen.
4. Sonstige für Verbraucher unangemessen benachteiligte Bedingungen.

Absatz 4 (hinzufügen am 17. 06. 2015)

Steht eine Klausel mit den aufgrund des Absatz 1 erlassenen Klauseln nicht in Einklang, ist diese Klausel unwirksam. Im Hinblick auf die Rechtsfolgen bei der Unwirksamkeit der Klausel ist § 16 anzuwenden.

Absatz 5

Eine von der zuständigen staatlichen Behörde erlassene zwingende Klausel wird der Bestandteil eines Vertrags, auch wenn keine der entsprechenden Klausel in den AGB des Unternehmers vorliegt.

Absatz 6

Soweit der Unternehmer AGB verwendet hat, ist die zuständige Behörde befugt, jederzeit ihre AGB zu prüfen.

2. Werbungshaftung

§ 22 Verbraucherschutzgesetz

Absatz 1

Der Unternehmer muss die Wirklichkeit seiner Werbeaussagen sicherstellen; die Pflichten des Unternehmers gegenüber dem Verbraucher müssen nicht dahinter zurückbleiben, was er in seinen Werbeaussagen behauptet hat.

Absatz 2 (hinzufügen am 17. 06. 2015)

Soweit der Vertrag zustande kommt, muss der Unternehmer den Vertrag so erfüllen wie dasjenige, was er in seiner Werbung über Waren und Dienstleistungen behauptet hat.

III. Sonstige

§ 79-1 GrdstG

Absatz 2

Soweit die nach Absatz 1 eingetragene Vormerkung noch nicht gestrichen ist, ist eine Verfügung, die der als Inhaber des Rechts auf Immobilien Eingetragene trifft, ist insoweit unwirksam, als sei den vormerkungsgesicherten Anspruch vereiteln oder beeinträchtigen würde.

Absatz 3

Die Vormerkung schließt eine Eintragung nicht aus, die nach der Eintragung der Vormerkung aufgrund eines Enteignungsbeschlusses, einer rechtskräftiger Entscheidung des Gerichts oder einer Zwangsvollstreckung erfolgt.